Theodor Nöldeke

Geschichte des Qorâns

Teil 1

Über den Ursprung des Qorâns

Elibron Classics
www.elibron.com

Elibron Classics series.

ISBN 1-4212-2897-1 (paperback)
ISBN 1-4212-2896-3 (hardcover)

This Elibron Classics Replica Edition is an unabridged facsimile of the edition published in 1909 by Dieterich'sche Verlagsbuchhandlung, Leipzig.

Geschichte des Qorāns

von

Theodor Nöldeke

Zweite Auflage
bearbeitet
von

Friedrich Schwally

Erster Teil

Über den Ursprung des Qorāns

Leipzig
Dieterich'sche Verlagsbuchhandlung
Theodor Weicher
1909

I. Goldziher

und

C. Snouck Hurgronje

in Dankbarkeit und Verehrung

zugeeignet.

Vorrede des Verfassers der ersten Auflage zur zweiten Auflage.

Im Jahre 1898 überraschte mich der Herr Verleger mit der Anfrage, ob ich eine zweite Auflage meines Buches „Geschichte des Qorāns“ herstellen wolle, oder aber, falls ich dazu nicht geneigt sei, einen Gelehrten nennen könne, dem man die Neubearbeitung des Buches anvertrauen dürfe. Da ich aus verschiedenen Gründen nicht daran denken konnte, dem Werk eine solche Gestalt zu geben, die mich selbst einigermaßen befriedigen würde, schlug ich nach kurzem Bedenken meinen alten Schüler und Freund, Professor Schwally, für die Arbeit vor, und dieser erklärte sich auch dazu bereit. Er hat dann das Buch, das ich vor einem halben Jahrhundert rasch vollendet hatte, so weit möglich, den heutigen Anforderungen angepaßt. Ich sage „so weit möglich“, denn die Spuren der jugendlichen Keckheit ließen sich nicht ganz verwischen, wenn nicht ein ganz anderes Werk entstehen sollte. Gar manches, was ich damals mit mehr oder weniger großer Sicherheit hingestellt hatte, ist mir später recht unsicher geworden.

Ich hatte in mein Handexemplar gelegentlich ohne Konsequenz einzelne Notizen geschrieben, die Schwally benutzen konnte. Von dem, was jetzt gedruckt vorliegt, habe ich eine Korrektur gelesen; dabei habe ich allerlei Randbemerkungen gemacht und es ihm überlassen, sie zu berücksichtigen oder nicht. Aber ich habe dabei nicht alles Einzelne nachgeprüft und nicht etwa solche Untersuchungen angestellt, als ob es sich um eine von mir selbst vorgenommene vollständige Durcharbeitung handelte. So hat die zweite Auflage zwar den Vorzug, Resultate zweier Forscher zu geben, aber auch die Schwäche, daß die Verantwortung für sie eine geteilte ist.

Ob es mir möglich sein wird, vom zweiten Teil auch nur eine Korrektur zu lesen, steht dahin, da mir die zunehmende Schwäche meiner Augen alles Lesen immer mühsamer macht.

Herrenalb (Württemberg) im August 1909.

Th. Nöldeke.

Vorrede des Bearbeiters.

Als ich mit dem ehrenvollen Auftrage betraut wurde, von Th. Nöldeke's Geschichte des Qorāns eine zweite Auflage vorzubereiten, war es mir keinen Augenblick zweifelhaft, daß diesem, in der wissenschaftlichen Welt als standard work angesehenen, Buche gegenüber die Neubearbeitung mit größter Behutsamkeit vorgehen müsse. Obwohl es weit leichter gewesen wäre, unter Benutzung der ersten Auflage ein ganz neues Buch zu schreiben, hielt ich mich dazu nicht für befugt, sondern war vielmehr bestrebt, den Text durch möglichst geringe Eingriffe mit dem gegenwärtigen Stand der Forschung in Einklang zu bringen. Nur wo mit solchen Mitteln nicht zu helfen war, entschloß ich mich zu radikalen Umgestaltungen oder zu größeren Zusätzen. Trotz dieses konservativen Verfahrens ist allein der Umfang des vorliegenden ersten Teiles um 5 Bogen gewachsen. Die Abweichungen der neuen Auflage von der ersten äußerlich kenntlich zu machen, erwies sich bei der eben dargelegten Bearbeitungsweise als unmöglich.

Die Auseinandersetzungen mit Muir, Sprenger und Weil habe ich fast alle stehen gelassen. Wenn auch der Standpunkt dieser Gelehrten jetzt vielfach überholt ist, so sind doch ihre Forschungen von epochemachender Bedeutung. Aus den letzten 4 Jahrzehnten gibt es über die Entstehung des Qorāns verhältnismäßig wenig Arbeiten, und noch viel geringer ist die Zahl der wertvollen Publikationen. Sollte von diesen etwas Wesentliches übergangen sein, so ist es ohne Absicht geschehen.

Die arabischen Traditionswerke sind im allgemeinen nach Büchern, Kapiteln und (oder) Paragraphen zitiert. Wenn die Abschnitte allzu umfangreich waren, mußte Band- und Seitenzahl einer bestimmten Ausgabe beigefügt werden. Es ist schade, daß sich in der Ḥadīṯ-Literatur nicht eine feste Paginierung wie im Talmud eingebürgert hat.

Für zahlreiche Ratschläge und Berichtigungen bin ich außer dem Verfasser der ersten Auflage, meinem teuren Lehrer Th. Nöldeke, zu besonderem Danke verbunden den beiden Gelehrten, welchen dieses Buch gewidmet werden durfte, meinen hochverehrten Freunden Prof. Dr. I. Goldziher in Budapest und Regierungsrat Prof. Dr. C. Snouck Hurgronje in Leiden. Erst nachdem mein Manuskript vollendet war, haben mir, auf meine Bitte, Th. Nöldeke und I. Goldziher ihre Handexemplare einige Tage zur Verfügung gestellt.

Die Königlich Preußische Akademie der Wissenschaften und das Großherzoglich Hessische Staatsministerium haben mir die Mittel bewilligt, um in Kairo, dieser Hochburg muhammedanischer Gelehrsamkeit, qorānwissenschaftliche Studien zu betreiben, wofür ich auch hier meinen ehrerbietigsten Dank ausspreche.

Die Bearbeitung hat sich sehr lange hingezogen, weil ich, unter der Last anderer literarischer Aufgaben und einer vielseitigen Lehrtätigkeit, mich der Qorānforschung nur mit großen Unterbrechungen widmen konnte. Die Drucklegung, welche im Frühjahr 1908 begonnen hatte, mußte ich wegen einer unaufschiebbaren Studienreise nach der Türkei ein halbes Jahr lang einstellen.

Der zweite Teil, einschließlich der literarischen Einleitung, soll im nächsten Jahre erscheinen. Die Vorarbeiten zum dritten Teil sind an einem wichtigen Punkte ins Stocken geraten, da es mir noch nicht möglich war, die in den Bibliotheken von Paris, London und Petersburg aufbewahrten alten Qorānhandschriften zu untersuchen. Bei meinem vorjährigen Aufenthalt in Konstantinopel wurde mir von solchen Codices leider nichts zugänglich. Doch habe ich die begründete Hoffnung, auch diese, seither allzu ängstlich gehüteten, Schätze bald zu Gesicht zu bekommen.

Giessen 27. August 1909.

Fr. Schwally.

Inhalt.

Erster Teil.

Über den Ursprung des Qorāns.

1. Über Muhammeds Prophetie und Offenbarungen.

A. Muhammed als Prophet. Die Quellen seiner Lehre.

Begriff der Prophetie. Art der prophetischen Begabung Muhammeds. Jüdische und christliche Einflüsse. Schriftliche und mündliche Quellen. Die Verbreitung der Lese- und Schreibekunst im alten Arabien. Verhältnis Muhammeds zu Zaid b. ʻAmr und Umayya b. abī Salt. Heidnischer Einschlag im Islām. Das persönliche Element von Muhammeds Religionsstiftung . . . . S. 1—20

B. Über die Offenbarungen Muhammeds.

Verschiedene Arten derselben. Psychogene Erregungszustände. Der angebliche Mentor des Propheten. Daḥya. Länge der Offenbarungen. Namen derselben. Stil. Reim. Refrain. Wortspiele. Strophenbau. Schriftliche Aufzeichnung der Qorānstücke. Zusätze und andere Veränderungen, die von Muhammed selbst ausgehen. Die sieben Aḥruf (Lesarten). Aufhebung von Offenbarungen. Die Originalität des Qorāns und sein Verhältnis zu den Offenbarungen des Propheten Maslama . . . . S. 20—57

2. Über den Ursprung der einzelnen Teile des Qorāns.

Hülfsmittel zur chronologischen Bestimmung der Sūren. Überlieferte chronologische Listen derselben . . . . S. 58—65

A. Die einzelnen Teile unseres jetzigen Qorāns.

a) Die mekkanischen Sūren.

Allgemeine Zeitbestimmung derselben. Ihr Inhalt und Charakter. Einteilung dieser Sūren nach W. Muir, H. Grimme und H. Hirschfeld S. 66—74

Die Sūren der ersten Periode.

Allgemeines. Schwurformeln am Anfang vieler Sūren. Betrachtung von Sur. 96. 74. 111. 106. 108. 104. 107. 102. 105. 92. 90. 94. 93. 97. 86. 91. 80. 68. 87. 95. 103. 85. 73. 101. 99. 82. 81. 53. 84. 100. 79. 77. 78. 88. 89. 75. 83. 69. 51. 52. 56. 70. 55. 112. 109. 113. 114. 1 . S. 74—117

Die Sūren der zweiten Periode.

Allgemeines. Der Gottesname Raḥmān. Betrachtung von Sur. 54. 37. 71. 76. 44. 50. 20. 26. 15. 19. 38. 36. 43. 72. 67. 23. 21. 25. 17. 27. 18 S. 117—143

Die Sūren der dritten Periode.

Allgemeines. Betrachtung von Sur. 32. 41. 45. 16. 30. 11. 14. 12. 40. 28. 39. 29. 31. 42. 10. 34. 35. 7. 46. 6. 13 . . . . S. 143—164

b) Die medīnischen Sūren.

Allgemeines. Politische und religiöse Zustände in Yaṯrib vor der Hígra. Die heidnische Bevölkerung und die jüdischen Stämme. Beispielloser Erfolg der islāmischen Propaganda in dieser Stadt. Die „Wankelmütigen“ (Munāfiqūn). Inhalt und Stil der medinischen Sūren. Betrachtung von Sur. 2. 98. 64. 62. 8. 47. 3. 61. 57. 4. 65. 59. 33. 63. 24. 58. 22. 48. 66. 60. 110. 49. 9. 5 . . . . S. 164—234

B. Die im Qorān nicht erhaltenen Offenbarungen Muhammeds.

Texte, Übersetzungen und Varianten. Unterscheidungsmerkmale zwischen qorānischen und außerqorānischen Offenbarungen . . . S. 234—261

Index der behandelten Sūren.

Sūra	Seite	Sūra	Seite	Sūra	Seite	Sūra	Seite	Sūra	Seite
1	110	24	210	47	189	70	106	93	94
2	173	25	133	48	215	71	124	94	94
3	189	26	126	49	220	72	132	95	96
4	195	27	140	50	124	73	98	96	78
5	227	28	153	51	105	74	86	97	94
6	161	29	154	52	105	75	105	98	185
7	158	30	149	53	100	76	124	99	99
8	187	31	157	54	121	77	104	100	104
9	222	32	144	55	106	78	104	101	99
10	158	33	206	56	106	79	104	102	93
11	151	34	158	57	195	80	95	103	97
12	152	35	158	58	212	81	99	104	93
13	162	36	131	59	206	82	99	105	93
14	152	37	123	60	218	83	105	106	91
15	129	38	131	61	194	84	104	107	93
16	145	39	154	62	186	85	97	108	92
17	134	40	153	63	209	86	95	109	108
18	140	41	144	64	186	87	96	110	219
19	130	42	157	65	205	88	104	111	89
20	124	43	131	66	217	89	104	112	107
21	133	44	124	67	133	90	94	113	108
22	213	45	145	68	96	91	95	114	108
23	133	46	160	69	105	92	93		

Erster Teil.

Über den Ursprung des Qorāns.

1. Über Muhammeds Prophetie und Offenbarungen.

A) Muhammed als Prophet. Die Quellen seiner Lehre.

Können wir gleich nicht leugnen, daß sich auch bei vielen andern Völkern hier und da etwas der Prophetie ähnliches zeigt, so ist doch allein bei den Israeliten[1]) das Prophetentum aus sehr primitiven Anfängen eine das ganze Gebiet der Religion und des Staats bewegende und bestimmende Macht geworden. Das Wesen des Propheten besteht darin, daß sein Geist von einer religiösen Idee erfüllt und endlich so ergriffen wird, daß er sich wie von einer göttlichen Macht getrieben sieht, jene Idee seinen Mitmenschen als von Gott stammende Wahrheit mitzuteilen[2]). Warum die Prophetie gerade in

[1]) Etwas Ähnliches mögen die altarabischen Kāhine gehabt haben, von denen wir aber wenig Sicheres wissen. Ich bemerke hier, daß die übrigen semitischen Sprachen ihr Wort für „Prophet" alle erst aus dem hebräischen נביא abgeleitet haben.

[2]) Die Prophetie im höchsten Sinne ist demnach eine göttliche Kunst. Sobald man aber anfängt, dieselbe in Schulen zu lehren oder gar zu vererben, und die Propheten sich zunftmäßig organisieren, wird die Kunst zum Handwerke erniedrigt. Sehr charakteristisch für das Wesen des echten Propheten ist die Stelle Amos 7, 14 f.: Ich bin kein Prophet (dem Stande nach), noch eines Propheten Sohn, sondern ein

diesem Volke so sehr hervortritt, welchen Einfluß sie wieder auf die Geschichte desselben gehabt, können wir hier nicht weiter untersuchen[1]). Innerhalb des Judentums ist die prophetische Bewegung zurückgetreten, aber niemals ganz ausgestorben, wie die sog. falschen Messiasse und Propheten der römischen Zeit beweisen. Jesus von Nazareth wollte mehr sein als ein Prophet. Denn er fühlte sich als der von den Propheten Israels verheißene Messias und als der Begründer einer neuen Religion des Herzens und der Gesinnung; ja er wußte seiner Gemeinde die Gewißheit einzuhauchen, daß er als der Sohn Gottes und der Herr der Gläubigen, trotz Martern und Tod, in die Herrlichkeit des Vaters einginge. Auch in den urchristlichen Gemeinden regte der prophetische Geist seine Schwingen, mußte sich aber nach dem Niedergang des Montanismus in die verstohlensten Winkel obskurer Sekten zurückziehen. Die gewaltigste prophetische Bewegung, welche die Kirchengeschichte seitdem zu verzeichnen hat, entstand plötzlich und unerwartet an einer der äußersten Peripherien christlicher Missionstätigkeit, und zwar in unmittelbarster Nähe des Zentralheiligtums der heidnischen Araber, der Ka'aba von Mekka. Daß Muhammed ein echter Prophet[2]) war, muß man zugestehen, wenn man seinen Charakter unbefangen und sorgfältig untersucht und den Begriff der Prophetie richtig faßt. Man wirft vielleicht ein, die Hauptsätze von Muhammeds Lehre seien nicht aus seinem eigenen Geiste entsprungen, sondern stammten von Juden und Christen. Gewiß haben die besten Teile des Islām diesen

---

Rinderhirt und Maulbeerzüchter; aber Jahve nahm mich von der Herde weg, und sprach zu mir: „wohlan, rede als Prophet zu meinem Volke Israel!"

[1]) Vgl. hierüber Ewalds Einleitung zu den Propheten des A. B.

[2]) So urteilten schon Boulainvilliers, Leben des Muhammed, deutsche Übers. Halle 1786. J. von Hammer-Purgstall, Gemäldesaal der Lebensbeschreibungen großer moslimischer Herrscher I Darmstadt 1837. T. Carlyle, On heroes, hero-worship and the heroic in history, London 1840, lecture II. A. Sprenger, Life of Mohammad, Allahabad 1851. E. Renan, Mahomet et les origines de l'Islamisme, Revue des deux mondes, tom. 12, Paris 1851. Vgl. jetzt C. Snouck Hurgronje, Rev. Hist. Relig. t. 30 p. 48ff.

Ursprung, aber die Art, wie Muhammed sich dieselben geistig aneignete, und wie er sie als eine von Gott herabgekommene Offenbarung ansah, die er den Menschen predigen müßte, macht ihn zu einem wahren Propheten. Wenn nur ganz neue, unerhörte Ideen für einen solchen paßten, würde da nicht der Mehrzahl, ja der Gesamtheit aller Gottesmänner und Religionsstifter die Prophetenschaft abzusprechen sein? Wenn Muhammed aber das von Fremden Empfangene in langer Einsamkeit mit sich herumtrug, es auf seine Denkweise wirken und nach dieser wieder sich umformen ließ, bis ihn endlich die entschiedene innere Stimme zwang, trotz Gefahr und Spott damit vor seine Landsleute zu treten, um sie zu bekehren, so müssen wir darin den oft bis zum Fanatismus gesteigerten Propheteneifer erkennen. Je genauer man die besten Biographien und die unverfälschte Quelle für die Erkenntnis seines Geistes, den Qorān, kennen lernt, desto fester wird man davon überzeugt, daß Muhammed innig an die Wahrheit seines Berufs glaubte, den falschen Götzendienst der Araber[1]) durch eine höhere, selig machende Religion zu ersetzen. Wie hätte er sonst im Qorān mit solchem Feuer gegen die Lügner predigen können, denen er die schrecklichsten Höllenstrafen verspricht, so daß er erklärt, er würde selbst der göttlichen Strafe verfallen sein, wenn er nicht die ganze Offenbarung verkündete?[2]) Wie hätten ihm so viele edle und verständige Muslime, vorzüglich seine nächsten Freunde Abū Bekr und ʿOmar, in Glück und Unglück mit ausdauernder Treue zur Seite stehen können, wenn er bloß ein Gaukler gewesen wäre? Ganz besonders erhöht den Wert des Zeugnisses vieler Anhänger noch der Umstand, daß sie, Männer aus angesehenen Familien, in allem Geschlechtshochmut des durch und durch aristokratischen Arabers aufgewachsen, aus Begeisterung für

---

[1]) Was die Mekkaner so beleidigte, war nicht die neue Lehre an sich, sondern der Angriff auf ihre Ahnen, der darin lag. Sie verehrten die alten Götter ohne eigentlichen Glauben, ihr Kultus war nur als ein von den Vätern überlieferter heilig, wie alle andern Überlieferungen, also eine bloße superstitio.

[2]) Sur. 5, 71; 6, 15; 10, 16; 39, 15.

den Propheten und seine Lehre sich einer Sekte anschlossen, die größtenteils aus Sklaven, Freigelassenen und andern Leuten der niedrigsten Klasse bestand, obgleich ihnen dies von ihren Landsleuten zur größten Schande angerechnet wurde. Dazu kommt noch die Tatsache, welche freilich die Muslime zu verdecken suchen, daß Muhammed von Natur weich, ja furchtsam war, so daß er zuerst gar nicht wagte, öffentlich aufzutreten; aber die innere Stimme ließ ihm keine Ruhe: er mußte predigen und mußte sich, so oft er den Mut hatte sinken lassen, immer wieder emporraffen, trotz der Schmähungen und Beleidigungen von seiten seiner früheren Freunde[1]).

Aber der Geist Muhammeds ist mit zwei großen Mängeln behaftet, die seine Hoheit sehr beeinträchtigen. Wenn überhaupt die Prophetie mehr aus der erregten Phantasie und unmittelbaren Eingebungen des Gefühls entspringt, als aus der spekulierenden Vernunft, so fehlte es Muhammed ganz besonders an dieser. Während er eine große praktische Klugheit besaß, ohne die es ihm nie gelungen wäre, über alle Feinde zu triumphieren, ermangelte er fast gänzlich des logischen Abstraktionsvermögens. Darum hielt er das, was sein Inneres bewegte, für etwas ganz äußerlich vom Himmel her Hineingelegtes und prüfte nie seinen Glauben, sondern folgte dem Instinkt, der ihn bald hierhin, bald dorthin trieb; denn er hielt ja gerade diesen für Gottes Stimme, die ihm besonders zuteil würde. Daher kommt auch jene äußerliche, buchstäbliche Auffassung der Offenbarung, die dem Islām zugrunde liegt.

Hiermit hängt zusammen, daß Muhammed Suren, die er nachweisbar mit bewußter Überlegung und Benutzung fremder Erzählungen anfertigte, ganz wie die ersten Erzeugnisse seines

[1]) Freilich darf man ja nicht allen Nachrichten über seine vor der Auswanderung erlittenen Verfolgungen glauben. Schwerlich durften seine Feinde je bis zu körperlichen Mißhandlungen gehen, denn dann hätte es die Ehre seiner Beschützer und aller Banū Hāšim, der gläubigen wie der ungläubigen, gefordert, Rache zu nehmen. Auch die Berichte über Mißhandlungen seiner schutzlosen Anhänger sind gewiß vielfach übertrieben.

glühend erregten Gemütes für wirkliche Gottesbotschaften ausgab. Indessen könnte dieser Vorwurf auch den israelitischen Propheten gemacht werden, welche ihre schriftstellerischen Erzeugnisse als „Worte von Jahve Zebaoth" publizierten. Im allgemeinen aber wird solche Formulierung, hier wie dort, nicht von der bewußten Absicht, zu täuschen, eingegeben sein, sondern von dem naiven Glauben. Die Propheten sind ja nicht nur in der Ekstase Medien der Gottheit, vielmehr kann ihnen ihr ganzes Denken und Tun als unmittelbarer Ausfluß göttlichen Wirkens erscheinen. Trotzdem hat Muhammed, wie wir später noch sehen werden[1]), weder jede Offenbarung zur Aufnahme in den Qorān bestimmt, noch viel weniger seine Aussprüche alle für Offenbarungen ausgegeben.

Da er nicht imstande war, Geistliches und Weltliches scharf auseinanderzuhalten, gebrauchte er die Autorität des Qorāns oft, um Dinge anzuordnen, die nichts mit der Religion zu tun hatten. Man darf aber bei der Beurteilung dieser Tatsache nicht übersehen, daß für seine Zeit Religion und Gesellschaftsordnung noch enge miteinander verbunden waren, und daß das Herabziehen Gottes in die allermenschlichsten Angelegenheiten auf der anderen Seite das Alltagsleben in eine höhere, göttliche Sphäre erhebt.

Ein naiver Denker, wie er war, mußte Muhammed alles für erlaubt halten, was der Stimme seines Herzens nicht geradezu widersprach. Und da er nicht den zarten und festen Sinn für das Gute und Böse besaß, der allein den, welcher auf der Menschheit Höhen wandelt, vor den bedenklichsten Fehltritten bewahren kann, so schreckte er nicht davor zurück, auch verwerfliche Mittel, ja frommen Betrug[2]) zur Ausbreitung seines Glaubens anzuwenden. Während die muslimischen

[1]) In dem Kapitel über „die Offenbarungen, welche in unserem Qorān fehlen".

[2]) Mit Recht sagt Sprenger, Life of M. 124 f.: „Enthusiasm, in its progress, remains as rarely free from fraud, as fire from smoke; and men with the most sincere conviction of the sacredness of their cause, are most prone to commit pious frauds." Dies gilt nicht bloß vom religiösen Gebiete, sondern auch von politischen und anderen.

Schriftsteller diese Züge gerne verhüllen, sind die europäischen Biographen des Propheten leicht geneigt, aus einer moralischen Entrüstung in die andere zu fallen. Beide Auffassungen sind gleichermaßen unhistorisch. Es müßte ja wunderbar zugehen, wenn ein Prophet ohne Fehl und Sünde wäre, und zumal einer, der wie Muhammed daneben noch Feldherr und Staatsmann ist. Kennten wir das Privatleben anderer Propheten so genau wie das seinige, so stünde mancher von ihnen nicht so erhaben da, wie es auf Grund einer fragmentarisch erhaltenen und in vielen Jahrhunderten unzähligemal durchgesiebten Literatur jetzt den Anschein hat. Muhammed war kein Heiliger und wollte keiner sein (Sure 47, $_{21}$; 48, $_{2}$ usw.). Wie viel aber von dem, was wir an ihm auszusetzen haben, auf die Rechnung des halbbarbarischen Zeitalters, seines guten Glaubens oder der Schwäche seines Charakters zu setzen ist, das vermögen wir fast nie mit Sicherheit zu sagen. Die Hauptsache bleibt doch, daß er bis zum letzten Atemzuge für seinen Gott und das Seelenheil seines Volkes, ja der ganzen Menschheit geeifert, und daß er die feste Gewißheit von seiner göttlichen Sendung nie verloren hat.

Die Hauptquelle der Offenbarungen, die nach dem rohen Glauben der Muslime, wie des ganzen Mittelalters und noch gar mancher von unseren Zeitgenossen, den Propheten buchstäblich von Gott eingehaucht werden, bildete ohne Frage das jüdische Schrifttum. Die ganze Lehre Muhammeds trägt schon in den ältesten Suren die unverkennbaren Zeichen ihres Ursprungs an sich; es wäre überflüssig, hier erst auseinanderzusetzen, wie nicht nur die meisten Prophetengeschichten im Qorān, sondern auch viele Lehren und Gesetze jüdischer Herkunft sind.[1]) Viel geringer ist dagegen der Einfluß des Evan-

[1]) Es wäre sehr zu wünschen, daß ein gründlicher Kenner des altarabischen Lebens, des Islām und der jüdischen Literatur die scharfsinnigen Untersuchungen Abraham Geiger's („Was hat Mohamed aus dem Judentum aufgenommen?") vom Jahre 1833 wieder aufnähme. Die arabischen wie die jüdischen Quellen (Midrasche) fließen jetzt so unendlich reicher, daß der Neudruck dieses Werkes (Leipzig 1902) durch nichts zu rechtfertigen ist.

geliums auf den Qorān.[1]) Eine genauere Untersuchung über das offenbar Jüdische und Christliche in demselben wird zu der Überzeugung führen, daß auch solche Hauptsätze, welche dem Islām und dem Christentum gemeinschaftlich sind, jüdisches Colorit haben. So ist z. B. das bekannte Glaubensbekenntnis des Islām لا إلٰه إلّا الله von einer jüdischen Formel hergenommen. Denn der Vers II. Sam. 22, 32 = Ps. 18, 32 מי־אל מבלעדי יהוה wird im Targum wiedergegeben durch לית אלהא אלא יי und in Peschittha durch ܠܝܬ ܐܠܗܐ ܠܒܪ ܡܢ ܡܪܝܐ.

Darum brauchen aber keineswegs alle jüdischen Stoffe auf Juden als Gewährsmänner zurückzugehen. Zwar waren die Juden in mehreren Gegenden Arabiens, vorzüglich im Gebiete von Yaṯrib, das mit Muhammeds Vaterstadt in vielfacher Verbindung stand, außerordentlich zahlreich; auch Mekka muß häufig von ihnen besucht worden sein. Aber das Christentum der orientalischen Sekten hatte überhaupt einen starken jüdischen Einschlag. Und für die Zwecke des Unterrichts und der Erbauung war in der alten Kirche das Neue Testament gegenüber dem Alten immer stark zurückgetreten. Gerade das Christentum hatte aber auf der arabischen Halbinsel eine ansehnliche Verbreitung gefunden[2]): unter den Stämmen an der byzantinisch-persischen Grenze (Kelb, Ṭai, Tanūch, Taghlib, Bekr), weiter im Innern bei den Tamīm und in dem lange in politischer Abhängigkeit von dem christlichen Abessinien befindlichen Jemen. Und wo das Christentum nicht Wurzel faßte, war doch irgendwelche Kenntnis von ihm hingedrungen. Ja sogar einige der berühmtesten Dichter aus dem Jahrhundert vor dem Islām verraten, obwohl sie Heiden geblieben waren, in ihrer ganzen Denk- und Anschauungsweise Bekanntschaft damit. Wir haben also neben der jüdischen zweifellos auch mit einer christlichen Beeinflussung des Propheten zu rechnen. Bei vielen Materialien

---

[1]) Vgl. darüber Nöldeke in der ZDMG. 12, 699 ff.

[2]) Vgl. Julius Wellhausen, Reste arabischen Heidentums, 2. Aufl., Berlin 1897, S. 234—242.

muß es dahin gestellt bleiben, aus welcher Quelle sie ihm zugeflossen sind. Bei andern ist die christliche Herkunft außer allem Zweifel, ich rechne dahin die Einrichtung der Vigilien, einige Formen des Gebetsritus, die Bezeichnung der Offenbarung als فُرْقَان, die sich nur aus dem christlichen Aramäisch (*furqān* in der Bedeutung „Erlösung", vgl. hierüber die ausführliche Erörterung S. 34 Anm. 1) ableiten läßt, die zentrale Bedeutung der Vorstellung vom jüngsten Tage und schließlich die Superiorität Jesu über alle Propheten. Aus diesem Sachverhalt könnte man sogar folgern, daß der Islām eine wesentlich in den Spuren des Christentums gehende Religionsstiftung ist, m. a. W., daß der Islām die Form ist, in welcher das Christentum in Gesamt-Arabien Eingang gefunden hat. Diese Kombination fände an den Urteilen der Zeitgenossen Muhammeds eine willkommene Bestätigung. Denn seine Anhänger wurden von den Ungläubigen oft „Zabier" genannt, d. h. sie galten als nächstverwandt mit gewissen christlichen Sekten (Mandäern, Elkesaiten, Hemerobaptisten). Andrerseits betrachten sich die Muslime selbst als Nachfolger der Ḥanīfe. Das waren Leute, welche, am Heidentum irre geworden, in christlichen und jüdischen Lehren Befriedigung suchten. Da dieser Name aber auch den christlichen Asketen bezeichnet, so liegt darin wiederum ein deutlicher Hinweis, daß die Muslime den Christen besonders nahe standen. Die Flucht einiger Anhänger des Propheten zum christlichen König von Abessinien ließe sich ebenfalls aus dieser Tatsache erklären.

Es kann ferner keinem Zweifel unterliegen, daß die hauptsächlichste Quelle, aus der Muhammed seine Kenntnisse zuflossen, weniger die Bibel als das außerkanonische, liturgische und dogmatische Schrifttum war. Daher gleichen die alttestamentlichen Erzählungen im Qorān weit mehr den haggādischen Ausschmückungen als ihren Urbildern;[1]) die neutestamentlichen sind ganz legendenhaft und haben einige Ähnlichkeit mit den Berichten der apokryphen Evangelien,

---

[1]) Über das einzelne vgl. Geiger a. a. O.

z. B. Sura 3, 41. 43, 19, 17, mit Evang. Infant. cp. I, Evang. Thom. cp. 2, Nativ. Mar. cp. 9. Die einzige, ganz kurze Stelle, welche im Qorān wörtlich aus dem Alten Testament zitiert wird, steht Sur. 21, 105: „Und wir haben in den Psalmen geschrieben, daß die Gerechten die Erde ererben sollen“, vgl. Psalm 37, 29.

Indessen Sur. 61, 6, wo Jesus verheißt, daß nach ihm Gott einen Prediger senden werde, dessen Name Aḥmad[1]) sei, geht unmittelbar auf keine Stelle des Neuen Testaments zurück.

---

[1]) Muhammed bezog dies nach der wahrscheinlichsten Vermutung auf sich, und nannte deshalb, mit Anspielung auf seinen Namen مُحَمَّد, den Verheißenen أحمد. Vgl. Ibn Sa'd ed. I, 1 p. 64 f. Man hat Sur. 61,6 bekanntlich als Beweis dafür benutzt, daß Muhammed die Bibel gelesen habe. Der Einfall Marracci's (Prodromi ad refutationem Alcorani I, p. 27 u. Nota zu Sura 61, 6), er habe für παράκλητος gelesen περικλυτός und dies durch أحمد übersetzt, wodurch das Unerhörte bewiesen würde, Muhammed habe Griechisch verstanden, wird von Sprenger, Life 97 Anm. 1, Leben I, 158 und Muir I, 17 dahin modifiziert, daß in einer zeitgenössischen arabischen Übersetzung des Johannesevangeliums παράκλητος durch أحمد wiedergegeben gewesen sei. Aber auch das ist falsch. Denn eine solche Textverderbnis ist durch nichts zu erklären, wie sie auch weder in syrischer noch arabischer Überlieferung nachgewiesen werden kann. Vielmehr drücken die verschiedenen Formen des Namens Paraklet, die wir bei Muslimen finden, alle ziemlich genau παράκλητος mit oder ohne ا des aramäischen stat. emphat. aus (Mar. l. c., Šahrastānī I, 167, His. 150). Wenn His. a. a. O., auf Grund von Ev. Joh. 15, 26 auch noch منحمنا als Namen Muhammeds anführt, so ist das die im Dialekte des christlich-palästinischen Aramäisch übliche (vgl. Schwally, Idiotikon) Übersetzung von παράκλητος m'naḥmānā, welches er, bloß durch den äußern Klang geleitet, irrtümlich mit مُحَمَّد in Verbindung bringt. In Talmud und Midrasch ist מְנַחֵם als Name des jüdischen Messias nicht selten, vgl. Levy, Neuhebr. Wörterbuch III, 153; Gust. Rösch, ZDMG. 46, S. 439. Auch der Religionsstifter Mani bezeichnete sich als Paraklet, vgl. Flügel, Mani, S. 51. 64. 162f.; Euseb. hist. eccl. VII, 31; Efrem ed. Rom. II, 487. Es werden übrigens noch andere aramäische Namen für den Propheten angeführt, z. B. مشفح d. i. ܡܫܒܚܐ = مُحَمَّد, wie شفحيا لاها d. i. ܡܫܒܚܢܐ ܠܐܠܗܐ = الحمد لله (vgl. Ḫamīs I, 206 und I. Goldziher, ZDMG. 32, 374). Jene Hypothese über Aḥmad hat dann Sprenger, Leben I, S. 155—162 dahin erweitert, daß auch Muḥammad nicht der eigentliche Name des Propheten sei, sondern ein Beiname, den er erst in Medina angenommen habe, um sich, in Anlehnung an jüdischen Sprachgebrauch und Glauben, als der von den Propheten verheißene, „ersehnte“ Messias zu bezeichnen. Aber alle

Die Frage nach Gestalt und Umfang der bei den arabischen Juden und Christen damaliger Zeit vorhandenen religiösen Literatur ist sehr schwer zu beantworten. Gewiß waren die arabischen Christen, die übrigens lange nicht so zahlreich waren, wie Sprenger meint, zum größten Teil höchst oberflächlich bekehrt. So soll der Chalif ʻAlī über einen der Stämme, unter denen das Christentum noch die festesten Wurzeln geschlagen hatte, gesagt haben: „Die Taghlib sind keine Christen und haben aus dem Christentum nur das Weintrinken genommen"[1]). Aber überall, wo die Missionare der beiden Buchreligionen hinkamen, müssen sie — das ist gar nicht anders denkbar — irgendwelche religiöse Literatur mitgebracht haben, je nachdem in hebräischer, aramäischer,

---

Gründe, mit denen Spr. selbst und nach ihm Hartwig-Hirschfeld, New Researches into the Composition and Exegesis of the Qorān, London 1902, S. 23f. 139, Fr. Bethge, Raḥmān et Aḥmad, Bonn 1876, S. 53f. und Leone Caetani, Annali dell' Islam, Milano 1905, I, 151, diese Ansicht gestützt haben, sind hinfällig. Denn: 1) In der gesamten alten historischen Tradition und in unzweifelhaft echten Urkunden wie der Gemeindeordnung von Medina (His. 341 ff.), dem Vertrag von Ḥudaibiya (His. 747), der diplomatischen Korrespondenz mit den arabischen Stämmen (Wellhausen, Skizzen IV) und schließlich dem Qorān, erscheint Muḥammad immer als eigentlicher Name des Propheten. 2) Wäre der Name ursprünglich ein Epitheton, so würde die Tatsache, daß er nicht ein einziges Mal mit dem Artikel vorkommt, unverständlich sein, trotz Sprenger III, 31, n. 2. 3) Der jüdische Messias hat niemals einen von dem Verb חמד „ersehnen" abgeleiteten Namen gehabt, die messianische Deutung von Stellen wie Haggai II, 7; Cantic. II, 3 ist aus der Luft gegriffen. 4) Muḥammad war schon vor dem Islām in Arabien ein gebräuchlicher Mannsname. Ibn Saʻd ed. I, 1 p. 111f. Ibn Qutaiba ad Wüstenf. p. 276 u. Ibn Rosteh, Bibl. Geogr. arab. VII, p. 194 führen 3 Personen dieses Namens an, Ibn Duraid ed. Wüstenf. p. 6f. fünf, mit dem Zusatz, daß er in einem anderen Werke, namens اشارة, deren 15 beigebracht habe. Es ist nicht der leiseste Grund vorhanden diesen Angaben zu mißtrauen. Denn was in aller Welt sollte das Motiv der Fälschung gewesen sein? Der Name Θαι μοαμεδης auf einer griechischen Inschrift aus Palmyra, a. 425 Seleuc. = 114/115 a. D. (Corpus inscript. Graec. Vol. III (Berolini 1853) No. 4500) ist übrigens תימצמד gleichzusetzen, wie der aramäische Text auch in de Vogüé 124, 4 wirklich hat.

[1]) Ṭab., Zam. und B. zu Sur. 5, 7.

äthiopischer und hier und da wohl auch in griechischer Sprache. Den Rabbinern und Klerikern erwuchs hieraus die Aufgabe, die fremden Gebete, Liturgien, Hymnen und Homilien arabisch zu verdolmetschen. Während sie sich für etwaige eigene theologische Schriftstellerei wohl niemals des Arabischen bedienten, wie wir z. B. noch jetzt syrische Schriften alter arabischer Kleriker besitzen, ist es doch denkbar, daß man schon in vorislāmischer Zeit angefangen hat, jene mündlichen Targume schriftlich zu fixieren. Da nämlich im Zeitalter Muhammeds die Schreibkunst den Mekkanern und Medinensern nichts weniger als unbekannt (vgl. unten S. 15 f.), und es, wie es scheint, bereits herkömmlich war, wichtige Korrespondenzen (z. B. Muhammeds mit den Beduinen) und Verträge (Ḥudaibiya, Gemeindeordnung von Medina) niederzuschreiben, so liegt die Annahme nahe, daß die arabische Schrift auch schon zur Fixierung der künstlerischen Erzeugnisse von Dichtern, Sängern und Erzählern verwandt wurde. Die Literatur geht von der Gelegenheitsschriftstellerei aus. Fliegende Blätter (صحيفة) mit Ruhmesliedern, Spottgedichten (vgl. I. Goldziher, Einleitung zu Ḥuṭei'a ZDMG. 46, 18) usw. werden weite Verbreitung gefunden haben (Aghānī 20, 24, 2, 16; Huḏail 3, 6; Mutalammis 2, 2; Labīd 47, 1; Aus b. Ḥagar 23, 9 usw.). Dagegen ist von Sammlungen der Werke eines Autors aus vorislāmischer Zeit nichts bekannt. Was nun das Verhältnis Muhammeds zum jüdischen und christlichen Schrifttume anbetrifft, so ist es für unbedingt sicher zu halten, daß ihm schon allein aus Unkenntnis eines fremden Idioms nichts in den Originalsprachen zugänglich war. Die abergläubische Ängstlichkeit, mit der die Juden schon lange vor den Muslimen das لا يمسّه الّا المطهّرون beobachteten, wäre an sich kein unübersteigliches Hindernis gewesen, ganz davon abgesehen, daß sich diese Unantastbarkeit durch Andersgläubige doch nur auf die kanonischen Bücher bezog. Ob der Prophet aber imstande war, schriftliche Übersetzungen ins Arabische zu lesen und zu verstehen, das ist eine Frage, die sich weder vom Qorān noch von der Tradition aus ohne weiteres entscheiden läßt.

Die Angaben der Muslime über diesen Punkt widersprechen sich geradezu; das schlimmste aber ist, daß es denen, welche es bejahen, sowie denen, welche es verneinen, weniger um die Wahrheit, als um gewisse dogmatische oder politische Sätze zu tun ist. Beide Parteien kämpfen hier mit der in den früheren Zeiten des Islām sehr beliebten Waffe tendenziös erfundener oder verdrehter Traditionen. Im allgemeinen sind die Sunniten mehr dagegen, daß er lesen und schreiben konnte, die Schī'iten dafür [1]). Die letztern halten es nämlich für des Propheten, den sie ja als مدينة العلم ansehen, unwürdig, daß ihm die ersten Anfangsgründe der Wissenschaft fremd gewesen sein sollten. Dazu kommt das Streben, den von 'Alī mit Mu'āwiya geschlossenen, ihnen sehr anstößigen Vertrag durch das Beispiel des Propheten zu entschuldigen. Denn dieser soll bei Ḥudaibiya einen ähnlichen Vertrag unterschrieben haben, indem er an die Stelle der von den Ungläubigen nicht geduldeten Worte رسول الله eigenhändig بن عبد الله geschrieben habe. Aber eine andere Version derselben Erzählung sagt nur, er habe auf 'Alī's Weigerung jene Worte selbst ausgestrichen, dann habe 'Alī die neuen dafür hingeschrieben. Andere endlich erzählen einfach, 'Alī habe die neuen Worte geschrieben, wie die alten. [2]) Wir können hier zu keinem Ergebnis über unsere Frage gelangen, besonders wenn wir bedenken, daß das Wort فكتب nicht bloß das eigenhändige Schreiben, sondern auch das Schreiben durch andere, d. h. das Diktieren, bedeuten kann. Denn es heißt gar oft in den bei Ibn Sa'd aufbewahrten Briefen Muhammeds وكتب صلعم كتابًا, wo nur vom Diktieren die Rede ist, was

[1]) Spr. Life 101, Anm. 2; Leben II, 398, wo er erwähnt, daß Muḥammad b. Muḥammad b. Nu'mān († 413) ein eignes Buch geschrieben hat, um zu beweisen, daß der Prophet des Schreibens kundig war.

[2]) Vgl. His. 747; Ṭabari I, 1546; Mubarrad, Kāmil 540; Bh. im كتاب المغازى (غزوة حديبية); kit. al-šurūṭ § 15; Muslim II, 170 f. (Q. VII, 415 ff. kit. al-gihād § 29); F. zu Sur. 48, 25; Mišk. 345. 347 = 353. 355 (bāb al-ṣulḥ); Mawāhib lad. bāb bai'at al-riḍwān wo diese Frage weitläufig besprochen wird u. a. m.

oft noch durch die am Schluß hinzugesetzten Worte وكتب فلان ausdrücklich angezeigt wird. So heißt es auch bei Ibn Hišām a. a. O. gerade bei der Erzählung des Friedensvertrages فبينا رسول الله صلّعم يكتب الكتاب هو وسُهيل الخ, wo doch auch nur das mittelbare Schreiben am Platze ist. Die Einschiebung eines بيده, aus Irrtum oder aus Absicht, wäre ebenso leicht zu erklären, wie die anderweitige Entstellung dieser Tradition.

Ebensowenig beweist eine andere Überlieferung. Muhammed soll auf dem Sterbebette Rohr und Schreibtafel gefordert haben, um etwas niederzuschreiben, das die Muslime vor allem Irrtum bewahren würde[1]). Aber diese von Ibn ʻAbbās ausgehende Tradition wird durch eine andere, die Tendenz unverhüllt darlegende, verdächtig gemacht, in welcher ʻĀïša die Fabel erzählt, Muhammed habe damit den Abū Bekr schriftlich zu seinem Nachfolger ernennen wollen[2]). Es ist daher ganz gewiß, daß man diese ganze, bei Ibn Hišām fehlende Tradition zur Verteidigung des Nachfolgerechtes Abū Bekr's geschmiedet hat; wäre das aber auch nicht der Fall, so könnten doch auch hier die Worte „auf daß ich schreibe" soviel bedeuten als „damit ich diktiere"; und wir hätten wieder keinen festen Boden.

Auch aus dem Qorān selbst erhalten wir über diesen Punkt keine Sicherheit, und zwar einerlei, welchen Standpunkt man hinsichtlich des im Qorān so häufigen Verbum قرأ speziell in der Stelle Sur. 96, 1. 3 einnimmt. Heißt es schlechthin „vortragen, predigen", so ist das von vornherein irrelevant; heißt es aber „lesen" oder „Gelesenes vortragen",

---

[1]) Bh. im bāb maut al-nabi, Anhang zum كتاب المغازى, kit. al-ʻilm § 40. Muslim II, 78 f. (Q. VII, 95 f. كتاب الوصيّة § 4). Miśk. 540 (548 وفاة النبى); vgl. Weil 329 f.; Caussin III, 321.

[2]) Muslim II, 457 (Q. IX, 257 فضائل ابى بكر) und danach Miśk. مناقب ابى بكر faṣl 1 § 3. Aber Ibn Saʻd ed. I, IV, p. ٢٤, 7 فليكتب (scil. ابن ابى بكر).

so trägt auch diese Auffassung zur Aufhellung des Problems nichts bei, da es sich eben um himmlische Texte handelt, zu deren Lektüre die Kenntnis keiner menschlichen Sprache noch Schrift befähigte, sondern einzig und allein die göttliche Erleuchtung.

Wir sehen also, die Gründe dafür, daß Muhammed lesen und schreiben konnte, sind sehr schwach. Wie steht es denn nun mit den Gründen, durch die man gewöhnlich das Gegenteil beweist? Der Hauptgrund ist hier der, daß Muhammed Sur. 7, 156. 158 النبى الأمّى genannt wird, Worte, welche fast bei allen Auslegern als „der des Lesens und Schreibens unkundige Prophet" erklärt werden. Wenn wir aber alle Qorānstellen, an denen أمّى vorkommt, genau vergleichen, so sehen wir, daß es überall im Gegensatz zu den أهل الكتاب steht, d. h. nicht den der Schreibkunst Mächtigen, sondern den Besitzern (resp. Kennern) der heiligen Schrift; Sur. 2, 73 heißt es sogar: auch unter den Juden gäbe es أمّيون welche von der Schrift nur wenig verständen. Das Wort muß bei Muhammed daher den auch sonst oft hervorgehobenen Umstand bezeichnen, daß er mit den alten heiligen Büchern nicht bekannt sei und die Wahrheit nur durch Inspiration kenne, bedeutet aber nicht den, der überhaupt nicht lesen und schreiben kann[1]). Ferner sagt er Sur. 29, 47, er habe vor der Offenbarung des Qorāns kein Buch gelesen; aber diese auch an und für sich nicht sehr bestimmten Worte kann der, welcher behauptet, daß Muhammed dies doch getan habe, als ein Zeugnis in der eignen Sache verwerfen. Endlich wird behauptet, Muhammed habe bei der ersten Offenbarung dem Engel auf den Befehl إقرأ geantwortet ما انا بقارئ;[2]) aber auch

[1]) Ummī ist abzuleiten von Umma, also = λαϊκός = aram. *'ālmāyā*. Die Juden nennen das der Schrift und des Gesetzes unkundige oder nicht genügend kundige Volk *'am hā-āreṣ*. Die Etymologien, welche die Muslime von Ummī geben, können wir mit Stillschweigen übergehen. Cf. Fleischer, Kl. Schrift. II, 115ff.

[2]) Die Belegstellen siehe S. 15 Anm. 2.

das hat keine große Bedeutung, da diese ganze Tradition zu sehr ausgeschmückt ist[1]), und da andere dafür haben ما اقرأ oder فما اقرأ oder وما اقرأ „was soll ich denn lesen?“[2])

So haben wir denn auf beiden Seiten nur Scheingründe. Ebensowenig wert sind die Angaben, daß Muhammed zwar habe schreiben können, aber nur ein wenig und nicht gut. So sagt er in einer Gestalt der Tradition über die erste Offenbarung „er könne nicht gut lesen“[3]), und in jener Erzählung über den Vertrag von Ḥudaibiya sagen einige ليس يُحْسِنُ يَكْتُبُ فَكَتَبَ „er konnte zwar nicht gut schreiben, aber schrieb doch“[4]). Beide Varianten geben sich eben zu deutlich als schwächliche Vermittlungsversuche eines unkritischen Kopfes zwischen den beiden entgegengesetzten Überlieferungen zu erkennen.

Indessen kann auch eine tendenziöse Tradition Wahres enthalten. Es ist doch bis zu einem gewissen Grade wahrscheinlich, daß ein Mann, in dessen näherer Umgebung etwa ein halbes Hundert Leute — ich kenne allein aus Ibn Saʿd ed. III, II, Wellhausen, Skizzen IV, 105 ff. und Belāḏori 471 ff. deren 44 — Schriftstücke lesen und abfassen konnten[5]), nicht nur in seiner Eigenschaft als Händler von dieser Kunst so viel verstand, wie zum Notieren von Waren, Preisen und Namen

---

[1]) Dagegen ist Sprengers Auslegung, durch welche er die Beweiskraft dieser Worte aufheben will, indem er sagt „ich bin nicht lesend“ bedeute nur „ich lese nicht“, keineswegs „ich kann nicht lesen“ (Life 95 Anm. Leben I, 332 n. 2), unstatthaft. Wie es His. 226, 14 كان عمر كاتبًا und öfter in Traditionen heißt كنت كاتبا, wo nur vom Schreibenkönnen die Rede sein kann, so sind dem Sinne der Erzählung nach auch diese Worte aufzufassen. Und so übersetzen sie die türkischen Mawāh. ladun. richtig durch اوقیوجی دکلم, „non sum lector“ (S. 27).

[2]) Vgl. His. 152 und das Original Ṭabarī's I, 1150 (cf. Journ. As. Soc. Bengal XIX, 115). Andere verbinden beides, wie Ṭab. pers. (چه چیز بخوانم که خواننده نیستم) und Itq. 53.

[3]) Weil S. 46 Anm. 50.

[4]) Bh. Miśk. 347 (355 باب الصلح) F. zu Sur. 48, 25 etwas nach der Mitte.

[5]) Vgl. auch I. Goldziher, Muhammed. Studien I, 110 f.

notwendig war, sondern sich vielleicht auch wegen seines Interesses für die heiligen Schriften der Juden und Christen noch mehr anzueignen gesucht hatte. Da wir aber von allen sichern Angaben verlassen sind, müssen wir uns mit den freilich sehr wichtigen Resultaten begnügen, 1) daß Muhammed selbst für einen des Schreibens und Lesens nicht Kundigen gelten wollte, weshalb er den Qorān und seine Briefe durch andere vorlesen ließ[1]; 2) daß er auf keinen Fall die Bibel oder andere große Werke gelesen hat. Freilich will ihn Sprenger durchaus zum Schriftgelehrten machen. So erklärt er es für gewiß[2], daß Muhammed ein Buch über Dogmen und Legenden[3] mit dem Titel اساطير الأوّلين gelesen habe. Mit Asāṭir al'auwalīn[4] (etwa = „die Fabeln der Alten") benannten die Quraischiten Muhammeds erbauliche, ihnen aber langweilige Erzählungen und Lehren, gerade wie der Qorān selbst die 'Āditen des Propheten Hūd Reden خُلُقُ الأوّلين

[1] Vgl. Waq. 202, 12 ff.

[2] Life S. 99 f. Leben Muh.s (Berlin 1869) II, 390 glaubt er es nur noch. Dagegen wendet sich Weil, Mahomet savait-il lire et écrire? Atti d. IV. congresso degli Orientalisti, Firenze 1878 (erschien 1880), I, S. 357.

[3] Näheres über dessen Ursprung usw. siehe Life S. 99 Anm. 3. Leben Muh.s II, 390—397.

[4] اساطير gilt als Plural von einem Singular اسطار(ة) oder اسطور(ة) (vgl. احدوثة. Die Herkunft des Wortes ist nicht deutlich. Man könnte an syrisches ܣܛܪܐ, ܐܣܛܪܐ „chirographum" (mischn. שְׁטָר) oder sabäisches سطر „Inschrift" denken, was zweifellos auf babylonisches *šaṭāru* „schreiben" zurückgeht. Dasselbe gilt auch für arab. سَطْر Linie, مِسْطَرَة Lineal, سَطَرَ schreiben (Sur. 17, 60, 52, 2, 68, 1 usw., auch sabäisch), مُسَيْطِر, مُصَيْطِر (vergleiche das hebr. ebenfalls aus Babylon stammende שֹׁטֵר, Bezeichnung eines Beamten und das nicht ganz sicher zu deutende מִשְׁטָר Hiob 38, 33). In einer bei Suyūṭī Itqān S. 311 mitgeteilten Tradition des Ibn 'Abbās wird مسطورا Sure 17, 60 und اسطور geradezu als himjarisch bezeichnet. Indessen ist mir die Herleitung von اساطير — nicht der angeführten anderen Worte — aus ἱστορίαι (Freytag im Lexikon; Sprenger, Journ. As. Soc. Bengal XX, 119, Leben Muh.s II, 395; Fleischer a. a. O. II, 119) jetzt wahrscheinlicher, wie sie auch Th. Nöldeke selbst schon lange annimmt.

nennen läßt, worunter Sprenger von Rechts wegen auch den Namen eines Buchs suchen müßte. Es wäre aber gänzlich gegen die Art des sich nur auf seine eigenen Offenbarungen berufenden Propheten, ein allgemein gekanntes[1]) Buch zu benutzen, und nun gegen die Beschuldigung eine unnütze Verteidigung zu führen. Auch würde Muhammed, wenn er ein Buch meinte, wohl nicht gesagt haben, „dies ist nur As.", sondern „dies ist من اساطير الأوّلين". Noch weniger Sinn hat es, wenn Sprenger sogar die صُحُف ابرهيم (Sur. 53, 37 f.; 87, 19), d. h. die nach Muhammeds Auffassung dem Abraham, wie dem Moses, gegebenen Offenbarungen, für ein von jenem benutztes Buch erklärt.[2]) Er sollte also leichtsinnig seine eigenen Quellen aller Welt genannt haben!

Wir müssen demnach dabei bleiben, Muhammed die Benutzung schriftlicher Quellen abzusprechen. Vielmehr erhielt er ohne Zweifel die wesentlichsten Stücke seiner Lehre durch mündliche Nachrichten von Juden und Christen. Der Qorān scheint auf diese Tatsache mit folgenden Worten anzuspielen: Sur. 25, 5 وقال الّذين كفروا إنْ هذا الّا افك افتراه وأعانه عليه قوم آخرون, Sur. 16, 105 ولقد نعلم انّهم يقولون انّما يعلّمه بشر لسانُ الّذى يلحدون اليه اعجمىّ. Die Kommentare zur letzten Stelle verzeichnen mehrere Namen von Zeitgenossen des Propheten, welche hier gemeint sein sollen (بلعام, يعيش, جبر, يسار, سلمان). Auf diese und andere Fündlein der Tradition ist aber nichts zu geben. Wenn in den Legenden, welche Muhammed mit einem syrischen Mönche Baḥīra oder Nestorios in Verbindung bringen, auch ein wahrer Kern steckt, so kann doch eine solche Be-

---

[1]) Das müßte dies Buch gewesen sein, da Asāṭīr al'auwalīn neun Mal im Qorān zu ganz verschiedenen Zeiten erwähnt werden.

[2]) Leben Muh.s II, 367. Schon der Talmud ('Abōdā Zārā 14b) sagt, daß Abraham die Halāchā gekannt und befolgt habe. Spätere schreiben ihm die Autorschaft des kabbalistischen Buches Yezīrā zu, oder wenigstens ein verschollenes liber de idolatria (Joh. Alb. Fabricius, cod. pseudepigraph. Vet. Test., Hamburg 1722, I, 400). Dagegen redet Epiphanius, Haer. 1 cap. 8, nicht von Büchern (so Hamburger, Realencyklopädie s. v.), sondern von acht Kindern (liberi) Abrahams.

gegnung kaum eine ausschlaggebende Bedeutung für seine Prophetie gehabt haben. Und mag Muhammed noch so oft nach Syrien gekommen sein — Hunderte seiner Landsleute machten ja jahraus jahrein diese Reise —: um die Offenbarungsreligionen kennen zu lernen, brauchte weder ein heidnischer Mekkaner nach Syrien oder Abessinien, noch ein syrischer oder abessinischer Christ nach Mekka zu kommen. Gar nicht weit davon gab es, wie oben S. 7 gezeigt worden ist, Juden und Christen genug. So werden es zahlreiche und mannigfaltige Kanäle gewesen sein, durch welche Muhammed religiöse Kenntnisse zuflossen. Aber bei der enthusiastischen Gewißheit, die er von seiner göttlichen Sendung besaß, konnte es für ihn nur eine wirkliche Quelle der Wahrheit geben: Allah und sein himmlisches Buch.

Zu den mündlichen Quellen fügt Sprenger noch den Zaid b. ʻAmr b. Nufail, der nach einigen, leider von ganz islāmischem Standpunkt aus gemodelten, Nachrichten[1]) längere Zeit vor Muhammeds Auftreten gegen den Götzendienst der Mekkaner geeifert hatte. Es ist wohl möglich, daß Muhammed durch diesen Mann, vielleicht zum ersten Male, Anregung zum Nachdenken über die Religion empfing; das einzelne ist uns jedoch nicht bekannt. Jedenfalls geht Sprenger[2]) viel zu weit, wenn er aus der uns überlieferten Gestalt von Zaid's Predigt, welche viel Ähnlichkeit mit dem Qorān hat, schließt, Muhammed habe „nicht bloß seine Lehren, sondern auch seine Ausdrücke“ von jenem geborgt. Denn jene Predigt[3]) trägt so offenbar das Gepräge einer aus Qorānstellen zusammengesetzten Erdichtung eines Muslims, daß wir auf sie so wenig geben dürfen, wie auf die unechten Gedichte Zaid's, die bei Ibn Hišām und im Kitāb al'aghānī (III, 15—17 vorkommen. Überhaupt wäre es höchst wunderbar, wenn nicht allein Muhammed

---

[1]) Siehe über ihn His. 145 ff. Bh. (كتاب فضائل اصحاب النبىّ). Aghānī III, 15—17; Ibn Qutaiba 29; Masʻūdī I, 136. Vgl. Spr. Life 41 ff. Leben I, 82—89, 119—124; Caussin I, 323. Wir müssen immer bedenken, daß auf alle diese Nachrichten das Bestreben stark einwirkte, den Islām als eine alte, schon vor Muhammed vorhandene, göttliche Lehre darzustellen.

[2]) Life S. 95 und 98.

[3]) Life S. 41; Leben I, 121 f.

die Reden Zaid's auswendig gelernt und nachher wörtlich in den Qorān hineingesetzt, sondern auch daneben noch ein anderer dieselben Reden in ihrer Urgestalt auf die Nachwelt gebracht hätte.

M. Clément Huart[1]) schreibt sich das Verdienst zu, in gewissen Gedichten des Umayya b. abi 'l-Ṣalt eine neue Quelle des Qorān entdeckt zu haben. Aber fast alle Stellen, die er für seine Hypothese beibringt, stehen unter dem dringenden Verdachte, auf Grund des Qorān gemachte Fälschungen zu sein. Andere Anklänge erklären sich dadurch, daß Umayya wie Muhammed aus dem Borne jüdischer und christlicher Überlieferung schöpfte. Vgl. jetzt auch F. Schultheß in den Theodor Nöldeke gewidmeten „Orientalischen Studien", Gießen 1906, I 71 ff.

Eine nicht unbedeutende Quelle für die Lehre Muhammeds war der alte Glaube seines Volkes. Kein Reformator kann sich von den Anschauungen, in denen er aufgewachsen ist, völlig lostrennen; so blieb auch bei dem Stifter des Islām mancher alte Aberglaube (z. B. über die Ginn), manche religiöse Anschauung aus der Zeit der جاهلية haften. Anderes behielt er mehr oder weniger bewußt bei; die Gebräuche bei der Ka'ba und dem Ḥagg[2]) hatte er durch die — beiläufig bemerkt, den alten Arabern völlig unbekannte — Annahme von dem Abrahamischen Ursprung derselben seiner Lehre angepaßt. Manche alte arabische Sagen, wie die uns in geographischen Namen und alten Gedichten noch vielfach in kurzen oder verkürzten Andeutungen bezeugten von 'Ād und Ṯamūd,

[1]) Journal Asiatique, Jahrg. 1904, S. 125—167. Die Gedichte stehen in einem Werke des 5. Jahrhunderts, in dem von Huart selbst edierten und übersetzten „Livre de la Création et de l'Histoire des Moṭahhar ben Tāhir al-Maqdisī (Publications de l'École des langues orientales vivantes, Paris 1899—1903.

[2]) R. Dozy, die Israeliten zu Mekka, aus dem Holländ. übersetzt, Leipzig 1864 (VI, 196 S.), wollte beweisen, daß das mekkanische Heiligtum und Fest zur Zeit Davids von Israeliten, und zwar von dem Stamme Simeon (nach ihm = Ismaeliten = Gorhum) gestiftet sei. Aber dieser Versuch ist völlig gescheitert, vgl. C. Snouck Hurgronje, Het Mekkaansche Feest, Leiden 1880; weiteres siehe unten zu Sur. 16, 24.

vom سبيل العَرِم usw., nahm er auf, änderte sie aber nach seinen jüdischen Prophetengeschichten gänzlich um, so daß wenig Ursprüngliches übrig blieb[1]).

Aus so verschiedenen Stoffen bildete sich in Muhammed die neue Religion[2]), welche die ganze Welt erschüttern sollte. Was er selbst positiv dazu tat, war unbedeutend gegen das Fremde bis auf die zweite Grundlehre des Islāms محمّد رسول الله (Sur. 48, 29). Zwar erhalten im Qorān auch viele andere Gottesmänner der Vergangenheit (Noah, Israel, Lot, Jethro, Mose, Aaron, Jesus, Hūd, Ṣāliḥ) dieses Prädikat, aber Muhammed stellt sich hoch über sie durch die Behauptung der abschließenden Bedeutung seiner Prophetie (Sura 33, 40 خاتم النبيّين).

B) Über die Offenbarungen Muhammeds.

Muhammed gab vor, seine Offenbarungen[3]) durch den heiligen Geist الروح, روح القدس (hebr.), den er als einen Engel[4]) auffaßt und in medīnischen Sūren auch جبريل „Gabriel"

---

[1]) Eine Schöpfung Muhammeds scheint z. B. der Prophet Ṣāliḥ (die Traditionen über ihn zusammengestellt bei Sprenger, Leben I, 518—525.) zu sein, von dem wir sonst keine Spur antreffen.

[2]) Während die allgemeinen Worte für „Religion" im Qorān, دين (pers.) und ملّة (aramäisch) fremder Herkunft sind, ist die spezielle Bezeichnung إسلام Islām (Sur. 3, 17. 79, 6, 125, 9, 75, 39, 23, 49, 17, 61, 7) echt arabisch und wohl von Muhammed selbst für seine Religion geprägt. Neben dem absoluten Gebrauch (15 mal) des zugehörigen Verbum أسلم findet sich auch die Verbindung mit وَجْهَهُ لله (4 mal) oder mit لِرَبِّ العَالَمِين (4 mal). Der Einfall von D. S. Margoliouth, der Name „Muslim" bezeichne ursprünglich einen Anhänger des Propheten Musailima (Journ. Roy. Asiat. Soc., London 1903, S. 467 ff.), ist sehr rasch von Charles J. Lyall (a. a. O., S. 771 ff.) widerlegt worden. Indessen ist *aslama* „hingeben" vielleicht alte Entlehnung aus dem Aramäischen. Vgl. auch I. Goldziher in Jewish Encyclopaedia VI, 651 b, Art. Islām.

[3]) O. Pautz, Muhammeds Lehre von der Offenbarung, VI, 304 S., Leipzig 1898, hat die Frage zwar sehr breitgetreten, aber keineswegs erschöpft, noch viel weniger gefördert.

[4]) Sur. 16, 104, 26, 193 f. Ibn Sa'd ed. I, 1 p. 129. Im Gedichte des Ka'b ibn Mālik His. 528, 13 stehen روح القدس und ميكال in Parallele.

nennt,[1]) zu empfangen. Doch geschah dies nicht immer auf dieselbe Weise. Ehe wir jedoch diese Weisen genauer aufzählen, bemerken wir, daß die Muslime mit dem Worte Waḥy (وَحْيٌ),[2]) Offenbarung, nicht bloß den Qorān bezeichnen, sondern jede Inspiration des Propheten, jeden göttlichen Befehl an ihn, auch wenn dessen Worte nie als qorānisch verkündigt

---

[1]) Nur Sur. 2, 91. 92, 66, 4. Dagegen spielt er im Ḥadīṯ eine sehr große Rolle. Muhammed sprach wahrscheinlich جَبْرِيل (wie Ibn Kaṯīr liest), oder mehr nach arabischer Form جِبْرِيل, da diese Wortgestalt (– –) in den Gedichten seiner Zeitgenossen am häufigsten ist; doch findet sich in einem Gedichte auf seinen Tod schon die dem Hebräischen genauer entsprechende Form جَبْرَئِيل (– ⏑ – –) im Reim, in den Anmerkungen zu His. S. 219 lin. 5; dieselbe kommt außerhalb des Reimes in einem Gedichte aus der Zeit Mu'āwiya's vor, Aghānī ed. Bulaq Bd. XIII, S. 167, 27. Über die verschiedenen Aussprachen des Wortes handeln ausführlich Ṭabari, Tafsīr I, 328 f. und Baiḍāwi zu Sur. 2, 91. Auch Ṭulaiḥa hatte seinen Gabriel, Ṭabari I, 1890, 13 Belāḏori 96. Die älteste Stelle für die Mittlerrolle dieses Engels ist Lukas I, 19, bezw. Daniel 8, 16, 9, 21. In dieser Gestalt stecken, wenn ich nicht irre, Züge des babylonischen „Schreibergottes" Nabu. — Ohne jeden Anhalt im Qorān ist die Meinung, daß Muhammed in den 3 ersten Jahren seiner Prophetie mit Seraphel (Isrāfīl) zu tun gehabt habe, Ṭabari I, 1249, 4 ff., 1255, 10 ff. Itqān 104.

[2]) وَحْيٌ nur Sur. 11, 39, 20, 113, 21, 46, 23, 27, 42, 50, 53, 4, aber das Verbum dazu, أَوْحَى, ist sehr häufig. Der Sinn „göttliche Eingebung, Offenbarung" leitet sich am leichtesten her aus der im Altarabischen nicht selten zu belegenden Bedeutung, „Andeutungen machen" (وَحْيُ العيون كلامُها Yāqūt III, 520, 7, wonach auch Sur. 11, 39 = 23, 27 zu verstehen ist; Ḥamāsa 616 u.), „einem zureden" (أوحى c. الى pers. 'Alqama 13, 26, Moslim b. al-Walīd ed. de Goeje No. 15, 2; c. acc. pers. „ermuntern zum Kampfe" Yāqūt IV, 102, 14. Von der nämlichen Grundbedeutung aus wurde schon in vorislāmischer Zeit وحى auf die geheimnisvollen rätselhaften (Maidāni ed. Freytag, Kap. 26 n. 90) Züge der Inschriften übertragen ('Antara 27, 2; Mu'allaqa Lebīd 2; Zuhair 15, 5, 17, 3; Appendix 4, 1); vgl. unten S. 46; I. Goldziher, Muhammedanische Studien II, 7; S. Fraenkel, Aram. Fremdwörter S. 245. Von hier aus bekam es dann später auch die Bedeutung „scriptio" im technischen Sinn, Ṭabari III, 2524, 8 u. de Goeje im Glossar, Lisān XX, 257, lin. 20 f.

worden sind[1]. Die meisten der von ihnen aufgezählten Offenbarungsarten betreffen eben die nicht qorānische Offenbarung[2]. Über die Einteilung derselben gibt es nun abweichende alte Traditionen, die man erst später vom dogmatischen Gesichtspunkt aus zu einem künstlichen System verband. Auf die Frage, in welcher Weise ihm die Offenbarungen gegeben würden, soll Muhammed der 'Āïša geantwortet haben, bald vernähme er ein Gedröhn wie von einer Glocke, dies griffe ihn am meisten an; wenn aber der Engel sich entfernte, hätte er die Offenbarung empfangen; bald unterrede er sich mit dem Engel wie mit einem Menschen, so daß er seine Worte leicht verstände[3]. Die Spätern aber, die noch einige andere Überlieferungen hinzunehmen, unterscheiden noch mehr Arten. Im Itqān 103 werden folgende aufgezählt: 1) Offenbarungen unter Glockenton, 2) durch Inspiration des heiligen Geistes in Muhammeds Herz, 3) durch Gabriel in Menschengestalt, 4) von Gott unmittelbar entweder im Wachen, wie bei der Himmelfahrt, oder im Traum. Hiermit stimmt ziemlich ein Schriftsteller, dem Sprenger (Life 154) folgt. Aber in Almawāhib alladunīya[4] werden diese Stufen (مرتبة) also aufgezählt: 1) Traum, 2) Inspiration Gabriels in des Propheten Herz, 3) Gabriel gleichend dem Daḥya[5] b. Ḫalīfa Alkalbī, 4) Unter Glockengetön usw., 5) Gabriel in seiner

---

1) Vgl. Itq. 102. — Auch die Eingebungen des Musailima und Ṭulaiḥa werden als Waḥy bezeichnet, Ṭabari I, 1917 f.; Baihaqi ed. Schwally p. 33.

2) Itqān 104.

3) Muwaṭṭa' 70. Bh. im Anfang; kit. bad' al-ḫalq § 5. Muslim II, 430 = Q. IX, 182 باب طيب عرقه صلعم. Nasāī 106 = I, 147 f. kit. al-iftitāḥ § 37. Ibn Sa'd ed. I, 1 p. 131 f. Miśk. 514 (522 باب المبعث وبدأ الوحى). Tirmidi II, 204 (مناقب bāb 5). Vgl. Weil 44; Muir II, 88; Sprenger, Leben I, S. 272, überhaupt S. 269—75.

4) Maqṣad 1.

5) دَحْيَة oder دِحْيَة. Vgl. Ḏahabī (cod. Lugd. 325). Ibn Doreid ed. Wüstenf. 316 u. Nawawī ed. Wüstenf. 239; Cod. Spreng. 282. So haben auch gute Handschriften und indische Drucke (z. B. die Śamāil bāb 1) oft دَحْيَة.

wahren Gestalt, die er nur zweimal gezeigt hat, 6) Offenbarung im Himmel, wie die Anordnung der fünf täglichen Gebete, 7) Gott persönlich, aber verhüllt (من وراء حجاب), 8) Gott unmittelbar ohne Schleier sich offenbarend. Andere sollen noch zwei andere Stufen hinzufügen, nämlich: 1) Gabriel in der Gestalt eines anderen Menschen[1]), 2) Gott persönlich im Traume sich zeigend.

Man sieht leicht, daß viele dieser Arten aus falsch erklärten Überlieferungen oder Qoränstellen entstanden sind. Dies geht schon daraus hervor, daß die Muslime von den frühesten Zeiten an sich darüber stritten, ob Muhammed Gott gesehen und von ihm persönlich Offenbarungen empfangen habe, oder nicht[2]). 'Āïša soll die, welche jenes behaupteten, mit den Zeichen des höchsten Unwillens für gottlos erklärt haben[3]). Dennoch erhielt sich diese Ansicht, die doch ganz gegen Muhammeds Auffassung und nur aus falscher Erklärung einiger Stellen in Sur. 81 und besonders Sur. 53 entstanden ist. Andere suchten die Schroffheit jener Ansicht zu mildern, und zogen aus Sur. 53, 11 den Schluß, der Prophet hätte Gott mit seinem Herzen (بقلبه oder بفؤاده) gesehen[4]).

Wie diese Art, so ist auch die zu streichen, in welcher Gabriel dem Muhammed in der Gestalt Daḥya's erscheint[5]). Denn obgleich einige Schriftsteller sagen, das sei öfter oder

---

[1]) Auch als Frau (بصورة عائشة Ṭabari I, 1262, 6 ff. Tirm. manāqib) und sogar als bissiger Kamelhengst, His. 191, 1, vgl. 258, 5.

[2]) Über die dogmatischen Fragen, die sich hieran knüpfen, vgl. Mawāh. lad.; Miśk. 493 (501 باب رؤية الله تعالى).

[3]) Bh. u. Tirm. im كتاب التفسير zu Sur. 53; Bh. im كتاب التوحيد (§ 35. 52); Muslim I, 127 ff. = Q. II, 96 ff.; L. zu Sur. 6, 103. Vgl. Sprenger Life 122, Anm. 5.

[4]) Tirm. tafsīr; Miśk. 493 (501); Mawāh. lad.; B. zu Sur. 53, 11.

[5]) Vgl. hierüber Waq. 72 (Wellhausen 211); Ibn Sa'd ed. IV, 1 p. 184 f.; Bh. im كتاب المناقب s. v., باب علامات النبوة فى الاسلام am Ende (II, 182), كتاب فضائل القرآن § 1; Muslim Q. IX, 338; Tab. L. u. Zam. zu Sur. 6, 8 f.; Ibn Ḥagar I no. 2378; Usd al-Ghāba II, 130. Mehrere von diesen erwähnen, zu Gabriels Ehre, daß Daḥya sehr schön gewesen sei (vgl. Sur. 19, 17 und oben S. 9).

meistens (فى اعمّ الاحوال)[1]) geschehen, so ist doch diese ganze Ansicht erst aus einem Ereignisse des Jahres 5 nach der Higra entsprungen, bei welchem das Heer den voraneilenden Daḥya für den Gabriel hielt[2]). So ist ferner Stufe 6 aus der Erzählung über die Himmelfahrt, Stufe 5 aus einer andern Erklärung von Sur. 81 und 53 entstanden.

Dagegen sind uns viele Angaben über die 4. Stufe erhalten. Muhammed, erzählt man, ward beim Empfange der Offenbarung oft von einem schweren Anfall ergriffen, so daß ihm der Schaum vor den Mund trat, das Haupt niedersank, das Antlitz blaß oder glühend rot ward; er schrie wie ein Kamelfüllen; der Schweiß troff dabei einst von ihm nieder, obgleich es winterliches Wetter war[3]), usw. Dieser Anfall, von dem wir noch mehr Zeichen anführen könnten, wird von Buḫāri[4]) und Wāqidī 322 ein schweres Fieber بُرَحَاء genannt; Weil (S. 42 ff.) aber hat zuerst bewiesen, daß Muhammed an einer Art Epilepsie litt, was schon die Byzantiner behauptet hatten[5]), während es einige Neuere leugneten[6]). Da aber zu

---

1) Zam. zu Sur. 6, 9.

2) Vgl. His. 685 u. Weil Anm. 251 u. vgl. oben S. 23 Anm. 5.

3) Muwaṭṭa' 70; His. 736; Waq. 322; Ibn Sa'd ed. I, 1 p. 131 f.; Bh. Anfang, باب كيف كان بدء الوحى passim, kit. al-tafsīr zu Sur. 74; Muslim I, 672 f., II, 116. 631 (= Q. V 185 k. al-ḥagg, VII, 211, X, 229); Nasāī 106 = I, 147 f.; Miśk. 211. 514 = 219 bāb جامع الدعاء faṣl 2 Ende, 522; Mabānī Kap. IV, usw. Vgl. Weil Anm. 48 und im Journ. As. July 1842 p. 108 ff.; Spr. Life 112, Spr. Leben I, 208 ff. 269—286 hält M. für einen Hysteriker.

4) Im ḥadīṯ al-ifk (kit. al-šahādāt § 15, kit. al-maghāzi § 36).

5) *πάθος τῆς ἐπιληψείας*: Theophanes I, 512 (Corpus Script. Byzant. 28), Leo Grammaticus Corpus Bd. XXXI, S. 153, Constantinos Porphyrogennetos III, 91 (Corpus Bd. V), Georgios Hamartolos ed. Muralt, S. 592; *ἐπιληψίας νόσημα*: Zonaras III, 214 (Corpus Bd. XXX); *ἐπίληψις*: Michael Glycas Corpus Bd. XVI, S. 514; epileptica: Canisii Thesaurus ed. Basnage, Amstelodami 1725, Bd. IV, 440. Vgl. außerdem „Verlegung des Alcoran Bruder Richardi Prediger Ordens Anno MCCC, Verdeutscht durch Dr. Mar(tin) Lu(ther) Wittenberg MDXLII, Kap. XI; Hottinger Bibl. or. 14 sqq.; Marracci zu Sur. 74, 1 usw. Diese Ansicht, welche man gegen die Prophetenwürde Muhammeds geltend machte, scheint unter den orientalischen Christen sehr verbreitet gewesen zu sein.

6) Ockley, hist. of the Saracens I, 300; Sale zu Sur. 73; Gagnier I, 91;

den Symptomen der eigentlichen Epilepsie die Ausschaltung des Erinnerungsvermögens gehört, wird eher von psychogenen Erregungszuständen (Rob. Sommer) zu reden sein. Hieran soll er schon von früher Jugend an gelitten haben[1]. Da die mit diesen und ähnlichen Krankheiten Behafteten von den Arabern, wie von allen alten Völkern, für[2] besessen (مجنون) gehalten wurden, so scheint Muhammed, der anfangs denselben Glauben hegte, später in diesen Anfällen gerade eine besondere Einwirkung des einen und wahren Gottes gesehen zu haben. Wahrscheinlich trafen ihn jene Anfälle öfter, seitdem er als Prophet aufgetreten war, besonders in der ersten Zeit, in der sein Geist wild erregt war; doch traten sie auch nach der Flucht noch zuweilen ein[3]. Wenn er so, während er in tiefem Nachdenken war, plötzlich von der Ohnmacht ergriffen ward, da glaubte er, daß eine göttliche Kraft in ihn führe; aber, wie wir oben sahen, die Offenbarung ward ihm erst deutlich, wenn ihn der Engel verließ[4], d. h. wenn er nach der gewaltigen Aufregung zu klarem Bewußtsein kam. Diese Anfälle, welche gewiß durch die geistige Erregtheit, in der er sich oft befand, besonders begünstigt wurden, trafen ihn, nach der Erzählung der Muslime, sowohl bei der Offen-

---

Caussin im Journ. As. 1839, VII, S. 138. Die Frage hat übrigens nicht im entferntesten die Wichtigkeit, welche ihr gewöhnlich beigemessen wird.

[1]) Vgl. die Stellen, die unten bei Sur. 94 angeführt werden. Ein solcher Anfall scheint auch in dem von His. 117, l. 13—17 (vgl. die Anmerkung dazu); Buḫāri, kit. al-ṣalāt § 8; Ibn Sa'd ed. I, 1, p. 93; Azraqī 105, o. 107 u.; Muslim I, 217 = Q. II, 407 f. (kit.-al-ḥaiḍ) erzählten Ereignis zu liegen, dem freilich die Muslime eine andere Wendung geben. Auf diese Überlieferungen ist aber kein Verlaß. Manches spricht dafür, daß jene Anfälle den Propheten erst nach seiner religiösen Erweckung heimsuchten. Vgl. auch M. J. de Goeje, Die Berufung Muhammeds, in „Orientalische Studien, Theodor Nöldeke zum 70. Geburtstag gewidmet", Gießen 1906, I, S. 5.

[2]) Alte Anschauungen über Epilepsie als heilige Krankheit bei Littré, Oeuvres d' Hippocrate VI, 352 ff.

[3]) Hierher gehört z. B. die Ohnmacht während der Schlacht bei Badr: His. 444; Ṭabari I, 1321; Waq. 65; Aghānī IV, 27; vgl. Weil 157.

[4]) وَيُفْصِمُ عَنِّى وقد وعيتُ ما قال oder فأَعِى ما قال. Die Stellen S. 22 Anm. 3.

barung von Qorānstellen[1]), wie bei göttlicher Entscheidung über andere Dinge[2]).

Aus diesem krankhaft bewegten Körper- und Geisteszustande sind die Visionen und Träume zu erklären, die ihn über die menschlichen Verhältnisse emporhoben. Am bekanntesten ist hiervon die Nachtreise (الإسراء) oder die Himmelfahrt (المعراج), die, wie wir unten beweisen werden, ein Traum war. Daß die Nachrichten über diese Seelenbewegungen im allgemeinen richtig sind, davon zeugen am besten die phantastischen wilden Qorānstücke, die Muhammed vorzüglich in den ersten Jahren seiner Prophetie von sich gab.

Wir dürfen dabei nicht außer acht lassen, daß ein großer Teil dieser Offenbarungen in der Nacht entstanden zu sein scheint[3]), während welcher der Geist für phantastische und Gemütseindrücke weit empfänglicher ist, als beim Tageslicht. Wir wissen ja sicher, daß Muhammed in früherer Zeit sehr oft die Nacht wachend mit Andachtsübungen hinbrachte (تهجّد, Sur. 17,81) und viel fastete; durch Fasten aber wird das Visionsvermögen sehr erhöht (Ev. Matth. 4, 2; Apocal. Esdrae, Anfang), wie die neuere Physiologie (Joh. Müller) erkannt hat.

Aber freilich wird schon ein flüchtiger Leser leicht einsehen, daß nicht der ganze Qorān so im höchsten Grade der Ekstase entstanden sein kann. In mannigfachen Abstufungen kommt der Geist von jener bis zum einfachen angestrengten Nachsinnen. Überhaupt konnte Muhammed in der heftigen Erregung nicht ganze Teile des Qorāns, sondern nur einzelne Worte und Gedanken zu vernehmen glauben. Für die histo-

---

1) Vgl. z. B. die Tradition ʻOmar's: F. und Tirm. (tafsīr) zu Sur. 23 Anfang; Zam. am Ende von Sur. 23.

2) Vgl. z. B. die Tradition Yaʻlā's bei Bh. im كتاب المغازى, باب غزوة الطائف (III, 45) كتاب فضائل القرآن § 2 Ende (III, 145) = باب العمرة § 10 (I, 202); Miśk. 522 (530); auch Mabānī IV.

3) Sicher ist dies z. B. von Sur. 73, 1 ff., wahrscheinlich von Sur. 74, 1 ff. usw. Itq. 45 behauptet, der größte Teil des Qorāns sei am Tage geoffenbart.

rische Forschung ist ein selbständiger Qorānabschnitt aus diesem Grunde nicht Offenbarung schlechthin, sondern die literarische Form, in welcher der Prophet den Inhalt einer ihm zuteil gewordenen Offenbarung ausgeprägt hat. Naturgemäß war die Stärke des prophetischen Rausches von bestimmendem Einfluß auf den Stil des Schriftstellers. Als jene ungeheure Erregbarkeit mit der Zeit abnahm, wurden die Sūren daher immer ruhiger. Anfangs bewegt sie noch eine gewisse poetische Kraft, später werden sie immer mehr zu bloßen Aussprüchen eines Lehrers und Gesetzgebers. Wenn er hierbei die Form, Gott selbst redend einzuführen, stets beibehielt, so ist das nicht leere Phrase, sondern wahrhaftiger Ausdruck seiner Überzeugung. Die Art der Offenbarung, in welcher „der Engel ungesehen sein Herz inspiriert", ist die häufigste im Qorān, wenn auch die Muslime damit weniger den Qorān, als die anderen Offenbarungen bezeichnen wollen.

Nun vermutet aber Weil[1]), daß Muhammed einige Offenbarungen geradezu von einem Menschen erhalten habe, der sein Spiel mit ihm trieb. Er meint, die Verse, in denen Muhammed angeredet wird, ließen sich kaum anders erklären, wenigstens in der früheren Zeit. Dazu hält er die Angabe, daß Gabriel dem Daḥya ähnlich gewesen sein soll. Aber diese Ansicht ist durchaus nicht zu billigen. Daß Muhammed von Gott angeredet wird, streitet durchaus nicht mit der ganzen Weise seiner prophetischen Rede, am wenigsten in der frühsten Zeit, in der er oft genug Engel erblickt haben mag. In den spätern Sūren behielt er diese wie andere Formen schon aus Gewohnheit bei. Nun sind aber die meisten Stellen, durch die Weil seine Ansicht zu beweisen sucht, aus ziemlich späten Sūren. Muhammed hätte also den Betrug bis kurz vor der Higra gar nicht gemerkt! Wie sollen wir uns überhaupt denken, daß ein Reformator — denn als solcher wäre doch der eigentliche Urheber jener Verse anzusehen — statt selbst aufzutreten, einen leicht zu betrügenden Menschen aufgesucht

---

[1]) Anm. 598 und K. 57 ff., 2. Aufl. S. 66 ff.

hätte, um ihn durch Täuschungen, die der Wahrheit ihren Wert nehmen würden, zur Verkündigung seiner Lehren zu bewegen? Wenn Weil nun meint, jene Verse ließen sich nicht mit der Wahrhaftigkeit vereinigen, von der Muhammed anfangs durchdrungen gewesen sei, so entsteht das Dilemma: entweder hat der unbekannte Verfasser nur jene Verse gemacht, die an und für sich bedeutungslos sind, oder auch andere, die, wenn sie von ihm sind, ebenso wahr erscheinen müssen, wie wenn sie von Muhammed selbst stammen; also entsteht bei einer solchen Auffassung derselbe Konflikt. Ganz unpassend ist hier endlich die Herbeiziehung Daḥya's. Denn dieser Mann, der durchaus keine hervorragende Rolle spielte, war nur zufällig zu der Ehre gekommen, als dem Gabriel ähnlich angesehen zu werden[1]); er war sogar noch längere Zeit nach der Higra ein Heide, der als Kaufmann umherwanderte[2]), also früher in keiner engeren Beziehung zu Muhammed gestanden haben kann.

Auch Sprenger (Leben II² S. 348—390) gibt[3]) sich viele Mühe, zu beweisen, daß „wenigstens noch eine Person hinter den Kulissen tätig war" (S. 366) oder im „Komplotte" mit ihm stand (S. 362), und ist am meisten geneigt, Baḥīrā für diesen Mentor des Propheten und Verfasser der Ṣuḥuf zu halten; aber seine Argumente können nicht überzeugen[4]).

Überhaupt ist es unwahrscheinlich, daß ein überlegener und selbstbewußter Geist wie Muhammed derartig in Abhängigkeit von einem Zeitgenossen geraten sei. Am wenigsten darf ein betrügerisches Einverständnis angenommen werden. So viel Fehler er auch besessen hat, sein Leben und sein Werk haben die Aufrichtigkeit seiner Verkündigung zur unbedingten Voraussetzung (s. oben S. 6).

---

[1]) Siehe oben S. 23f.

[2]) Siehe unten bei Sur. 62.

[3]) Vgl. auch Sprenger, Muhammed und der Qorān, eine psychologische Studie, Hamburg 1889, S. 58, und schon früher ZDMG. XII (1858) 238ff. und dagegen Th. Nöldeke a. a. O., S. 699ff.

[4]) Vgl. auch Hartwig-Hirschfeld, New Researches etc. London 1902 S. 22.

Die Länge der einzelnen Offenbarungen ist sehr verschieden. Die Traditionen schwanken über diesen Punkt, wie über so viele andere, sehr stark. Einige behaupten, der Prophet habe den Qorān in einzelnen Buchstaben und Versen (آيةً آيةً وحرفًا حرفًا) erhalten, mit Ausnahme von Sur. 9 und 12, die ihm je auf einmal zugekommen seien[1]). Nach andern sollen jedesmal ein oder zwei Verse[2]), nach anderen ein bis fünf oder noch mehr[3]), nach andern fünf bis zehn oder mehr oder weniger[4]), nach andern endlich immer fünf[5]) geoffenbart sein. Dazu kommt noch, daß es von manchen Sūren heißt, sie seien auf einmal vom Himmel herabgekommen, z. B. von Sūre 6[6]) und anderen[7]). Am ungenauesten drückt sich darüber Alkalbī aus[8]): ثمّ [أى بعد ان نزل جبريل بالقرآن الى السمآء الدنيا] نزل به بعد ذلك يومًا بيوم آيةً واثنتين وثلاثًا وسورةً. Um diese leicht noch zu vermehrenden Widersprüche, aus denen man sehen kann, wie wenig in diesen Dingen auf die Tradition zu geben ist, abzuschließen, will ich die Worte des Abū 'llaiṯ al-Samarqandī zu Sur. 6 hierhersetzen: قال شَهْر بن حَوْشَب نزلت الانعام جملةً واحدةً وهى مكّيّة غير آيتين. Also alle Verse zugleich geoffenbart und doch zwei anderswo als die übrigen!

Wenn wir nun aber den Qorān unbefangen lesen, so werden wir erkennen, daß immer mehrere Verse zusammenhängen, daß oft die Zahl der unzweifelhaft zusammen geoffenbarten reichlich groß ist, und daß selbst viele Sūren — nicht bloß die ganz kleinen, die wohl niemand zerreißen möchte,

---

1) Zam. und B. zu Sur. 9 am Ende.

2) L. zu Sur. 2, 181.

3) Itq. 98.

4) Ebend.

5) Itq. 99.

6) L. u. B. zu Sur. 6 am Ende; Cod. Lugd. 674 (ein masorethisches Buch aus dem Ende des 5. Jahrhunderts). Ḫamīs ed. Cair. 1283 p. 12. Itq. 19. Aber diese Tradition wird Itq. 84f. für unzuverlässig (ضعيف) erklärt.

7) Itq. 84f.

8) Im cod. Spr. 404, einem fragmentarischen Qorān-Kommentar.

sondern auch ziemlich lange, wie z. B. Sur. 12 — auf einmal entstanden sein müssen. Einzelne Sūren sind wohl disponiert und haben nicht nur einen ordentlichen Eingang, sondern selbst einen gehörigen Schluß. Im ganzen ist jedoch die Redeweise des Qorāns sehr springend, so daß der Zusammenhang nicht immer klar zutage liegt, und man leicht in Gefahr kommt, Zusammengehöriges zu trennen. Freilich dürfen wir aber nicht leugnen, daß auch manche Offenbarungen sehr kurz waren. Die einzelne Untersuchung muß hier aus der genauesten Beobachtung des Zusammenhanges den ursprünglichen Zustand wieder zu erkennen suchen. Die falsche Ansicht der Muslime über die ursprüngliche Kürze der Offenbarungen kann aus verschiedenen Ursachen entstanden sein. Man wußte, daß manche (besonders medīnische) Gesetze sehr kurz gewesen waren, und schloß daraus auf die übrigen; man hatte oft von eng zusammenhängenden Versen verschiedene Traditionen über die Veranlassung und mußte sie sich so als ursprünglich getrennt denken; man hörte wohl auch größere Stücke durch einzelne Verse (etwa den Anfangsvers) bezeichnen und verstand dies nun falsch so, als wäre nur von jenen einzelnen Versen die Rede. Endlich mag zu jener Ansicht noch der Glaube beigetragen haben, Muhammed habe alle Qorānverse während der epileptischen Zufälle erhalten, da man sich diese doch nicht als lange anhaltend denken durfte[1]).

Übrigens hat Muhammed öfter Qorānstellen, die zu verschiedenen Zeiten entstanden sind, zusammengesetzt oder ineinandergefügt. Bei einigen Stellen ist dies sehr deutlich, bei andern können wir es vermuten, an andern endlich mag es uns ganz verborgen bleiben. Denn wer wollte sich getrauen, Verse, die in Zeit und Sprache nur wenig verschieden sind, immer zu trennen, nachdem sie der Verfasser verschmolzen hat?

Eine einzelne, für sich bestehende Offenbarung nannte Muhammed Sūra oder Qorān. Jenes Wort (neunmal, in mekkanischen wie medīnischen Stücken: 2, 21, 9, 65. 87. 125. 128,

---

[1]) Vgl. Spr. Life 152, Anm. 4.

11,16, 10,39, 24,1, 47,22), zu dessen Erklärung die Muslime sich viele vergebliche Mühe gegeben haben[1]), ist noch immer in seinem Ursprunge nicht sicher erkannt. Man hat an Entlehnung aus hebr. שׁוּרָה[2]) „Reihe" (von Personen [z. B. Mischna Sanhedrin 4, 4] und Gegenständen) gedacht, von wo aus Sūra leicht als „Zeile aus dem himmlischen Buche" gedeutet werden könnte; aber die Bedeutung „Linie in Büchern und Briefen, Zeile", ist nur für das jüngere Neuhebräisch zu belegen. Auch darf man schwerlich an die Wendung שׁוּרַת הַדִּין „Richtschnur"[3]), erinnern oder gar in *sūrā* eine Entstellung[4]) von hebr. *sidrā* sehen. Aber die Bedeutung „Lektionsabschnitt", als Synonym von סֵדֶר[5]), paßt nicht schlecht.

قُرْآن oder, mit Erweichung des Hamza, قُرَان[6]) bedeutet

---

[1]) Man leitet es entweder von der Wurzel سور ab und erklärt es als Erhabenheit, Stufe, رتبة (eine Bedeutung, die übrigens dem Worte سُورة durch mehrere Belegstellen aus alten Dichtern gesichert ist; vgl. das häufigere سَوْرة), indem nämlich eine immer noch erhabener sein soll, als die andere; oder man läßt es von سأر abstammen, indem man das Hamza für erweicht erklärt, während andere wirklich سُؤرة sprechen sollen. Dann soll es bedeuten البقيّة من الشىء والقطعة منه, Ṭabari in der Einleitung zum Tafsīr (ed. Cair. I, 34 f.). Vgl. L. zu Sur. 24,1; Zam. u. B. zu Sur. 2,21; Ibn ʿAṭīya; Alqurṭubī 25 r.; Siḥāḥ und Qāmūs s. v.; Itq. 121. Man beachte aber wohl, daß Worte aus dieser Wurzel in keiner semitischen Sprache einen „Teil" überhaupt bedeuten, sondern nur den übrig bleibenden.

[2] Die Etymologie ist dunkel. Mit שׁוּר „Mauer" hat es nichts zu tun. Vgl. auch S. Fränkel, Aram. Fremdwörter S. 237 f.

[3]) Paul de Lagarde, in Nachrichten Königl. Ges. d. Wiss. Göttingen 1889, S. 296—298.

[4]) Hartwig Hirschfeld, New Researches, S. 2, Anm. 6.

[5]) So schon G. Sale, The Korān, Preliminary Discourse, sect. III.

[6]) So sprach wahrscheinlich Muhammed selbst aus, da die Ḥigāziten die Erweichung des Hamza liebten (siehe unten). So heißt es bei Ḥassān b. Ṯābit (His. 526) جَحَدوا القُرَانَ وكذّبوا بمحمّد (⏑ ⏑ –) und (His. 713, 1 = Diwan p. 45, 9) كفرتم بالقران وقد أُتيتم. So las Ibn Kaṯīr

nicht nur einen einzelnen Abschnitt der Offenbarung [1]), sondern, wie das jüdische *Miqrā*, auch mehrere oder alle zusammen [2]). Diese Bedeutung ward nachher allein herrschend, indem man so die von Muhammeds Nachfolgern veranstaltete Sammlung der Offenbarungen nannte [3]). Der Form nach stimmt es genau überein mit einem gebräuchlichen Infinitiv [4]) von قرأ nach dem nicht seltenen Typus *fu'lān*. Damit ist aber weder die Frage nach seinem ursprünglichen Wortsinne entschieden, da der Sprachgebrauch von قرأ etwas verworren ist, noch die Frage nach der wirklichen Entstehung des Wortes, da noch eine andere Möglichkeit erwogen werden muß.

قرأ heißt im Qorāne „vortragen", „rezitieren" (Sur. 16,100, 17,95, 69,19, 73,20, 87,6), aus einem Texte oder frei aus dem Gedächtnis (ZDMG. X, 4 f.; Itq. 254 f.; Sprenger, Life 96, n. 2; Leben I, 298—463, III p. XXII), sonst auch „diktieren" an einen

---

im Qorān, und daher findet sich in alten kūfischen Handschriften wohl قرن (d. i. Qurān, nicht Qur'ān). Übrigens hat Ka'b b. Zuhair القرآن His. 891,13. Vgl. auch Karl Vollers, Volkssprache und Schriftsprache im alten Arabien, Straßburg 1906, S. 91, überhaupt S. 83—97.

1) Z. B. Sur. 72,1, 10,62.

2) Z. B. Sur. 15,87, 17,84, 25,34 so viel wie das „himmlische Buch".

3) Es sei hier noch bemerkt, daß einige Muslime قرآن nicht von قرأ „lesen", sondern, wahrscheinlich verleitet durch Sur. 75,17 إن علينا جمعه وقرآنه, von der Bedeutung „vereinigen, sammeln" ableiten (vgl. قرن), so daß es das die einzelnen سور Verbindende bedeuten soll. Dies war die Ansicht Qatāda's (Ibn 'Aṭīya) und Abū 'Ubaida's (Ṣiḥāḥ s. v.). Vgl. Ṭabari in der Einleitung zum Tafsīr (ed. Cair. I, 31 f.); Lisān al-'Arab. I, 124; Itq. 118 f. Vgl. auch Ibn Qotaiba, Liber Poësis et Poëtarum, ed. de Goeje (Leiden 1904) p. 26,4. 5.

4) Sur. 17,80, 75,17 f. So ein Dichter bei Ibn Qutaiba ed. Wüstenf. 99 (nach 'Iqd, Cap. نسب عثمان u. Ibn al-Aṯīr, Kāmil III, 151 ist es Ḥassān b. Ṯābit) يقطّع الليل تسبيحا وقرآنا (mit Lobpreisen und Qorānrecitieren), Ṭabari I, 2196,17 (I, 3063 u. im Diwan fehlt der Vers), mehr Beispiele im Ṣiḥāḥ und Qāmūs, Ibn 'Aṭīya, Alqurṭubī a. a. O., Mabānī III.

Schreiber[1]). Mehrmals heißt es in Traditionen, Muhammed habe etwas gesagt und ثمّ قرأ, wo nur vom auswendigen Rezitieren von Qorānstellen die Rede sein kann. Der Sprachgebrauch Muslim I, 80 (= Qast. I, 449) فقرأها رسول الله صلعم ثلاث مرّات, wo nur von einem gewöhnlichen Ausspruche geredet wird, ist vereinzelt, die Übertragung des Terminus für gedächtnismäßiges Hersagen von Qorānstellen auf Hadithe erklärt sich aber sehr leicht. Da nun ein Kulturwort wie „lesen" nicht ursemitisch sein kann, so dürfen wir annehmen, daß es in Arabien eingewandert ist, und zwar wahrscheinlich aus dem Norden, erscheint ja im Hebräischen und Aramäischen die ursprüngliche Bedeutung „rufen" noch ganz lebendig. Das Arabische kennt dieselbe nicht. Zwar liegt in den bekannten Phrasen قرأ على فلان السلامَ[2]) und قرأ فلانا السلام[3]) diese Bedeutung unversehrt vor, aber die enge Verbindung, in der hier قرأ mit dem aramäischen Grußworte שְׁלָם (hebr. שָׁלוֹם) steht[4]), erregt Zweifel, ob nicht die ganze Phrase entlehnt ist, wenn sich dieselbe auch im älteren Aramäisch noch nicht nachweisen läßt. Falls Sūre 96, 1 اقرأ wirklich mit Predige! zu übersetzen wäre, müßte das ähnlich beurteilt werden[5]). Da nun das Syrische neben dem Verbum קרא das Nomen *qeryānā* hat, und zwar in der doppelten Bedeutung

---

[1]) Z. B. Ibn Sa'd ed. III, 2 p. 59, 15, 60, 20 (قرأ على فلان).

[2]) Bh. kit. al-īmān § 19; bad' al-halq § 5, i; Aghani I, 15 lin. 18; Ḥātim Ṭej ed. Schultheß p. ٣٨, 15; Ḥamāsa 604 v. 2.

[3]) Muwaṭṭa' 175, 3 v. u.; Waq. 189, 2 v. u.; Tirm. Tafsīr zu Sure 3, 163 und oft. Der türkische Qāmūs erklärt die Redensart durch فلان كمسنه لسانا تحيّت وسلام ابلاغ ايلدى „er überbrachte jemand mündlich einen Gruß."

[4]) I. Goldziher, ZDMG. 46, S. 22 f. hat bewiesen, daß der Salām-Gruß schon lange vor dem Islām bekannt war. Aber ursemitisch kann er unmöglich sein. Das im Qorān vorhandene fremde Sprachgut beruht ebenfalls zum Teil auf alter Entlehnung. Muhammed selbst wird dem nur sehr wenig neues hinzugefügt haben.

[5]) Ausführlicheres siehe unten zur Stelle. Vgl. noch C. Snouck Hurgronje, Rev. Hist. Relig. tom. 30 p. 62, 155, Mekka, Bd. II, 225 Anm.

ἀνάγνωσις und *ἀνάγνωσμα*, so gewinnt, im Zusammenhange mit dem eben Erörterten, die Vermutung an Wahrscheinlichkeit, daß der Terminus Qorān nicht eine innerarabische Entwicklung aus dem gleichbedeutenden Infinitive ist, sondern eine Entlehnung aus jenem syrischen Worte unter gleichzeitiger Angleichung an den Typus fu'lān.

فُرْقَان bedeutet nicht eigentlich ein Buch selbst, sondern bezeichnet als Abstraktum die Offenbarung und wird daher sowohl für die Inspirationen Muhammeds (Sur. 3, 2, 25, 1, 2, 181), wie die anderer Propheten, Aron's und Mose's, (Sur. 2, 50, 21, 49) gebraucht[1]).

Der Stil des Qorāns ist je nach den Zeiten der Abfassung sehr verschieden, so daß wir besser unten bei der Behandlung der einzelnen Perioden davon reden. Denn während einzelne ältere Teile wild aufgeregt oder ruhig erhaben sind, finden wir in andern eine sehr gewöhnliche, breite, fast ganz prosaische

---

[1]) Das Wort stammt, wie das äthiopische *ferqān*, von dem aramäischen ܦܘܪܩܢܐ, vgl. A. Geiger a. a. O. S. 55f., Siegmund Fränkel, de vocabulis in antiquis Arabum carminibus et in Corano peregrinis, Dissert. Lugdun. Bat. 1880, S. 23, Fr. Schwally in ZDMG. 1898, S. 134f. Durch dasselbe wird einerseits im Targum hebr. פְּדָיִים, ישׁע, ישׁועה, תשׁועה wiedergegeben, andererseits neutestamentl. griechisches *λύτρον*, *λύτρωσις*, *ἀπολύτρωσις* (z. B. Luc. 21, 28; Röm. 3, 24; Ephes. 1, 7. 14; Col. 1, 14; Hebr. 9, 15), *σωτηρία* (z. B. Luc. 1, 69; Apoc. 7, 10, 12, 10). In letzterem Sinne gebraucht Muhammed das Wort zweimal in Sura 8 (v. 29. 42). Die Bedeutung „Offenbarung" ist im Aramäischen nicht nachgewiesen. Es ist daher möglich, daß sie sich erst auf arabischem Sprachgebiete gebildet hat. Falls man nicht ein bloßes Mißverständnis M.'s annehmen will, wäre zu erwägen, ob dieser Bedeutungsübergang nicht in einer Gemeinschaft vor sich gegangen ist, in welcher die Hoffnung auf eine Befreiung oder Erlösung das ganze religiöse Denken beherrschte, d. h. in erster Linie und am wahrscheinlichsten unter Christen, in zweiter Linie in messianisch gerichteten jüdischen Kreisen. — 'Alī b. abū Ṭālib (His. 518, 7):

فجآء بفرقان من الله منْزَلٍ
مبيّنةٍ آياتُه لذوى العقل

Auch über die Ableitung dieses Wortes findet sich bei den Muslimen viel Falsches. Vgl. Ṭabari, tafsīr I, 32 f.; Bh. zu Sur. 24, 1, die Lexika usw.

Sprache. Deshalb beschränken sich ihre gemeinsamen Merkmale im wesentlichen darauf, daß — mit ganz geringen Ausnahmen — Gott immer selbst redend eingeführt wird, und daß sich überall eine gewisse rhetorische Farbe zeigt. Denn das müssen wir vor allem festhalten, daß der Qorān weit mehr rhetorisch, als poetisch ist. Wenn auch auf die Erzählungen, durch welche die Muslime die Unbekanntschaft ihres Propheten mit der heidnischen Dichtkunst zu beweisen suchen, wenig Gewicht zu legen ist[1]), da sie nur ein Ausfluß der Qorānworte ما هو بقول شاعرٍ (Sūra 69, 41) sind, so war doch seine ganze geistige Anlage weit mehr auf das Didaktische und Rhetorische gerichtet, als auf das rein Dichterische. Daher kam es denn, daß er zu einer Zeit, wo die größten arabischen Dichter, ein Schanfarā, Nābigha al-Ḏubyānī, A'schā usw., blühten oder eben gestorben waren, wo fast Jedermann mit Leichtigkeit einen gefälligen Vers machen konnte, einen Ḥassān b. Ṯābit allen anderen Dichtern vorzog und die Gedichte des Umaiya b. Abī'l-Ṣalt bewunderte[2]), obgleich in ihnen erborgte Anschauungen[3]) und rhetorischer Wortprunk[4]) die Stelle wahrer Poesie vertreten. Muhammed

---

[1]) Vgl. His. 882; Aghānī XX, 2; Ibn Sa'd ed. IV, I, p. 161, 25 f.

[2]) Vgl. Muslim II, 399 f. = Q. IX, 100 ff. (كتاب الشعر); Miśk. 401 (409 باب البيان والشعر); Śamāil bāb 37; Aghānī III, 190 f.; Bh. kit. al-adab. § 90.

[3]) Vgl. seinen Vers über die, welche Gottes Thron tragen: رَجُلٌ وثورٌ تحت رِجْلِ يمينهِ * والنسرُ للاخرى وليثٌ [so lies für رحل] يَرْصُدُ (Ibn Ḥagar I, p. 261. Aghānī III, 190, 19; Damīrī (Cairo 1309) II, 154 (s. v. غراب): مرصد. 'Iqd ed. 1305 III, 96 und Qazwīnī ed. Wüstenf. I, 56 ملبد; allein steht Qazw. mit der Lesung يمنى رجله —), worin wir ohne Zweifel eine Anspielung auf Ezech. 1, 10 und besonders Apok. 4, 7 zu sehen haben.

[4]) Vgl. z. B. die Trauerlieder bei His. 531 ff. und die anderen Fragmente seiner Gedichte Aghānī III, 186—192, XVI, 71 ff.; Ḫizānat-al-adab I, 118 ff.; Gamhara 106 f.; Ibn Qotaiba ed. de Goeje 279—282; Prairies d'or I, 136—142. Die anderen Stellen findet man jetzt in dem oben S. 19 zitierten Aufsatz von Schultheß, der auch über den Inhalt

selbst scheint nur ein einziges Mal in seinem Leben unwillkürlich ein Verspaar der einfachsten Gattung gemacht[1]) und nur selten fremde Verse im Munde geführt zu haben[2]).

Muhammed wurde aber trotzdem von seinen Gegnern als „Dichter“ bezeichnet. Dies beweist, daß die Form, in denen er seine Offenbarungen vorbrachte, der sogen. Sagʿ (سَجْع), noch als poetische Form empfunden wurde, obwohl die Dichter schon längst eine streng nach Reim und Metrum gebundene Diktion befolgten[3]). Der Sagʿ besteht nämlich darin, daß die Rede in kurze Glieder zerfällt, von denen immer zwei oder mehrere aufeinander reimen, jedoch so, daß die Endsilben der einzelnen Glieder nicht nach den feinen Regeln des Versendes, sondern denen der gewöhnlichen Pausa (Waqf) ausgesprochen werden und einen viel freieren Versreim (Qāfiya) haben[4]). Dieser

---

der Fragmente, namentlich den theologischen, und die historischen Beziehungen gehandelt hat. Was den Propheten anzog, war die fast muslimische Gedankenwelt des Mannes.

[1]) Das oft (z. B. Bh. kit. al-maghāzī § 55; Ṭabari I, 1662 und im Tafsīr zu Sur. 9, 15, ed. Cair. X, 64; Wāqidi 273, 19; Miškāt 417 bāb al-mufāḫara faṣl 1; Ḫamīs ed. Cair. II, 103, Abschnitt über die Schlacht von Ḥunain usw.) zitierte Ragaz:

* انا النبىّ لا كَذِبْ * انا ابن عبد المطّلبْ *

[2]) Vgl. Bh. Muslim u. Śamāil an den S. 36 Anm. 2 zitierten Stellen.

[3]) Vgl. I. Goldziher, Abhandlungen zur arabischen Philologie I, 57—83 (Leiden 1896).

[4]) Die Hauptsache der Pausa und des Prosareims ist die Unterdrückung der kurzen Endvokale, sowie des Tanwīn's und die Aussprache des ـًا als ā. Die künstlichen Aussprachen mit halben Vokalen, welche man „Raum“ (nicht Rūm, wie de Sacy ausspricht, da es die einfache Infinitivform فَعْل ist; vgl. das Ṣiḥāḥ und die Schreibweise guter Handschriften, wie cod. Peterm. I, 159, cod. Lugd. Gol. 46) u. Iśmām nennt, sind zwar schon von Sībawaih (ed Bulaq 1318 II, 282) besprochen, jedoch ist es zweifelhaft, ob sie aus dem Leben oder bloß aus den Schulen hervorgegangen sind. Vgl. über sie die masorethischen Werke, wie die Gazarīya mit ihren Kommentaren (z. B. cod. Vindob. A. F. 377 c. = Flügel 1636, A. F. 309 b. = Flügel 1630); das große Werk Ibn Algazarī's: cod. Peterm. I, 159; cod. Sprenger 382; cod. Goth. Möller 65; Itq. 210 usw. Die Gesetze der Pausa sind genauer entwickelt in Sibawaih ed. Būlāq II, 277—291; Zamaḫśarī's Mufaṣṣal ed. Broch² p. 160 ff.; Ibn Mālik

Redeweise, die in den Aussprüchen der alten Wahrsager (Kuhhān) herrschte, bediente sich auch Muhammed, jedoch mit manchen Veränderungen. Denn er kehrte sich nicht an die Regel, den einzelnen Gliedern ungefähr gleiche Länge zu geben, dehnte die Verse in den spätern Sūren immer mehr aus und wandte endlich den Reim sehr frei an, so daß die Muslime nicht mit Unrecht den Qorānreim (فاصلة الآى) von dem der Reimprosa (قرينة السجع) unterscheiden[1]). Da jener Reim für die Verbesserung einiger Stellen, für die richtige Verseinteilung, die Erkenntnis des Zusammenhanges größerer Stellen und die Ausscheidung versetzter Verse von großer Bedeutung ist, wenn man ihn genau, aber vorsichtig, beachtet, so wird es erlaubt sein, hier etwas näher auf ihn einzugehen. Muhammed wendet alle Freiheiten an, die überhaupt beim Prosareim vorkommen, und vermehrt sie noch; er läßt ـًا, das am Ende eines Verses auszusprechen ist, mitunter ganz verschweigen[2]), unterdrückt das schließende ـِ oder ـِى der Verba, die auf و oder ى ausgehen[3]), verlängert das ـَ des Naṣb im Nomen und Verbum zu ā, wie im Versreim[4]), und

---

cap. 69; cod. Goth. 65, fol. 25 r.; Itq. 209 ff. Vgl. auch die Angaben in Ewalds arab. Grammatik I, 373 f., II, 335 f.; W. Wright, Grammar³ II, 368—373.

[1]) Ibn Ḫaldūn, Muqaddima Cap. VI § 45; Itq. 693 f. Allgemein wird es verboten, den Reim des Qorāns قافية zu nennen, weil dieser kein شعر sei (ebend. S. 695); dagegen ist es eine Streitfrage, ob man von seiner Form سجع im weitern Sinne gebrauchen dürfe.

[2]) Sur. 58, 2 (Versende?); 90, 6; 74, 33 usw. Zuweilen (Wright, Grammar³ II, 369 B) kommt dies auch im Versreim vor, z. B. bei Labīd:

فلا تَخْمُشا وجهًا ولا تَحْلِقا شَعَرْ

(Diwan ed. Brockelmann XXI, 4) für شَعَرًا.

[3]) Sur. 55, 26. 44. 54; 75, 27 usw. Dies ist übrigens auch in der gewöhnlichen Pausa nicht selten und in manchen Mundarten allgemein üblich. Kühner ist Sur. 75, 26 die Unterdrückung von ـِى, aber doch auch nicht unerhört. Vgl. hierüber Sībawaih II, 289 f.; Mufaṣṣal p. 161 f.

[4]) Sur. 33, 4. 10. 49. 66; 84, 14; 74. 15. Zam. drückt dies zu Sur. 33, 10 so aus, hier werde ein ا in der Fāṣila hinzugefügt, wie sonst in der Qāfiya.

unterdrückt das ـِى der ersten Person ganz[1]) oder verwandelt es, was gleichfalls im Versreim häufig ist, in ـِيَهْ[2]). Aber er geht noch weiter, indem er ähnliche Konsonanten, besonders ن und م, etwas seltner ل und ر usw., ohne Unterschied aufeinander reimen läßt; ja in spätern Sūren dehnt er dies auf wesentlich verschiedene Konsonanten aus, so daß der Reim zur bloßen Assonanz wird[3]). Dagegen ist der Wechsel von Vokalen, soweit er nicht auch im Verse erlaubt ist (wie der von ū und ī und der der kurzen Vokale[4]) vor einem Konsonanten) höchst selten. Was die Anordnung der Reime betrifft, so findet sich zuweilen ein reimloser Vers zwischen[5]) oder nach[6]) den gereimten. Oft aber wird der Reim auch bei Sūren, in denen er ziemlich frei ist, in längeren Stellen mit größerer Strenge gehandhabt[7]). Die Araber pflegten

---

[1]) Sur. 13, 32 usw. Dies erlaubt das Mufaṣṣal (163) auch für die gewöhnliche Pausa, und es findet sich bisweilen auch bei Dichtern, z. B. Ḥamāsa 362, وعمْ für وعمى; bei Labīd:

وبإذن اللّٰه رَيْثِى وَعَجَلْ

(für عَجَلِى, die Gedichte des Lebīd, aus dem Nachlasse des Dr. A. Huber herausgegeben von Carl Brockelmann Leiden 1891, Nr. XXXIX, 1); bei Al'a'šā:

ومن شانِئٍ كاسفٍ وجهُهُ * اذا ما انْتَسَبْتُ له أَنْكَرَنْ

(im Mufaṣṣal zitiert für أَنْكَرَنِى).

[2]) Sur. 69, 19 f. 25 f. 28 f. So auch هِيَهْ = هِيَ, Sur. 101, 7. Auch dies ist im Prosa- und Versreim erlaubt.

[3]) Einzeln schon in frühern Sūren, wie Sur. 106, 1. 2. 3 (der eigentlich mit بَيْت schließt). Im Ragaz wenigstens finden sich auch vereinzelte Fälle von Reim bei nicht ganz gleichen Konsonanten (s. Talqīb al-qawāfī in Wrights opuscula arabica 57). Gar nicht selten ist es dagegen auch in der ausgebildeten Qaṣīda der Fall, daß einzeln ī für das in der eigentlichen Reimsilbe herrschende ū steht, oder ū für ī.

[4]) Vgl. z. B. Sur. 54; Talqīb al-qawāfī 55 f.

[5]) So Sur. 70, 10 (wo der frühere Reim noch einmal wiederkehrt); Sur. 82, 6 (wo der spätere Reim schon einmal vorher auftritt); Sur. 80, 32

[6]) So in Sur. 53; 82; 93; 96.

[7]) Z. B. ist in Sur. 18 der Reim ā (ـَا), aber von Vers 66—82 رًا (außer in V. 78 u. 80) mit einem vokallosen Konsonanten davor.

in der höhern Prosa[1]), im Gegensatz zur eigentlichen Poesie, den Reim nach wenigen der kurzen Redeglieder zu ändern; dies geschieht auch im Qorān häufig, besonders in den ältesten Sūren[2]); in den meisten jedoch läuft er durch viele oder alle Verse fort, besonders wo diese länger sind. Die Masse der Reime im Qorān geht aus auf ūn, īn, īm, ād, ār usw., überhaupt auf eine geschlossene Silbe mit langem Vokal. Durchgängiger Reim auf ā (ـَا bezw. ـَى) findet sich weit seltener und beschränkt sich vornehmlich auf mekkanische Sūren (17; 18; 19; 20; 25; 53; 71, $_{5}$ff.; 72; 73; 76; 78; 79; 80; 87; 91; 92; 93; 99), von medīnischen Sūren haben ihn nur 33; 48; 65. In fast ebenso viel Sūren (16), und zwar mit Ausnahme von 47 lauter mekkanischen (37, $_{4-11}$. 54; 74 passim. 75, $_{7-13}$; 81, $_{1-18}$; 82, $_{1-5}$; 84 passim. 86; 90, $_{1-5}$; 93, $_{9-11}$; 94; 96, $_{1-5}$; 108; 111; 112; 113), besteht der Reim aus geschlossener Silbe mit kurzem Vokal, z. B. ib, kum, hum, ar, ir, ur usw. Seltner ist der Reim auf ă (ـَةٌ, ـَهْ) 69, $_{1-24}$; 75, $_{1}$ff. $_{14}$ff.; 79, $_{6-14}$; 80, $_{11}$ff. $_{33}$ff.; 88, $_{1-5}$. $_{8-16}$; 101; 104 (alle altmekkān.) 98 (medīn.). Ganz vereinzelt ist am Versende die mit Doppelkonsonanz schließende Silbe (97; 103 mekkanisch) und geschlossene Silbe mit Diphthong (106 mekkanisch), die man auch zu der vorhergehenden Kategorie rechnen könnte. Der Gegenstand verdiente eine besondere Untersuchung. Aber schon diese kurze Statistik, bei der ich alle innerhalb der Sūren sporadisch auftretenden Reime übergangen habe, ist sehr lehrreich für die mit der Zeit mehr und mehr zunehmende Einförmigkeit des Sūrenstils. Von den aufgezählten Reimarten ist in Medīna Nr. 2 nur noch 3 mal zu belegen, Nr. 3 und 4 je 1 mal, Nr. 5 und 6 gar nicht mehr. In den spätern mekkanischen und den medīnischen Sūren herrschen nur noch zwei durch grammatische Endungen und häufige Worte[3]) leicht zu bildende Reime, der auf ūn, īn, ūm,

---

[1]) Ähnlich in dem noch nicht recht als شِعْر betrachteten kurzgliedrigen Ragaz.

[2]) Bisweilen kehrt ein früherer Reim später wieder; z. B. in Sur. 80 der Reim رَّهْ. Vgl. jetzt K. Vollers a. a. [oben S. 32] O. S. 55—80.

[3]) Wie رحيم, كريم usw.; عذاب, نار, سلطان, الالباب usw.

īm und der auf ā mit einem folgenden Konsonanten. Selten wird eine Sūra mit durchgehendem Reim durch ein paar anders gereimte Verse unterbrochen[1]). Die Nachlässigkeit im Gebrauch des Reims wird immer fühlbarer, je weniger er zu dem prosaischen Ton der spätern Stücke paßt; und wir müssen ihn besonders in Gesetzen und ähnlichen Stücken als eine lästige Fessel betrachten, die nicht einmal die Rede schmückt. Die Einwirkung des Reimes auf die Redeweise des Qorāns ist übrigens nicht ohne Bedeutung. Um des Reimes willen wird bisweilen die gewöhnliche Gestalt der Wörter[2]) und selbst der Sinn verändert. Wenn z. B. in der 55. Sūra von zwei himmlischen Gärten (v. 46) die Rede ist, mit je zwei Quellen (v. 50) und zwei Arten von Früchten (52) und noch von zwei anderen ähnlichen Gärten (v. 62), so sieht man deutlich, daß hier die Duale dem Reime zu Liebe gebraucht sind; ebenso würde Sur. 69, 17 schwerlich die seltsame Zahl von acht Gottes Thron tragenden Engeln gewählt sein, wenn nicht ثمانية zum Reime paßte. Endlich kommt noch hinzu der eigentümliche Einfluß jeder poetischen Form (Metrum, Reim, Strophen usw.) auf die Ordnung der Konstruktion[3]) und des Ideenganges[4]). Von nicht geringerer Wichtigkeit

---

[1]) Wie Sur. 55, 16 f. 43.

[2]) So steht Sur. 37, 130 الياسين für الياس; Sur. 95, 2 سينين für سيناء (oder, wie einige lesen, um die unarabische Form فعلاء zu vermeiden, سِينَاء). Diese Formen haben den Muslimen viel Kopfzerbrechen gekostet.

[3]) Z. B. steht Sur. 2, 81 (ففريقا كذّبتم وفريقا تقتلون) das letzte Wort für das durch den Parallelismus geforderte قتلتم des Reimes wegen. Aus demselben Grunde wird ein Verbum finitum so oft durch كان mit Partizipium oder من mit Genitiv umschrieben. Diesen Einfluß erkannten auch manche Muslime an, und Śams-addīn ibn Aṣṣāigh stellte hierüber in seinem Buche إحكام الرأى فى أحكام الآى feine, im Itq. 699 ff. angeführte Beobachtungen an, in denen er freilich bisweilen zu weit ging.

[4]) Außer dem Qorān scheint Muhammed das سجع selten angewandt zu haben, besonders in Gebeten, wie in dem öfter angeführten

ist die Wirkung, welche der Reim auf die Komposition des Qorāns ausgeübt hat. Das wird bei der später zu behandelnden Analyse der Sūren deutlich werden. Einstweilen sind hier nur die prinzipiellen Gesichtspunkte hervorzuheben. Reimgleichheit kann niemals als Beweis für die Einheit einer Sūre dienen, sondern ist nur als Bestätigung eines aus inneren Gründen gewonnenen Resultates zuzulassen. Denn man hat immer mit der Möglichkeit zu rechnen, daß disparate Stücke gleichen Reimes erst nachträglich, entweder durch Muhammed selbst oder eine spätere Redaktion, zusammengeschoben worden sind. Zuweilen mag der Prophet auch die für eine schon vorhandene Offenbarung bestimmte Ergänzung absichtlich im Reime jener Vorlage abgefaßt haben.

Die Muslime haben sehr verschiedene Ansichten über den Reim des Qorāns (Itq. 697 ff.): einige erkennen an, daß der Reim im ganzen Qorān gebraucht wird; andre dagegen leugnen dies rundweg, denn sie halten solche Ungenauigkeiten, solche Ungleichförmigkeit der Glieder schon des gewöhnlichen Sag‘, geschweige des göttlichen Buches, für unwürdig; eine dritte Partei endlich sucht durch die Ansicht zu vermitteln, im Qorān wechselten, wie in der rhetorischen Prosa der Araber, gereimte mit nicht gereimten Stücken ab. Daher machen einige zwar nach jedem Verse eine Pause und behaupten, auch der Prophet habe dies getan[2]); die meisten aber kümmern sich bei der

---

اللهمّ منزلَ الكتاب * سريعَ الحساب * اَهْزِم الاحزاب
Bh. kit. al-gihād § 96. Tirm. ibid. § 28. Andre Gebete dieser Art siehe Muwaṭṭa’ 164; His. 756 f.; Miśk. kit. al-masāgid, faṣl 3 § 7. 8, kit. al-witr, faṣl 2 § 8; Ibn Sa‘d ed. I, IV, p. 14 ff. usw. In seinen Predigten soll er diese Redeform gänzlich vermieden haben, Miśk. 28 (36 kit. al-‘ilm, فصل 3 § 4). Ein angeblicher Ausspruch des Propheten im Sag‘ ist überliefert Bh. kit. al-adab § 6 ان الله حرّم عليكم عقوق الآمهات، ومنعًا وهات، ووأد البنات، وكَرِه لكم قيلَ وقالَ، وكثرة السؤال، واضاعة المال (vgl. Qasṭallānī IX, 6 f.), in etwas anderer Anordnung Bh. kit. al-riqāq § 22. Vgl. auch I. Goldziher, Abhandlungen z. arab. Philologie I, 68.

2) Śamāil § 44 باب صفة القراءة; Tirm. فضائل القرآن § 17;

Bestimmung der Pausen bloß um die syntaktische Gliederung und sprechen daher da, wo die rhetorische mit jener nicht zusammenfällt, die Schlußwörter der Verse wie mitten in der Rede (في الوصل) aus, so daß der Reim verdeckt wird.

In drei Sūren finden wir einen Refrain: in Sur. 54 (v. 15. 17. 22. 32. 40. 51 — v. 16. 18. 21. 30. 37. 39), Sur. 55, in der er bis zum Überdruß häufig wiederkehrt (nämlich von v. 12 an 31 mal die Worte فبأىّ آلاء ربّكما تكذّبان), und Sur. 57 v. 21. 29 — v. 11. 17 — v. 15. 26. 27. Einzelne Verse werden aber refrainartig in manchen Sūren mehrmals wiederholt, besonders in den Prophetengeschichten, die sich zum Teil untereinander sehr ähnlich sind.[1])

Wortspiele, welche bei den alten arabischen Dichtern zwar lange nicht so häufig sind, wie bei den spätern, die den ersten Reiz ihrer Dichtungen in sie setzen, aber doch auch nicht ganz fehlen[2]), kommen mitunter auch im Qorān

---

Miśk. فضائل القرآن faṣl 2 § 8; Cod. Lugd. 653 Warn. zu Sur. 79. Daß Muhammed so ausgesprochen hat, läßt sich nicht bestreiten; aber auf eine solche Tradition ist freilich wenig zu geben, da man weiß, wie die spätern Lehrer ihre Ansichten auf Muhammed zurückzuführen suchten. Auch Tirm. traut dieser Überlieferung nicht (هذا حديث غريب).

[1]) Z. B. in Sur. 19 (v. 15. 34—75. 98); 37 (v. 110. 121); 26 (v. 7 f. 67 f. 103 f. 121 f. 139 f. 158 f. 174 f. 190 f.); 7 (v. 64. 76 f. usw.); 56 (v. 73. 96).

[2]) Vgl. in Aśśanfarā's Lāmīya v. 4: راهبًا او راغبًا; bei Labīd (His. 941, 10): والحارب الجابر الحريب und l. 13 ان يغبطوا يهبطوا (= Diwan ed. Chālidī p. 17. 19); bei Ḫansā (Diwan Beyrut 1888, S. 24, 4, ähnlich S. 32, 8, 37, 15): Gegensatz von عُسْر und يُسْر; bei Baśāma, dem Oheim Zuhair's: أخزى الحياة وخزى الممات (im Albuḫturī's Ḥamāsa Cap. 9 und — ohne Namen des Dichters — Itq. 302, dagegen Mufaḍḍalīyāt ed. Thorbecke S. 11, 2 خزى الحيوة وحرب الصديق; Imru'ulqais Ahlwardt No. 52 v. 58 (S. 154). His. 519, 2 مطاعيم — مطاعين); sehr viele Wortspiele in alten Sprichwörtern usw. Einige von den hier erwähnten kommen auch im Qorān vor und scheinen im gewöhnlichen Volksgebrauch gewesen zu sein. Siehe Sur. 21, 90 رَغَبًا وَرَهَبًا; 2, 181 (يُسْر u. عُسْر vgl. Sur. 65, 7; 92, 7. 10).

vor[1]). Dies ist auch der Aufmerksamkeit der Muslime nicht entgangen[2]). Ein solches Wortspiel teilt wohl einen Vers in mehrere kleinere Glieder, z. B. Sur. 10, 62 قرآن — شأن; Sur. 71, 5 نهارا — فرارا usw[3]).

Vor einigen Jahren hat D. H. Müller[4]) den Versuch gemacht, im Qorāne Strophenbau nachzuweisen, und zwar an den Sūren 7; 11; 15; 19; 26; 28; 36; 44; 51; 54; 56; 69; 75; 80; 82; 90; 92. Seiner Hypothese am günstigsten sind Sūre 56 und 26. Um uns ein Urteil zu bilden genügt es deshalb, den Bau dieser Sūren zu untersuchen. In Sūre 56 werden nach einer kurzen Einleitung (v. 1—9) die drei Klassen beschrieben, in welche die Menschheit am jüngsten Tage zerfallen soll, *sābiqūn* v. 10—23 (14 Verse), die Leute der Rechten v. 24—39 (16 Verse), die Leute der Linken

---

[1]) Außer den erwähnten vgl. هُمَزَة لُمَزَة (Sur. 104, 1, cf. Abū Zaid, Nawādir 76, 14); وأسلمْتُ مع سليمان (Sur. 27, 45); يا أَسَفَى على يُوسُفَ (Sur. 12, 84; 12, 19; 30, 42; 24, 37; 56, 88; 55, 54). Hierhin gehört auch die Zusammenstellung ähnlich klingender, zum Teil erst diesem Gleichklang zu Liebe veränderter Namen, wie هاروت und ماروت (Sur. 2, 96); ياجوج und ماجوج (Sur. 18, 93; 21, 96; cf. Imru'ulqais bei Ahlwardt p. 204 n. 25, 4); جالوت und طالوت (Sur. 2, 250 ff.).

[2]) Aḥmed ibn Fāris († a. H. 395), kit. al-itbā' wal-muzāwaga ed. R. Brünnow in „Orientalische Studien, Theodor Nöldeke zum 70. Geburtstage gewidmet", Gießen 1906 I, 225—248; Suyūṭī, Muzhir ed. Bulaq 1282, I, 199—201 Cap. معرفة الاتباع, Ṯa'ālibi, فقه اللغة Cairo 1317, S. 303 فى الاتباع, S. 314 f. فى التجنيس. Der letztere sagt mit Recht, daß diese Redefigur in der vorislamischen Poesie selten, später aber außerordentlich häufig geworden ist. Die Sache ist einer monographischen Behandlung wert. M. Grünert, Die Alliteration im Altarabischen (Verhandlungen des 7. Orientalistenkongresses Wien 1886, S. 183—237), gibt zwar eine große Masse (224) von Beispielen, aber dieselben stammen fast ausschließlich aus stilistischen Werken, nicht aus Quellen erster Hand.

[3]) Noch künstlicher wird dieser Fall zuweilen in der Poesie ausgebildet, z. B. Dīwān der Hudailiten 15, v. 2 ff.

[4]) Die Propheten in ihrer ursprünglichen Form, die Grundgesetze der ursemitischen Poesie erschlossen und nachgewiesen in Bibel, Keilinschriften und Koran und in ihren Wirkungen erkannt in den Chören der griechischen Tragödie, Wien 1896, Bd. I, 20—60. 211 f.

v. 40—56 (17 Verse); die Einleitung v. 57 führt dann hinüber zu drei Fragen an die Menschen über ihr Verhältnis zum Säen v. 58—62 (5 Verse), Pflügen v. 63—66 (4 Verse), Wasser v. 67—69 und Feuer v. 70—72, wobei je der erste und zweite Vers das gleiche Anfangswort hat (افرأيتم bezw. ءانتم). In Sūre 26 werden die Einleitung (v. 1—6) und jeder der 7 folgenden Abschnitte über Propheten der Vergangenheit v. 9—66 (58 Verse), v. 69—102 (34 Verse), v. 105—120 (16 Verse), v. 123—138 (16 Verse), v. 141—157 (17 Verse), v. 160—173 (14 Verse), v. 176—189 (14 Verse) — durch den nämlichen, zwei Verse einnehmenden, Refrain abgeschlossen. Außerdem haben je die ersten Verse der 5 letzten Abschnitte (von v. 105 an), abgesehen von den Namen, einen ganz gleichen Wortlaut. Es ist nicht zu leugnen, daß in beiden Sūren eine kunstvolle, literarische Arbeit vorliegt, mit sorgfältiger Disposition, mit geschickter Benutzung rhetorischer Stilformen und mit bewußter Abmessung des Umfanges der einzelnen Abschnitte. Andererseits ist aber in der Gestaltung so große Ungleichmäßigkeit, so viel Freiheit und Willkür vorhanden, daß von einem Strophenbau im technischen Sinne des Wortes keine Rede sein kann.

Die Offenbarungen sind nun, heißt es, auf folgende Weise niedergeschrieben[1]): اذا نزل عليه الشىء [كان] يدعو بعض مَن يكتب عنده فيقول ضعوا هذه الآية فى السورة الّتى يُذْكَر فيها كذا وكذا oder ضعوها فى موضع كذا وكذا. Daneben behauptet man aber, die Einteilung in Sūren sei erst eingeführt, als die Worte بسم الله الرحمن الرحيم geoffenbart seien[2]), die freilich von einigen für die frühste Offenbarung gehalten werden[3]). Aber die Angabe, die einzelnen Teile des Qorāns seien, sobald sie

[1]) Tirm. 502 (II, 134 tafsīr); F. Zam. B. zu Sur. 9; Miśk. 186 (194 faḍā'il al-qurān Ende); Alqurṭubī I, 23 r.; Mabānī III; Itq. 141; in dem Texte der Tradition finden sich einige unerhebliche Varianten.

[2]) Miśk. 185 (193 faḍā'il al-qurān, faṣl 3 § 2); Wāḥidī in der Einleitung p. 6; Mab. III; Itq. 184 f. (Mehrere Traditionen des Sa'īd b. Gubair nach Ibn 'Abbās und des Ibn Mas'ūd.)

[3]) Wāḥ. a. a. O. Beides ist falsch; siehe unten.

niedergeschrieben, zwischen zwei Bretter oder Buchdeckel (لَوْحان, دفّتان) zusammengelegt, jedoch oft daraus hervorgenommen und abgeschrieben worden[1]), erinnere ich mich nicht bei einem guten alten Schriftsteller gefunden zu haben. Wie wir unten wahrscheinlich machen werden, ist sie wohl für eine schī'itische Erfindung zu halten. Auch die Tradition, Muhammed habe jedem einzelnen Verse gleich nach der Offenbarung einen bestimmten Platz angewiesen[2]), kann — wenn er vielleicht auch mitunter Zusätze zu gewissen Sūren gemacht hat — nicht historisch sein. Sie ist vielmehr aus dem Aberglauben entstanden, daß die heutige Ordnung des Qorāns, der Verse sowohl, wie der Sūren, wirklich himmlischen Ursprungs wäre und daher von Muhammed selbst genau kopiert sein müßte, sowie aus der falschen Ansicht, daß die einzelnen Offenbarungen ganz kurz waren und erst später in ihren Zusammenhang gebracht wurden. Die Ungereimtheit dieser ganzen Angabe hat schon Weil dargetan[3]). Ob Muhammed alle Offenbarungen aus dem himmlischen Buche von vornherein niederschreiben[4]) ließ, ist zweifelhaft. In den ersten Jahren seines Auftretens, wo er fast gar keine Anhänger hatte, mögen manche von ihm selbst vergessen sein, ehe Fremde davon erfuhren, andere können seine Gefährten bloß im Gedächtnis aufbewahrt haben, da mehrfach tradiert wird, daß er seinen Genossen Qorānstellen so lange vorsagte, bis sie sie auswendig wußten. Trotzdem ist es wahrscheinlich, daß er schon mehrere Jahre vor der Flucht Sūren — aber ganze Sūren, nicht etwa einzelne Verse, wie die Muslime erzählen — einem Schreiber zu diktieren pflegte[5]). Denn als

---

1) Kazem Beg im Journ. As. Déc. 1843, 375f.; vgl. Sale, prelim. disc. sect. 3. Bh. faḍā'il al-qurān § 16. Kazem Beg folgt in seinem Aufsatze fast nur neuern schī'itischen Schriftstellern ohne die nötige Kritik.

2) Itq. 142. 3) S. 361 u. Anm. 569.

4) Näheres hierüber in dem Abschnitte I, 2, B.

5) Dagegen haben wir in der Tradition, Muhammed habe dem Schreiber auch genaue kalligraphische Vorschriften gegeben (Not. et extr. 8, I, 357), nur die Erfindung eines für die schöne äußere Gestalt des Qorāns besorgten Schreibgelehrten zu sehen.

ʿOmar den Islām annahm, gab es, wenn den Nachrichten über dieses Ereignis zu trauen ist[1]), schon geschriebene Qorānstellen. Zum Beweise, daß es schon im Jahre 2 der Higra geschriebene Sūren gegeben hat, könnte man sich auf Ḥassān b. Ṯābit berufen, der in einem Gedicht[2]) auf die Schlacht bei Badr sagt, die frühere Wohnstätte Zainab's sei wie *ḫaṭṭ al-waḥy* auf glattem Pergamente. Leider ist nicht ganz sicher, ob dieser Ausdruck „Offenbarungsschrift" bedeutet, oder überhaupt rätselhafte, verwischte Schrift[3]), mit der die arabischen Dichter gern die Spuren verlassener Ansiedelungen vergleichen.

Wenn die Muslime die von ihnen auswendig gelernten Sūren niederschrieben, so stellten sie wohl Abschnitte, die aus derselben Zeit waren und denselben Reim hatten, öfter zusammen. Hieraus würde es sich gut erklären, daß die einzelnen Teile der großen medīnischen Sūren, die nicht ganz auf einmal entstanden sein können, doch größtenteils dem gleichen Zeitraum angehören.

Wenn Muhammed so die Qorānstellen zum Auswendiglernen oder Niederschreiben vortrug, mag er oft während des Vortrags selbst ihnen erst die definitive Form gegeben haben. Dies geht deutlich aus folgender Geschichte hervor, welche die meisten Kommentare[4]) zu Sur. 6, 93 mitteilen: Als Muhammed einst dem ʿAbd-allāh b. Abī Sarḥ, den er öfter als Qorānschreiber[5]) benutzte, den Anfang von Sur. 23 diktierte,

---

[1]) Siehe unten bei Sur. 20.

[2]) Dīw. ed. Tunis p. 10, 12; His. 454.

[3]) Vgl. die Stellen bei Th. Nöldeke zu Labīd's Muʿallaqa in Sitzungsberichte Akad. Wien 1900 Bd. CXLII Abhandl. V. S. 65; His. 702, 11; Yāqūt IV, 422, 18; Lisān al-ʿArab. II, 19 v. 1, V, 229 v. 1, IX, 46 v. 1; oben S. 21, Anm. 6.

[4]) Z. B. Zam. Bh. Baghāwī; Zam. auch zu Sur. 23, 14.

[5]) Dieser Mann ist zu ʿOṯmān, Muʿāwiya, Ubai b. Kaʿb, Zaid b. Ṯābit hinzuzufügen, welche als كُتّاب الوحى bezeichnet werden (Sprenger, Leben² III, p. XXXI). Manche andere, die man als Muhammeds Schreiber nennt (Ṭabari I, 1782; Usd s. v. أبىّ; Nawawī ed. Wüstenf. 37; Mém. d. l'Acad. des Inscr. L, 332, Anm.; Not. et extr. 8, 1, 357; Weil Anm. 552) werden seine Korrespondenz geführt haben. Vgl. die Briefe bei Ibn Saʿd und oben S. 15 f.

geriet dieser bei der Darstellung von Gottes Schöpfertätigkeit so in Entzücken, daß er ausrief: فتبارَكَ اللّهُ احسن الخالقين. Da erklärte ihm der Prophet, sein Ausruf stimme ganz mit den Worten des Qorāns überein, die hierhin gehörten. Man sieht deutlich, daß ʿAbd-allāh's Worte Muhammed so passend schienen, daß er sie aus dem Stegreif an dieser Stelle aufnahm.

Muhammed, der sich nicht scheute, je nach den Zeitumständen Verse zu wiederholen, Qorānstellen zu verändern und aufzuheben, dessen Werk zum großen Teil nur die jedesmaligen Verhältnisse im Auge hatte, lag nichts daran, die Sūren etwa nach der Zeit der Abfassung oder nach dem Inhalte in eine feste Ordnung zu bringen. Aber wir dürfen ihn darüber nicht mit Weil[1]) ernstlich tadeln. Konnte denn der Prophet wirklich, wie jener meint, vorhersehen, daß kurz nach seinem Tode wenigstens über den Buchstaben seiner Offenbarungen Streit entstehen würde? er, der ungelehrte Mann, der von einer Buchstabenverehrung keine Ahnung hatte? Sein Geist, der naturgemäß auf die nächsten Ziele losging, konnte durchaus keine Vorstellung von der eigentümlichen Entwicklung des Islām nach seinem Tode haben. Er überließ die Sorge für das Entfernte seinem Gott und hat wohl schwerlich je über die spätern Schicksale des Qorāns nachgedacht, noch weniger als über die Wahl eines Nachfolgers. Eine vollständige Sammlung des ganzen Qorāns war schon seinem Verfasser selbst kaum möglich. Denn nicht nur hatte er auch nach der Überlieferung der Muslime[2]) und sogar dem

---

[1]) K. 42 f. 2. Aufl. 53. Im Grunde könnte man allen großen Religionsstiftern denselben Vorwurf mit ebensoviel oder vielmehr ebensowenig, Recht machen.

[2]) Vgl. die öfter bei Bh. (z. B. kit. al-śahādāt § 11) und bei Muslim I, 443 f. = Q. IV, 72 ff. faḍā'il al-qorān, bāb 2) vorkommende Tradition ʿĀiśa's: سمع النبىّ صلعم رجلا يقرأ فى المسجد فقال رحمه الله لقد اذكرنى كذا وكذا آية اسقطتهنّ من سورة كذا وكذا oder bloß اذكرنى آية كنت أُنسيتُها. Hier handelt es sich also um Verse, die schon andern mitgeteilt waren.

Zeugnisse des Qorāns[1]) manche Stücke schon selbst vergessen, manche wurden auch absichtlich von ihm verändert. Daß er bisweilen zu dem schon Niedergeschriebenen zweckmäßige Zusätze machte, sehen wir deutlich aus folgendem Beispiel: Als die, welche nicht in den Krieg zogen, im Qorān scharf getadelt wurden, kamen zwei Blinde und fragten ängstlich, ob der Tadel auch sie träfe; da befahl Muhammed dem Zaid b. Ṯābit, ein paar Worte hinzuzuschreiben, in welchen die mit Körpergebrechen Behafteten ausgenommen wurden[2]). Daß auch ganze Stellen nach längerer oder kürzerer Zeit an andere angesetzt wurden, wird sich unten bei der Behandlung des einzelnen ergeben. Aber manche Stücke wurden auch von Muhammed verschiedenen Leuten in verschiedener Gestalt vorgetragen, sei es nun, daß er sie verbessern wollte, sei es — und dies ist wohl der häufigere Fall — daß sein Gedächtnis nicht hinreichte, sie unverändert zu bewahren. Über diesen Punkt gibt es mehrere Traditionen, deren bekannteste die von ʿOmar und Hiśām b. Alḥakīm ist, welche über die von beiden verschieden gelesene 25. Sūra in Streit gerieten und, als sie sich deshalb an den Propheten wandten, die Entscheidung bekamen, sie läsen alle beide recht nach der Offenbarung; denn der Qorān sei geoffenbart على سبعة أَحْرُف, von denen jedes gut sei[3]). Auch Ubai b. Kaʿb, heißt es,

---

1) Sur. 2, 100 (wo freilich andere نُنسِهَا = نُؤَخِّرْهَا lesen) und Sur. 87, 6 f.

2) Die Geschichte stützt sich auf das Zeugnis mehrerer, darunter auch das des Zaid selbst. Siehe Bh. im كتاب الجهاد § 31; faḍā'il al-qur. § 7; Tirm. k. al-gihād § 22; Nasāī ibidem § 3; Muslim II, 231 (Q. VIII, 114 f. gihād); Ibn Saʿd ed. IV, 1 p. 154 f.; Ṭabari, Tafsīr VI, 134, L. Wah. Zam. B. zu Sur. 4, 97. Vgl. Mém. de l'Acad. d. Inscr. L, 424.

3) Muwaṭṭa' 70; Bh. kit. bad' al-ḫalq bāb 5 § 10; kit. faḍā'il al-qurān § 4; ḫuṣūmāt § 3 (Qasṭallānī z. St. IV, 237 verzeichnet die Parallelen); Muslim I, 457 (Q. IV, 97 ff. faḍā'il); Tirm. al-qirā'āt bāb 2 § 1; Nasāī 107 f. (I, 149, kit. al-iftitāḥ § 37 جامع ما في القرآن); Miśk. faḍā'il al-qurān bāb 3 faṣl 2); Ṭabari, Tafsīr Einleitung I, p. 9—24). Oft wiederholt bei Spätern, wie Ibn ʿAṭīya, Alqurṭubī I, 18 v., Ibn Ḥagar u. Usd al-Ghāba s. v. هشام; Mém. de l'Acad. des Inscr. L, 425 usw.

hörte einst einen Menschen in der Moschee den Qorān auf eine ihm nicht bekannte Weise lesen. Er verwarf sie, aber bald darnach machte es ein anderer ebenso. Da ging er zum Propheten, und dieser billigte die Lesart. Als er nun hierüber in Angst geriet und fürchtete, für einen Lügner gehalten zu werden, beruhigte ihn der Prophet durch eine ähnliche Antwort, wie er sie ʿOmar und Hischām gegeben hatte[1]). Hierher gehört auch die unleugbare Verschiedenheit der unter den Gefährten Muhammeds gebräuchlichen Lesarten, von der z. B. — weiteres siehe unten im dritten Teile — folgende Stelle zeugt[2]): ... عن زيد بن وهب قال اتيتُ ابن مسعود أُستقرئه آيةً من كتاب الله فأَقرأنيها كذا وكذا فقلت انّ عمر أَقرأنى كذا وكذا خلاف ما قرأها عبد الله[3]) قال فبكى حتّى رأيتُ دموعه خلال الحصا ثمّ قال اقرأها كما أقرأك عمر فوالله لَهِىَ أَبْيَنُ من طريق السَّيْلَحِين[4]).
Diese ganze Verschiedenheit, die für uns so leicht zu erklären ist, macht natürlich den Muslimen ungeheure Mühe. Vorzüglich bei der Erklärung der Worte فانّ هذا القرآن انزل على سبعة احرف, oder wie eine Variante[5]) hat خمسة احرف, haben sie viel Schweiß vergossen. Mehrere Traditionen haben ihre Erklärung zum Zweck[6]); und schon Abū Ḥātim Muḥammad

---

[1]) Muslim, faḍāil al-qur'ān § 13; Miśk. ibid. bāb 3 faṣl 2; Nasāī, iftitāḥ § 37; Alqurṭubī I, 18 v. f. Ṭabarī, Tafsīr I, 9 ff.

[2]) Bei Ibn Saʿd, ed. III, 1 S. 270 lin 8 ff.

[3]) Das ist Ibn Masʿūd. Die Echtheit der Tradition steht natürlich nicht fest.

[4]) Dieser Ort lag nach Yāqūt III, 218 usw. im ʿIrāq unweit Ḥīra und ist vielleicht identisch mit jüdischem שלהי (A. Neubauer, Géographie du Talmud p. 362). Das Sprichwort „berühmter, deutlicher als der Weg nach Assailaḥīn" habe ich sonst nicht gefunden.

[5]) Mabānī IV. Ṭabarī, Tafsīr I, 12, 2: 6 oder 7.

[6]) Z. B. Gabriel habe dem Propheten gesagt, der Qorān müßte gelesen werden على حرف واحد; da habe dieser eingewandt, dazu wäre das Volk der Muslime zu schwach; so habe denn Gott gestattet zwei, dann auf neues Bitten fünf, endlich sieben حرف anzuwenden (Muslim Q. IV, 102 ff.; Azraqī 436; Miśk. 184 (192); Alqurṭubī I, 16 r.). Ähnliche Traditionen finden sich mehrfach; vgl. Tirm., Nasāī und Miśk. a. a. O. (S. 48, Anm. 3); Mabānī IX; Ibn ʿAṭīya; Alqurṭubī 16 ff.; Itq. 105 ff. usw.

b. Ḥabbān Albustī († 354) konnte 35—40 verschiedene Erklärungsarten zusammenbringen, die wir alle, oder deren bedeutendste wenigstens wir in verschiedenen Büchern finden[1]. Abū Šāma (um 650) hat über diese Erklärungsarten ein eignes Buch geschrieben[2]. Da diese zum größten Teil wertlos, ja lächerlich sind und dem Wortlaut der Traditionen zuwiderlaufen, so wollen wir nur ein paar Proben anführen. Die sieben Aḥruf sollen die sieben verschiedenen Gegenstände bedeuten, die im Qorān vorkommen, nämlich Erzählung, Gebot, Verbot usw., oder sieben verschiedene Sinne (einen äußeren und sechs innere), oder die Lesarten der sieben spätern Leser (siehe unten; diese Ansicht erklärt Itq. 115 für ein Zeichen schmählicher Unwissenheit), oder sieben verschiedene Sprachen, aus denen Wörter im Qorān vorkommen sollen[3], usw. Einige Schī'iten endlich machen sich die Sache bequem und verwerfen die ganze Tradition. Schon einzelne Muslime[4] haben erkannt, daß auf die Zahl 7 in unserer Tradition wenig ankommt, sondern daß sie hier, wie anderswo, als Bezeichnung einer unbekannten Zahl steht, mag sie nun schon von Muhammed selbst genannt oder erst später eingeschoben sein. حرف ist Buchstabe, Lesart. Die Worte bedeuten also nur, daß man den Qorān auf verschiedene Weise lesen dürfe. Diese Verschiedenheit, die auch einige Muslime zugeben, indem sie meinen, man habe einzelne Wörter mit anderen von derselben Bedeutung vertauschen dürfen[5], kann ziemlich groß gewesen und bis zum Auslassen und Zusetzen ganzer Verse gegangen sein.

Durchaus zu verwerfen ist die vielfach angenommene

---

[1]) Ibn 'Aṭīya; Mabānī IX; Alqurṭubī a. a. O.; Cod. Lugd. 653 Warn.; Abdarraḥmān b. Algauzī (cod. Goth. 1671 = W. Pertsch, Katalog No. 544); Itq. a. a. O. Der schī'itische Kommentar cod. Peterm. I, 553.

[2]) Vgl. das große Werk Ibn Algazarī's (cod. Peterm. I, 159) f. 9 r.

[3]) Arabisch, Griechisch, ein koptischer Dialekt (الطحاوية), Persisch, Syrisch, Nabatäisch, Äthiopisch!

[4]) Ibn Algazarī's großes Werk 11 r.; Itq. 107.

[5]) Wie etwa هلمّ, تعالَ, أَقْبِلْ, اذهَبْ, أسرِعْ, عجّلْ. Alqurṭubī I, 16 v.; Itq. 108 f. usw.

Erklärung, die sieben أحرف bezeichneten sieben verschiedene arabische Dialekte. Gewiß stellte es Muhammed jedem frei, den Qorān nach seiner Mundart auszusprechen[1]), aber eine solche Verschiedenheit war auf keinen Fall so groß, daß seine Genossen darüber in Streit geraten konnten. Schon bei Ibn ʿAṭīya und im Itqān 111 finden wir die richtige Bemerkung, daß dies auf die Geschichte ʿOmar's und Hischām's gar nicht passe, die ja beide Quraischiten waren. In dem historischen Bericht selbst habe ich übrigens لغات für أحرف nur bei Kazem Beg a. a. O. gefunden. In der Aufzählung der sieben Dialekte herrscht die reine Willkür. Man ist zum Teil höchst unglücklich verfahren, indem man z. B. jedem Stamme, der im heiligen Gebiet von Mekka oder in seiner unmittelbaren Nachbarschaft wohnte (Quraiš, Kināna, Ḫuzāʿa, Ṯaqīf usw.) einen eignen Dialekt zuschrieb oder gar auf Stämme Rücksicht nahm, die gar nicht in Frage kommen konnten[2]).

[1]) Ibn Masʿūd soll einem Menschen, der الأثيم (Sur. 44, 44) nur اليثيم aussprechen konnte, erlaubt haben, الظالم oder الفاجر zu lesen (Mabānī IX; Itq. 109), aber dies Beispiel ist gewiß irgend einer Theorie zu Liebe erfunden. Denn entweder konnte jener Mann jedes أ im Anlaut nur als ي aussprechen: dann wäre es absurd gewesen, zu verlangen, daß er jedesmal ein anderes Wort suchen sollte; oder diese Eigentümlichkeit erstreckte sich nur auf wenige Wörter: dann konnte er leicht die vorgeschriebene Aussprache befolgen, statt ein ganz anderes Wort wählen zu müssen. Dazu kommt, das die Wörter الفاجر und الظالم den Reim stören. Überhaupt ist es undenkbar, daß Ibn Masʿūd, von dem ja berichtet wird, er habe عتّى für حتّى gesagt, eine so geringe Abweichung der Aussprache nicht ertragen und lieber ein ganz anderes Wort genommen haben soll. Jener Wechsel von أ mit ي ist übrigens aus alter wie neuer Zeit dialektisch bezeugt.

[2]) Man nennt z. B. Quraiš, Kināna, Asad, Huḏail, Tamīm, Ḍabba, Qais; oder Quraiš, Saʿd b. Bakr, Kināna, Huḏail, Ṯaqīf, Ḫuzāʿa, Asad, Ḍabba, oder 5 Stämme von dem hintern Teile (العجز) von Hawāzin und vom untern (السفلى) Tamīm's. Die meisten wählen die Stämme nur aus Muḍar, mit Vorziehung der Quraiš (die jedoch in der letzten von uns aufgezählten Reihe fehlen!) und Hawāzin, unter denen, nach der Legende, Muhammed erzogen worden war; andere nennen Quraiš, Yemen (ein gemeinschaftlicher Name, der ganz verschiedene Stämme umfaßte),

Man bringt diese Verschiedenheit der Lesarten vielfach in Verbindung mit der Überlieferung, Gabriel habe dem Propheten jedes Jahr (oder jeden Monat Ramaḍān) den Qorān (d. h., wenn die Tradition überhaupt einen Sinn haben soll, die bis dahin geoffenbarten Teile des Qorāns) wieder vorgelesen; wenn er dann etwas ausgelassen oder zugesetzt, hätten die Genossen es sich ins Gedächtnis eingeprägt[1]), und so seien die verschiedenen Formen entstanden.

Wenn man aber behauptet, Muhammed habe seinen Genossen verboten, über die Vorzüge der verschiedenen Lesarten zu streiten[2]), so ist das deutlich die Erfindung eines Mannes, der von dem Streite über die Verschiedenheit der Lesarten Gefahr für den Glauben fürchtete. Es ist ja ein durchgehender Zug des größtenteils unechten Hadith, spätere Lehren dem Propheten selbst in den Mund zu legen.

Von dem, was Muhammed veränderte, unterscheidet sich das Aufgehobene المنسوخ (Sur. 2, 100). Daß eine Offenbarung durch eine andere aufgehoben wird, ist eine Vorstellung so unerhörter Art, daß sie von Muhammed nicht gut aus der Luft gegriffen sein kann. Nächstverwandt scheint mir der christliche Gedanke von der Abrogierung des Gesetzes durch das Evangelium (z. B. Ephes. 2, 15; Col. 2, 14). Unter diesen Umständen dürfte auch das Wort für den fremden Begriff entlehnt sein, wenn schon jene spezielle Bedeutung von נסח in dem uns bekannten Aramäisch nicht erhalten ist. Abū'lqāsim

---

Tamīm, Gurhum (ein altes halb fabelhaftes Volk!), Hawāzin, Quḍā'a (die zu den Yemen gehörten!), Ṭai (desgleichen). Aber die bei Kazem Beg a. a. O. 379 aufgezählten Namen, unter denen sogar Ḥimyar figuriert, habe ich sonst nirgends gefunden.

1) Bh. faḍa'il al-q. § 7, al-ṣaum § 7, al-waḥy; Muslim (Q. IX, 162 جود, رسول الله, 337 faḍā'il Fāṭima); Mabānī III; Alqurtubī 22 r. und öfter; Miśk. 175 (183 bāb al-i'tikāf); Aśśūśāwī cap. I; Itq. 116; Not. et extr. 8, I, 357. Man fügt zuweilen hinzu, in Muhammeds letztem Lebensjahre sei dies zweimal geschehen, oder die endgültige Lesart sei die, welche Gabriel bei dem letzten Male befolgt habe.

2) Bh. im كتاب فضائل القرآن § 37, Miśk. ibid. bāb 3 faṣl 1 § 2; Ṭabarī, Tafsīr I, 10 u.; Ibn Algazarī f. 16 v.; Itq. 195.

Hibat-allāh b. Salāma († 410), dessen كتاب الناسخ والمنسوخ[1] sehr große Autorität erlangte und den meisten spätern Werken über diesen Gegenstand als Quelle und Muster diente, teilt die aufgehobenen Stellen wieder in folgende Klassen[2]: 1) die dem Sinne nach aufgehobenen, aber dem Wortlaut nach im Qorān erhaltenen, 2) die dem Wortlaut nach aufgehobenen, aber dem Sinn nach noch gültigen, 3) die dem Sinn und dem Wortlaut nach aufgehobenen. Diese Einteilung bezieht sich, wie man leicht sieht, nur auf die jetzige Gestalt des Qorāns als eine auf göttliches Geheiß von Muhammed angeordnete. Daher zählt sie zu dem Aufgehobenen auch alles, was ohne des Propheten Willen verloren ging oder aus Versehen nicht in die von seinen Nachfolgern veranstaltete Sammlung des Qorāns kam. Außerdem werden von den Muslimen, besonders von Hibat-allāh, viele Verse für aufgehoben gehalten, die keine praktische Geltung mehr haben, weil ihre Veranlassung aufgehört hat, z. B. sollen alle die Verse, in denen Muhammed angewiesen wird, Beleidigungen und Verfolgungen geduldig zu ertragen, aufgehoben sein, nachdem seine Verhältnisse sich gänzlich verändert hatten, also von einer eigentlichen Gültigkeit gar nicht mehr die Rede sein konnte. Überhaupt dehnt man zum Teil die Klasse des Aufgehobenen bis zur Lächerlichkeit aus, was Suyūṭī klar einsah[3]. Wenn wir nur die

[1]) Auch in unsern Bibliotheken nicht selten (vgl. Carl Brockelmann, Geschichte der arabischen Litteratur, Bd. I, 192, Weimar 1898), jetzt gedruckt am Rande von Wāḥidī's Asbāb al-nuzūl, Cairo 1316. Andere Werke über diesen Gegenstand werden aufgezählt im Fihrist ed. G. Flügel p. 37.

[2]) ed. Cair. pag. 9 ff. Vgl. Diārbekrī, Ta'riḫ al-Ḫamīs ed. Cair. 1283 I, p. 14; Itq. 516 ff.

[3]) Itq. 516 sqq. — Das Schwanken der Tradition genauer darzustellen, hat nur einen Wert für Dogmengeschichte und Fiqh. Interessant ist z. B., wie Buḫārī Waṣāyā § 18 die Zugehörigkeit von Sur. 4, 9 zu den mansūḫāt bestritten wird: ... عن سعيد بن جبير عن ابن عبّاس رضى الله عنهما قال ان ناسا يزعمون ان هذه الآية نسخت ولا واللهِ ما نسخت ولكنّها ممّا تهاون الناس. Sehr ausführlich handelt darüber Ṭabarī im Tafsīr zu Sur. 2, 100.

heutige Gestalt des Qorāns berücksichtigen, so finden wir darin allerdings entweder die aufgehobene und aufhebende zugleich, oder nur die aufgehobene[1]), oder nur die aufhebende. In Wahrheit aber haben wir zwei verschiedene Arten von aufgehobenen Stellen zu unterscheiden, indem teils die Giltigkeit eines Verses durch eine ausdrückliche Offenbarung außer Kraft gesetzt wurde, was besonders von den Gesetzen gilt, welche immer den Zeitumständen anzupassen sind, teils durch ein einfaches Verbot Muhammeds das Lesen und Abschreiben dieser oder jener Stelle seinen Genossen aus irgend einem Grunde untersagt ward. Der Umfang der zuletzt genannten Klasse ist ebensowenig, wie der der erstern, als groß anzunehmen. Allein wir erfahren doch aus einer Tradition, der etwas Wahres zugrunde liegen mag, daß Muhammed einmal selbst eine Qorānstelle ausstrich[2]), die er erst kurz vorher seinen Anhängern diktiert hatte. Wer die vielen seltsamen Ansichten der Muslime über den Qorān kennt, wird sich übrigens nicht wundern, daß einige die ganze Lehre von der Aufhebung verwerfen, obgleich der Qorān sie selbst deutlich ausspricht[3]). Jedoch gilt diese Ansicht für ketzerisch[4]).

---

[1]) In diesem Fall nehmen die Muslime an, die Qorānstelle sei durch die Sunna aufgehoben, doch herrschen über diesen Punkt viele verschiedene Ansichten. Vgl. B. und Ṭabarī zu Sur. 2, 100; cod. Peterm. I 555 (ein von Hibat-allāh unabhängiges Buch über الناسخ والمنسوخ von ʿAbdalqādir b. Ṭāhir Albaghdādī † 429 a. H.); Itq. 515; I. Goldziher, Muh. Stud. II, 20.

[2]) Die einfachste Gestalt der Tradition findet sich bei Hibat-allāh ed. Cair. p. 12, (vgl. Marraccius Prodrom. pars 1, S. 42, Weil Anm. 597), wo Muhammed dem über das Verschwinden der Schrift erstaunten Ibn Masʿūd antwortet: يا ابن مسعود تلك رُفِعَتْ البارحة (hier wird رفع „aufheben", „tollere" in derselben Bedeutung wie نسخ gebraucht). Etwas anders erscheint diese Erzählung bei Alqurṭubī zu Sur. 2, 100 und wunderbar ausgeschmückt Itq. 526, wo zwei Männer eine Sūra zugleich vergessen.

[3]) Sur. 2, 100; vgl. Sur. 16, 103. Vom Qorān aus ist diese Vorstellung dann auch auf Hadithe angewandt worden.

[4]) L. und Alqurṭubī zu Sur. 2, 100; Hibat-allāh ed. Cair. p. 26; Ḫamīs ed. Cair. I, p. 14.

Einzelne in der jetzigen Gestalt des Qorāns fehlende, aber auf andere Weise erhaltene Offenbarungen, die man nach der eben angegebenen muslimischen Einteilungsweise zu den aufgehobenen rechnet, sollen unten aufgeführt werden.

Zum Schluß unserer allgemeinen Besprechung der qorānischen Offenbarungen wird es nicht unzweckmäßig sein, die Frage zu beantworten, wie Muhammed es wagen durfte, alle Gegner herauszufordern, ihm zehn Sūren (Sur. 10,16), und, als sie dies nicht konnten, nur eine[1]) zu bringen, um dadurch seinen ausschließlichen Prophetenberuf anzufechten. Den Umstand, daß zu einer Zeit, wo Arabien an Meistern der Redekunst Überfluß hatte, niemand der Herausforderung Genüge leisten konnte, haben die Muslime bekanntlich bis auf den heutigen Tag als einen unwiderleglichen Beweis für die Göttlichkeit des Qorāns angesehen, der durch seinen Stil alle menschliche Kunst zu Schanden mache. In zahlreichen Werken فى اعجاز القرآن[2]) ist diese Ansicht, an die sich mancherlei Streitfragen knüpfen, des weiteren dargelegt.

Aber wenn wir Muhammeds Herausforderung genauer untersuchen, so finden wir, daß er gar nicht verlangte, man sollte etwas poetisch oder rhetorisch dem Qorān Gleichstehendes, sondern etwas dem Qorān wesentlich Gleiches liefern. Dies war aber der Natur der Sache nach seinen Gegnern unmöglich. Sollten sie den alten Götterglauben, von dem sie innerlich wenig überzeugt waren, in derselben Weise verteidigen, wie jener für Gottes Einheit mit den sich daran knüpfenden Dogmen eintrat? Sollten sie etwa die Götter selbst reden lassen? das wäre nur eine Satire oder eine Absurdität gewesen. Oder sollten sie gleichfalls sich für Gottes Einheit begeistern und nur Muhammeds Propheten-

---

[1]) Vgl. hierüber Mart. Schreiner in ZDMG. 42, S. 663—675.

[2]) Sur. 10,39, 2,21. Der Gründer der Bābī-Sekte, Mīrzā ʿAlī Muḥammad von Schīrāz, erhebt nicht nur den Anspruch, daß sein Buch dem Qorān ebenbürtig sei, sondern daß es denselben weit übertreffe (Ed. Browne in Journ. Roy. Asiat. Society N. S. Bd. XXI, 916f.). Über Nachahmungen des Qorān in muslimischen Kreisen späterer Zeit siehe I. Goldziher, Muh. Studien II, 401ff.

schaft bekämpfen? dann konnten sie den Qorān, dem sie gleichkommen wollten, nur kopieren; und ein Abbild kann sich nie dem Urbild vergleichen. Der Glaube Muhammeds war eben seinen Landsleuten gegenüber originell und schuf sich daher auch einen originellen Ausdruck, der nicht nachzuahmen war. Diese Schwierigkeit wurde durch die Unbeholfenheit seines Stiles nicht unwesentlich gesteigert.

Trotz alledem ist jene Herausforderung Muhammeds nicht ganz ungehört verhallt. Denn noch zu seinen Lebzeiten und kurz nachher traten an verschiedenen Orten der arabischen Halbinsel Männer auf, welche den Anspruch erhoben, Propheten ihres Volkes zu sein und von Gott Eingebungen zu empfangen, Laqīṭ b. Mālik in ʻOmān (Ṭabarī I, 1977, 7 f.), der Schleiermann ʻAbhala b. Kaʻb el-Aswad in Jemen, der Asadite Toleiḥa, der Temimite Musailima, schließlich die Prophetin Sagāḥ[1]) Alle diese haben Offenbarungen losgelassen, aber nur von Musailima sind Aussprüche[2]) erhalten, die trotz ihrer fragmentarischen Gestalt es ermöglichen, von den religiösen Ideen des Mannes eine annähernde Vorstellung zu bekommen. Als eine Religion, die sich ihrer Kraft bewußt war und als die wahrste und beste die ganze Welt zu sich herüberziehen wollte, hat der um seine Existenz kämpfende junge Islām alle diese Bewegungen ohne jedes Bedenken für Schwindel und Satanswerk erklärt. Der Erfolg hat ihm Recht gegeben, aber in jeder anderen Beziehung ist dieses Urteil ungerecht und falsch. Die Verwandtschaft der Lehren Musailima's und Muhammeds ist allerdings außerordentlich groß. Denn es

---

[1]) Vgl. die Ausführungen J. Wellhausen's in den Prolegomena zur ältesten Geschichte des Islam (1899) S. 7—37.

[2]) Ṭabarī I, 1738, 14. 17 ff., 1916, 10—1917, 4, 1933, 2—1934, 6, 1957, 4. 5. An der Zuverlässigkeit der Überlieferung ist im allgemeinen nicht zu zweifeln. Der obscoene Dialog Ṭab. I, 1917. 12—1918, 10 beruht natürlich auf böswilliger Erfindung. Der eigentliche Name des Mannes war Maslama, wie z. B. Mubarrad, Kāmil 443, 5 in einem Verse steht, bei den Muslimen bürgerte sich das Deminutiv ein im Sinne satirischer Verkleinerung (Ibn Ḫaṭīb al-Dahšā, Tuḥfa ed. Mann, Leiden 1905 s. v.), wie auch der Name des Propheten Talḥa in Tulaiḥa verändert wurde (Baihaqī, ed. Schwally p. 33, 5).

sind ihnen so wichtige Dinge gemeinsam wie das ewige Leben (خبيئة Ṭabarī I, 1917, 2), der Gottesname Raḥmān (Ṭab. 1933, 12, 1937, 3, vgl. 1935, 14 u. Belāḏorī 105, 6), Fastengebote (Ṭab. 1916, 14, 1917, 1), Enthaltung von Wein (1916 u.) und die drei[1]) fest bestimmten täglichen Gebetszeiten (Ṭab. I, 1919, 2 ff.). Indessen beruht diese Verwandtschaft wahrscheinlich nicht auf einer Entlehnung aus dem Islām, sondern auf der hier wie dort vorhandenen Abhängigkeit vom Christentum. Musailima hat ja auch eigentümliches, das christlicher Herkunft, aber dem Qorāne fremd ist, z. B. das Gebot der geschlechtlichen Enthaltsamkeit, sobald ein männliches Kind geboren ist (1916 u. 1917, 4–7), und den eschatologischen Begriff des Himmelreiches[2]) (وإلى مُلْكِ السماء ترقون 1917, 2). Noch weniger braucht der Prosareim entlehnt zu sein, denn er ist bei den Arabern schon lange vor Muhammed eine beliebte Form für religiöse Sentenzen gewesen. Überhaupt zeigt Musailima im Ausdruck, namentlich in seinen Vergleichen, so viel Originalität, daß seine angebliche Imitation des Qorāns (مضاهاة للقرآن Ṭab. I, 1738, 17; His. 946, 14) immer unwahrscheinlicher wird. Diese Originalität ist auch ein beachtenswertes Argument für die wesentliche Echtheit der ihm zugeschriebenen Offenbarungen. Beruhten dieselben auf freier Erfindung muslimischer Theologen, so dürfte man doch wohl größere Ähnlichkeit mit dem Qorāne zu erwarten haben.

1) M. Th. Houtsma (Theolog. Tijdschrift, Bd. 24 S. 127—134) hat wahrscheinlich gemacht, daß Muhammed das offizielle Gebetsexerzitium nur für zwei Tageszeiten eingerichtet hat, die er später mit einem dritten Ṣalāt, dem mittleren (*al-wusṭā*), erweiterte. I. Goldziher (ZDMG. Bd. 53 (1899) S. 385, Jewish Encyclopedia VI, 653a) hat diese These dahin ergänzt, daß die Fünfzahl des täglichen obligaten *Ṣalāt's* unter Einfluß der fünf Gāh (گاه) der Perser erfolgt sei. Vgl. auch Leone Caetani, Annali dell' Islam Vol. I, § 219, Vol. II, tom. I, 354 ff. 635 ff.

2) Die im Qorān öfter (19 mal) vorkommende Wendung لله مُلْكُ السموات والارض ist nicht, oder wenigstens nicht in erster Linie, eschatologisch gemeint, sondern drückt lediglich aus, daß Allah der Herr der ganzen Welt ist (auch 38, 9). Hieran sind selbstverständlich sehr leicht eschatologische Gedanken anzuschließen (z. B. 45, 26).

2. Über den Ursprung der einzelnen Teile des Qorāns.

Bei der Untersuchung der einzelnen Teile des Qorāns ist es unsere Aufgabe, sowohl die Zeit, in der sie entstanden sind, wie die Veranlassungen, aus denen sie hervorgingen, zu erforschen. Um nun gleich von vornherein dem Leser einen Begriff davon zu geben, wie weit sich diese Aufgabe ungefähr lösen läßt, müssen wir zuerst die Hilfsmittel, die bei ihrer Lösung zu Gebote stehen, sowie die Schwierigkeiten, die uns dabei entgegentreten, etwas genauer darlegen.

Die erste Quelle für uns ist die geschichtliche und exegetische Überlieferung. Diese ist am sichersten, wenn sie sich an Ereignisse knüpft, die für die Geschichte des Islām von großer Bedeutung sind. Daß z. B. Sur. 8 auf die Schlacht von Badr, Sur. 33 auf den Grabenkrieg, Sur. 48 auf den Frieden von Ḥudaibiya gehen, sind Überlieferungen, an denen niemand zweifeln kann. Aber die Zahl dieser sichersten Angaben ist nicht groß, und sie beziehen sich eigentlich nur auf die medīnischen Sūren. Denn in Mekka, wo von Muhammed keine großen geschichtlichen Ereignisse ausgingen, nahm er auch wenig Anteil an solchen. Viel zweifelhafter sind schon die sehr zahlreichen, von den Historikern und Exegeten angeführten Traditionen über allerlei kleine Ereignisse, aus denen man einzelne Verse zu erklären sucht. Da wir über den Ursprung dieser exegetischen Traditionen in der literarischen Übersicht sprechen, so wollen wir als Zeichen der Unzuverlässigkeit mancher von ihnen nur erwähnen, daß man z. B. als Ursache eines Verses, der von allen für mekkanisch gehalten wird, oft ein nach der Auswanderung geschehenes Ereignis erzählt; daß man oft zwei Versen, die eng miteinander zusammenhängen[1], ganz verschiedene Veranlassungen unterschiebt, und daß diese Erklärungen oft gar nicht zu dem Wortlaut der Stellen passen. Dennoch finden sich unter der Masse der zweifelhaften und falschen auch zuverlässigere

[1] Siehe oben.

Angaben, die sich auf geschichtliche Ereignisse stützen und dem, welcher sie vorsichtig gebraucht, von großem Nutzen sein können. Diese Kritik ist nicht leicht, da die einer Einzeltradition zugrunde liegende Tendenz sich oft erst dann erkennen läßt, wenn man möglichst viele Traditionen aus derselben Quelle gesammelt hat. So lange es aber keine systematische Untersuchung der exegetischen Traditionen gibt, sind wir darauf angewiesen, die einzelnen Traditionen von Fall zu Fall auf ihre Glaubwürdigkeit zu prüfen. Von den zahlreichen falschen, sich oft gegenseitig widersprechenden Erklärungen der Muslime kann natürlich nur eine beschränkte Auswahl gegeben werden.

Am meisten werden wir, um ein durchgehendes Beispiel zu haben, die Traditionen über den Ort der Offenbarung ganzer Sūren oder einzelner Verse berücksichtigen, wie wir sie nicht nur in geschichtlichen und exegetischen, sondern auch in masorethischen Werken und den meisten Handschriften des Qorāns schon seit ziemlich alter Zeit finden.

Es ist uns eine Aufzählung der Sūren in chronologischer Ordnung überliefert, in der jedoch nur der Anfang der Sūren berücksichtigt wird, nicht auch die etwa später hinzugefügten folgenden Verse[1]. Da die einzelnen Texte dieses Kataloges vielfach voneinander abweichen, dürfte es nicht für überflüssig gelten, die verschiedenen Formen der Überlieferung genau zu verzeichnen[2]. In dem (auch bei Casiri I, 509 titellosen) aus dem fünften Jahrhundert stammenden Buche des ʿOmar b. Muḥammad b. ʿAbd-alkāfī (cod. Lugd. 674 Warn.) 13 v. f. finden wir folgende Aufzählung: 1) mekkanische: Sur. 96; 68; 73; 74; 111; 81; 87; 92; 89; 93; 94; 103; 100; 108; 102; 107; 109; 105; 113; 114; 112; 53; 80; 97; 91; 85;

---

[1]) So heißt es wenigstens Mabānī cap. I. Dies ist auch die einzige denkbare Art, die Sūren, die zum Teil aus Stücken verschiedener Zeiten zusammengesetzt sind, in eine chronologische Reihenfolge zu bringen.

[2]) Schon früher haben Hammer Purgstall (Wiener Jahrb. Bd. 69, 82 ff.). Weil S. 364 ff. und Flügel (ZDMG. XIII, 568) die Aufmerksamkeit auf diese Verzeichnisse gelenkt.

95; 106; 101; 75; 104; 77; 50; 90; 86; 54; 38; 7; 72; 36; 25; 35; 19; 20; 56; 26; 27; 28; 17; 10; 11; 12; 15; 6; 37; 31; 34; 39; 40; 41; 42; 43; 44; 45; 46; 51; 88; 18; 16; 71; 14; 21; 23; 32; 52; 67; 69; 70; 78; 79; 82; 84; 30; 29; 83. 2) medīnische: 2; 8; 3; 33; 60; 4; 99; 57; 47; 13; 55; 76; 65; 98; 59; 110; 24; 22; 63; 58; 49; 66; 62; 64; 61; 48; 5; 9. Es fehlt Sur. 1, die sowohl mekkanisch als medīnisch zugleich sein soll (siehe unten). Bei allen andern hier als ausgelassen angegebenen liegen natürlich nur Textfehler zu Grunde. — Mit dieser Gestalt der Überlieferung stimmt die zweite in den Mabānī I und die im Itqān 21 f. gegebene überein, nur daß in jener Sur. 58 ff. ausgelassen werden. — Eine andere Gestalt (Mabānī nr. 3) hat nur die Abweichung, daß sie es für ungewiß hält, ob Sur. 93 mekkanisch oder medīnisch ist. Diese Gestalt wird durch 'Aṭā' von Ibn 'Abbās abgeleitet. — Eine andere, die sich im Ta'rīḫ al-Ḫamīs (ed. Cair. p. 10) findet, läßt aus Versehen Sur. 68 und 73 aus, stellt Sur. 50 und 90 vor 95, 61 vor 62 und 9 vor 5. — Die im Itqān 20 — welche durch Alḥusain b. Wāqid[1]) und andere auf 'Ikrima und Alḥasan b. Abī'lḥasan zurückgeführt wird, läßt einige Sūren aus, stellt Sur. 44 nach 40, 3 nach 2 und macht 83 zur ersten medīnischen. — Die vierte der Mabānī, durch Sa'īd b. Almusaiyab mit 'Alī und Muhammed selbst verknüpft, erklärt Sur. 1 für die älteste, macht Sur. 53 zur letzten medīnischen (sic), stellt 84 hinter 83 und läßt 111 und 61 aus. — Die erste in demselben Buche, in deren Isnād Alkalbī Abū Ṣāliḥ und Ibn 'Abbās aufgeführt werden, stellt Sur. 93 vor 73, 55 nach 94, 109 nach 105, 22 vor 91, 63 vor 24, macht 13 zur ersten der medīnischen und zu den allerletzten dieser Sur. 56; 100; 113; 114. — Ya'qūbī I, 32 f., 43 f. nennt zwar die nämlichen Gewährsmänner, hat aber von den soeben erwähnten Abweichungen nur die beiden ersten und die letzte mit Mabānī I gemeinsam. Im übrigen ist das Verhältnis zu der Liste oben folgendermaßen: 1 nach 74;

---

[1]) Dieser wird auch im Ḫamīs genannt.

100 medīnisch; 109 fehlt; 113; 114 medīn.; 112 fehlt; 56 medīn.; 34; 39 hinter 43; 32 medīn. und vertauscht mit 13; 69 u. 84 fehlen; 83 ist erste medīnische Sūre, 59 vor 33; 24 vor 60; 48 vor 4; 99 fehlt; von 47 an sind die Differenzen sehr stark: 47; 76; 65; 98; 62; 32; 40; 63; 58; 66; 49; 64; 61; 5; 9; 110; 56; 100; 113; 114. — Fihrist ed. Flügel p. 25 f., nach der Überlieferung des Wāqidī von Ma'mar b. Rāšid von al-Zuhrī von Muḥammad b. Nu'mān b. Bašīr, hat folgende Liste: 96, 1–5; 68; 73 (وآخرها بطريق مكّة); 74; 111; 81; 87; 94; 103; 89; 93; 92; 100; 108; 102; 107; 105; 112; 113; 114 (nach andern medīnisch[1]); 53; 80; 97; 91; 85; 95; 106; 101; 75; 104; 77; 50; 90; 55; 72; 36; 7[2]) (المص); 25; 35[3]); 19; 20; 56; 26; 27; 28; 17; 11; 12; 10; 15; 37; 31 (آخرها مدنى); 23; 34; 21; 39 bis 45; 46 (آخرها مدنى); 51; 88; 18; (آخرها مدنى); 6 (فيها آى مدنيّة); 16[4]) (آخرها مدنى); 71; 14; 32; 52; 67; 90; 70; 78; 79; 82; 84; 30; 29; 83; 54; 86. — Medīnisch[5]): 2; 8; 7[6]) (الاعراف); 3; 60; 4; 99; 57; 47; 13; 76; 65; 98; 59; 110; 24; 22; 63; 58; 49; 66; 62; 64; 61; 48; 5; 9. — Wie man sieht, ist die Anordnung von 96 bis 87,

---

[1]) Nach einer Notiz am Schlusse der Liste ist auch Sure 114 medīnisch.

[2]) Diese Sura wird nachher noch einmal aufgeführt und zwar unter ihrem gewöhnlichen Namen الاعراف als die dritte medīnische.

[3]) Die Textworte ثمّ سورة الملٰكة ثمّ الحمد لله فاطر können verschieden gedeutet werden. Entweder ist die Sure 35 unter zwei ihrer bekannten Namen aufgeführt, und nur versehentlich ثمّ dazwischen geraten. Oder unter Engelsura ist Sur. 33 gemeint, welche sonst in der Liste fehlen würde.

[4]) Fihrist p. 25 lin. 32 ff., am Schlusse der mekkanischen Reihe, hat folgenden Zusatz: قال حدّثنى الثّورى عن فراس عن الشعبى قال نزلت النحل بمكّة الّا هؤلاء الآيات فان عاقبتم فعاقبوا بمثل ما عوقبتم به.

[5]) Fihrist p. 26, 2 ff.: In Mekka entstanden 85 Sūren, in Medīna 28 (nach Ibn 'Abbās). Das sind zusammen 113; die Fātiḥa scheint demnach gar nicht als Sūre gerechnet.

[6]) Siehe aber oben Anm. 2.

von 108 bis 105, von 53 bis 90, von 25 bis 17, von 39 bis 18, von 52 bis 83 und von 76 bis 9 völlig mit Itqān 20 identisch, in allem anderen herrscht große Verschiedenheit. — Noch mehr weicht endlich die dem Gābir b. Zaid und ʿAlī zugeschriebene Reihe im Itqān 56 f. ab, welche Sur. 42 nach Sur. 18 setzt und dann von Sur. 42 an folgendermaßen zählt: 32; 21; 16, 1–40; 71; 52; 23; 67; 69; 70; 79; 82; 84; 30; 29; 83 (medīnisch) 2; 3; 8; 33; 5; 60; 110; 24; 22; 63; 58; 49; 66; 62; 64; 61; 48; 9. Suyūṭī nennt dies selbst سياق غريب.

Wenn wir nun von diesen Formen der Überlieferung, deren Verschiedenheit, wie man sieht, ziemlich bedeutend ist, ohne daß es dadurch in Frage käme, daß dieselben auf eine Urform zurückgehen, auch die beste auswählen, so kommen wir dadurch doch zu keinem brauchbaren Ergebnis. Denn in ihnen allen werden Sūren, welche sich durch verschiedene sichere Zeichen als sehr alt zu erkennen geben, hinter viel spätere gestellt, ja unzweifelhaft mekkanische zu medīnischen gemacht. Wir haben in dieser Tradition, auch wenn sie sehr alt sein oder etwa von Ibn ʿAbbās herrühren sollte, nur einen rohen Versuch zu erblicken, mit Benutzung einiger guter Überlieferungen, nach sehr schwachen kritischen Grundsätzen und reiner Phantasie eine chronologische Reihe zu entwerfen. Eine genaue Überlieferung der Folge der älteren, überhaupt der mekkanischen, Sūren ist übrigens kaum denkbar. Oder will man etwa annehmen, daß Muhammed ein Archiv führte, in welches die Sūren nach ihrer Chronologie eingetragen wurden? Das wäre ein schönes Seitenstück zu den von Weil ironisch aufgestellten Schubkasten für die einzelnen Sūren, um die später eintreffenden Verse in sie einfügen zu können.

Übrigens gibt es viele Traditionen, die von dieser sehr abweichen. So werden im Itqān 23 f. die medīnischen Sūren auf zwei verschiedene Weisen aufgezählt, die aber darin übereinstimmen, daß sie Sūren enthalten, die in den chronologischen Reihen für mekkanisch gelten. Dabei heißt es, einzelne Verse aus anderen Sūren abgerechnet, streite man sich nur bei Sur. 18; 55; 61; 64; 83; 97; 98; 99; 112; 113; 114 darüber, ob sie vor oder nach der Higra geoffenbart seien. Aber das ist falsch, da dieser Streit noch viele andere Sūren berührt. Übrigens ist die bei Alqurṭubī 23 v. und, mit kleinen Abweichungen, bei Aśśūśāwī Kap. XX sich findende Aufzählung der medīnischen Sūren von jenen beiden wiederum verschieden. Je näher man diese Art von Überlieferungen betrachtet, desto mißtrauischer muß man gegen sie werden.

Wenn wir daher, wie die späteren Muslime, allein oder doch fast allein auf das von den älteren Lehrern Überlieferte angewiesen wären, so würden wir selten zu einem festen, noch seltener zu einem richtigen Resultat gelangen. Wir haben aber noch ein zuverlässigeres Hilfsmittel, das auch allein erst die Benutzung der Tradition für uns fruchtbar macht. Dies ist die genaue Beobachtung des Sinnes und der Sprache des Qorāns selbst. Die schon dem oberflächlichen Leser sich ergebende Beobachtung, daß die Stücke, in denen Sprache und Gedanken feurig bewegt sind, früher sein müssen, als die ruhig und breit gehaltenen, wird sich bei sorgfältiger Untersuchung immer mehr befestigen und genauer präzisieren. Wir erkennen, daß Muhammed von der ersten Art zur zweiten nicht mit einem Sprunge, sondern allmählich übergeht, und daß sich auch in jenen Arten selbst einzelne Abstufungen zeigen. Ein bedeutendes Moment ist dabei die Länge der Verse. Denn die bewegte, rhythmische, dem echten Sag' näher stehende, Rede der älteren Zeit hat weit mehr Ruhepunkte nötig, als die nach und nach zur reinen Prosa werdende der späteren. Die Vergleichung von zwei Stellen, in denen derselbe Gegenstand behandelt wird, kann uns bisweilen, auch wenn sie nicht aus ganz verschiedenen Zeiten stammen, wahrscheinlich machen, daß die eine früher ist, als die andere. Da sich nämlich Muhammed oft deutlich selbst wiederholt, ist es hier mitunter möglich, die Originalstelle von der nachgeahmten zu unterscheiden. Auch kennzeichnet sich, wie bei jedem Schriftsteller, der Sprachgebrauch einzelner Perioden durch gewisse Lieblingswörter und Wendungen, die uns bei der chronologischen Einteilung unterstützen. Vermittelst der Beobachtung des

Reims, der Sprache im weitesten Sinne und besonders des Gedankenzusammenhanges können wir dann weiter die einzelnen Stücke, aus denen oft eine Sūra besteht, auszuscheiden suchen. Freilich dürfen wir beim Betrachten des Zusammenhanges nicht zu voreilig sein und überall da, wo uns die logische Verknüpfung zu fehlen scheint, gleich eine Interpolation annehmen. Denn es ist eine durchgehende Eigentümlichkeit des qorānischen Stiles, daß sich die Gedanken nur selten ruhig entwickeln, sondern gerne hin und her springen. Allein ein völliger Mangel der Verbindung kann der Aufmerksamkeit doch nicht so leicht entgehen.

Übrigens haben auch die Muslime versucht, die bloße Tradition zu verlassen und ein kritischeres Verfahren mit Beobachtung des Sprachgebrauches einzuschlagen. So haben sie z. B. die sich leicht ergebende Bemerkung gemacht, daß die Stellen, in denen يا أيّها الّذين آمنوا vorkommt, medīnisch sind, daß sich dagegen die Anrede يا أيّها النّاس zwar meistens in mekkanischen, mitunter aber auch in medīnischen Versen findet[1]), oder daß die mekkanischen Verse kürzer als die medīnischen sind[2]). Zuweilen wagen sie es sogar, mit Gründen, die einer Stelle selbst entnommen sind, Überlieferungen über dieselbe zu verwerfen. Ein solcher Fall ist es, wenn Ṭabarī im Tafsīr und Alfarrā' Albaghawī die Tradition zurückweisen, daß Sur. 13, 43 auf 'Abd-allāh b. Salām gehe, da diese Sūra mekkanisch sei. Solche kritische Grundsätze finden wir im Itqān 25 ff., 37 f., wo auch geradezu ausgesprochen wird (S. 31): من النّاس مَن اعتمد في الاستثناء على الاجتهاد دون النقل „einige Leute stützen sich bei dem Ausnehmen (d. h. bei der Lehre davon, welche einzelne Verse an anderen Orten geoffenbart seien, als die Sūren, in denen sie stehen) einzelner Stellen auf die freie Untersuchung ohne Rücksicht auf die Über-

[1]) L. zu Sur. 4, 1 und Sur. 5, 1; Zam. zu Sur. 2, 19; 'Omar b. Muhammad b. 'Abd-alkāfī (cod. Lugd. 674 Warn.) zu Sur. 22. Weniger genau B. zu Sur. 2, 19.

[2]) Ibn Ḫaldūn, Muqaddima faṣl 1 § 6 (ed. Beirut 1886 p. 87).

lieferung." Aber diese Untersuchung hat, besonders wenn sie über die Dinge hinausgeht, die jedem gleich von selbst einleuchten, keine sichere kritische Grundlage, und kann bei den Muslimen auch keine haben. Wir lernen aus jenen Versuchen für unsere Zwecke so gut wie gar nichts.

Durch sorgfältige Erwägung der uns durch die Tradition und den Qorān selbst gebotenen Hilfsmittel können wir allerdings zu vielen sicheren Erkenntnissen über die Entstehung der einzelnen Qorānteile kommen; aber freilich haben diese Erkenntnisse noch sehr bedenkliche Lücken; manches bleibt ganz ungewiß, manches wenigstens zweifelhaft. Dies ist hier um so mehr der Fall, als wir erst sehr wenige europäische Vorgänger auf dem Gebiete der kritischen Qorānforschung haben[1]).

Die Offenbarungen des Qorāns zerfallen in zwei Klassen, die mekkanische und medīnische. Diese Einteilung ist in der Natur der Sache begründet, da ja die Auswanderung Muhammeds nach Medīna seiner prophetischen Wirksamkeit eine ganz neue Wendung gab. Sie ist mit Recht von den Muslimen seit den ältesten Zeiten her beobachtet worden und muß auch von uns beibehalten werden. Es sei jedoch bemerkt, daß wir, nach dem Vorgange der meisten Muslime (Itqān 17 f. usw.), alle Stellen, die vor der Higra geoffenbart sind, mekkanisch, alle späteren medīnisch nennen, wenn sie auch nicht gerade in Mekka oder Medīna selbst entstanden sind.

Wir wollen so viel als möglich die chronologische Reihenfolge innehalten, jedoch werden einzelne Stellen, die einer anderen Zeit angehören, besser bei ihren Sūren aufgeführt, um diese nicht zu sehr zu zerreißen. Eine genau chronologisch zerteilende Anordnung der einzelnen Stellen würde besonders bei den großen medīnischen Sūren unstatthaft und unmöglich sein. Außerdem werden wir aus Zweckmäßigkeitsgründen uns bei der Anordnung noch einige andere Abweichungen erlauben.

---

[1]) Vgl. die „Literarische Einleitung". Wichtig sind aus neuerer Zeit vor allem die dort angeführten Arbeiten von I. Goldziher, C. Snouck Hurgronje und J. Wellhausen; außerdem Leone Caetani, Annali dell' Islam I, II und H. Hirschfeld.

A. Die einzelnen Teile unsers jetzigen Qorans.

a. Die mekkanischen Suren.

Bei der Untersuchung der mekkanischen Sūren bietet die geschichtliche Tradition nur wenige sichere Hilfsmittel. Schon der erste Gegenstand der Forschung, die Bestimmung der Zeitgrenzen, in welche diese Offenbarungen fallen, ist zweifelhaft. Denn die Muslime überliefern uns zwar eine Menge von Zahlenangaben über die verschiedenen Perioden von Muhammeds Leben, aber diese weichen voneinander ab, und wir sehen leider nur zu oft, daß sie auch hier ihre Unwissenheit über gewisse Dinge nicht frei eingestehen, sondern nach unhaltbaren Prinzipien raten. Es sei erlaubt, dies an einem Beispiel zu zeigen. Es ist gewiß, daß Muhammed am Montag den 12. Rabī' I des Jahres 11 gestorben ist[1]). Da man nun gehört hatte, daß er eine gewisse Anzahl von Jahren in Medīna und in Mekka seinen Beruf ausgeübt hatte, so zählte man einfach diese Jahre als ganz vollständige und berechnete die wichtigsten Epochen seines Lebens auf den 12. Rabī' I, auf den Montag oder doch auf denselben Monat. So soll er Montag den 12. Rabī' I in Qubā oder in Medīna angekommen[2]),

---

[1]) Daß er am Montag starb, wissen wir am sichersten aus dem Zeugnis eines Zeitgenossen, nämlich aus einem Verse eines Trauerliedes auf seinen Tod von Ḥassān b. Ṯābit (His. 1024, 16, Ibn Sa'd cod. Sprenger 103 fol. 166 r = Diwan ed. Tunis p. 24, 7). In diesem Punkt stimmen alle Traditionen überein: Muwaṭṭa' 80; His. 1009 f.; Śamāil, bāb wafāt rasūl allāh; Nasāī 216 (I, 259 k. al-ganā'iz § 8); Ṭabarī I, 1256, 1815; Ja'qūbī II, 126 usw. Vgl. noch die von Sprenger in der ZDMG. XIII, 135 f. beigebrachten Zeugnisse. Da nun von den Monatstagen, die für seinen Tod genannt werden, nur der 12. bezw. 13. (Ṭabarī l. c.; Ja'qūbī l. c.; Ibn Qutaiba 82; Mas'ūdī ed. Paris. IV, 141 f.) ein Montag ist, so kommt der zweite, der sonst noch als Todestag angeführt wird (Ṭab. Sprenger a. a. O.), nicht weiter in Betracht. Auch Sprenger entscheidet sich a. a. O. mit Bestimmtheit für den 12., führt aber das wichtigste Zeugnis, das Ḥassān's, nur aus zweiter Hand an.

[2]) His. 333, 415; Waq. 2; Ibn Sa'd ed. I, 1, 157; Ibn Qutaiba 75; Ṭabarī I, 1255 f. Andere nennen hier bloß den Monats-, nicht auch den Wochentag. Daß er wirklich in diesem Monat in seiner neuen Heimat anlangte, ist sehr gut möglich. Andere nennen den 2. Rabī' I (Waq. a. a. O.

geboren[1]) und an einem Montag zum Propheten berufen[2]) worden sein. Andere fügen hierzu noch andere Ereignisse aus Muhammeds Leben, die angeblich an einem Montage geschehen sind[3]). Überhaupt wissen wir über die Chronologie der Ereignisse vor der Auswanderung wenig Genaues; nicht einmal die Jahreszahl der Hauptperioden ist uns bekannt. Die Zeit seines Prophetenamtes in Mekka wird von den meisten auf 13[4]), von einigen auf 15[5]), von anderen auf 10[6]) Jahre oder etwas über 10 Jahre (Muslim Qasṭ. IX, 197. Ṭab. I, 1248), ja sogar auf nur 8 Jahre (Ṭab. I, 1250, 4. Ibn Sa'd l. c. 151) angegeben. Eine Vermittelung zwischen der ersten und dritten Ansicht scheint die Angabe zu enthalten, er sei im Alter von 43 Jahren berufen und habe darnach noch 10 Jahre in Mekka zugebracht[7]). Diese Tradition scheint die drei Jahre, in denen seine öffentliche Predigt geruht haben soll, nicht mit-

---

Ibn Sa'd a. a. O.), und es bleibt dahin gestellt, ob das oben angegebene falsche Todesdatum nach diesem oder dieses nach jenem berechnet ist.

[1]) His. 102; Spr. a. a. O. 138 f., dieser Tag wird von den heutigen Muslimen als Geburtstag des Propheten gefeiert. Andere nennen andere Daten (Ibn Sa'd ed. I, 1, 62; Spr. a. a. O., 137 ff.), stimmen aber alle über den Monat überein; einige nennen bloß den Montag.

[2]) Ibn Sa'd ed. I, 1, 129; Ṭabarī I, 1141 f. 1255; Miśk. 171 (179 صيام التطوّع, faṣl 1 § 10); Wah. in der Einleitung ed. Cair. p. 10. Mas'ūdī IV, S. 154 nennt dazu noch den Rabī' I. Daß dieser Monat falsch ist, werden wir unten dartun.

[3]) Ṭabarī I, 1141 f., 1255 f.

[4]) Verschiedene Traditionen bei Ibn Hiśām, Anmerkung zu S. 155, 9; Ibn Sa'd l. c. p. 151 f.; Bh. II, 205 (bāb مبعث النبىّ), 211, (bāb هجرة النبىّ); Muslim Q. IX, 196. 198, faḍā'il, bāb 26); Śamāil (bāb al-sinn); Ṭabarī I, 1246 f. 1249; Ja'qūbī II, 40; Miśk. 513 (521 bāb al-mab'aṯ Anfang); Mas'ūdī IV, 132. 138 f., IX, 50.

[5]) Muslim II, 436 (Q. IX, 199); Ibn Sa'd a. a. O.; Ṭabarī I, 1248; Miśk. a. a. O.; Ibn Sa'd ed. I, 1, 151, 20: 15 Jahre oder mehr.

[6]) Muslim II, 434 (Q. IX, 195 ff.); Bh. II, 173 باب صفة النبىّ und andere Stellen; Śamāil a. a. O.; Ṭabarī I, 1255; Mas'ūdī IV, 148 f.; Ibn Sa'd ed. I, 1, 127. 151; Wah. zu Sur. 24, 54. Zu den drei letzten Anmerkungen vergleiche die Sammlung von Traditionen bei Spr. a. a. O., 170 f.

[7]) Ibn Sa'd ed. I, 1 p. 151; Ṭabarī I, 1245 f.; Mas'ūdī IV, 148 f.

zuzählen[1]), da fast alle darin übereinstimmen, daß er im Alter von 40 Jahren zum Propheten berufen wurde. Auf die Genauigkeit dieser Angabe ist jedoch bei der bekannten Bedeutung, welche die Zahl 40 bei den Orientalen hat[2]), kein allzugroßes Gewicht zu legen. Daß er aber länger als 10 Jahre zu Mekka öffentlich als Prophet wirkte, sehen wir aus folgenden Worten eines von den Historikern mehrfach zitierten gleichzeitigen Liedes, das gewöhnlich dem Ṣirma b. abī Anas aus Medīna, seltener und mit weniger Wahrscheinlichkeit dem Ḥassān b. Ṯābit zugeschrieben wird[3]):

ثوى فى قريش بِضْعَ[4]) عَشْرَةَ حِجّةً * يذكّر[5]) لو يَلقى[6]) صديقا[7])
مواتيا[8]) * ويعرض فى اهل المواسم نفسه الخ

---

[1]) Ähnlich sucht die Anmerk. zu His. 155, 9 diese Schwierigkeit zu lösen.

[2]) Im jüdischen Schrifttume ist 40 als runde Zahl öfter zu belegen Gen. 7, 12. 17; Exod. 34, 28; Num. 14, 33; Ezech. 29, 13; 1 Kön. 19, 8; Jon. 3, 4; Act. 1, 3; Apoc. Baruch syr. 76, 3; Mischna Pirqē Ābōth V, 21; Talm. ʻAbōda Zāra fol. 5b oben. Aus muhammedanischem Kulturkreise vgl. مقام الاربعين und باب الاربعين (I. Goldziher, WZKM. IV, 351) sowie die beliebte Sammlung von 40 Traditionen über gewisse Gegenstände (Ahlwardt, Berliner Catalog No. 1456—1550) usw. Daß auf jene Zeitbestimmung die Stelle Sur. 46, 14 mit eingewirkt, ist eine gute Bemerkung Sprengers a. a. O. 172. Es ist mir überhaupt erfreulich gewesen, daß auch Sprenger zu der Überzeugung gelangt ist, Muhammed habe das Datum seiner Geburt nicht gewußt (a. a. O. 141 f.). Ich setze aber hinzu, auch das Jahr nicht. Alle Angaben beruhen auf meist groben Berechnungen nach hinten; so auch die Synchronismen mit den persischen Königen. Vgl. Th. Nöldeke, Geschichte der Perser und Araber zur Zeit der Sasaniden p. 168. 172 etc. Leone Caetani, Annali dell' Islam I, § 23. Maḥmūd Efendi hat sich vergebliche Mühe gemacht, wenn er über die unzuverlässigen Daten eine genaue astronomische Berechnung aufstellt. (Journ. As. Febr. 1858). Etwas anderes ist es, wenn man, wie Sprenger, bloß das konventionelle Datum berücksichtigen will.

[3]) His. 350; Ṭabarī I, 1247, 1248; 'Azraqī 377; Ibn Qutaiba 30, 75; Masʻūdī I, 145, IV, 141; Nawawī bei Muslim Q. IX, 197; Usd al-Ghāba III, 18; Ibn Ḥagar II, 486, Ibn Aṯīr, Kāmil II, 83.

[4]) Ṭabarī I, 1248 خمس. Das ist eine Fälschung auf Grund der S. 67 angegebenen Traditionen.

[5]) Masʻūdī I, 145, Ibn Qutaiba 30 بمكّة.

[6]) 'Azraqī ألا. [7]) Ibn Qutaiba 75, حبيبا Nawawī خليلا.

[8]) Masʻūdī I, IV, مواسيا. Ob diese Variante aber wirklich handschriftlich bezeugt ist, darf bezweifelt werden.

„Er lebte unter den Quraišiten zehn und einige Jahre, „indem er sie ermahnte, in der Erwartung, vielleicht einen „Freund zu finden, der ihm entgegenkäme, und indem er „sich den Besuchern der Märkte vorstellte usw."

Auf einen solchen Vers können wir mehr geben, als auf zwanzig Traditionen, obgleich Muslim Q. IX, 197 diejenigen getadelt werden, welche diesen Vers — denn ohne Zweifel ist er gemeint — den Überlieferungen vorziehen. An ihm scheitert auch die ganze Kombination Sprenger's in dem mehrfach genannten Aufsatze. Die Annahme, daß Muhammed 10 Jahre als Prophet in Mekka gewirkt habe, ist, wie es scheint, tendenziös und geht auf einen Mann zurück, der die beiden Teile, in welche sein ganzes öffentliches Leben durch die Auswanderung zerfällt, auch äußerlich gleich machen wollte. Noch weniger verträgt sich mit jenem Verse die Angabe, er habe 7 Jahre nur die göttliche Stimme gehört und das Licht gesehen und hierauf 8 Jahre Offenbarungen empfangen[1]. In diesem Falle hätte ja seine eigentliche Wirksamkeit nur 8 Jahre gedauert. Ob wir nun aber 15 oder 13 Jahre als Dauer seiner ersten prophetischen Periode anzunehmen haben, wage ich nicht zu entscheiden. Einstweilen jedoch wollen wir es bei der letzteren, allgemein angenommenen Zahl bewenden lassen.

Aus diesem Beispiel kann man schon sehen, wie unsicher die Zeitrechnung der vor die Higra fallenden Ereignisse aus Muhammeds Leben ist. Überhaupt ist es nur bei sehr wenigen derselben möglich, einigermaßen anzugeben, wie viel Jahre vor der Auswanderung (als der festen Epoche) sie geschehen seien. Gibt ja doch der beste uns erhaltene Biograph, Ibn Isḥāq, fast gar keine chronologischen Daten bei der ganzen mekkanischen Periode[2]. Um so weniger wird es möglich, für die mekkanischen Sūren, in denen äußerst selten auf ganz

---

[1]) Ibn Sa'd ed. I, 1, 151; Muslim II, 437 (Q. IX, 499) und Miśk. 513 (521) fügen noch hinzu ولا يرى شيئًا.

[2]) Etwas häufiger tut dies Ibn Sa'd.

sichere geschichtliche Ereignisse Rücksicht genommen wird, eine auch nur ungefähre Zeitbestimmung aufzustellen, um darnach die einzelnen Perioden abzuteilen. Die wenigen chronologischen Anhaltspunkte, von denen auch nicht ein einziger ganz sicher ist, sind folgende: 1) Sur. 53 hängt mit der Flucht nach Abessinien zusammen[1]), welche im Jahre 5 der Berufung stattgefunden haben soll; 2) Sur. 20 ist nach der gewöhnlichen Erzählung vor der Bekehrung ʿOmar's geoffenbart, die man ins sechste Jahr vor der Higra setzt; 3) Sur. 30,1 ff. spielt sicher auf den Krieg zwischen den Persern und Byzantinern[2]) an, wahrscheinlich auf die im siebenten und achten Jahre nach der Berufung geschehenen Ereignisse. Wenn wir diese unsichere Rechnung zugrunde legen dürfen, so erhalten wir für die Sūren der zweiten Periode etwa die Jahre 5 und 6; die längeren Zeiträume vorher und nachher wären für die erste und dritte Klasse. Diese Einteilung ist dem inneren Wesen der einzelnen Perioden nicht unangemessen. Es stellt sich ihr aber die Schwierigkeit entgegen, daß die ohne Zweifel zur zweiten Periode zu rechnende Sūra 72 gewöhnlich auf die Reise nach Ṭāif bezogen wird, welche der Prophet nach Abū Ṭālib's und Ḫadīga's Tode, nicht viele Jahre vor der Auswanderung (im Jahre 10 der Berufung), machte. Doch können wir dieser Schwierigkeit vielleicht dadurch entgehen, daß wir mit einigen Traditionen die hier besprochene Erscheinung der Ginnen von der Reise nach Ṭāif ganz trennen[3]). Gar keine Rücksicht dürfen wir auf die Angaben über die in Sūra 17 erwähnte Himmelfahrt nehmen, da die Zeitbestimmung derselben ganz unsicher ist. Es wird daher am vorsichtigsten sein, wenn wir bei den Sūren der einzelnen Perioden nur die innere Entwicklung ohne Rücksicht auf die ganz unsichere Chronologie im Auge behalten.

Der einzige große Zweck Muhammeds in den mekkanischen

---

[1]) Siehe unten zu Sur. 53,19.
[2]) Siehe unten zur Stelle.
[3]) Das Weitere siehe unten.

Sūren ist die Bekehrung der Menschen zum einen, wahren Gotte und, was ihm davon untrennbar bleibt, zum Glauben an die Auferstehung der Toten und das Gericht am jüngsten Tage. Aber er sucht nicht durch logische Beweisführung die Vernunft der Hörer zu überzeugen, sondern mit rhetorischer Darstellung durch die Phantasie auf das Gemüt zu wirken. So preist er denn Gott, schildert ihn in seinem Wirken in der Natur und in der Geschichte und höhnt dagegen die Schwäche der falschen Götter. Von ganz besonderem Gewicht sind die Schilderungen von der ewigen Glückseligkeit der Frommen und der Höllenqual der Sünder. Diese Schilderungen, besonders die der letzteren, haben wir durch die Wirkung, welche sie auf die Phantasie einfacher, noch nicht von Jugend auf mit ähnlichen theologischen Bildern vertrauter Menschen ausüben mußten, für eins der mächtigsten Mittel[1]) zur Verbreitung des Islām zu halten. Dabei greift der Prophet seine heidnischen Gegner oft geradezu persönlich an und droht ihnen mit der ewigen Strafe. Dagegen bekämpft er, während er nur unter Heiden lebt, selten die ihm viel näherstehenden Juden und fast nie die Christen[2]).

[1]) Vgl. C. Snouck Hurgronje in De Gids 1886 II S. 256f. Rev. Hist. Relig. Bd. 30 (Paris 1894), S. 150. Nach Hubert Grimme (Mohammed I, Münster 1892, S. 14; Mohammed, München 1904, S. 50) ist der Islam „keineswegs als ein Religionssystem ins Leben getreten, sondern als ein Versuch sozialistischer Art, gewissen überhandnehmenden irdischen Mißständen entgegenzutreten". Diese Aufstellung, welche die gesamte Tradition gegen sich hat, ist von C. Snouck Hurgronje (Une nouvelle biographie de Mohammed, Revue Hist. Relig. Bd. 30 S. 49—70, 149—178, bes. 158ff.) einer einschneidenden Kritik unterzogen worden. Vgl. auch Frants Buhl, Muhammeds Liv, Kobenhavn 1903, S. 154f.

[2]) Man darf nicht in allen Stellen, in denen Muhammed gegen die Lehre eifert, daß Gott Nachkommenschaft (ولد) hätte, eine Polemik gegen die Lehre von Christus als Gottes Sohn sehen. Die heidnischen Araber nannten ihre Göttinnen al-Lāt, Manāt und al-'Uzza „Töchter Allah's". Der Name bedeutet wahrscheinlich nichts anderes als göttliche Wesen weiblicher Natur, vgl. J. Wellhausen, Reste arabischen Heidentums[2] S. 24f. Aber es lag nahe, daß ein Heide den ihn drängenden Beweismitteln Muhammeds für die Einheit Gottes entgegensetzte, auch sie erkennten diese an, ihre Göttinnen wären nur Töchter Gottes;

An der Verschiedenheit des Stils erkennen wir verschiedene Reihen von Sūren, die einander der Zeit nach näher stehen müssen. Vorzüglich treten zwei große Gruppen hervor, deren eine aus den älteren, leidenschaftlicher bewegten, deren andere aus den späteren, sich mehr den medīnischen nähernden Sūren besteht. Zwischen beiden finden wir noch eine andre Gruppe, die in allmählicher Abstufung von jener zu dieser überleitet. Wir haben also Sūren von drei Perioden zu unterscheiden [1]).

Eine andere Anordnung der Sūren hat William Muir im zweiten Teil seines „Life of Mahomet“ [2]) aufgestellt, die zwar in manchen Stücken von der unsrigen verschieden ist, aber doch wieder in den wichtigsten Punkten mit ihr zusammentrifft. Er teilt die mekkanischen Sūren in fünf Stufen (stages), die er nach einer, freilich alles Haltes entbehrenden, Chronologie folgendermaßen einteilt: 1) Sūren, die vor Sur. 96, also eigentlich vor die Berufung zum Propheten fallen; 2) die ältesten Sūren bis zum ersten öffentlichen Auftreten; 3) bis zum Jahre 6 der Berufung; 4) bis zum Jahre 10; 5) bis zur Higra. Aber von diesen Stufen enthalten die drei ersten fast ganz dieselben Sūren, welche wir in der ersten Periode zusammenfassen, und zwar so, daß Stufe 2 den von uns für die alleräItesten gehaltenen, Stufe 1 und 3 den übrigen Sūren entspricht. Die fünfte Stufe ist so ziemlich unsere dritte

vgl. Sur. 37, 149 ff., 6, 100 f. usw. Man darf natürlich diesen Satz in der Form, wie er uns vielfach von den Muslimen überliefert wird („die Heiden hätten die Engel für die Töchter Gottes gehalten“ usw.), nicht als ein altmekkanisches Dogma ansehen. Die Muslime können durchaus nicht auf das Wesen anderer Religionen eingehen und färben sie alle islāmisch. So lassen sie z. B. die Quraischiten über Auferstehung, Propheten usw. disputieren!

1) Diese drei Klassen hat zuerst G. Weil in seiner „Einleitung in den Koran“ aufgestellt, und wir haben in dieser Entdeckung das Hauptverdienst des kleinen Buches zu sehen. Es kann natürlich nicht auffallen, daß wir im einzelnen hie und da in der Einteilung von ihm abweichen und manches genauer bestimmen; aber wir haben keinen Grund gefunden, seine Einteilung im ganzen aufzugeben.

2) S. 132 ff. 183 ff. besonders 318—320.

Periode. In der vierten Stufe sind die zahlreichsten die, welche wir zur zweiten Periode rechnen, aber dazu kommen noch viele aus andern Perioden. Allein diese Verschiedenheit vermindert sich sehr, wenn wir beachten, daß Muir sieben Sūren aus unsrer ersten Periode zur vierten Stufe, dagegen acht aus der letzten Zeit unsrer zweiten Periode zur letzten Stufe zählt. Der Hauptunterschied besteht also darin, daß Muir unsere zweite, seine vierte Gruppe, früher beginnen und schließen läßt. Dagegen bleiben freilich noch sechs Sūren übrig, die von Muir zu dieser, von uns zur letzten Reihe gezählt werden. Sein Hauptfehler bei dieser Einteilung besteht darin, daß er auch im einzelnen die Sūren genau chronologisch anzuordnen sucht. Zwar ist er bescheiden genug zu gestehen, daß er seinen Zweck noch nicht ganz erreicht habe, doch ist dieser Zweck selbst eben unerreichbar. Außerdem achtet er zu wenig darauf, die aus verschiedenen Stücken zusammengesetzten Sūren zu teilen, und legt zu viel Gewicht auf die Länge der Sūren, die lange nicht die Bedeutung hat, wie die Länge der einzelnen Verse.

H. Grimme[1]) schließt sich in der Zuweisung an die medīnische Periode durchaus, in der Gruppierung der mekkanischen Sūren im wesentlichen an uns an. Aus unserer ersten Periode fehlen bei ihm 51, 52, 53, 55, 56, 1, 97, 109, 112, von denen er die 5 ersten seiner zweiten, die 4 letzten seiner dritten Periode zurechnet. Sonst nimmt er in seine zweite Periode nur noch Sur. 14 (außer v. 38—42 med.), 15, 50, 54 auf, während er Sur. 76 der ersten, und alle übrigen der dritten Periode zuweist.

H. Hirschfeld[2]) verwirft zwar die von Weil, Muir und uns zur Einteilung der mekkanischen Sūren geltend gemachten Prinzipien, aber seine eignen, nach formalen und materialen Gesichtspunkten benannten Kategorien (first proclamation, confirmatory, declamatory, narrative, descriptive und legislative revelations) sind nichts, als eine andere Um-

[1]) Hubert Grimme, Mohammed II (Münster 1895), S. 25—27.
[2]) New Researches S. 143 ff.

schreibung unserer Prinzipien. Vor allem herrscht in der Zuteilung an die medīnische Periode bis auf eine Sūre (98) völlige Übereinstimmung. Seine drei ersten Kategorien enthalten, mit Ausnahme von Sur. 51, 1, 55, 113, 114, die Sūren unsrer ersten mekkanischen Periode, dazu nur noch Sur. 26, 76, 72 aus unsrer zweiten und Sūre 98 aus unsrer medīnischen Periode. Seine 3 letzten Kategorien sind, mit den bereits erwähnten Einschränkungen, aus unsrer zweiten und dritten mekkanischen Periode zusammengewürfelt.

Daß sich unter den mekkanischen Sūren zwar einzelne Gruppen ausscheiden lassen, nicht aber eine im einzelnen irgend genaue chronologische Anordnung aufgestellt werden kann, ist mir immer klarer geworden, je genauer ich im Lauf vieler Jahre den Qorān untersucht habe. Manches Indicium, das ich mir zu diesem Zwecke gemerkt hatte, hat sich als unzuverlässig herausgestellt, und manche Behauptung, die ich früher als ziemlich gewiß ausgab, erwies sich bei wiederholter und sorgfältigerer Prüfung als unsicher.

Die Sūren der ersten Periode.

Die Sūren dieses Zeitabschnittes glaube ich mit einiger Sicherheit an ihrem Stil zu erkennen. Die Gewalt der Begeisterung, die den Propheten in den ersten Jahren bewegte, die ihn gottgesandte Engel im Gesicht schauen ließ, mußte sich auch im Qorān ausdrücken. Der Gott, der ihn erfüllt, redet selbst, der Mensch tritt ganz zurück wie bei den großen alten Propheten Israels[1]). Die Rede ist großartig, erhaben und voll kühner Bilder, der rhetorische Schwung hat noch ganz poetische Färbung. Die leidenschaftliche Bewegung, die aber nicht selten durch einfache, jedoch kraftvolle, ruhige Belehrungen und farbenreiche Schilderungen unterbrochen wird, spiegelt sich in den kurzen Versen, die ganze Rede ist rhythmisch bewegt und oft von großem, aber durchaus un-

[1]) Vgl. H. Ewald, Propheten des A. B. I², 31 ff. In der älteren Zeit ist diese Redeweise bei Muhammed nicht eine bloße äußere Form, sie hat vielmehr eine tiefe Bedeutung; anders freilich später.

gesuchtem Wohlklange. Die Gefühle und Ahnungen des Propheten äußern sich zuweilen in einer gewissen Dunkelheit des Sinnes, der überhaupt mehr angedeutet, als ausgeführt wird. Eine eigentümliche, aber charakteristische Erscheinung sind die in dieser Periode sehr häufig — 30 mal, dagegen in medīnischen Sūren nur 1 mal, Sur. 64, 7) — vorkommenden Schwüre, durch welche Muhammed besonders im Anfange der Sūren die Wahrheit seiner Reden bekräftigt. Ebenso wie den Sag' hat er diesen Brauch den heidnischen Kāhinen abgesehen, welche ihre Aussagen durch feierliche Schwüre einzuleiten pflegten und hierbei weniger die Götter zu Zeugen anriefen als die verschiedensten Naturobjekte[1]), wie Landschaften und Wegemale, Tiere und Vögel, Tag und Nacht, Licht und Finsternis, Sonne, Mond und Sterne, Himmel und Erde[2]). In seiner Eigenschaft als Gesandter Allah's schwört Muhammed außerdem bei der Offenbarung (36. 38. 43. 44. 50. 52. 68), bei der Auferstehung (S. 75), beim jüngsten Tage (S. 85) und bei seinem Herrn[3]). Am meisten Schwierigkeit bereitet, nicht nur den muslimischen Exegeten[4]) von je her, sondern auch noch uns, das Verständnis einer dritten Kategorie von Formeln, in denen bei einer Mehrheit weiblicher[5]) Gegen-

---

[1]) Die Frage, inwieweit diesen Formeln ursprünglich animistische Vorstellungen zugrunde liegen, muß hier unerörtert bleiben.

[2]) Saṭīḥ: His. 10, 14, 11, 5. 11 f.; Mustaṭraf bāb 60; Mas'ūdī III, 394. Śiqq: His. 12, 1. الكاهن الخزاعى I Aṯīr, Kāmil II, 11; Maqrīzī ed. G. Vos (Leiden 1888) p. 10; Mustaṭraf a. a. O. طريفة الكاهنة: Mas'ūdī III, 381. Musailima: Ṭabarī I, 1933, 3 f., 12 f. Ṭulaiḥa: Ṭabarī 1897, 9 f.; vgl. hiermit Sūra 52. 85. 86. 75. 68. 89. 92. 93. 103. 95.

[3]) Im Munde Muhammeds selbst nur 34, 3, 64, 7, 51, 23; wo sonst im Qorāne bei Gott geschworen wird, sind andere Menschen (37, 54, 26, 97, 21, 58, 12, 73. 85. 91. 95), oder Gott (19, 69, 4, 68, 70, 40), oder der Satan (38, 83) redend eingeführt. Abgesehen von S. 4, 65. 68 gehören alle diese Stellen der mekkanischen Periode an.

[4]) Daher schrieb Ibn Qaiyim al-gauzīya († 751, vgl. C. Brockelmann, Gesch. arab. Lit. II, 105 ff.) ein Buch unter dem Titel التبيان فى أقسام القرآن „Die Erläuterung über die Schwüre des Qorāns" (H. Ch. nr. 2401).

[5]) Sūra 37. 51. 77. 79. 100.

stände oder Wesen geschworen wird. Indessen hat auch diese Art ihre außerqorānische Parallele[1]). Die meisten Sūren dieser Periode sind kurz — von 48 Sūren haben 23 weniger als 20 und 14 weniger als 50 Verse — da die hohe Bewegung der Seele, welche sie hervorrief, nicht lange anhalten konnte.

Wenn nun Muhammed unter seinen nüchternen Landsleuten dergleichen Offenbarungen vortrug, so konnte es nicht ausbleiben, daß er von den meisten für einen Wahnsinnigen oder für einen Lügner gehalten wurde. Man nannte ihn einen übergeschnappten Poeten, einen mit den Ginnen verbündeten Wahrsager[2]) oder einen Besessenen (magnūn). Diese Ansichten, von deren letzterer er anfangs wohl selbst nicht ganz frei war[3]), mußte er natürlich mit aller Gewalt der Rede bekämpfen, nachdem er sich unzweifelhaft als Gesandten Gottes erkannt hatte. Überhaupt spielen die heftigen, bis zur Verfluchung gehenden Angriffe gegen seine Widersacher, aus denen er einige persönlich hervorhebt, einmal sogar mit Hinzufügung des Namens (vgl. unten zu Sūra 111), eine große Rolle in diesen Sūren.

Muir stellt die eigentümliche Ansicht auf, es gebe 18 Sūren, die vor die Berufung durch Sur. 96 fallen und erst später in den Qorān gesetzt seien; in ihnen rede Muhammed noch in eigner Person, nicht Gott, der erst in Sur. 96 redend eingeführt werde. Offenbar hat der englische Forscher durch nähere Bekanntschaft mit den Quellen eine gewisse Zuneigung zu dem Propheten gewonnen und sucht ihn deshalb, wenigstens eine Zeit lang von dem Verbrechen frei zu halten,

---

1) Ṭabarī I, 1934, 3—5 (Musailima).

2) Gewiß glaubten die alten Araber an eine besondere Verbindung des Kāhin mit den Ginnen; aber freilich hatte dieser Glaube nicht die von den Muslimen ihm gegebene Gestalt, nach der die Ginnen und Satane gen Himmel stiegen, hier auf die Reden der Engel lauschten und diese den Wahrsagern mitteilten. Vgl. J. Wellhausen, Reste arabischen Heidentums² S. 137.

3) His. 154; Ṭab. I, 1152; Bh. an mehreren Stellen, besonders im bāb al-waḥy; Ibn Sa'd ed. I, 1 p. 130, 10.

daß er in Gottes eignem Namen auftrete[1]. Aber diese Ansicht hat durchaus keine positiven Gründe für sich, streitet gegen die Überlieferung und läßt sich bei einigen Sûren geradezu widerlegen. Wenn Muhammed in vielen derselben gegen die Feinde der Religion, gegen die Widersacher spricht, welche den von ihm gepredigten Glauben für falsch erklären (يكذّبون بالدين), und dagegen die Gläubigen hervorhebt, so können sie nicht zu einer Zeit entstanden sein, wo er mit sich selbst noch nicht im Klaren war, sich noch nicht als den Propheten Allah's erkannt, noch nicht den Glauben (الدين) verkündet hatte. Gleich Sur. 103, welche Muir wohl nur deshalb für die älteste hält, weil sie in ihrer jetzigen Gestalt die allerkürzeste ist, handelt von den Feinden Muhammeds (v. 2) und von seinen Anhängern, die da glauben und sich gegenseitig zur Geduld bei den Verfolgungen ermahnen (v. 3). Sie kann demnach erst entstanden sein, als sich nach der öffentlichen Predigt die Gegensätze geschieden hatten. Ähnliche Stellen finden sich in den von Muir genannten Sûren mehrfach, z. B. Sur. 82,9; 92,16 usw. Dahin gehören auch die Stellen, in denen Muhammed als warnendes Beispiel für die Gegner von dem Untergang der Feinde Gottes in frühern Zeiten spricht (Sur. 89,6ff.; 91,11ff.; Sur. 105). Endlich ist es nicht einmal wahr, daß Gott in diesen Sûren nie selbst redend aufträte. Denn wenn wir auch alle Stellen, in denen Muhammed angeredet wird, mit Muir II, 60 für Selbstgespräche erklären und keine Rücksicht auf diejenigen Verbalformen nehmen wollten, welche sich durch bloße Veränderung der diakritischen Punkte aus der ersten in eine andere Person verwandeln lassen (z. B. تفعل für نفعل usw.), so bleiben doch noch folgende Stellen übrig: Sur. 90,10; 94,2; 108,1; 95,4.5. In diesen erklärt Muir (S. 62) das Auftreten Gottes für eine poetische Fiktion. Warum tut er denn das nicht auch anderswo? Man könnte nun noch einwenden, jene Stellen wären später absichtlich verändert. Aber einer bloßen,

[1] Life of Mah. II, 75.

durch keine haltbaren Gründe unterstützten Hypothese zu Liebe darf man sich doch nicht zu neuen, ebenso unbeweisbaren Annahmen verleiten lassen.

Wir können daher, wenigstens in Muir's Ansicht, keinen Grund finden, von der bei den Muslimen fast allgemein angenommenen Überlieferung[1]) abzugehen, nach der Sur. 96, 1 bis 5 der älteste Teil des Qorāns ist und die erste Berufung Muhammeds zum Prophetenamt enthält. Da die Offenbarung dieser Verse mit einer Vision oder einem Traume zusammenhing, so können ihm selbst vielleicht schon kurze Zeit nachher die einzelnen Umstände nicht mehr genau vor der Seele gestanden haben. Noch weniger dürfen wir uns auf die Berichte der Muslime über sie vollständig verlassen. Der bekannteste derselben ist die Tradition, welche ʿUrwa b. Azzubair von ʿĀïša empfing[2]). ʿĀïša ist aber sehr unzuverlässig, überdies kann ihr Muhammed erst lange nachher von jenem Ereignisse erzählt haben, da sie zur Zeit desselben noch gar nicht geboren war. Nach dieser Tradition begann die Offenbarung mit untrüglichen Visionen (الرُّؤْيَا الصادقة), die den Propheten erleuchteten gleich dem Erglänzen des Morgenrots. Darauf zog er sich in die Einsamkeit des Berges

[1]) His. 152f; Ibn Saʿd ed. I, 1 p. 130f.; Bh. tafsīr; Muslim I, 113 = Q. II, 38ff. (bāb badʾ al-waḥy); Azraqī 426f.; Tab. I, 1147f.; Masʿūdī IV, 133; F. und andere Kommentare zu Sur. 96; Waḥ. in der Einleitung; Mišk. 513f. (521f. bāb al-mabʿaṯ wabadʾ al-waḥy Anfang); Itq. 52f. usw. usw.; vgl. Caussin I, 354; Weil 45f.; Muir II, 85; Spr. Life 95f. Leben I, 297f. und besonders Journ. As. Soc. Bengal XIX, 113ff.; Leone Caetani a. a. O. I, 220—227. Wenn einige schlechthin die Sūra 96 als die älteste nennen, so ist dies nur ein ungenauer Ausdruck. Viele sagen ausdrücklich, daß nur die ersten 5 Verse so alt, und die andern erst später geoffenbart seien. Bh. bāb badʾ al-waḥy nennt nur die drei ersten Verse.

[2]) Der Wortlaut dieser Tradition, der bald kürzer, bald länger ist, und im einzelnen viele Varianten hat, findet sich bei Bh. Muslim a. a. O. Waḥ. a. a. O.; Ṭabarī I, 1147ff.; Azraqī a. a. O.; F. a. a. O.; Mišk. a. a. O.; Itq. 52; verkürzt bei Ibn Saʿd a. a. O.; His. 151. Vgl. Journ. As. Soc. Bengal XIX, 113f. Ebendaselbst 114f. steht eine andere Gestalt derselben, die aber Sprenger mit Recht für ausgeschmückt und verworren erklärt. Einen ausführlichen Überblick über die hierher gehörenden Traditionen gibt Sprenger, Leben I, 330—349.

Hirā'[1]) zurück. Als er daselbst längere Zeit ein andachtsvolles Leben geführt hatte, erschien der Engel (الْمَلَك)[2]) und befahl ihm: „Rezitiere!", worauf er antwortete: „ich kann nicht rezitieren" (ما انا بقارِئٍ). Da bedrängte ihn (فغطّنى)[3]) der Engel gewaltig und wiederholte den Befehl. Nachdem dies alles dreimal geschehen war, trug endlich der Engel jene fünf Verse vor. Muhammed erschrak heftig darüber und begab sich eilig zu seiner Gattin Ḫadīga, um bei ihr Trost zu suchen.

Eine andere, gewiß ursprünglich aus derselben Quelle stammende Tradition, welche sich bei Ibn Hišām 151 ff., Ṭabarī I, 1149 f. findet und von 'Ubaid b. 'Omair b. Qatāda ausgeht, zeichnet sich dadurch aus, daß sie deutlich erwähnt, dieses Ereignis sei ein Traum gewesen. Als Muhammed aus diesem erwachte, hätten sich die Worte der Offenbarung schon in sein Herz eingeprägt. Dazu fügt sie noch die Bemerkung, Gabriel habe ein seidenes Tuch (بِنَمَطٍ مِنْ دِيبَاجٍ) gebracht, auf dem Worte standen, die er lesen sollte (Itq. 53). Von einem solchen Schreibmateriale ist zwar im Qorān nirgends die Rede, der vielmehr nur رَقّ, und قرطاس kennt, aber daß es sich bei der qorānischen Offenbarung um Mitteilung aus einem himmlischen Schriftstücke handelt, steht fest[4]). Dahin

---

[1]) So, حِرَآء, schreiben die besten Handschriften, und diese Aussprache wird im Yāqūt II, 228; Bekrī 273; Ḥarīrī's Durrat al-ghauwāṣ ed. Thorbecke S. 140 und im cod. Spr. 282 für allein zulässig erklärt.

[2]) Die Frage, ob diese und andere Erscheinungen auf Halluzinationen oder auf dem Brockengespenst ähnlichen Nebelbildern (M. J. de Goeje in Orientalische Studien, Th. Nöldeke zum 70. Geburtstag gewidmet, Gießen 1906 I, 3 f.) beruhen, ist nicht zu entscheiden. Die Hauptsache bleibt, daß Muhammed an leibhaftige Engelerscheinungen glaubte. Diese haben darum für den Religionshistoriker in demselben Maße als Realitäten zu gelten, wie die Engelerscheinungen der Bibel.

[3]) Varianten hierzu sind فغطّنى, فغتّنى, فغمّنى, فسأبنى (Nihāya).

[4]) Nach Sur. 20, 113. 25, 134. 53, 5. 10. 75, 18. 81, 19 verlief eine Offenbarung so, daß Muhammed nicht selbst im himmlischen Buche las, sondern ein Engel die Worte vorsprach, worauf der Prophet dieselben so lange wiederholte, bis er sie seinem Gedächtnisse eingeprägt hatte.

weist nicht nur der oben (S. 24 f.) dargelegte Sprachgebrauch von قرأ, sondern auch die zahlreichen Stellen, welche das Herablassen (انزل) von kitāb, d. h. schriftlicher Offenbarung, erwähnen; ferner Sūra 85, 21 f., wo das Vorhergehende ein auf einer bewahrten Tafel (لَوْح) stehender Qorān genannt wird; schließlich Sūra 96, 4, denn die Worte „dein Herr, welcher die Menschen den Gebrauch des Schreibrohres [1]) gelehrt hat", beziehen sich am ungezwungensten auf eine im Himmel vorhandene Urkunde, die der Urquell aller wahren Offenbarung ist, der jüdischen und christlichen — man erinnere sich der stehenden Wendung اهل الكتاب — wie der des Islām. Die Tradition, daß Allah zuerst den ganzen Qorān in den untersten Himmel herabbringen ließ, und dann der Engel dem Propheten nach Bedarf die einzelnen Stücke mitteilte — vergleiche die Kommentare zu Sūre 97 —, geht also von einer durchaus richtigen Anschauung aus. Diese Vorstellungen vom Mechanismus der Offenbarung sind natürlich nicht willkürliche Einfälle, sondern sie beruhen auf der Kenntnis jüdisch-christlicher Tradition, in der von Gott eigenhändig geschriebene, vom Himmel gefallene, oder durch einen Engel überbrachte Bücher eine große Rolle spielen [2]).

Neuere Ausleger der 96. Sūre haben sich von der exegetischen Tradition der Muslime mehr oder weniger entfernt. Weil [3]) glaubt, Muhammed erhalte hier den Befehl, eine schon früher gegebene Offenbarung vorzutragen. Dieser Auffassung steht nicht nur die Überlieferung entgegen, sondern auch die innere Wahrscheinlichkeit. Aus welchem Grunde sollte Allah dem Propheten durch eine eigene Offenbarung befohlen haben, eine schon vorhandene Sūra vorzutragen oder zuvorlesen?

---

[1]) Vgl. zu dieser Übersetzung Th. Nöldeke in ZDMG. Bd. 41, S. 723.

[2]) Exod. 31, 18, 32, 16, 34, 1; Deut. 9, 10, 4, 13; Ezechiel 3, 1—3; Apocal. Johannis 10, 10; Pastor Hermae, 2. Vision; Euseb. hist. eccles. VI, 38; Hippolyt, Haeres. refut. 9, 13.

[3]) K.[2], S. 65. K.[1], S. 56 hatte Weil قرأ mit „lesen" übersetzt.

Sprenger's Erklärung (Life S. 95 f.), إقرأ heiße hier „lies die heiligen Bücher der Juden und Christen", hat den deutlichen Sinn gegen sich und wird hinlänglich durch die oben besprochene Unbekanntschaft Muhammeds mit der Bibel widerlegt. Auch die spätere Auffassung dieses Gelehrten (Leben² I, 298. 462. III, XXII), nach der إقرأ „sprich dich aus" heiße, ist zu verwerfen, da sie im Sprachgebrauche keinen Anhalt hat.

Der Grammatiker Abū ʿUbaida, nach F. zur Stelle, sagt, die Phrase sei soviel wie اِقْرَأْ اَسْمَ رَبِّكَ, بِ sei hier زائدة, d. h. zur deutlicheren Anzeige des Objektes hinzugesetzt, und قرأ so viel wie ذكر „anrufen". Indessen hat قرأ nirgends diese Bedeutung [1]).

Hartwig Hirschfeld [2]) übersetzt „proclaim the name of thy Lord!" Da diese Bedeutung im Arabischen nicht zu belegen ist, beruft er sich auf die im Alten Testamente häufige Wendung קרא בשם יהוה. Allerdings heißt קרא „ausrufen, verkündigen", aber בשם ist wahrscheinlich nicht Objekt dazu, sondern bedeutet „unter Gebrauch des Namens Jahve" [3]). Einzig und allein in diesem Sinne („verkündige im Namen deines [4]) Herrn") könnte die Möglichkeit der Anlehnung an hebräischen Sprachgebrauch zugegeben werden. Es ließe sich dafür noch der Umstand geltend machen, daß verschiedene Traditionen, nach denen Muhammed auf die Aufforderung des Engels اِقْرَأْ mit ما أَقْرَأُ antwortet, eine sehr verdächtige Ver-

---

1) قرأ بشىء heißt „er las in etwas" — nämlich einem Buche oder dergleichen — bezw. „er nahm die oder jene Lesart an", wie قال بشىء „er äußerte die oder jene Ansicht", vgl. M. J. de Goeje im Glossar zu Ṭabarī.

2) Beiträge zur Erklärung des Qorāns, Leipzig 1886, S. 6; New Researches S. 18 f. Ebenfalls schon G. Weil, Abhandl. Orient. Congress Florenz 1878 (1880) I, S. 357.

3) Vgl. auch B. Jacob, „Im Namen Gottes", Vierteljahrsschrift für Bibelkunde I (1903), 171 ff.

4) So ist Th. Nöldeke jetzt geneigt, die Worte zu verstehen.

wandtschaft mit Jes. 40, 6 (קוֹל אוֹמֵר קְרָא וְאָמַר מָה אֶקְרָא) haben. In diesem Falle würde jedoch in Sūre 96 ein ganz isolierter Sprachgebrauch vorliegen, der weder im Qorān, noch in dem Hadith und der Liturgie irgend welche Nachahmung gefunden hat[1]). Vielmehr wird قرأ im Qorāne überall vom murmelnden oder leiernden Hersagen heiliger Texte gebraucht, während sich die Bedeutung „lesen" erst allmählich hieran angeschlossen hat. Darum wird es geraten sein, auch an unserer Stelle von der üblichen Bedeutung des Verbum „vortragen", „rezitieren" [2]), nicht abzugehen.

Wenn wir hieran festhalten und die herrschende Tradition (s. S. 78 f.) auf ihre wesentlichen Züge reduzieren, können wir uns die Entstehung jener Offenbarung folgendermaßen vorstellen.

Nachdem Muhammed[3]) lange in der Einsamkeit ein asketisches Leben geführt hat und durch Betrachtungen und innere Kämpfe in ungeheure Erregung geraten ist, wird er endlich durch einen Traum oder eine Vision entscheidend bestimmt, das Prophetenamt, die Verkündigung der ihm klar gewordenen Wahrheit zu übernehmen. Die Berufung gewinnt in seinem Geiste feste Gestalt als eine Offenbarung, in der Allah ihn auffordert, die ihm zur Kenntnis gekommenen Teile des himmlischen Buches im Namen seines Herrn, des Menschenschöpfers, seinen Landsleuten vorzutragen. Als Zeit der ersten Offenbarung scheint im Qorāne selbst die sog. Schicksalsnacht (*leilet el-qadr*) angegeben zu werden, die ohne Zweifel in den Monat Ramaḍān fiel[4]).

---

[1]) Über die Phrase قرأ السلام vgl. oben S. 33.

[2]) Vgl. oben S. 32 f.

[3]) So abweichend auch die Gelehrten über den Sinn von Vers 1 urteilen, darin sind alle Genannten einig, daß er sich nur an Muhammed wenden kann. So viel ich sehe, ist es allein R. Dozy (Essai sur l'histoire de l'Islamisme, traduit du Hollandais par V. Chauvin, Leiden-Paris 1879, S. 27—29), der in den Versen 1—5 eine spätere, an einen Ungläubigen oder Halbbekehrten gerichtete, Ermahnung erblickt.

[4]) Man halte Sur. 97, 1, 44, 2 mit Sur. 2, 181 zusammen. Dies ist auch die gewöhnliche Ansicht; dagegen hatte Muhammed auf das Datum

Ob freilich Sūre 96, 1–5 das älteste aller Qorānstücke ist muß dahingestellt bleiben. Wenn es auch nahe lag, derselben wegen ihrer eindringlichen Aufforderung zum „Rezitieren“ eine grundlegende Bedeutung in der Offenbarungsgeschichte beizumessen, so wird doch der chronologische Ansatz der Tradition im Texte durch nichts gefordert. Ihrem Inhalte nach lassen sich die Worte vielmehr aus jeder Zeit verstehen, in der dem Propheten ein neuer Abschnitt aus dem himmlischen Buche mitgeteilt wurde. Indessen rät der gedrungene Stil wie der kurzgliedrige Rhythmus, die Abfassung noch in der ersten mekkanischen Periode anzusetzen. Eine etwas genauere Bestimmung ergibt sich aus dem Verhältnis von V. 1—5 zu dem übrigen Teil der Sūra. Dieser letztere kann nämlich unmöglich aus einer Zeit stammen, in der Muhammed erstmals die Prophetenweihe empfing, da er schon gegen einen Feind des Glaubens gerichtet ist, der einen gläubigen Sklaven[1]) vom Gottesdienst der jungen muslimischen Gemeinde zurück hielt (V. 9—11). Dieser Teil kann deshalb erst einige Jahre nach dem Auftreten Muhammeds entstanden sein. Die

---

wohl selbst nie geachtet. Daher schwanken die Angaben über dasselbe schon in den ältesten Zeiten (vgl. Muwaṭṭa' 98 f.; His. 151 f. 155; Bh. im Anfang; F. zu Sur. 96; Kit. al-Ḫamîs II, 280 ff. usw.). Andere geben, wie wir oben S. 66 f. sahen, den Rabî' I als den Monat der Berufung an. Im Zusammenhange hiermit steht die Tradition, daß Gabriel dem Propheten das himmlische Buch jedes Jahr einmal reichte, nur im Jahr seines Todes zweimal; und daß er sich im Monat Ramaḍān immer 10 Tage besonderen religiösen Übungen zu unterziehen pflegte (يعتكف), in seinem Todesjahr aber 20 Tage: Ibn Sa'd, ed. I, IV, S. 3 lin. 5—8, VIII, S. 17, 14 f.

[1]) Es ist bekannt, daß anfangs besonders viele Sklaven die neue Lehre annahmen (vgl. Ibn Sa'd ed. I, I, S. 132 f.; Sprenger, Life 159—163, Leben I, 356 f.; Leone Caetani, Annali dell' Islam I, 237. 240 f.). Diese Leute mögen oft roh genug gegen die alten Götter aufgetreten, und ihre Strafen nicht ganz unverdient gewesen sein. So heißt es von Bilāl bei Wah. 336 zu Sur. 92, 5 لمّا اسلم ذهب الى الاصنام فسلّح عليها. Ich brauche kaum zu bemerken, daß die Erklärung des عبد (V. 7) durch „Mensch“ überhaupt im Gegensatz zu الرّب = Gott (Sprenger, Leben II, 115 „einen Diener Gottes“) gänzlich verfehlt ist.

gleiche Zeit würde auch für V. 1—5 in Betracht kommen, wenn Sure 96 ursprünglich ein Ganzes gebildet hätte. Leider ist das nicht zu beweisen. Man kann lediglich feststellen, daß V. 5 mit V. 6 in einer gewissen Verbindung zu stehen scheint, man beachte الانسان V. 5. 6 und die den Vers 6 einleitende Partikel *kallā*, welche im Qorāne nie am Anfang der Rede zu stehen[1] pflegt. Sollten sich aber die Verse 6 ff. als Zusatz herausstellen, so müßten wir den Anfang der Sure für älter halten.

Nachdem Muhammed sich zum Propheten berufen fühlte, war er doch, wie es scheint, seiner Sache noch keineswegs ganz sicher. Um so weniger konnte er es unter diesen Umständen wagen, öffentlich mit der Predigt hervorzutreten. Leider ist hier das einzelne völlig ungewiß. Wir haben über seine gewaltigen Seelenkämpfe in dieser Zeit eine Tradition bei Buḫārī[2], welche an die oben S. 78 f. erwähnte ʿĀïša's über Sur. 96 angehängt ist: وفتر الوحى فترةً حتّى حزن النبىّ صلّعم فيما بلغنا حُزْنا غدا منه مرارًا كى يتردّى من رؤوس شواهق الجبال فكلّما اوفى بذروة جبل لكى يلقى منه نفسه[3] تبدّى له جبريل فقال يا محمّد انّك رسول الله حقّا فيسكن لذلك جاشه وتَقَرّ نفسه[4] فيرجع فإذا طالت عليه فترة الوحى غدا لمثل ذلك فاذا اوفى بذروة جبل تبدّى له جبريل فقال له مثل ذلك. Wir können aber nicht recht wissen, ob die Seelenstimmung, die den Propheten fast bis zum Selbstmord trieb, nicht eigentlich

[1]) Wenn der Qorān eine Rede mit der Zurückweisung eines bloß vorgestellten, nicht geradezu ausgesprochenen Satzes anfängt, steht nicht كَلَّا, sondern bloß لا (vgl. Sur. 75,1, 90,1, 56,74 usw.). Diese Stellen werden übrigens von einigen anders aufgefaßt, siehe Wright-de Goeje, Arabic Grammar II, p. 305 CD.

[2]) Im kitāb al-ḥiyal § 16 bāb al-taʿbīr. Daraus Miśk. 514 (522) und F. zu Sur. 96. Die übrigen lassen diesen Zusatz weg oder haben nur die ersten beiden Worte. An einer Stelle (كتاب التفسير zu Sur. 96) hat Bh. die ersten sieben Worte.

[3]) F. منه نفسه.

[4]) So weit Miśk. a. a. O. (bāb al-mabʿaṯ wa badʾ al-waḥy).

einer frühern Zeit angehört[1]), nämlich der vor der Prophetenweihe, als er noch in den Bergen ein einsames Leben führte (تحنّث), bis ihn die Offenbarung traf (حتّى جاءه — oder الحقّ — فجئه). Aus der Verbindung dieser Tradition mit dem Umstand, daß Muhammed anfangs wahrscheinlich längere Zeit nicht ganz öffentlich, sondern mehr im stillen Verwandte und Freunde zu bekehren suchte[2]), und besonders zur Ausgleichung chronologischer Differenzen, hat man einen Zeitraum von $2^1/_2$—3 Jahren angesetzt, den man die „Fatra" nennt. Diese schon an und für sich unbegreiflich lange Unterbrechung der Offenbarung hat Sprenger zuerst in dem mehrerwähnten Aufsatz als unhaltbar nachgewiesen[3]).

Früher hatte Sprenger selbst diese Fatra für einen wichtigen Abschnitt gehalten, während dessen Muhammed — der doch nur durch den felsenfesten Glauben an Allah und das Gericht zur Prophetie gedrängt sein konnte — erst allmählich seinen Glauben ausgebildet und die Bibel studiert hätte[4]). Auch versetzte er in diese Zeit manche Sūren, in denen sich der Prophet gegen die von seinen Freunden geäußerte Ansicht wehren soll, er sei ein Besessener. Aber alle Sūren, in denen er einen solchen Vorwurf zurückweist, bekämpfen unverkennbar die Feinde der öffentlich von ihm verkündigten Religion.

Die gewöhnliche Auffassung von dem Aufhören dieses angstvollen Zustandes gibt eine bekannte Tradition, welche

---

1) Andrerseits haben die Zweifel Muhammeds über den endlichen Erfolg seiner Lehre und die Kämpfe seines Gewissens, das ihn gegen seine angeborne Zaghaftigkeit zur öffentlichen Verkündigung trieb, erst mit der Übersiedelung nach Medina ganz aufgehört. Alle einzelnen Abschnitte, welche die alles äußerlich mit einer Maschinerie von Engeln bewerkstelligenden Muslime hier machen, sind wenig wert.

2) His. 166; Ibn Sa'd ed. I, I, p. 132 f.

3) ZDMG. XIII, S. 173 f., wo man auch die einzelnen Zitate nachsehe. Die ursprüngliche Erzählung (z. B. bei Ibn Sa'd ed. I, I, p. 131 ob.) lautete nur, die Offenbarung habe „einige Zeit" (أيّامًا) geruht.

4) Life of M. S. 104 f.

Abū Salama von Gābir b. ʻAbd-allāh empfing, folgendermaßen wieder: „Nach einer Pause der Offenbarung[1]) erblickte Muhammed plötzlich den Engel, der ihm auf dem Ḥirā' erschienen war, in himmlischer Herrlichkeit. In großem Schrecken kam er zu Ḫadīga gelaufen und schrie: دثّرونى[2]) oder زمّلونى[3], „wickelt mich in Kleider"! Als man dies getan[4]), brachte ihm der Engel den Anfang der Sūra 74. Darauf folgten die Offenbarungen schnell aufeinander[5])". Da in einigen Gestalten dieser Tradition die ersten auf die Pause bezüglichen Worte fehlen, so haben schon früh manche[6]) behauptet, Sūra 74 sei überhaupt die älteste. Doch wird immer hinzugefügt, daß diese Ansicht Verwunderung errege, weil nach der bekannten Überlieferung Sūra 96 als solche genannt werde. Gewöhnlich faßt man Sur. 74, V. 1 ff. als den ersten Befehl zur öffentlichen Predigt auf[7]). Aber auch dies folgt nicht einmal mit

---

[1]) Die Tradition beginnt ثمّ فتر الوحى عنّى فترة فبينا انا الخ. Man sieht deutlich, daß sie mit einer frühern über die erste Offenbarung zusammenhing; oder man müßte annehmen, daß diese Worte erst aus ʻĀïša's Tradition übernommen worden seien.

[2]) المدّثّر wird ohne Zweifel richtig durch لابس الدثار erklärt. Alle Bedeutungen der Wurzel دثر laufen entweder auf den Begriff دَرَسَ (vor Alter vergehen usw.) hinaus oder sind Denominative von دِثار.

[3]) Diese Bedeutung ist auch außerhalb des Qorāns häufig zu belegen: Amru'ulqais Muʻallaqa v. 77 = His. 905 v. 1; Kāmil ed. Wright 483; Ṭabarī I, 1822, 10; Ibn Saʻd ed. III, II, p. 105, 26 usw.

[4]) Einige fügen noch hinzu, man habe Wasser auf ihn gießen müssen.

[5]) Bh. bad' al-waḥy, tafsīr; Muslim bad' al-waḥy (Q. II, 49); Tirm. kitāb al-tafsīr zu Sur. 74; Wah. in der Einleitung und zu Sur. 74; F. zu Sur. 74; Mabānī III; Itq. 53 f. Kürzer Zam. und B. zu Sur. 74; vgl. Spr. Life 110, Anm. 2. Nach einer anderen Tradition trat am Sterbetage eine ganz besondere Steigerung der Offenbarung ein, Ibn Saʻd ed. I, IV p. 2, 7.

[6]) Ṭabarī I, 1153.

[7]) فقد تبيّن ان نبوّته عليه السلام كانت متقدّمة على رسالته كما قال ابو عمرو وغيره كما حكاه ابو أمامة بن النقّاش فكان فى سورة اقرأ نبوّته وفى نزول سورة المدّثّر رسالته . . .

einiger Sicherheit aus den Worten der Tradition, auf deren Gestalt, wie man leicht sieht, die über Sur. 96 einen bedeutenden Einfluß geübt hat. Die Verbindung der Sūra, die mit يا ايّها المدّثّر beginnt, mit dieser Tradition ist vielleicht nur durch das Wort دثّرونى entstanden[1]). Wir wissen aber, daß Muhammed öfter, wenn ihn seine Anfälle heimsuchten, mit Kleidern verhüllt wurde[2]). Und zwar beruht dieser

---

„Die Prophetenschaft des gesegneten Gesandten Gottes war früher als „seine Sendung . . . . .; mit der Offenbarung von Sur. 96 kam die „Prophetenschaft, mit der Offenbarung von Sur. 74 erst die Sendung“; Ḫamīs I, 282.

[1]) Da زمّلونى, welches ungefähr dasselbe bedeutet, in der Tradition oft für دثّرونى steht, so wird zuweilen (z. B. im cod. Lugd. 653 Warn.) die mit يا ايّها المزّمّل beginnende Sur. 73 statt der Sur. 74 genannt.

[2]) Vgl. His. 735, 17 f. تغشّاه من الله ما كان يتغشّاه فسُجّىَ بثوبه ووضعت وسادةٌ من ادم تحت رأسه. Wah. zu Sur. 93 فجآء نبىّ الله صلّعم ترعد لحياه وكان اذا نزل عليه الوحى استقبلته الرعدةُ فقال يا خولةُ دثّرينى فانزل الله عزّ وجلّ والضحى الآية. Hiermit vergleiche Sur. 73, 1 und vielleicht noch die schon oben, S. 25 Anm. 1, angedeutete Geschichte His. 117 samt ihren Parallelen, ferner Muslim kit. al-ḥagg § 1 Q. V, 189. Der nämliche Brauch findet sich bei zwei prophetischen Zeitgenossen Muhammeds, die nach der Überlieferung sich verhüllten, sobald sie eine Offenbarung erwarteten. Ṭabarī I, 1890, 10 f. heißt es von dem Propheten Toleiḥa وطليحة متلفّف فى كساء له بفناء بيت له من شَعر يتنبّأ لهم und Baihaqī, Maḥāsin ed. Schwally p. 33, 15 f. تزمّل طليحة فى كساء له ينتظر زعم الوحى. So erklärt sich vermutlich auch der Beiname ḏū'l-ḫimār („Schleiermann“) des jemenischen Propheten ‘Abhala ibn Ka‘b sowie des alten heidnischen Sehers ‘Auf ibn Rabī‘a (Tāg al-‘Arūs ed. 1395, III, 188 u.; Ibn Aṯīr, Kāmil I, 377, 1 ff.; Aghānī VIII, 66, 2 ff.; vgl. J. Wellhausen, Reste arabischen Heidentums 2. Aufl. 1897, S. 135, Anm. 2). Diese Sitte wurzelt wahrscheinlich vorwiegend in der weitverbreiteten (vgl. z. B. Exod. 34, 33 ff.) Meinung, daß das Schauen des Göttlichen für den Menschen verhängnisvoll ist (τὸ θεῖον πᾶν ἐὸν φθονερόν Herodot I, 32). Weiter kann ich auf das interessante Problem der religiösen Verhüllungen hier nicht eingehen.

Brauch, nach der wahrscheinlichsten Vermutung, nicht auf hygienischen Rücksichten, sondern auf abergläubischer Furcht.

Die Worte der Sūra selbst zeigen uns immerhin so viel, daß sie in der ältesten Zeit des Prophetentums geoffenbart sind[1]). Unter allen Umständen dürfen wir dies jedoch nur von V. 1—7 bezw. 1—10 sagen. Denn die folgenden Verse, in denen ein einzelner hervorragender Gegner bekämpft wird, sind jünger, wenn auch immer noch sehr alt[2]). In diesen Teil ist ein Abschnitt aus weit späterer Zeit eingesprengt, nämlich V. 31[3])—34, während der Schluß وما هو الاّ ذكرَى للبشر vielleicht dem älteren Bestande angehört und die ursprüngliche Fortsetzung von V. 30 gewesen ist. Die Interpolation, welche vielleicht schon vom Propheten herrührt, ist jedenfalls erst medīnisch[4]). Denn wir finden in ihr schon die vier Klassen von Menschen unterschieden, mit denen es Muhammed in Medīna zu tun hatte: 1) die Juden („die, welche die Schrift erhalten haben"); 2) die Muslime („die, welche glauben"); 3) die Zweifler[5]), „die, in deren Herzen Krankheit ist"

[1]) Auf andere Art erzählt die Offenbarung von Sur. 74 His. 184, 8 ff. (nicht nach Ibn Isḥāq), ohne eine Autorität anzugeben. Wir können auf diese sonst nicht sehr genaue Erzählung, die auch kurz bei B. berührt wird, wenig geben.

[2]) Vgl. z. B. die Worte نُقِرَ فى الناقور V. 8, wofür später immer نُفِخَ فى الصور steht.

[3]) Flügel in seiner Ausgabe des Qorāns hat hier eine ganz falsche Einteilung, die muslimische Überlieferung rechnet V. 31—34 nur als einen Vers.

[4]) Dies fühlte schon Weil S. 365, wagte es aber nicht geradezu auszusprechen.

[5]) *munāfiq* ist entlehnt aus abessinischem *menāfeq*, dessen Verbum *nāfaqa* in der Bedeutung „zweifeln, wankelmütig sein" im Ge'ez ganz gewöhnlich ist. Und zwar geht die Entlehnung wahrscheinlich von dem Nomen *menāfeq* aus, wofür auch die Tatsache spricht, daß die Partizipialformen im Qorān 32mal vorkommen, dagegen die zugehörigen Verbalformen nur 4mal. Die arabische Tradition bezeichnet *munāfiq* mit Recht als „islamisches Wort", gibt ihm aber eine falsche Ableitung aus *nāfiqā'* „Mausloch", (z. B. Mubarrad, Kāmil ed. Cair. I, 158). Die gewöhnliche Übersetzung „Heuchler" ist auch insofern nicht ganz zutreffend, als die Mehrzahl der in dem Qorān und der Tradition mit *munāfiqūn* bezeichneten

4) die Götzendiener. Doch mögen sie immerhin aus der ersten medīnischen Zeit sein, da er in ihnen noch der Juden freundlich gedenkt und sie mit den Gläubigen in eine Linie stellt, während er dieselben bald als seine bittersten Feinde erkannte. V. 41 ff. sind späterer Herkunft, aber immer noch aus der ersten Periode. Zum Beweise ihrer ursprünglichen Zusammengehörigkeit mit dem Vorhergehenden könnte man versucht sein, sich auf das seltene Wort für „Hölle", *saqar* V. 43, zu berufen, das im ersten Teil der Sūra zweimal vorkommt, sonst aber nur noch einmal im Qorān. Indessen ist diese Bezeichnung gewiß nur versehentlich aus jenen beiden Stellen in den Vers 43 eingedrungen und hier an die Stelle eines älteren *gaḥīm*[1]) getreten, indem der Zusammenhang einen Reim auf īm verlangt.

Als eine der ältesten Offenbarungen gilt allen Sūra 111. Hinsichtlich ihrer Veranlassung stimmen die meisten Traditionen in folgenden Zügen überein: Muhammed rief nach langem Zaudern endlich seine Landsleute, oder, nach wahrscheinlicherem Berichte, sein Geschlecht, die Banū Hāšim[2]), zusammen, und forderte sie auf, sich zu Gott zu bekehren. Aber sein Vatersbruder ʿAbd-alʿuzzā b. ʿAbd-almuṭṭalib, ge-

Leute keineswegs im eigentlichen Sinne heuchelten, sondern nur bei jeder Gelegenheit zeigten, daß ihre Herzen noch nicht ganz gewonnen waren, da sie sich weniger aus Überzeugung als durch die Umstände gezwungen dem Islām angeschlossen hatten.

[1]) *gaḥīm* ist nächst dem überaus häufigen *nār* „Feuer" und *gahannam* das im Qorān gebräuchlichste (26 mal) Wort für „Hölle", sonst findet sich dafür noch *saʿīr* (16 mal) und *laẓā* (1 mal).

[2]) Über die Versammlung selbst und die anderen Einzelheiten haben wir viele verschiedene Angaben. Manches ward wunderbar ausgeschmückt, anderes ist zur Ehre ʿAlī's, der aber damals noch ganz klein war, hinzugedichtet. Vgl. Ibn Saʿd ed. I, I, p. 42 f., 132 ff.; Ṭabarī I, 1170; Ṭab. pers. II, 405; Bh. im kit. al-tafsīr. B. Zam. zu Sur. 111; Muslim Q. II, 185 (kit. al-īmān § 77); Tirm. kitāb al-tafsīr; Miśk. bāb al-inḏār faṣl 1 § 2, bāb al-mabʿat faṣl 1 § 9; Wah. zu Sur. 111; F. zu Sur. 26, 214; Ṭabarī Tafsīr Bd. 19, 67, 30, 190 f. Verwirrt sind diese Erzählungen bei Zam. zu Sur. 26, 214 u. a. m. Siehe noch Weil S. 53; Caussin I, 316 f.; Sprenger, Life 177 f.; Sprenger Leben² I, 526. — Muir, Life of Mah. II, 113 f. und Leone Caetani, Annali I, 239 f. setzen in die Zuverlässigkeit dieser Berichte gerechte Zweifel.

nannt Abū Lahab, sprach: تبًّا لك ألهذا دعوتنا „Geh zum Henker! hast du uns darum zusammengerufen?“ [1]). Auf diese Worte des in der Familie sehr angesehenen Mannes, die sicher nicht so schlimm gemeint waren, wie sie klingen [2]), trennte sich die Versammlung, weil sie keinen Sinn in Muhammed's Reden fand. Da schleuderte der Prophet mit den Worten der Sur. 111 gegen Abū Lahab und sein ganzes Haus eine schwere Verwünschung, wodurch er sich ihn zum heftigsten Feinde machte.

Man darf sich indessen von dem weitgehenden Konsensus der Tradition nicht imponieren lassen. Die Erwähnung der „Hände“ in V. 1 könnte auf eine tätliche Beleidigung des Propheten hinweisen. Der Zug, daß Abū Lahab bei Gelegenheit jener Versammlung seinen Neffen mit Steinen geworfen habe, kommt aber nur in späten Schriften (Baiḍāwī, Nasafī) vor. Andere Traditionen, nach denen Abū Lahab dem Propheten Mist oder Aas vor die Türe wirft (His. 276f. Ibn Sa'd ed I, I, 134 f.), sagen nichts von unsrer Sūra, während Vers 4. 5 von His. 233 und allen Kommentaren mit einem ähnlichen Vergehen seiner Frau in Verbindung gebracht wird. Eine kleinere Anzahl von Traditionen [3]) bezieht die Sūre auf

---

[1]) Einige setzen noch جميعًا hinzu.

[2]) Die gewöhnliche Auffassung, welche in Abū Lahab's Worten eine eigentliche Verfluchung findet, ist nicht richtig. Wir haben hier den Ausruf eines Menschen, der darüber ärgerlich ist, daß er, zu einer großen, wichtigen Sache herbeigerufen, nur Albernheiten vorfindet. Ein eigentlich schlimmer Sinn liegt darin ebensowenig wie in den so leicht ausgestoßenen Worten لا أبا لك, hol' Dich der Teufel! Goddam! usw. So heißt es 'Aghānī XVI, 159: der Dichter Aḍbaṭ b. Qurai' rief einst seine Landsleute zusammen, um ihnen einen schlechten Witz vorzutragen: فانصرفوا يضحكون وقالوا تبًّا لك ألهذا دعوتنا. Hier ist doch jedenfalls nur von einem ärgerlichen Scherz die Rede. Ganz anders freilich ist der Sinn, wenn der durch die Worte seines Oheims tief gekränkte Prophet ausruft: تبّت يدا ابى لهب وتبّ.

[3]) His. 231 bezieht die Sūre auf ein Ereignis der späteren mekkanischen Zeit. Azraqī 81f. und Wāqidī (Wellhausen) p. 351 verlegen die Verfluchung Abū Lahab's gar in das Jahr 8 der Higra, als dieser

andere Ereignisse, deren Glaubwürdigkeit keineswegs geringer als die der übrigen ist. Man erhält den Eindruck, daß schon sehr früh keine zuverlässige Überlieferung mehr vorhanden war, daß wir es vielmehr überall nur mit Kombinationen der Exegeten zu tun haben. Die Sūre ist noch dadurch bemerkenswert, daß es außer ihr nur eine einzige Stelle im Qorāne (Sur. 33, 37) gibt, in der ein Zeitgenosse mit seinem Namen erwähnt wird[1].

Sūra 106 ermahnt die Quraischiten, dem Gott der Ka'ba, رَبّ هذا البيت[2], zu danken, daß sie jährlich zwei Karawanen — die Quelle des Wohlstandes für das Handelsvolk — aussenden können[3]. Die wohlwollende Stimmung, welche hier zum Ausdrucke kommt, deutet darauf hin, daß die Sūra noch vor dem Konflikte mit diesem Stamme entstanden ist[4]. Sonst wird der Ka'ba in keiner mekkanischen Sūra mehr gedacht.

Bei den übrigen Sūren der ersten Periode muß man aus Mangel eines geschichtlichen Leitfadens die chronologische Reihenfolge von vornherein aufgeben. Wir wollen sie deshalb mehr nach dem Inhalt einteilen, jedoch bei der Anordnung innerhalb der einzelnen Klassen soviel wie möglich die all-

Oheim des Propheten, nach der bei der Eroberung Mekka's geschehenen Zerstörung des Idoles der al-'Uzzā bezw. al-Lāt, für die Göttin zu sorgen versprach. Abū Lahab war aber damals schon längst tot. Noch eine andere Veranlassung, aber ohne Zeitangabe, erwähnt Ṭabarī im Tafsīr Bd. 30 S. 191 oben.

[1]) Hierüber wird im zweiten Teile dieses Buches ausführlicher gehandelt.

[2]) Hierdurch widerlegt sich Muir's Ansicht (Life of M. II, 140 und 154 f.), daß Muhammed vor der Offenbarung von Sur. 53 den ganzen quraischitischen Kultus verworfen habe.

[3]) „Daß die Quraischiten zusammenbringen, daß sie zusammenbringen die Winter- und Sommerkarawane, darob mögen sie dienen usw." So erledigt sich die von Sprenger in ZDMG. XII, 315 ff. vorgetragene Erklärung, bei welcher auch dem hebräischen אַלּוּף ein gänzlich falscher Sinn untergeschoben wird. Daß diese beiden Karawanen erst von Hāschim eingerichtet seien, ist wie so manches zur Ehre von Muhammeds Vorfahren Erzählte sicher unrichtig. Setzt doch sogar His. 87, 12 zu der Erzählung davon sein kritisches فيما يزعمون. Die Verse, welche dazu angeführt werden, sind unecht.

[4]) Vgl. Leone Caetani, Annali dell' Islam I, § 234 not. 2.

mähliche Entwicklung des Stils und der Gedanken zur Richtschnur nehmen.

Von den Sūren, deren Hauptzweck die Bekämpfung eines Gegners ist, dürfte Sūra 108 wohl eine der ältesten sein. In dieser tröstet Gott den Propheten über eine ihm angetane Beschimpfung. Als Attentäter wird meistens ʿĀṣ b. Wā'il[1]) genannt, seltener ʿOqba b. Moʿaiṭ[2]) oder Kaʿb b. al-Ašraf[2]). Diese sollen ihm vorgeworfen haben, er wäre ein „schwanzloser" Mann, d. h. ein Mann ohne Söhne[3]). Gott aber sagt, er habe ihm „die Fülle"[4]) der Güter gegeben. Die Ansicht einiger wenigen, welche diese Sūra für medīnisch[5]) halten, und meinen, es handle sich darin um den Tod seines Sohnes Ibrāhīm[6]), verdient keine ernsthafte Widerlegung. Überhaupt geht der allgemeine Ausdruck „dein Hasser" vielleicht gar nicht auf eine bestimmte Person, sondern auf eine ganze Gruppe von Gegnen, wie schon Ṭabarī im Tafsīr (Bd. 30, S. 186) nach älteren Auslegern anzunehmen geneigt ist. Wie die andern mit *innā* (إِنَّا = „fürwahr wir") beginnenden Sūren (48. 71. 97.

---

[1]) Vgl. His. 261; Ibn Qutaiba 145; Masʿūdī V, 61, I Aṯīr II, 54; Wāḥidī und die Kommentare; Sprenger, Leben II, 4.

[2]) Ṭabarī, Tafsīr z. St. Bd. 30, 186.

[3]) Es ist bekannt, daß viele Söhne bei den Semiten von je her für den größten Segen galten, aus welchem Macht, Ehre und Reichtum hervorgingen, vgl. F. Schwally, Das Leben nach dem Tode (1892) S. 29 ff.; G. W. Freitag, Einleitung in das Studium der arab. Sprache (Bonn 1861) S. 210.

[4]) كَوْثَر ist eigentlich ein Adjektiv und bedeutet „viel, reichlich, in Fülle"; vgl. die Beispiele bei His. 261; daher ist es der massenhafte Staub (Dīwān der Huḏailiten 92 v. 44); also hier „das Reichliche, die Fülle." Das Verb davon ist تَكَوْثَرَ „massenhaft sein" z. B. vom Staube (vgl. Ḥamāsa 106 v. 5). Schon bei His. 261 f. findet sich die gewiß sehr alte, aber dennoch falsche Erklärung, Kauṯar bezeichne einen Fluß im Paradiese.

[5]) Wie ʿAlāeddīn angibt, nach der Überlieferung des Ḥasan [al-Baṣrī], ʿIkrima und Qatāda. Itq. 30.

[6]) Vgl. Soyūṭī, Asbāb al-nuzūl. Daselbst wird noch eine andere Tradition angeführt, nach der die Sūra am Tage von Ḥudaibiya offenbart worden ist, so auch Itq. 45.

108) könnte auch diese ihren ursprünglichen Anfang verloren haben.

In Sūra 104, welche nach Hibat-allāh[1]) bei einigen für medīnisch gilt, werden reiche, stolze Menschen angegriffen. — Sūra 107 spricht ebenfalls (V. 4, vgl. Sur. 104 V. 1) ein Wehe! aus, und zwar über Leute, welche die religiösen Gebräuche erfüllen, aber dabei hart gegen die Armen sind. Da diese Worte einigermaßen auf die Zweifler in Medīna zu passen scheinen, so wird von einigen Erklärern die ganze Sūra[2]) oder doch V. 4—7[3]) zu den medīnischen Teilen gezählt. Ebenso soll nach einer Ansicht Sūra 102 auf die medīnischen Juden gehen[4]). — Sūra 105 ist wohl die erste, in welcher den Gegnern an einem Beispiel aus der Geschichte — und zwar aus Mekka's eigner Geschichte — gezeigt wird, wie Gott ihresgleichen bestrafe[5]). — Sūra 92 ist, wie so viele andere, nach manchen ganz oder zum Teil erst nach der Higra geoffen-

---

[1]) Außer dieser gelten noch viele andere Sūren, welche nach ʿOmar b. Muḥammad b. ʿAbd-alkāfī (cod. Lugd. 674 Warn.) von allen (alten Erklärern, wie den Schülern des Ibn ʿAbbās usw.) für mekkanisch gehalten werden, bei manchen als medīnisch, z. B. Sur. 25; 53; 57; 67; 80; 87; 89; 90; 92; 102; 110.

[2]) ʿOmar b. Muḥammad (nach Ibn ʿAbbās, Alḥasan Albaṣrī und Qatāda). Zam. B. Itq. 30.

[3]) Hibat-allāh. Itq. 37 (nicht genau). ʿOmar b. Muḥammad. Auch diese beiden Sūren sollen wieder an ganz bestimmte Personen adressiert sein: 104 an Aḫnas b. Šarīq (Hibat-allāh, Zam. Ṭab. Tafsīr), Umayya b. Ḫalaf (Zam.), Walīd b. al-Moghīra (Zam. Naisābūrī am Rande von Ṭabarī 30, 161), an Gamīl b. ʿĀmir (Ṭab.); 107 an ʿĀṣ b. Wā'il (Hibat. Wah. Naisāb.), Abū Sufyān b. Ḥarb (Wah. Naisāb.), Walīd b. al-M. und Abū Gahl (Naisāb.). Das ist natürlich alles erfunden.

[4]) Vgl. B. Wah. und Itq. 30, welches dieser Ansicht beistimmt.

[5]) Sie bezieht sich auf den bekannten Zug des abessinischen Heeres ins heilige Gebiet von Mekka, wobei es durch den Ausbruch der Pocken unterging. Gewiß hatte schon die Sage der Mekkaner dieses Ereignis wunderbar ausgeschmückt. Vgl. His. 29 ff. Azraqī 86 ff. Dīwān der Huḏailiten S. 112 ff. Ṭabarī I, 935 ff. Masʿūdī III, 158 ff. und die Kommentare. Weil 10. Caussin I, 279. Sprenger, Life 35, Leben I², 461. F. Buhl a. a. O. 21. L. Caetani, Annali I, S. 143 ff. Eine Erörterung aller hierher gehörigen Probleme findet sich bei Th. Nöldeke, Geschichte der Perser u. Araber zur Zeit der Sasaniden (1879) S. 204—208.

bart[1]). — Sūra 90 scheint schon etwas später zu sein. Die freilich sehr wenig verbreitete Ansicht, daß sie medīnisch sei, ist schon im Itqān 29 als falsch erkannt. Nicht minder irren die, welche nur die ersten vier oder die ersten zwei Verse, in denen sie die Bezeichnung Mekka's erkannten, als mekkanisch gelten lassen[2]).

Die folgenden Sūren sind vermischten Inhalts, sie stimmen aber darin überein, daß ihr Hauptzweck weder die Bekämpfung der Gegner, noch die Schilderung der letzten Dinge ist.

In Sūra 94[3]) und der anscheinend etwas späteren Sūra 93 sucht Gott den Propheten über seine jetzige Lage zu trösten, indem er daran erinnert, wie er ihn schon früher aus dem Elend befreit habe. In einer Zeit, in der erst wenige Leute, fast alle niedrigen Standes, an ihn glaubten, und die Hoffnung, mit seiner Lehre durchzudringen sehr gering war, muß es zahlreiche Gelegenheiten gegeben haben, die eine solche Trostspendung Allah's hervorrufen konnten. Darum brauchen jene Sūren gar nicht durch ein bestimmtes einzelnes Ereignis veranlaßt zu sein. Aber selbst in diesem Fall bliebe es doch höchst unwahrscheinlich, daß die Kunde von einer solchen Veranlassung unter vielen gleichartigen[4]) richtig auf die Nachwelt gekommen wäre. — Sūra 97 handelt von der Erhabenheit der Nacht[5]), in welcher die Engel und der heilige Geist sich

---

[1]) Z. B. Itq. 29 usw.

[2]) Itq. 37. Allein schon die Phrase وَمَا أَدْرَاكَ مَا الْعَقَبَةُ sichert den Vers 12 mit seiner Umgebung als mekkanisch.

[3]) Aus einer falschen buchstäblichen Erklärung von Sur. 94, 1, verbunden mit der Überlieferung über Muhammeds epileptische Zufälle im Kindesalter, ist die elende Fabel entstanden, welche wir bei His. 105 f.; Ibn Sa'd ed. I, I, p. 74 f.; Bh. im bāb al-mi'rāg und anderen Stellen; Muslim kit. al-īmān § 72 (Q. II, 60 ff.); Ṭab. pers. II, 241 f.; Mas'ūdī IV, 131; Miśk. 516 (524 bāb 'alāmāt al-nubūwa Anfang) usw. finden. Vgl. Weil Anm. 11. Sprenger Life 78, Leben² I, 168; Muir I, 21 usw. Andere bringen die Geschichte über die Öffnung seiner Brust mit der über die Himmelfahrt in Verbindung (siehe die Zitate bei Sur. 17).

[4]) Vgl. die Kommentare; Bh. kit. al-kusūf, abwāb al-taqṣīr § 24, faḍā'il al-qur'ān § 1; Muslim, kit. al-gihād § 34 (Q. VII, 439 f.); Wah.

[5]) Siehe oben S. 82.

mit der Offenbarung auf die Erde herabließen[1]. Sie wird wegen einer im Itqān 29 erzählten Tradition mit Unrecht für medīnisch gehalten[2]. Der Wortlaut des ersten Verses legt den Verdacht nahe, daß der Sure ihr wirklicher Anfang verloren gegangen ist[3]. — In Sūra 86 scheinen die ersten drei Verse anzudeuten, daß sie zur Nachtzeit unter dem Eindruck eines glänzenden Sterns entstanden ist[4]. — In Sūra 91, die mit einer unverhältnismäßig großen Zahl feierlicher Schwüre (V. 1—8) anhebt, rückt der Prophet seinen Zeitgenossen die Sünde der alten Thamudäer vor Augen, welche einen Gesandten Allah's des Betruges beschuldigt und ermordet hatten, dafür aber mit völliger Ausrottung bestraft worden waren. Auf diese Legende[5] wird später von Muhammed noch oft angespielt (26 mal im Qorān). — In Sūra 80 tadelt Gott den Propheten, daß er, gerade dabei, einem reichen Manne den Islām vorzutragen, einem armen Blinden[6], der nach Belehrung über den Glauben begierig war, kein Gehör schenkte. Muhammed macht sich also selbst Vorwürfe über seine Schwäche, die Mächtigen

---

1) In dieser Sūra findet sich zuerst die Wurzel نزل vom Offenbaren des Qorāns gebraucht.

2) B. 'Omar b. Muḥammad (cod. Lugd. 674 Warn.); 'Alāeddīn IV, 464 und Itq. 56, unter Berufung auf den Kommentar des Nasafī nach Wāqidī, wird sie für die älteste der medīnischen Sūren gehalten. Hibat-allāh erwähnt gar nicht einmal, daß sie überhaupt von einigen zu den mekkanischen gerechnet werde.

3) Siehe oben S. 92 f. zu Sur. 108.

4) Nach Wāḥidī wurden diese Worte geoffenbart, als Abū Ṭālib beim Mahle über eine Sternschnuppe erschrak. Doch passen die drei Verse wohl nur auf einen Planeten oder doch einen großen Fixstern.

5) Bh. und Tirm. (im kitāb al-tafsīr) erzählen hierzu eine komische Episode.

6) Gewöhnlich (Muwaṭṭa' 70 f, His. 240. Ibn Sa'd ed. IV, I, S. 153. Tirm. kitāb al-tafsīr. Wah. Ibn Ḥagar II, p. 1245. Die Kommentare. Spr. Life 186, Leben II, 317. Muir II, 128. Caetani I, 297) nennt man den Ibn Umm Maktūm, aber dieser muß nun einmal überall als Repräsentant der Blinden auftreten. Man erwartet hier einen Mann von niederem Stande, während jener der quraischitischen Familie 'Āmir b. Lu'ai angehörte, und seine Mutter gar aus dem damals zugleich mit den 'Abd Šams angesehensten Geschlechte Maḫzūm war. Vgl. über ihn Ibn Sa'd a. a. O. Ibn Ḥagar a. a. O. Usd al-ghāba IV, 127.

seiner Stadt über Gebühr bevorzugt zu haben. Es ist erstaunlich, aber charakteristisch für die menschlichste aller Offenbarungsreligionen, daß diese Worte in den Qorān Aufnahme gefunden haben. Hibat-allāh ist der einzige, welcher erwähnt, daß man über den Ort dieser Offenbarung nicht einig sei (مختلَف فيها). Aug. Müller[1]) sieht in V. 11 den „Anfang eines neuen, wohl etwas späteren Bruchstückes". Nach D. H. Müller[2]) beginnt der zweite Teil, der mit dem andern „augenscheinlich durchaus nicht zusammenhängt", erst mit V. 16. — Sūra 68 wird von einigen für die älteste[3]) oder doch die zweite, gleich auf Sur. 96 folgende[4]), gehalten. Wahrscheinlich bezog man das Wort والقلم, womit die Sūra beginnt, auf den Anfang von Sur. 96 und brachte sie daher auch zeitlich in nahe Verbindung mit ihr. Natürlich können Verse, in denen gleich gegen die Feinde des Glaubens geeifert wird, auf keinen Fall so alt sein. Aber V. 17 ff., von denen V. 17—33 und V. 48—60 mitunter für medīnisch gelten[5]), sind wohl erst in der zweiten Periode zu der alten Sūra hinzugefügt worden[6]). — An Sur. 87 haben wir wieder ein Beispiel dafür, wie leichtsinnig manche alten Erklärer interpretierten und aus ihren Auslegungen Schlüsse zogen. Man fand in der Aufforderung zum Preise Gottes (V. 1, vgl. V. 15) einen Hinweis auf die nicht lange vor der Higra angeordneten täglichen Gebete und machte daher die Sūra ohne weiteres zu einer medīnischen[7]). — Von Sūra 95, in deren drittem Verse

---

[1]) Der Koran übersetzt von Friedr. Rückert, herausgegeben von Aug. Müller, 1888, S. 545.

[2]) Die Propheten in ihrer ursprünglichen Form, 1896, S. 57.

[3]) Hibat-allāh.

[4]) Siehe die chronologischen Aufzählungen der Sūren, oben S. 59 ff.

[5]) Cod. Lugd. 674. Itq. 36.

[6]) Man beachte z. B. die größere Länge der meisten Verse und einige in der ersten Periode nicht gebräuchliche Ausdrücke, wie سبحان ربّنا V. 28, فاصبر لحكم ربّك V. 48, vgl. überhaupt unten zu Sūre 52. H. Hirschfeld, New Researches S. 60, hält nur V. 34 ff. für später.

[7]) Cod. Lugd. 674. B.

doch das heilige Gebiet von Mekka deutlich bezeichnet wird, und von Sūra 103, die vielleicht ein bloßes Fragment ist, sagt man dasselbe[1]). Diese beiden Sūren liegen uns wahrscheinlich in überarbeiteter Gestalt vor. Sur. 95 V. 6 ist, wie mir dünkt, erst später hinzugefügt, da sein Text eine unverhältnismäßige Länge hat, sein Inhalt den Eindruck des Zusammenhanges allzu sehr abschwächt, und die Phrase الّذين آمنوا وعملوا الصالحات erst in der späteren mekkanischen Zeit gebräuchlich wird. Der erste und dritte dieser Gründe gelten auch für die gegenwärtige Gestalt von Sur. 103 V. 3. — Sūra 85 hält den Gläubigen das Beispiel der Frommen vor, die vorzeiten von fluchwürdigen[2]) Menschen gepeinigt und getötet wurden[3]). V. 8—11 sind wahrscheinlich später hinzugefügt worden, vielleicht von Muhammed selbst. Denn sie unter-

1) Cod. Lugd. 674. Hibat-allāh.

2) Nur das bedeutet natürlich قُتِلَ, wie schon die Erklärer zum Teil erkannten.

3) Gewöhnlich sieht man in diesen die von dem Judenkönig Ḏū Nuwās in Nagrān getöteten Christen. Vgl. His. 20, 24. Ṭabarī I, 925. Die Kommentare. Sprenger, Life 36f., Leben I, 464ff. Muir II, 146. Das hat viel für sich. Denn dieses Ereignis vom Oktober 523 hat überall, wohin seine Kunde drang, ungeheures Aufsehen erregt. Die zuverlässigste Quelle, der Brief des Simeon von Bēth Arschām (vgl. Th. Nöldeke, Geschichte der Perser und Araber zur Zeit der Sasaniden S. 185f.) erzählt, daß damals die Kirche niedergebrannt worden sei, wobei alle, welche sich in sie geflüchtet hatten, Priester und Laien, in den Flammen umkamen, Anecdota syriaca ed. J. P. N. Land III, 236,12ff. Sonst wurden alle, die ihren Glauben nicht verleugneten, mit dem Schwerte umgebracht. Von eigentlichen Scheiterhaufen oder gar von Gruben weiß der Brief nichts. Erst Spätere (vgl. Winand Fell, ZDMG. 35, S. 8. 62) melden von feurigen Gruben, was nach Fr. Praetorius, ZDMG. Bd. 23 S. 625, erst aus unsrer Sūre erschlossen sein könnte. Unter diesen Umständen ist A. Geiger's (a. a. O. 192) Vermutung, daß jene Verse sich auf die drei Männer im Feuerofen bezögen (Daniel III), noch immer erwähnenswert, vgl. Otto Loth, ZDMG. 35, 621. Diese Erklärung wird auch in muslimischen Kommentaren verzeichnet, unter anderen schon von Ṭabarī im Tafsīr z. St. (vgl. ZDMG. 35, 610ff.) und von Baghāwī (ويزعمون انّه دانيال واصحابه وهذه رواية العوفى عن ابن عبّاس). Freilich ist Geiger's Grund, Muhammed, der damals wohl

scheiden sich von den anderen Versen, mit denen sie sonst zusammenhängen, durch größere Länge, gedehntere Redeweise und einen etwas abweichenden Reim[1]). — Sūra 73 wird, wie schon oben S. 81 erwähnt ist, wegen der Ähnlichkeit ihres Anfangs mit dem der Sūra 74 zuweilen für eine der ältesten gehalten[2]). Nicht weniger irren die, welche bei der Erklärung ihres Ursprungs die erst weit später von Muhammed geheiratete 'Āïša erwähnen[3]). Aber V. 20 ist so offenbar medīnisch, daß es selbst den Muslimen nicht entgehen konnte[4]). Natürlich erkannte dies auch Weil[5]). Der Vers muß in eine Zeit fallen, in der man schon mit den Ungläubigen gekämpft hatte. Da sein Inhalt dem der ersten Verse — vgl. besonders V. 2. 3 — ähnlich ist, so haben wir anzunehmen, daß ihn entweder Muhammed selbst oder einer seiner Gefährten absichtlich an die übrigen angehängt hat. Aus unbekannten Gründen gilt einigen[6]) auch V. 20 als medīnisch.

Der übrige, größte Teil der Offenbarungen dieser Periode schildert mit Vorliebe die gewaltigen Naturumwälzungen, welche das Einbrechen des jüngsten Gerichts begleiten, oder er malt mit grellen Farben die Freuden des Himmels aus und die Schrecken der Hölle. Es gibt keine großartigeren

---

überhaupt noch kaum die Kluft zwischen seiner Lehre und dem Christentum ahnte, habe die Christen nicht „Gläubige" nennen können, durchaus nicht stichhaltig.

1) Sonst reimen alle Verse auf *īd*, *ūd*, indem nur V. 20 (*īṭ*) und V. 22 (*ūẓ*) eine leichte Verschiedenheit haben; aber V. 10 reimt auf *īq*, V. 11 auf *īr*, ein später sehr häufiger Wechsel des Reims.

2) Hierher ist auch Baghāwī's Angabe zu V. 1 zu ziehen, Gott habe den Propheten, ehe er öffentlich predigte, (في أوّل الوحي قبل تبليغ الرسالة) mit den Worten يا أيّها المزّمّل angeredet; er scheint also diese Sūra noch vor Sūra 111 und andere auf die öffentliche Predigt gehende Stellen zu setzen.

3) B.

4) Itq. 20, 36. Aber eine Tradition 'Āïša's läßt diesen Vers ein Jahr nach den übrigen geoffenbart werden. Vgl. F. zu V. 4. 'Omar b. Muḥammad.

5) K^1. 56, K^2. 65.

6) Itq. 20. 36. 'Alāeddīn IV, 338.

Sûren im ganzen Qorān, keine, in denen die leidenschaftliche Erregung des Propheten mächtiger hervortritt. Es ist, als ob man mit Augen sehe, wie die Erde sich auftut, die Berge zerstieben, und die Sterne durcheinander geworfen werden. Eine andere Gruppe von Sūren, deren Schilderungen schon ruhiger, prosaischer sind, ist im großen und ganzen als etwas später anzusehen.

Die leidenschaftliche Unruhe tritt gleich in den kurzen Versen der Sur. 101 hervor. Die Gründe, welche Aug. Fischer[1]) für eine Interpolation der Verse 7. 8 geltend gemacht hat, sind, wie mir dünkt, ohne Beweiskraft. Zulässiger, obwohl von ihm gar nicht in Erwägung gezogen, wäre die Annahme einer Lücke zwischen V. 6 und V. 7. Aber auch das ist ebenso unnötig wie unwahrscheinlich. — Sur. 99, welche durch ihren rhetorisch und rhythmisch großartigen Eingang einen überwältigenden Eindruck macht, soll nach vielen[2]) medīnisch sein, wahrscheinlich, weil man V. 7 f. von irdischen Dingen, von dem Siege der Muslime über die Heiden verstand[3]). — Dieser Sūra ähnlich, aber mit reicheren Bildern ausgeschmückt sind Sur. 82 u. 81. Mit letzterer wollen wir Sur. 53 verbinden, die zwar zu den spätern der ersten Periode, aber nicht zu dieser dritten Abteilung gehört. Beide Sūren hängen indessen durch ihren Inhalt zusammen, indem in beiden vom Erscheinen des Engels geredet wird. In Sūra 81 ist nur von einer Vision, in Sūra 53 von zweien die Rede. Denn die im Anfang der 53. erwähnte ist dieselbe wie die in Sūra 81[4]), vgl. besonders Sur. 53,7 mit Sur. 81,23. Aber

[1]) In dem Aufsatze „Eine Qorān-Interpolation", Orientalische Studien, Theodor Nöldeke zum 70. Geburtstage gewidmet, Gießen 1906 I, 33—55. Ich stimme aber mit Fischer darin überein, daß die Möglichkeit von Interpolationen im Qorān unbedingt zugegeben werden muß.

[2]) 'Omar b. Muḥammad b. 'Abd-alkāfī. Zam. B. Itq. 20 und 30. Hibat-allāh erwähnt nicht einmal, daß sie von einigen der mekkanischen Zeit zugeschrieben wird. Vgl. auch die oben, S. 59 ff., gegebenen Aufzählungen der Sūren.

[3]) Vgl. Itq. 30.

[4]) Diese Erscheinung ist wohl als Nachtgesicht aufzufassen; aus Sur. 81, 15-18 ist mir wenigstens wahrscheinlich, daß die Offenbarung

in Sur. 53 wird noch eine andere Vision angedeutet, bei welcher der Prophet im Himmel zu sein glaubte (V. 13—18). Was Sprenger[1]) dagegen sagt — er meint[2]) sogar, V. 15 sei wohl erst später hinzugefügt — können wir nicht billigen. Aus der Verbindung dieser Visionen mit dem späteren Traume von der nächtlichen Luftfahrt nach Jerusalem (Sur. 17), sowie unter Einfluß jüdischer oder christlicher Vorbilder[3]) ist erst einige Zeit nach dem Tode Muhammeds die Legende von seiner Himmelfahrt entstanden. In den Schilderungen derselben haben sich die Muslime mit Vorliebe an den Wortlaut von Sur. 53 angelehnt.

Als Muhammed die Sūra 53 öffentlich vorlas und zu den Versen (V. 19—22) kam, worin die Heiden gefragt werden, ob sie denn je ihre Göttinnen Allāt, Al'uzzā und Manāt so gesehen hätten, wie er den Engel, da, heißt es, rief er oder der Satan, indem er des Propheten Stimme nachahmte: „Dies sind die erhabenen Gharānīq, auf deren Fürbitte (bei Gott) man wahrlich hoffen darf“[4]). Die Episode erklärt sich aus der ängst-

---

am Ende der Nacht entstand, als die Sterne erblichen und die Morgenröte durchbrechen wollte.

[1]) Life S. 123 ff.; Leben I, 306 ff.

[2]) Life S. 133 Anm. — Leben I, 307 Anm. versteht Sprenger unter *ma'wā* V. 15 ein Landhaus bei Mekka, in dessen Nähe Muhammed die Vision hatte. Durch diesen Einfall, den merkwürdigerweise A. Müller, Der Islam I, S. 55, für plausibel hält, hat sich L. Caetani, Annali I, 231, verleiten lassen, auch in *sidrat al-muntahā* V. 14 den Namen eines Ortes bei Mekka zu vermuten.

[3]) Ich erinnere an die bekannten Himmelsreisen der Ekstatiker, z. B. des Jesaia (ascensio Jesaiae). Weiteres siehe unten bei Sur. 17.

[4]) Eine sehr verbreitete Gestalt der Worte lautet:

* تِلْكَ ٱلْغَرَانِيقُ ٱلْعُلَى * وَإِنَّ شَفَاعَتَهُنَّ لَتُرْتَجَى *

Ibn Sa'd ed. I, I, p. 137, 11. I Aṯīr II, 58. Wah. L. F. B. zu Sur. 22, 51. Hibat-allāh zu Sur. 20, 113. Gurgānī in der Ausgabe des Tirm. Vorrede S. 3 u. Damīrī s. v. غرنيق. Die üblichsten Varianten sind folgende. Für تلك: انّها Ṭabarī, Annales I, 1193, 6. 1194, 1; Ṭabarī, Tafsīr zu Sur. 22, 51 (ed. Cair. Vol. 17, 119 ff.) No. 3; فانّهنّ Yāqūt III, 665, 20.

lichen Stimmung Muhammeds, der einen Kompromiß mit dem alten Glauben suchte, indem er jene Götter als Allāh untergeordnete gute Wesen anerkannte.

Die Wirklichkeit dieses Ereignisses wird von Muir[1]) und Sprenger[2]) bejaht, indem sie darin ein erwünschtes Motiv sehen, den Propheten aufs neue als Betrüger zu brandmarken. Dagegen sucht der neueste Biograph Muhammeds, Leone Caetani[3]), nachzuweisen, daß wir es mit einer späteren Erfindung zu tun haben. Seine hauptsächlichsten Gründe sind folgende: 1. Die Kette der Überlieferer (Isnād), auf die jene Tradition zurückgeht, ist wenig vertrauenswürdig. 2. Es ist unglaubhaft, daß die Quraisch, welche kurz vorher

---

الغرانقة Ṭab. Annales I, 1195, 8 codd. B. M.; Ṭab. Tafsīr a. a. O. No. 1; Zam. zu Sur. 22, 51. — Für وانّ: و Ṭab. Tafsīr No. 4; Hibat-allāh zu Sur. 22, 51; L. zu Sur. 17, 75; منها Ṭab. Tafsīr No. 6; Ḫamīs I, 289; لهنّ L. zu Sur. 22, 51. — الشفاعة Ṭab. Tafsīr No. 6; Ḫamīs I, 289; الشفاعة منها L. zu Sur. 22 51; شفاعة L. zu Sur. 22, 51. — Für لترتجى: لترجى Ṭab. Annal. I, 1195, 8; Ḥalabī ed. Cair. 1281 II, 4; ترتجى Hibat-allāh zu Sur. 22, 51 und L. a. a. O.; ترجى Ṭab. Annal. I, 1192, 14 codd. B. M.; Ṭab. Tafsīr No. 1. 4; ترتضى Ṭab. Annal. I, 1192, 14. 1193, 6. 1194, 1; Ṭab. Tafsīr No. 2. 3. — Über das Wort الغرانيق, das von Vögeln verschiedener Art gebraucht wird, im Dīwān der Huḏailiten No. 157, 2 (ed. Wellhausen) von Wasservögeln, vgl. die Lexica, Nihāya und Damīrī s. v. Über غرانيق und غَرانق in der Bedeutung „zarte Jünglinge“, „feine, vornehme Leute“ vgl. Ḥamāsa 608 und 607; Abū Zaid, Nawādir 44, 18, 45, 7; andere Stellen bei Wellhausen, Reste arab. Heidentums[1] S. 30 (2. A. S. 34). Wie diese Bedeutungen miteinander zu vermitteln sind, und wie das Wort in jenem Ausspruch Muhammeds eigentlich zu verstehen ist — gewöhnlich übersetzt man es da mit „Schwäne“ — lasse ich dahingestellt. Übrigens wird auf das Ereignis öfter hingedeutet ohne ausdrückliche Erwähnung dieser Worte; z. B. bei Bh. Vgl. noch Weil, Anm. 64. Spr. Life 184 f. Muir II, 150.

1) Life of Mahomet II, 149 ff.

2) Leben II, 16 ff.; auch von H. Grimme, Mohammed II, 66 f. und Frants Buhl, Muhammeds Liv 180 f., aber ohne jeden Hintergedanken.

3) Annali dell' Islam I, S. 278 ff.

die Muslime zur Auswanderung nach Abessinien gezwungen hatten und gegen jeden, der auch nur ein paar Qorānverse hersagte, aufs schärfste vorgingen, eine ganze Sūre ruhig mit angehört und darnach sämtlich den Gottesdienst gemeinsam mit Muhammed verrichtet hätten. 3. Andere tatsächliche Kompromisse mit dem heidnischen Kultus, z. B. die Übernahme der Ka'ba in den Islām, zeigten eine ganz andere Methode. 4. Ein solch grober Irrtum wie die Zulassung der drei heidnischen Gottheiten zum muslimischen Kultus würde das ganze frühere Lebenswerk des Propheten vernichtet haben.

Gegen diese Behauptungen läßt sich jedoch verschiedenes einwenden. Der oben angedeutete Isnād ist schon von muslimischen Gelehrten des 5., 6. und 7. Jahrhunderts verdächtigt worden. Aber abgesehen davon, daß diese im letzten Grunde von dogmatischen Motiven geleitet waren, ist überhaupt auf ihre Hadithkritik nicht viel zu geben. Wie besonders Ign. Goldziher[1]) gezeigt hat, wimmelt die Literatur von falschen Überlieferungen, deren Isnād formal durchaus einwandfrei ist. Das im zweiten Argument Behauptete hat seine Richtigkeit, aber daraus folgt noch nicht die Unechtheit des Ausspruches an sich. Mag eine Tradition auch noch so viel fingierte Einzelheiten enthalten, es kann ihr doch ein geschichtlicher Kern zugrunde liegen. Die beiden letzten Argumente Caetani's haben mich ebenfalls nicht überzeugt. Der Ausspruch über die Gharānīq will ja die heidnischen Gottheiten nicht etwa dem einen Allāh gleichstellen, sondern betrachtet sie als untergeordnete Wesen, denen nur das Recht der Fürbitte zusteht. Überdies standen Auferstehung und Gericht viel mehr im Mittelpunkte der Predigt Muhammeds als der starre Monotheismus[2]), wie er ja auch die Christen, trotz ihrer polytheistisch anklingenden Trinitätslehre, anfangs nicht bekämpfte. Noch schlimmer ist es, daß Caetani die Entstehung

---

[1]) Muhammedanische Studien, Bd. II.

[2]) Vgl. über diesen wichtigen Zug der qorānischen Theologie namentlich C. Snouck Hurgronje in De Gids 1886 II, 259f. 455, III, 109; Rev. Hist. Relig. Vol. 30, S. 63. 150.

der angeblich falschen Tradition nicht zu erklären vermag. Daß Muslime eine Geschichte, die ihren Propheten in ein so bedenkliches Licht setzte, nicht erdichtet haben, versteht sich von selbst[1]). Wenn aber Häretiker sie ausgeheckt hätten, wie einige muslimische Theologen behaupten, so wäre sie nicht ohne weiteres in die orthodoxe Tradition eingedrungen. Es gibt demnach keinen andern Ausweg, als jenes Ereignis seinem wesentlichen Inhalt nach als historisch anzuerkennen.

Viele Traditionen verknüpfen dasselbe mit der Rückkehr einiger Muslime, welche die bekannte Auswanderung nach Abessinien mitgemacht hatten. Diese sollen nämlich bei ihrer Ankunft in Mekka erfahren haben, daß Muhammeds Ausspruch über „die erhabenen Gharānīq“ inzwischen die Bekehrung vieler Heiden veranlaßt hätte. Wenn auch dieser Zusammenhang und die Bestimmung der beiden Ereignisse auf die Monate Ramaḍān und Śauwāl des Jahres 5 der Berufung, welche allein Ibn Sa'd[2]) hat, richtig wäre, so könnten wir daraus doch nur schließen, daß die beiden Verse damals entstanden sind. Obwohl dieselben andrerseits in Länge und Reim gut zu den andern passen, haben wir doch keine sichere Gewähr dafür, daß sie nicht etwa beim Vortrage in eine schon früher geoffenbarte Sūra eingelegt wurden. V. 23 und V. 26—33 sind zwar ohne Zweifel etwas später als der übrige Teil der Sūra, beziehen sich aber gleichfalls auf die Verse, welche Muhammed, als er zur Besinnung kam, herauswarf und für ein Werk des Satans erklärte. V. 58 ff. bilden ein eigenes kleines Stück mit abweichenden Reimen. Muir II, 319 zählt die ganze Sūra wegen ihrer größeren Länge oder wegen der eingeschobenen späteren Verse zur folgenden Periode (stage 4). Einige halten V. 33[3]) oder V. 34—42[4]) oder die ganze Sūra[5]) für medīnisch.

---

[1]) Vgl. jetzt auch Th. Nöldeke, WZKM. Bd. XXI, S. 299.
[2]) Ibn Sa'd ed. I, I, S. 138, 12 f.
[3]) 'Omar b. Muḥammad. Itq. 36.
[4]) Itq. 36.
[5]) 'Omar b. Muḥammad.

Sūra 84 schließt sich durch ihren Eingang an Sūra 82 und 81 an. V. 25 (wörtlich = Sur. 95 V. 6) ist aus den oben S. 97 angegebenen Gründen wahrscheinlich sekundär. — Sūra 100 wird von einigen[1]) fälschlich für medīnisch ausgegeben, weil sie meinen, die ersten Verse gingen auf die im Kriege von Muhammed gebrauchten Reittiere[2]). — Sūra 79 besteht aus 3 Teilen: V. 1—14; 15—26; 27—46. Von diesen ist der dritte wohl etwas später, ein Umstand, der zugleich mit dem etwas größern Umfang der Sūra Muir anscheinend bewogen hat, die ganze Sūra der folgenden Periode zuzuweisen. — Sūra 77 wurde nach einer Tradition[3]) geoffenbart, als sich Muhammed einmal mit mehreren Gefährten in einer Höhle bei Minā befand. V. 48 bezieht man mit Unrecht auf die Ṯaqīfiten, welche in den letzten Jahren des Propheten den Islām nur unter der Bedingung annehmen wollten, daß sie nicht zu beten brauchten[4]). Die Sūra ist noch bemerkenswert durch die öftere refrainartige Wiederholung[5]) desselben Verses (15. 19. 24. 28. 34. 40. 45. 47. 49). — Sūra 78 V. 17 scheint schon Sūra 77, 12 ff. vorauszusetzen. V. 37 ff. sind ihrem Stil nach wahrscheinlich erst in der zweiten Periode hinzugekommen[6]). Die seltsame Ansicht Hibat-allāh's, die Sūre sei als die allerletzte mekkanische am Tage vor der Auswanderung nach Medīna entstanden, erklärt sich vermutlich daraus, daß man in V. 17 eine Andeutung dieses Ereignisses fand[7]). — Sur. 88 soll nach Hibat-allāh aus dem Jahr der Eroberung Mekka's (8 a. H.) stammen. — Sur. 89 gilt bei einzelnen Erklärern für

[1]) Ebend. Wah. Hibat-allāh. Zam. B. Itq. 30.

[2]) Itq. 30. Wah. Ṭabarī, Tafsīr. Zam.

[3]) Bh. im kit. al-tafsīr z. St. nach ʿAbdallāh b. Masʿūd. Itq. 45.

[4]) ʿOmar b. Muḥammad. Itq. 37. Suyūṭī, Asbāb al-nuzūl.

[5]) Vgl. oben S. 42.

[6]) Flügel macht hinter قريبا V. 40 einen Verseinschnitt, was weder mit der guten Überlieferung übereinstimmt, noch mit der Tatsache, daß die von V. 6 an gleichen Reime in der Paenultima alle langes ā haben.

[7]) Unter يوم الفصل ist das Gericht am jüngsten Tage gemeint. فصل heißt aber auch „weggehen, sich entfernen", z. B. im Qorān Sur. 12, 94.

medīnisch[1]). — In Sūra 75 befinden sich ein paar Verse (16—19), die weder mit ihrer nächsten Umgebung noch mit andern Versen der Sūra zusammenhängen. Auf welche Weise sie hierher verschlagen worden sind, ist nicht zu sagen. — Auch über Sūra 83 haben wir viele falsche Angaben. Da nämlich die ersten Verse sich einigermaßen auf medīnische Verhältnisse beziehen lassen[2]), so werden zuweilen die ersten 6[3]) oder die ersten 28[4]) oder alle[5]) Verse als medīnisch ausgegeben. Nach andern ist die Sūra, wie wir oben S. 59ff. sahen, entweder die letzte mekkanische oder die erste medīnische. Endlich werden beide Meinungen durch eine dritte vermittelt, nach der sie zwischen Mekka und Medīna entstanden ist[6]). — Sūra 69 wird von Muir zum folgenden Zeitraum gezogen, wohl wegen ihrer größeren Länge[7]). — In Sūra 51 sind V. 24ff. vermutlich erst später hinzugefügt. — In Sūra 52, die schon eine etwas breitere Schilderung des Paradieses enthält, befinden sich einige Verse aus dem zweiten Zeitraume, nämlich V. 21[8]), der den Zusammenhang stört und auch ganz unverhältnismäßig lang ist, dreimal so lang als der größte der übrigen Verse; ferner V. 29ff. Als Beispiele für den Unterschied ihrer Redeweise von der sonst in der ersten Periode herrschenden führe ich nur die Ausdrücke سُبْحَانَ اللّٰهِ عن V. 43 und شرك V. 43 (vom Anerkennen anderer Götter), sowie die Phraseologie des 48. Verses an, was alles dem spätern Sprachgebrauch Muhammeds angehört[9]). Muir zählt diese etwas längere Sūra, wohl auch

---

1) Itq. 29.

2) Itq. 28f. Zam. B.

3) Itq. 37.

4) 'Omar b. Muḥammad. 'Alāeddīn.

5) Itq. 28, 55. Suyūṭī, Asbāb al-nuzūl nach Nasāī und Ibn Māga. Nach einer anderen Tradition bei 'Alāeddīn gilt allein V. 13 als mekkanisch.

6) Itq. 29. 'Alāeddīn.

7) Die Reimverhältnisse der Sūra sind sehr auffallend, V. 1—29 Reim auf ـَة, V. 30—32 auf ـُوهُ, V. 33—52 gemischter Reim auf *īm*, *īn*, *ūn*, *īl*.

8) Vgl. über diesen F. z. St. und Miśk. kit. al-īmān bi'l-qadar, faṣl 3 § 5.

9) Vgl. oben S. 96 zu Sur. 68, 17ff.

aus Rücksicht auf die spätern Verse, zur vierten Stufe. — Sūra 56[1]) ist nach Ḥasan Albaṣrī medīnisch[2]). Andere behaupten dies nur von V. 74—81[3]) oder allein von V. 81[4]), den sie auf die Zweifler zu Medīna beziehen. Einige sagen dasselbe von V. 94 ff. oder endlich auch von V. 1—3[5]), vielleicht wegen einer vermeintlichen Anspielung auf die Schlacht bei Badr. Diese Sūra kann als einheitlich betrachtet werden, obgleich mit V. 74 ein neuer Teil zu beginnen scheint. Denn die Ausgänge beider Abschnitte (V. 73. 96) sind sich gleich, und V. 87 ff. haben deutliche Beziehungen zum ersten Teil. Es wäre aber ebenso gut denkbar, daß eine besondere Offenbarung vorliegt, die Muhammed allerdings im Hinblick auf V. 1—73 abgefaßt und deshalb später damit vereinigt haben müßte. Dann wäre V. 96 (= V. 73) redaktionell. — Der Anfang von Sūra 70 scheint sich auf den von Sūra 56 zu beziehen. Vielleicht fragte ein Ungläubiger Muhammed spöttisch um Aufklärung über jene Verse, und erhielt nun in dieser Offenbarung eine donnernde Antwort. In der Sūra werden zuerst die Pflichten der Gläubigen etwas ausführlicher dargelegt. Die Verse 3. 4 sind nach Weil[6]) erst später hinzugefügt. Diese Vermutung ist aber nur hinsichtlich des letzteren einleuchtend, der tatsächlich wie eine Glosse aussieht. V. 30 — 32. 34 finden sich wieder in Sūra 23 $_{5-9}$. Da V. 34 fast eine wörtliche Wiederholung von V. 23 darstellt, darf man ihn wohl für später halten. Dann ist wahrscheinlich auch V. 30—32 aus Sūra 23 entlehnt. — Sūra 55 gibt sich durch ihre ganze, fast spielende Weise als ein schon

---

1) Die Verse 8—10 scheinen nicht intakt überliefert zu sein. Da V. 10, in dem hinter والسابقون nach Analogie von V. 26. 40 wohl ما ausgefallen ist, nur Einleitung zum Folgenden sein kann, so sollte man meinen, daß der Sābiqūn vorher schon einmal Erwähnung getan sein müßte. Außerdem passen die Fragen in V. 8. 9 nicht gut hierher und sind vielleicht erst aus V. 26. 40 eingedrungen.

2) ʻOmar b. Muḥammad.

3) Itqān 36. 44. Suyūṭī, asbāb al-nuzūl. F. zu V. 81.

4) Itqān 44.

5) Vgl. über diese abweichenden Meinungen Itq. 36.

6) K.² 70 Anm.

etwas späteres Erzeugnis, weshalb ich sie früher mit Weil zur zweiten Periode rechnete. Die Ansicht, die Sūra sei ganz oder teilweise, oder doch V. 29[1]) sei medīnisch, wird von den meisten muslimischen Gelehrten verworfen[2]). Eine besondere, schon oben (S. 42) angedeutete, Eigentümlichkeit des Stiles dieser Sūra ist der bis zur Ermüdung wiederkehrende Refrain فَبِأَيِّ آلَاءِ رَبِّكُمَا تُكَذِّبَانِ. Er findet sich von V. 12 bis V. 21 bei jedem dritten, von da bis zum Ende bei jedem zweiten Verse, mit Ausnahme von V. 25—28 und V. 43—45[3]), in denen wie im Anfange zwei Verse dazwischen stehen. Man begreift schwer, warum der Refrain nicht auch V. 2—10 gebraucht wurde. Die moralische Nutzanwendung V. 7. 8. ist wohl erst später an V. 6 angehängt worden. V. 33 ist unverhältnismäßig lang und entbehrt des rhythmischen Schwunges so daß vielleicht nur die letzten fünf Worte (von فَانْفُذُوا an) zum ursprünglichen Bestande gehören.

An die Offenbarungen des ersten Zeitraumes schließen wir einige kleine Sūren, die als Glaubens- und Beschwörungsformeln dienen. Zwar ist es kaum möglich, ihr Alter genauer zu bestimmen, da sie zu kurz sind und in ihrem ganzen Wesen von allen andern zu stark abweichen, um irgend einen festen Anhalt zu bieten, doch scheinen sie eher den frühern, als den spätern Zeiten Muhammeds anzugehören.

Sūra 112 wird von vielen nach Medīna versetzt, weil man sie für die Antwort des Propheten auf eine Frage der dortigen Juden über das Wesen Gottes ansah[4]). Muir setzt

---

1) Vgl. ʿOmar b. Muḥammad. Itq. 27. 36. Zam. B.

2) Hibat-allāh. Itq. 27.

3) Diese Ausnahme würde wegfallen, wenn V. 43. 44 der Flügelschen Ausgabe nur einen Vers bildeten, wie eine gute Überlieferung (Abū Yaḥyā Zakarīyyā al-Anṣārī, kitāb al-maqṣad, ed. Būlāq 1281, z. St.) vorschreibt. Dadurch würde auch der sehr anstößige isolierte Reim auf *ūn* (V. 43) beseitigt. Sonst finden sich auffallende Reime nur noch in V. 16. 17 (auf *ain*, sonst überall Reime auf *ān*, *ār*, *ūm*), die dazu noch stilistisch aus dem Tenor des Umstehenden herausfallen.

4) His. 400. ʿOmar b. Muḥammad. Wah. Hibat-allāh. B. — Aus Itq. 30 erfahren wir noch, daß dieser wie der ersten Sūra von manchen ein doppelter Ursprung, zu Mekka und zu Medīna, beigelegt wurde.

sie in die älteste Zeit, gleich nach Sūra 96. Was ihn anscheinend zu dieser Annahme bewog[1]), ist die irrige Voraussetzung, Muhammed müsse gleich nach seiner Berufung eine Art Glaubensbekenntnis aufgestellt haben. — Sur. 109 enthält eine Antwort auf den Vorschlag der Mekkaner, dem Propheten zu folgen, wenn er ihren Göttern die gebührende Ehre widerfahren ließe[2]). Sie kann erst entstanden sein, als Muhammed sich schon länger mit seinen Landsleuten herumgestritten hatte, so daß sie ihm derartige Bedingungen stellen konnten. Einige halten die Sūra für medīnisch[3]), gewiß mit Unrecht; nach der Higra hätte er auf jenen Vorschlag[4]) wohl anders geantwortet.

Noch schwieriger ist die Einordnung der von den Muslimen unter dem Namen „Mu'awwiḏatāni" zusammengefaßten Sūren 113 und 114. Nicht einmal Muir[5]), der sonst jeder Sūra einen ganz bestimmten Platz anweist, wagt etwas über sie zu sagen. Nach einer verbreiteten Tradition[6]) wurden sie geoffenbart, um

---

1) H. Hirschfeld, New Researches S. 35. 89. 143, ist von den gleichen Motiven geleitet und führt die Sūre als drittälteste auf, gleich nach Sur. 87 und 68. Mehr mit unserem Ansatze stimmen überein Sprenger, Leben II, 33 f., Grimme II, 26.

2) His. 239. Ṭabarī I, 1191 und im Tafsīr. Wah. F. B. Weil K. 60 = 2 A. S. 69. Sprenger Leben II, 34 f. Wir sahen oben (bei Sur. 53, vgl. auch Sur. 106), daß Muhammed derartige Anerbietungen nicht immer so streng abwies; aus jener Stelle erkennen wir auch, in welcher Weise sich die Heiden etwa eine Transaktion zwischen Muhammed und ihrem Glauben dachten. Damals ohnehin schon zu einer Art von Monotheismus sich hinneigend, wünschten sie nur eine anständige Stelle für ihre alten Götter, und Muhammed zeigte sich zuweilen bereit, sie als untergeordnete Wesen in seinen Himmel aufzunehmen, aber die strenge Einheitsidee kam bald wieder zum Durchbruch.

3) 'Omar b. Muḥammad. Hibat-allāh.

4) Natürlich brauchen wir uns hier im einzelnen nicht an die Form zu kehren, in der uns die muslimische Überlieferung diese Anerbietungen der Ungläubigen darstellt.

5) Life of Mahomet II, 320.

6) Wah. F. Itq. 30 f. Ibn Sa'd ed. I, IV, p. 5 f. Weil 94. Daß diese Sūren von einigen für medīnisch gehalten werden, erwähnen außerdem Zam. B. Itq. 20 f. Jene Geschichte erzählen noch Bh. kitāb al-ṭibb § 47. Muslim, kit. al-ṭibb § 2 (Q. IX, 19); Nasāī, kit. taḥrīm al-dam § 19; Miškāt, bāb al-mu'gizāt faṣl 1 § 24, ohne dieser Sūren zu gedenken.

den Gesandten Allāh's von der Krankheit zu befreien, die ihm der medīnische Jude Labīd angezaubert hatte. Man darf dagegen nicht einwenden, daß Muhammed ein so ausgesprochener Aberglaube nicht zuzutrauen wäre. Denn in dieser Beziehung hat er sicher nie aufgehört, die Anschauungen seiner Zeit und seines Volkes zu teilen, wie aus zahlreichen, durchaus glaubwürdigen Zügen der Prophetenbiographie hervorgeht. Indessen sind die beiden Sūren ihrem Wortlaute nach ganz allgemein gehalten und nicht auf ein bestimmtes Ereignis zugeschnitten. Weil[1]) hat die Tradition dahin modifiziert, daß der Prophet diese Beschwörungen damals nur gebrauchte, da sie nach ihrer Schreibweise älter sein müßten. Aber diese Ansicht ist nicht weniger anfechtbar. Denn Sprache und Stil, die sonst bei der Zeitbestimmung der Sūren hervorragende Dienste leisten, lassen uns hier im Stich. In der ganzen Welt haben Zaubersprüche eine von dem herrschenden Stile der Zeit und der Individuen abweichende, altertümliche Redeweise. Gesetzt, Muhammed hätte selbst in seinen letzten Lebensjahren eine solche Zauberformel verfaßt, sie würde sich gewiß von dem gewöhnlichen Stil der medīnischen Sūren weit entfernt und mehr an den archaistischen Typus der heidnischen Averruncationssprüche angelehnt haben. Wir dürfen aber noch weiter gehen und die Vermutung aussprechen, daß der Prophet jene Sūren überhaupt nicht frei erfunden, sondern eine altüberlieferte Vorlage nur leise in islāmischem Sinne überarbeitet hat. Die drei letzten Verse — das ist mehr als die Hälfte — der Muʻawwiḏatāni haben ja durchaus heidnisches Gepräge. Die Notwendigkeit einer Überarbeitung kann sich schon früh herausgestellt haben, da der Islām zwar den Glauben an böse menschenfeindliche Geister mit dem Heidentum teilte, aber doch von keinem anderen Gott als dem einzigen Allāh Hilfe erflehen konnte. Wenn es ferner richtig ist, daß einige Sūren, die auf Zauberformeln gegen die Macht des Satans Bezug nehmen (Sur. 23, 99; 16, 100; 41, 36 = 7, 199), der zweiten und dritten mekkanischen Periode angehören, so darf man die

[1]) K.[1] 60 Anm. 2; K.[2] 69 Anm. 3.

Mu'awwiḏatāni mit einer gewissen Wahrscheinlichkeit für älter halten. Ihre Stellung am Ende des Qorānbuches verdanken sie vermutlich demselben Aberglauben, der bis auf den heutigen Tag die Muslime bestimmt, jeden Qorānvortrag mit der Formel „ich nehme Zuflucht zu Allāh vor Satan, dem verfluchten" (Sur. 16, 100) zu beginnen.

Ebenso wie die beiden Beschwörungs-Sūren fällt auch das erste Kapitel des Qorān aus dem Rahmen der übrigen heraus. Während diese der Belehrung und Ermahnung dienen, enthält Sūre 1 nichts als einen schwungvollen Lobpreis Allāh's, der in eine Bitte um „rechte Leitung" ausklingt. Das spezifisch islāmische Kolorit tritt hierbei derartig zurück, daß sich das Gebet in jedem jüdischen oder christlichen Erbauungsbuche sehen lassen könnte. Gerade aus diesem Grunde ist die Frage nach seinem Alter so schwer zu beantworten. Unter allen Umständen ist es falsch, wenn man die Sūra wegen des Ansehens, in dem sie von je her bei den Muslimen[1]) stand, oder wegen der damit zusammenhängenden Stellung in unserm jetzigen Qorān, für die allerälteste[2]) oder doch für eine der ältesten[3]) hält. Obwohl schon allein der herrschende

[1]) Als erstes Kapitel des Qorāns heißt sie *al-Fātiḥa* („die eröffnende", eigentlich *fātiḥat al-kitāb*), wegen ihres einzigartigen Inhaltes *umm al-kitāb* (Bh., faḍā'il al-qurān § 9, Ṭabarī, Tafsīr I, 35 usw.). Ihresgleichen findet sich nach einem angeblichen Ausspruch des Propheten weder in Thora, Evangelium und Psalmen noch im Qorān (Ṭabarī, Tafsīr I, 36, Wah. 12 f. usw.). Als Gebet kommt sie an Bedeutung dem christlichen Vaterunser gleich. Die Überlieferung verzeichnet einen Ausspruch Muhammeds, daß kein Gottesdienst giltig sei, in dem nicht die Fātiḥa vorkäme (Bh. aḏān § 93, cf. § 105; Tirm. ṣalāt § 63; Nasāī, iftitāḥ § 24; Ibn Māga, kit. al-ṣalāt, bāb iftitāḥ al qirā'a). Als wirksames Zaubermittel fand sie schon in alter Zeit Verwendung (Bh., faḍā'il al-qurān § 9 am Ende, kit. al-ṭibb § 33 usw.). Ein ebenfalls häufiger Name der Sūre, *al-ḥamd* (z. B. Fihrist ed. Flügel S. 26, Itqān 150), ist von dem Anfangsworte hergenommen.

[2]) Ḫamīs ed. Cair. I, 10. Darnach Weil 364, Anm.

[3]) Ḫamīs a. a. O. Zam. Itq. 54. Wah. 11. Vgl. Weil a. a. O. — Die seltsame Angabe, die Fātiḥa sei sowohl zu Mekka als auch zu Medīna geoffenbart (Vgl. 'Omar b. Muḥammad; Zam; B; Itq. 25. 124; Ḫamīs ed.

Gebrauch von „Wir“ [1]) anzeigt, daß Muhammed zur Zeit ihrer Entstehung bereits eine kleine Gemeinde um sich hatte, meint Muir [2]) sogar, daß sie seiner ersten Stufe angehöre, d. h. der Zeit vor der eigentlichen Berufung zum Propheten. Vielmehr scheint die Sure frühstens aus dem Ende des ersten Zeitraumes zu stammen, da mehrere bemerkenswerte Wörter und Redensarten im ersten sonst gar nicht, aber häufig [3]) im zweiten vorkommen. Nicht so leicht ist es, die Grenze nach unten festzustellen. Denn das literarische Verhältnis von Sūre 1 zu den unten in Anm. 3 verzeichneten Parallelen ist keineswegs deutlich.

Freilich, wenn diese Phrasen auf freier Erfindung Muhammeds beruhten, so wäre es unwahrscheinlich, daß sie ihre ursprüngliche Stelle in einem Gebete gehabt hätten. Denn ein liturgisches Formular mit fester Terminologie kann unmöglich in die ekstatische Periode einer Religionsstiftung zurückreichen, die nicht nur mit den theologischen Vorstellungen zu ringen hat, sondern auch mit deren sprachlicher Wiedergabe.

Cair. I, 11), beruht auf einer falschen Auslegung des Wortes *maṯānī* als „Wiederholung“. Einige suchten die Schwierigkeiten dieser Angabe dadurch zu lösen, daß sie einen Teil der Sūra zu Mekka, einen anderen zu Medīna geoffenbart sein ließen, aber diese Erklärung wird verworfen (L. Itq. 25). Wenn ein paar alte Ausleger die Sūra für medīnisch erklärten (L. ʿOmar b. Muḥammad. Wah. Itq. 25), so geschah das gewiß ebensowenig einer Tradition zufolge, sondern eher wegen des angeblich im letzten Vers enthaltenen Gegensatzes zu den Juden und Christen. Denn schon in alten Traditionen werden jene المغضوب عليهم, diese الضالّون genannt. Al-Kalbī im Cod. Sprenger 404; Tirm. im Tafsīr; Ṭabarī, ed. Cair. I, 60ff.

1) نَعْبُدُ, نَسْتَعِينُ, اِهْدِنَا, علينا zweimal.

2) Life of Mahomet II, 59.

3) الحمد لله (V. 1) Sur. 18, 1; 34, 1; 35, 1; 27, 15; 17, 111. الحمد لله ربّ العالمين (V. 1) Sur. 37, 182; 40, 67; 39, 75; 10, 11. صراط مستقيم (V. 5) 43, 42; 11, 59; 7, 15; 36, 3; 42, 52; 37, 118. Über *al-raḥmān* (V. 2) siehe unten die Einleitung zu den Sūren der zweiten mekkanischen Periode, *al-raḥīm* allein findet sich Sur. 52, 28.

Nun ist aber, wie wir unten beweisen werden[1]), der größte Teil der Sūra, nämlich die Phraseologie der Verse 1. 2. 3. 5, jüdischer oder christlicher Herkunft. Unter diesen Umständen

---

[1]) I. الحمد لله entspricht genau syrischem ܫܘܒܚܐ ܠܐܠܗܐ bezw. ܬܫܒܘܚܬܐ ܠܐܠܗܐ und neutestamentlichem δόξα τῷ θεῷ. Daneben findet sich auch ܡܒܪܟ ܐܠܗܐ = εὐλογητὸς ὁ θεός Luc. 1, 68 II Cor. 1, 3, eine Formel, die schon im Alten Testament vorkommt, (אשר ר״ג) ברוך יהוה Exod. 18, 10 etc. Tobith 8, 5, und, mit einer kleinen Änderung, in der jüdischen Liturgie herrschend geworden ist (בָּרוּךְ אתה י״י אלהינו).

II. رَبّ العالَمين. Hiermit sind folgende Phrasen zu vergleichen: מרא עלמא Targum Qohel. 7, 3. 13, 9, 7; Ruth. 4, 21; Gen. 9, 6 J.; Gen. 22, 1. 5, 49, 27; Exod. 12, 11, 19, 17; Num. 21, 1. 14; Palmyrenisch de Vogüé no. 73, 1 (Cook, Textbook of north-semitic inscriptions p. 296). — Mandäisch מאראיהון דכולהון אלמיא Sidrā Rabbā p. 1, lin. 21, p. 36 l. 9. — ריבון עלמא Exod. 23, 17 O. J. u. ö. — רבונו של עולם sehr häufig in den Midraschen und am Anfang jüdischer Gebete. — ריבון כול עלמא Targ. Mich. 4, 13; Cant. 1, 1. — ריבון כל עלמיא Targ. Qohel. 8, 3; Gen. 18, 30 ff.; Num. 23, 19. — רבון העולמים (oft im Midrasch). — In der jüdischen Liturgie ist am gebräuchlichsten מלך העולם (schon Jerem. 10, 10; aber Targ. Jes. 6, 5, Zach. 14, 16 מלך עלמיא). Im Neuen Testament Apoc. 15, 3 βασιλεὺς τῶν αἰώνων (andere codd. ἐθνῶν). — Äthiopisch: *egzīʾa* (*kuellu*) *ʿālamāt* Jubil. cp. 31 (ed. Dillm. p. 112, 2 v. u.); Henoch 81, 10 *amlāka ʿālam* (*ʿālamāt*) Jubil. cp. 12 p. 52, 1; *amlākōmu laʿālamāt* Jubil. cp. 25 p. 93, 12 f.

III. الرحمن الرحيم. Daß der Name الرحمان den Mekkanern neu war, ersehen wir aus Sūra 17, 110, 25, 61, vgl. die Kommentare; His. 747, 11; Ṭabarī I, 1546, 9. Gänzlich unbekannt war er aber in Arabien keineswegs. Auf sein Vorkommen in den Gedichten des Buraiq (Dīwān der Hudhailiten ed. Wellhausen Nr. 165, 6) und des Suwaid b. abī Kāhil (Mufaḍḍalīyāt ed. Thorbecke No. 34, 60) ist freilich nicht viel zu geben, da diese Männer den Islām erreicht haben, andererseits auch muslimische Korrektur vorliegen kann, wie Ibn al Aṯīr, Kāmil ed. Tornberg I, 450, 2. Bedeutsamer ist schon, daß der Prophet Musailima seinen Gott mit الرحمن bezeichnet, Ṭabarī I, 1933, 12, 1937, 3, und daß er sogar selbst „der Raḥmān von Jemāma“ genannt wird, wie sein südarabischer Rivale Aswad „der Raḥmān von Jemen“ heißt (Belāḏori 105, 6; Ṭabarī I, 1935, 14; His. 200, 3; Zamaḫšarī zu Sūre 1). Wenn hierin eine Nachahmung Muhammeds zu erblicken wäre, so würde unverständlich bleiben, warum die Wahl gerade auf einen Namen fiel, der nur in der mittleren mekkanischen Periode für Allāh gebraucht wurde. Wir sind aber in der glücklichen Lage, authentische Urkunden aus vorislāmischer Zeit zu besitzen, in denen *raḥmān* vorkommt, nämlich 6 sabäische Inschriften,

könnte die Fātiḥa sehr wohl älter sein als die oben verzeichneten Parallelen. Dies würde noch wahrscheinlicher, wenn V. 1—5 dem Propheten schon als fertige Komposition

Mordtmann-Müller n. 43,2 (Denkschriften der Wiener Akademie, phil. hist. Klasse Bd. 33, 1883, S. 96 f.); Fresnel 3,3; Halévy 63, 7; ZDMG. Bd. 30, 671, WZKM. 10, 285 ff.; Glaser 554, Zeile 32; Glaser 618, Zeile 2 (vgl. Eduard Glaser, Zwei Inschriften über den Dammbruch von Marib, 1897). Die diesen Texten gemeinsame Wortgestalt רחמנן wird gewöhnlich als Plural aufgefaßt. Aber aus Glaser 554, durch Zusammenhalten von Zeile 32 mit 81 f. בנצר ורדא אלהן בעל שמין וארצן, geht deutlich hervor, daß hier wie an den anderen Stellen ein Singular vorliegt. Dieser Sprachgebrauch kann sich unmöglich spontan entwickelt haben, sondern muß auf Entlehnung beruhen. Nun ist im christlichen Aramäisch *raḥmān* außerordentlich selten, z. B. bei Ephrem (siehe P. Smith s. v.) und im christlich-palästinischen Aramäisch. Peschittha gibt alttestamentliches רחום sowie οἰκτίρμων und ἐλεήμων durch ܡܪܚܡܢܐ wieder. Dagegen erfreute sich im jüdischen Schrifttume, von den Targumen an, רחמן einer solchen Beliebtheit, daß es z. B. in den beiden Talmuden zu einem gebräuchlichen Eigennamen Gottes geworden ist. Die alten arabischen Lexikographen, wie Mubarrad und Ṯa'lab, welche seinen hebräischen Ursprung behaupten (عبرانيّ وأصله بالخاء المعجمة Itqān 321, Lisān XV, 122), sind demnach wohl ziemlich im Rechte. In letzter Linie scheint *raḥmānā* syrische Wiedergabe des assyrischen *rēmēnu* zu sein, als Epitheton verschiedener Gottheiten kommt das Wort schon in den palmyrenischen Inschriften des 1. 2. und 3. Jahrhunderts vor, vgl. Cook a. a. O. S. 295. 300. 301.

رحيم ist zwar eine echt arabische Bildung, aber die spezielle Bedeutung „barmherzig" beruht hier wie in allen anderen Formen dieser Wurzelklasse auf Angleichung an nordsemitischen Sprachgebrauch. Vielleicht hat es noch Muhammed selbst im Sinne von „liebreich, gütig" verstanden, wie es z. B. auf dem zweisprachigen Heidelberger Papyrus No. 21 (Papyri Schott-Reinhardt I, herausgegeben und erklärt von C. H. Becker, Heidelberg 1906, S. 103) durch φιλάνθρωπος wiedergegeben wird. Doch macht die enge Verbindung der beiden Ausdrücke wiederum wahrscheinlich, daß das Adjektiv *raḥīm* nur behufs Steigerung des Begriffes zu dem Substantiv *raḥmān* gesetzt worden ist. Abgesehen von der Basmala und von Sur. 1,2 findet sich die Verbindung *al-raḥmān al-raḥīm* nur in einigen Sūren der zweiten und dritten mekkanischen Periode (Sur. 2,158, 27,30, 41,1) sowie 1 mal in einer medīnischen Stelle (Sur. 59,22).

IV. ملك يوم الدين: ἡμέρα κρίσεως schon Judith 16,17. Test. XII patriarch. bei Levi am Anfang, häufig im Neuen Testament und darnach Peschittha ܝܘܡܐ ܕܕܝܢܐ, Ephrem ܝܘܡ ܕܝܢ; יום דינא רבא Targ. Qohel:

vorgelegen hätten. Hat er aber nur die einzelnen Phrasen entlehnt und sie alsdann frei zu einem Gebete zusammengestellt, so kann Sūre 1 auch jünger sein.

Das Rätsel der Abfassungszeit würde auf einen Schlag gelöst sein, wenn die Worte „sieben von den *maṯānī*“ Sur. 15, 87[1]), wie viele muslimische Exegeten behaupten, sich wirklich auf Sur. 1 bezögen[2]). Das ist aber sehr die Frage. Der Ausdruck „sieben von den *maṯānī*“ schließt die Voraussetzung ein, daß es noch andere *maṯānī* gegeben hat. Darum kann die muslimische Tradition, welche stillschweigend السبع المثانى „die sieben *maṯānī*“ dafür setzt, nicht im Rechte sein. Was den Sinn von *maṯānī* anbetrifft, so ist keine der überlieferten Bedeutungen, „Wiederholungen“[3]) oder „Verse“,

---

3, 15. 17, 7, 15, 12, 14; Hiob 5, 4; im Gebet des Elxai Epiph. Haeres. 19, 4, cf. ZDMG. 12, 712; יום דין הגדול Mechiltha zu Exod. 6, 25. Äthiopisch *ʻelata kuenanē ʻabāi* Henoch c. 16, 1; *ʻelata dain* Jubil. c. 4 (p. 18, 2).

Die Phrase „König des Gerichtstages“ kann ich nicht belegen, obwohl das Königtum des Messias eine nicht nur den Juden (z. B. Targum J Num. 24, 7. 17), sondern auch den Christen (Matth. 2, 2; Mc. 15, 2ff.; Joh. 19, 3ff. usw.) ganz geläufige Anschauung ist.

V. اهدنا الصراط المستقيم entspricht so gut wie wörtlich Psalm 27, 11 נְחֵנִי בְּאֹרַח מִישׁוֹר. Damit ist aber nicht gesagt, daß Muhammed diese Worte nur von Juden bezogen haben könnte (vgl. oben S. 7).

Ob die beiden folgenden Verse freie Erfindung des Propheten oder nur überliefertes Interpretament sind, können wir nicht bestimmt sagen, obgleich die etwas harte Diktion sich gut aus Übersetzungsschwierigkeiten erklären würde. Die Bezeichnung des Verhaltens der Ungläubigen als „Irregehen“, wie im letzten Verse der Sūra, ist im Qorān außerordentlich häufig. ضلّ in diesem religiösen Sinne entspricht aramäischem טעיא und ist der jüdischen wie christlichen Literatur geläufig. Die Christen dachten bei טְעָיָא mit der Zeit immer mehr an die Häretiker als an die Heiden.

1) „Und wir haben zu dir gebracht sieben von den *Maṯānī* und den gewaltigen Qorān“.

2) Muwaṭṭa' 28; Bh., kit. al-tafsīr zu Sur. 1 und 15, 87, faḍā'il al-qurān § 9; Tirm. faḍā'il al-qurān im Anfang, kit. al-tafsīr zu Sur. 15, 87; Nasāī, kit. al-iftitāḥ § 26; Waḥ; Itq. 124; Kommentare, besonders Ṭabarī, und Wörterbücher.

3) Die Bezeichnung „Wiederholungen“ wird hergeleitet von dem häufigen Gebrauch der Fātiḥa in der Gebetsliturgie oder von der immer

gesichert. An der einzigen Stelle, in der *maṯānī* sonst noch im Qorān[1]) vorkommt (Sur. 39, 24), hat es ebenfalls keinen klaren Sinn. Aber annehmbarer als eine jener Bedeutungen scheint mir die Vermutung A. Geiger's[2]), daß es mit jüdischem *mišnā* — besser wäre zu sagen mit jüdisch-aramäischem *matnīṯā* — „Tradition“ zusammenhänge. Diese Bedeutung könnte auch in Sur. 15, 87 verliegen[3]).

Schließlich macht die Teilung der ersten Sūra in sieben Verse große Schwierigkeiten. Denn um diese Zahl zu erhalten, müssen wir, da عَلَيْهِمْ wegen des mangelnden Sinnabschnittes und Reimes kein Versende bilden kann, von den verschiedenen Zählungsweisen der folgen, nach welcher die Überschrift بسم الله الرحمن الرحيم als ein Vers mit zur

wiederkehrenden Sūrenüberschrift „Im Namen Gottes“, die, wie wir noch sehen werden, von vielen als erster Vers der Fātiḥa gerechnet wird; oder von dem zweimaligen Vorkommen der Wendung *al-raḥmān al-raḥīm* in dieser Sūra. Die Bedeutung „Vers“ (= آية) wird damit begründet, daß es die Eigentümlichkeit der Verse sei, einander zu folgen (لأنّ بعضها يثنى بعضا وبعضها يتلو بعضا), oder daß Allāh Muhammed vor den anderen Propheten (vgl. oben S. 110 Anm. 1) damit ausgezeichnet habe (الله تعالى ذكره استثناها لمحمد صلعم دون سائر الانبياء غيره). Vgl. hierzu die Kommentare, besonders Ṭabarī zu Sur. 15, 87 (Bd. 14 S. 32—38) und Itqān 124, das noch andere seltsame Erklärungen aufzählt. Über die Gleichsetzung von jüdischem *mišnā* mit arabischem *maṯnāt* im Hadith vgl. Ign. Goldziher in ZDMG. Bd. 61 (Jahrg. 1907) S. 866 ff.

1) „Allāh hat die schönste Kunde herabgelassen in Gestalt einer ebenmäßigen (?) *Maṯānī*-Schrift, vor der den Menschen die Haut schaudert“.

2) A. a. O. S. 58, dem sich Sprenger I, 463 anschließt und *maṯānī* mit „Wiederoffenbarung“ übersetzt.

3) Diejenigen muslimischen Exegeten, welche sich bei der Erklärung von Sur. 15, 87 an Sur. 39, 24 orientieren, beziehen deshalb *sab'an min al-maṯānī* nicht auf die Fātiḥa, sondern teils auf den ganzen Qorān, mit der Begründung, daß dessen Inhalt siebenfacher Art sei (سبعة اجزاء مُرْ وانْه وبَشّرْ وأنْذر واضْرب الامثال واعْدد النِعَم Ṭabarī, Tafsīr z. St. Bd. 14 S. 36, 9 f.), oder weil seine einzelnen Erzählungen öfter wiederholt würden —, teils auf die 7 langen Sūren, worunter die einen, wohl die

Sūra zu ziehen ist[1]). Indessen wird diese Überschrift bei den andern Sūren von den meisten nicht als Vers gerechnet. Sie bildet auch keineswegs einen integrierenden Bestandteil der Fātiḥa, deren eigentlicher Anfang, nach Analogie der jüdischen und christlichen Gebete, vielmehr in den Worten „Preis sei Gott“ zu sehen ist[2]). Hat aber Sur. 1 nur sechs Verse, so können schon allein aus diesem Grunde die „sieben *maṯānī*“ von Sur. 15, 87 nicht auf sie hinweisen.

Die Einleitungsformel „Im Namen Gottes“, von den Arabern kurz *tasmiya* oder gewöhnlich *basmala* genannt, geht auf den Sprachgebrauch der Bibel[3]) zurück. Freilich kommt diese Wendung dort immer nur in der Verbindung mit Tatwörtern vor, aber Phrasen wie „im Namen Gottes anrufen“

---

meisten, Sur. 2—7. 10 verstehen, andere Sur. 2—8, andere Sur. 2—7, mit der Bemerkung, daß ihnen die letzte der sieben unbekannt sei. Vgl. hierzu besonders Ṭabarī im Tafsīr zu Sur. 15, 87 und Itqān 124.

[1]) Die Basmala wird als Vers gezählt von den Mekkanern und den Kūfiern; von den letztern tut dies Ḥamza nur bei dieser Sūra. Andere machen einen Versabschnitt nach عليهم. Die Einteilung in 7 Verse ist zwar die bei weitem häufigste, aber nicht die einzige, wie Zam. B. u. a. m. behaupten; denn andere rechnen 6, indem sie die Basmala nicht mitzählen und doch nach عليهم keinen Einschnitt machen, oder 8, indem sie jene mitzählen und hier ein Versende annehmen, oder gar 9 Verse, indem sie auch nach نعبد einen Abschnitt machen. Vgl. Itq. 159 f. ʿOmar b. Muḥammad. Zam. B. Sagāwandī über die Pausen (Wiener Handschrift Mxt. 717). Leidner Handschrift 653 Warn. fol. 230r, 232v, 233r, 239r. Itq. 185 f. Abū Yaḥyā Zakarīyā al-Śāfiʿī, kitāb fī'l-waqf wa'l-ibtidā, Būlāq 1281, p. 14. Muslim, kit. al-ṣalāt, bāb 15, حجّة من قال البسملة آية من كلّ سورة سوى براءة (Qasṭ. III, 26—28).

[2]) الحمدُ للّهِ kommt auch sonst einigemal am Anfang von Sūren vor, Sur. 6, 1; 18, 1; 34, 1; 35, 1, also in lauter mekkanischen Stücken. Über das Vorkommen des religiösen Terminus حمد „preisen“ in den sabäischen Inschriften vgl. J. H. Mordmann - D. H. Müller, Eine monotheistische sabäische Inschrift, in WZKM. X, S. 285 ff., besonders S. 286.

[3]) Vgl. בְּשֵׁם יהוה im Alten, ἐν ὀνόματι κυρίου im Neuen Testament. Griechischer Sprachgebrauch hat, soviel wir heute wissen, diese Formel nicht ausgebildet s. Albrecht Dieterich, Eine Mithrasliturgie S. 115.

und Stellen wie Col. 3, 17 setzen, worauf ich schon oben S. 81 hingewiesen habe, den absoluten Gebrauch der Formel voraus. So gehen auch die zwei einzigen Stellen des Qorāns, in denen sich, abgesehen von den Sūrenüberschriften, die Basmala findet, unverkennbar auf jüdische Quellen zurück. Sūra 11, 43 (Noahlegende) heißt es: „Besteiget sie (nämlich die Arche) im Namen Gottes!“ Sūra 27, 30 erwähnt einen Brief Salomos an die Königin von Saba, der mit den Worten *bismillāh al-raḥmān al-raḥīm* beginnt. Dieser Vers ist von besonderer Wichtigkeit. Denn abgesehen von den Überschriften ist er nicht nur die einzige Stelle für das Vorkommen der erweiterten Form der Basmala innerhalb einer Sūra, sondern auch, falls die Basmala nicht zum ursprünglichen Texte der Fātiḥa gehört, die älteste Stelle für die Formel überhaupt. Sūra 27 ist aber etwa in der mittleren mekkanischen Zeit entstanden. Die nächsten sicheren Zeugnisse für den Gebrauch der Formel seitens des Propheten sind die überlieferten Texte[1]) der Gemeindeordnung von Medīna, des Vertrages von Ḥudaibiya und der Sendschreiben an die heidnischen Stämme, was alles der medīnischen Periode angehört. Wenn es auch nicht zweifelhaft sein kann, daß Muhammed von einer gewissen Zeit an die Basmala an die Spitze der Sūren zu setzen pflegte, so ist doch dieser Zeitpunkt unbekannt. Die Tradition[2]) sieht in der Basmala sogar die älteste Offenbarung, es ist aber nicht einmal sicher, ob der Prophet diese Formel überhaupt je als Teil der Offenbarung betrachtet hat.

Die Sūren der zweiten Periode.

Wie schon oben, S. 72, bemerkt worden ist, haben diese Sūren keinen bestimmten gemeinschaftlichen Charakter, einige

---

[1]) Vgl. His. 341 ff. 747. Ṭabarī I, 1546; J. Wellhausen, Skizzen und Vorarbeiten IV, 87 ff.

[2]) Ṭabarī in der Einleitung zum Tafsīr (ed. Cair. I, 37 ff.); Wah. in der Einleitung (ed. Cair. S. 10 f.); Cod. Lugd. 653 fol. 275v; Itq. 54 f., 184 ff. usw. Nach einer anderen Tradition (Wah. zu Sur. 17, 110, ed. Cair. S. 223) ist die Basmala erst nach der Offenbarung des Verses Sur. 27, 30 von Muhammed gebraucht worden.

ähneln mehr denen der ersten, andere denen der dritten Periode. Wir sehen in ihnen den Übergang von dem großartigen Enthusiasmus zur größern Ruhe der spätern mehr prosaischen Sûren. Eine Hauptursache dieser Stiländerung erblickt Weil [1]) in dem Bestreben Muhammeds, dem Verdachte, daß er ein Dichter oder Wahrsager sei, die Spitze abzubrechen. Aber hierauf ist wenig zu geben, denn jener Übergang erfolgte nicht plötzlich, wie es beim Vorliegen einer bewußten Absicht hätte geschehen müssen, sondern ganz allmählich. Hierzu kommt, daß Muhammed auch noch in späteren Sûren über solche Vorwürfe zu klagen hat [2]), die also ebenso sehr dem Inhalt wie der Form seiner Lehre galten. Dagegen sind die andern von Weil erwähnten, wenn auch etwas zu scharf hervorgehobenen Gründe von bedeutenderem Gewicht. Die erste Glut der Begeisterung mußte durch die Enttäuschungen der Wirklichkeit gedämpft werden. Die stete Wiederholung derselben Gedanken, die immer wieder auf unfruchtbaren Boden fielen, mußte nachteilig auf die künstlerische Form der Darstellung wirken. Und die Phantasie Muhammeds mußte an Schwung und Ursprünglichkeit einbüßen, je mehr er für die praktischen Bedürfnisse der jungen Gemeinde zu sorgen hatte. Man braucht sich über diese Entwicklung nicht zu wundern, da sie einem Naturgesetz entspricht, auch darf man sie angesichts des schließlichen Erfolges nicht bedauern. Um so weniger, als Muhammed bis ans Ende von der Gewißheit seiner göttlichen Mission erfüllt war. Aus diesem Glauben schöpfte er immer wieder von neuem, und alles Großartige in den späteren Offenbarungen ist aus seiner nie verschwindenden Macht hervorgegangen.

An die Stelle der gewaltig erregten Phantasie und des Enthusiasmus der ersten Periode tritt mehr und mehr die ruhige Betrachtung. Der Prophet sucht seine Sätze durch zahlreiche Beispiele aus der Natur und Geschichte zu erläutern. Da er aber diese Beispiele mehr aufeinander häuft als logisch ordnet,

---

[1]) 387; K.[1] 55; K.[2] 64.

[2]) Sur. 23, 72; 34, 8. 45; 7, 183.

so wird er weitschweifig, verworren und selbst langweilig. Seine Art Schlüsse zu ziehen ist schwach, und diese können bei ihrer ewigen Wiederholung den Gegner höchstens einschüchtern, nie überzeugen. Damit soll aber nicht gesagt werden, daß die spätern Sūren ganz ohne schöne und erhabene Stellen seien. Die Gewalt der Gedanken, die ihn zum Propheten machte, tritt immer wieder hervor. Die Spuren des poetischen Geistes, der in den ältesten Sūren sich vielfach zeigt, werden zwar immer seltener, verschwinden aber nicht ganz. Bei aller Weitläufigkeit der Darstellung bieten diese spätern Offenbarungen doch nicht selten Stellen, in denen der Gedanke kühn über ein Mittelglied hinwegspringt, selbst in den Erzählungen, die überhaupt manche ansprechende Stelle bergen. Dabei haben wir zu bedenken, daß der Qorān hauptsächlich für Hörer, nicht für Leser berechnet war, und daß vieles, was uns langweilig vorkommt, weil wir mit seiner ursprünglichen biblischen Gestalt vertraut sind, auf die Zeitgenossen Muhammeds einen ganz andern Eindruck machen mußte.

Im zweiten Zeitraum kommen nun alle diese Eigenschaften der späteren Offenbarungen allmählich zum Vorschein. Die Rede sucht sich anfangs noch auf der Höhe der früheren Sūren zu erhalten, aber die Schilderungen werden immer breiter und leidenschaftsloser. Die größere Ruhe zeigt sich in der allmählich zunehmenden Länge sowohl der Verse wie der Einzeloffenbarungen.

An Stelle der feurigen Deklamationen treten breite Erörterungen über Dogmen, besonders über die Erkenntnis Gottes aus den in der Natur verbreiteten Zeichen (آيات); ferner lange Erzählungen aus dem Leben der früheren Propheten, die auch zum Belege der Lehren, zur Warnung der Feinde und zum Troste der Anhänger dienen sollen. Hierbei läßt Muhammed die alten Gottgesandten gewöhnlich in seinem eigenen Stile reden. Überhaupt haben alle diese Propheten untereinander und mit Muhammed eine große Familienähnlichkeit, die sich zuweilen sogar bis auf kleine, nebensächliche Züge erstreckt. Die Andeutungen, welche uns der Qorān weniger über einzelne Ereignisse als über das allgemeine Verhältnis des Propheten zu seinen Anhängern und Gegnern gibt, werden durch viele jener Erzählungen in willkommener Weise ergänzt. Am häufigsten behandelt Muhammed übrigens die Geschichte Mose's, dem er sich damals wohl am nächsten verwandt fühlte.

Die Veränderung des Stils bedingt neue Redensarten und das Aufgeben alter Wendungen. So verschwinden z. B. nach und nach die für die ältere Zeit so charakteristischen umständlichen Schwüre (vgl. S. 75 f.). Sūra 37 hebt noch mit einem längeren Schwur an, dann finden sich nur noch so kurze Formeln wie „Beim Qorān", „Bei der Schrift"[1]) usw., bis schließlich der dritte Zeitraum gar keine mehr kennt. Dagegen fängt der Prophet jetzt an, den Sūren, die mehr aus ruhiger Überlegung hervorgegangen sind, zur Beglaubigung ihrer himmlischen Herkunft förmliche Überschriften[2]) zu geben, z. B. „dies ist die Offenbarung Gottes" u. dergl. m. Oder er kündigt sich als den Sprecher der göttlichen Worte durch ein ausdrückliches قُلْ „Sprich!" an, das in den früheren Sūren ganz fehlt und nur den zum häufigen Gebrauch der Menschen bestimmten Formeln Sur. 112; 113; 114 — aber nicht Sur. 1 — vorgesetzt ist. Im Zusammenhang hiermit kann es auch nicht als Zufall gelten, wenn gewisse Ausdrücke für „offenbaren" in der ersten mekkanischen Periode nur vereinzelt vorkommen, dagegen später außerordentlich häufig werden[3]).

---

[1]) والقرآن الحكيم Sur. 36; والقرآن ذى الذكر Sur. 38; والقرآن المجيد Sur. 50; والكتاب المبين Sur. 43. 44.

[2]) Z. B. „Dies sind die Zeichen des Buches und eines deutlichen Qorāns" تلك آيات الكتاب وقرآن مبين Sur. 15; ähnlich تلك آيات الكتاب المبين Sur. 26; تلك آيات القرآن وكتاب مبين Sur. 27, 1.

[3]) وَحْيٌ „Offenbarung" bezw. أَوْحَى „offenbaren" in der ersten mekkanischen Periode nur 3 mal, Sur. 99, 5, 53, 4. 10, aber in der zweiten 53 mal und in der dritten 33 mal; نزل vom Herabkommen der Offen-

In dieser Periode hat Muhammed es auch unternommen, neben dem gleichfalls den Heiden geläufigen Allāh für seinen Gott den besonderen Namen *al-Raḥmān* „der Erbarmer“ [1]) einzuführen. Dieser Name, der früher nur einmal vorkommt [2]) wird jetzt stellenweise sogar häufiger als das gewöhnliche Allāh [3]); dagegen verschwindet *al-Raḥmān* schon wieder in den Sūren der dritten Periode bis auf wenige Stellen [4]) und in den medīnischen gänzlich [5]). Über die Gründe, welche den Propheten zur Wiederaufgabe dieses Namens veranlaßten, wissen wir nichts bestimmtes. Vielleicht wollte er dadurch dem Verdachte begegnen, als ob er zwei Götter, Allāh und al-Raḥmān, verehre. Daß eine solche alberne Verläumdung wirklich einmal laut wurde, behaupten wenigstens die muslimischen Kommentare zu Sur. 17, 110.

Wie wir schon oben gesagt haben, lassen sich die Sūren dieser Zeit etwas leichter in eine Art von chronologischer Ordnung bringen. Natürlich gilt das nur im ganzen und großen; den genauen Platz jeder einzelne Sūra gegenüber den andern können wir auch hier durchaus nicht mit Sicherheit bestimmen.

Aus einer falschen Erklärung von Sur. 54 [6]) V. 1 hat sich eine ebenso alberne Fabel [7]) gebildet wie aus Sūra 94, 1;

barung in jener ersten Periode nur 5 mal, Sur. 97, 1. 4, 56, 79, 53, 13, 69, 43, dagegen in den späteren mekkanischen Sūren weit über hundertmal.

1) Über die Herkunft dieses Namens vgl. oben S. 112f. Anm. 1.

2) Sur. 55, 1, wonach das ganze Kapitel den Namen *sūrat al-raḥmān* erhalten hat. — Sur. 78, 37f. ist, wie oben S. 104 angedeutet wurde, wahrscheinlich der zweiten mekkanischen Periode zuzuweisen. Sur. 1, 2 gehört nicht hierher, selbst wenn die Fātiḥa dem ersten Zeitraum angehört, da *al-raḥmān* in ihr nicht selbständiger Eigenname, sondern Epitheton zu Allāh ist.

3) Im Ganzen etwa 50 mal, am häufigsten in Sur. 19 (16 mal).

4) Sur. 13, 29, 41, 1.

5) Sur. 2, 158 ist nach dem unten z. St. Bemerkten mekkanisch. Sur. 59, 22 ist ebenso wie Sur. 1, 2 zu beurteilen (vgl. Anm. 2).

6) Über den kunstvollen Bau der Sūra und ihren doppelten Refrain (V. 16 = 18b. 21. 30; V. 17 = 22. 32. 40) vgl. oben S. 42 und D. H. Müller, Die Propheten I, S. 53f.

7) Nicht bei His. und Ibn Sa'd, aber an zahlreichen anderen Stellen: Bh. kitāb al-tafsīr, kit. bad' al-ḫalq § 98 (bāb su'āl al-mušrikīn), § 167

jedoch erklären viele Muslime die Stelle richtig vom jüngsten Tage[1]). Weil irrt, wenn er meint, sie sei aus einer anderen Sūra herübergenommen[2]). Denn auch Sur. 21 zeigt einen ähnlichen, mit dem Übrigen zusammenhängenden Anfang (vgl. noch Sur. 16, 1). Vers 1, der auch durch den sonst sehr seltenen Reim zu den anderen Versen stimmt, hängt mit V. 2 zusammen, in dem übrigens nicht, wie Weil vermutet, von alten Völkern, sondern von den ungläubigen Zeitgenossen des Propheten die Rede ist. In dieser Sūra finden wir zuerst die Geschichten mehrerer Propheten bei einander. V. 45 gilt, sicher weil man ihn ganz allgemein[3]) auf die Schlacht von Badr bezog, bei einigen ebenso wie V. 54 f. als medīnisch[4]). V. 47—49 sollen auf die christliche Gesandtschaft der Nagrānier an Muhammed oder gar auf die Sekte der Qadariten gehen[5]). Solche unhaltbare Voraussetzungen haben wohl dazu geführt, die ganze Sūra nach Medīna zu verlegen[6]).

(bāb inšiqāq al-qamar); Tirm. kit. al-tafsīr, abwāb al-fitan § 13; Mišk. bāb ʿalāmāt al-nubūwa im Anfang; Ṭabarī im Tafsīr; Wah. z. St., Ḫamīs ed. Cair. 1283 I, 298 f.; Mawāhib ladunīya ed. Cair. 1281 I, 465—468, wo auch, wie gewöhnlich, das Dogmatische besprochen wird. Wir erfahren hier noch, daß alle Philosophen (جمهور الفلاسفة) von Abū Isḥāq († 188) an die Möglichkeit eines solchen Ereignisses a priori leugneten. Der eigentliche Urheber dieser Erzählung scheint Ibn Masʿūd zu sein; denn von den andern, auf die Traditionen über sie zurückgeführt werden, waren Anas und Ḥudaifa Medīnenser, Ibn ʿAbbās zu der Zeit, in die das Ereignis fallen müßte, noch nicht geboren, Ibn ʿOmar ein kleiner Knabe; ein solcher muß auch Gubair b. Muṭʿim gewesen sein, wenn er nicht fast 80 Jahre alt geworden ist († 59). Überhaupt können wir diesen Mann, auf den sich auch eine andere Fabel stützt (Spr. 138), nicht als Zeugen für Muhammed anerkennen, da er erst im Jahre 8 a. H. Muslim ward. Nur ʿAlī, der übrigens, so viel ich sehe, zuerst in den Mawāhib als Autorität in dieser Sache auftritt, könnte noch Augenzeuge gewesen sein, doch ebenfalls nur als Knabe, da er bei seinem Tode im Jahre 40 wahrscheinlich erst 58 Jahr alt war.

1) Vgl. auch die Anfänge der Sūren 81 und 82.

2) K.[1] 62 Anm. 2, K.[2] 71 Anm. 3.

3) Vgl. die Kommentare, schon Waq. ١٣٢.

4) Itq. 36. 5) Wah.

6) ʿOmar b. Muḥammad, der freilich nicht umhin kann, das kritische والله اعلم zu dieser Angabe zu setzen.

In der schon ziemlich langen Sūra 37[1]) betonen V. 1—70 gegenüber dem Unglauben der Mekkaner die Gewißheit von Auferstehung und Gericht. V. 71f. leitet über zum zweiten[2]) Teil (V. 73—148), der an der Geschichte sieben jüdischer Propheten zeigt, daß auch ihre Zeitgenossen meistens im Unglauben verharrten. Während V. 167—182 hierzu einen guten Schluß bilden[3]), haben V. 149—166, über den Polytheismus der Mekkaner[4]), zu dem Umstehenden ein viel loseres Verhältnis, doch sind diesem Abschnitte mit den beiden anderen nicht nur einige Phrasen und zwei Verse gemeinsam[5]), sondern auch ihr Stil, Reim und Rhythmus ist so überein-

---

[1]) C. Snouck Hurgronje, Het mekkaansche feest S. 31, hat die Vermutung geäußert, daß Sur. 37 jünger als Sur. 15 sei, da die letztere nicht so viel von Ibrāhīm und seinem Sohne erzähle. Indessen braucht man aus dem mageren Inhalte der Sūra 15 nicht notwendig zu folgern, daß Muhammed damals nicht mehr von diesen biblischen Personen wußte. Der Stil von Sur. 37 macht jedenfalls einen altertümlicheren Eindruck als der von Sur. 15.

[2]) Die Einheitlichkeit desselben wird auch verbürgt durch die große Gleichmäßigkeit des Stiles, die sich bis zur Wiederholung von Phrasen, ja ganzer Verse steigert, سلامٌ على V. 109. 120. 130; V. 78 = V. 105. 110. 121. 131; V. 79 = V. 111. 122. 132. Dagegen ist die Zusammengehörigkeit der beiden Teile äußerlich fast gar nicht markiert, nur V. 39 (72) = 128 (160. 169).

[3]) Vgl. V. 168 mit V. 69. V. 169—174, vorzüglich V. 171 und V. 181 beziehen sich deutlich auf das Frühere. Vgl. auch die Phrasen سلامٌ على V. 181 mit V. 109. 120. 130; V. 169 = V. 39. 72. 128; حتّى حين V. 174. 178 und الى حين V. 148; مرسلون V. 171. 181 mit V. 36. 123. 133. 139.

[4]) V. 149 ff. stehen auf einer Linie mit Sur. 53, 19 ff., 16, 59. Indessen geht aus V. 150. 158 hervor, daß nicht nur an die bekannte Göttinnen-Trias von Sur. 53 gedacht ist, sondern noch an andere Geister weiblichen Geschlechtes. Vgl. auch die Ausführungen René Dussaud's, Les Arabes en Syrie avant l'Islam, Paris 1907, S. 121f. auf Grund von Hartwig Derenbourg, Le Culte de la déesse al-Ouzzā en Arabie au IVe siècle de notre ère, Paris 1905, S. 33—40.

[5]) فَٱسْتَفْتِهِمْ V. 149 und V. 11 (sonst nirgends); سلام على V. 181 und V. 109. 120. 130; المسبّحون V. 166 mit V. 143; V. 159 ziemlich gleich V. 180; V. 160 = V. 39. 72. 128 (vgl. 169).

stimmend, daß man die Einheitlichkeit des Ganzen nicht bezweifeln darf. — Sūra 71, in der Muhammed den Erzvater Noah wider die Götzen der Araber eifern läßt, scheint ein Fragment zu sein[1]). — Sūra 76 handelt von Jenseits und Gericht. Wegen einer elenden Fabel, in der Fāṭima, Ḥasan und Ḥusain auftreten[2]), wird sie von einigen ganz[3]) oder teilweise, nämlich V. 8—31[4]) oder V. 1—23[5]) oder V. 1—23, 25—31[6]), in die Zeit nach der Higra gelegt, während andere gerade Vers 24 allein für medīnisch erklären[7]). Dasselbe tut man auch wohl mit V. 23 ff.[8]). — In Sūra 44 ist V. 14 nach einigen medīnisch, weil man العذاب von der langen Hungersnot erklärte, mit der Gott die Mekkaner nach der Auswanderung Muhammeds gestraft haben soll[9]). V. 15 deutete man, wie so manchen anderen, auf die Schlacht von Badr[10]). — In Sūra 50 ist V. 37 anscheinend ein Einspruch gegen die biblische Anschauung, daß Gott nach Beendigung des Schöpfungswerkes geruht habe. Da man hierin vielfach eine Polemik gegen die Juden erblickte, kam der Vers sofort in den Ruf, medīnisch zu sein[11]). — Sūra 20 setzt Muir wegen ihrer Länge in die

---

[1]) Hinter نَسْرًا, Flügel V. 23, kann kein Versende sein, da die Reimworte aller übrigen Verse den Ta'sīs haben. Die überlieferte Zahl von 29 Versen kommt so heraus, daß man bei ونهارا V. 5 einen Einschnitt macht.

[2]) Zam. B. zu V. 12.

[3]) 'Omar b. Muḥammad. Hibat-allāh. Itq. 28. 'Alāeddīn.

[4]) 'Omar b. Muḥammad.

[5]) 'Alāeddīn, am Anfang.

[6]) 'Omar b. Muḥammad. 'Alāeddīn.

[7]) Itq. 28 und 37.

[8]) 'Omar b. Muḥammad. [9]) Zam. B.

[10]) Dieselben. Vgl. auch Friedrich Rückert in den Anmerkungen zu seiner Qorānübersetzung. Der Verseinschnitt bei تُبَّع V. 36 in der Flügel'schen Ausgabe ist falsch.

[11]) 'Omar b. Muḥammad. Itq. 36. Wah. Alāeddīn. Nach Nasafī bei Alāeddīn IV, 188 auch V. 38. Die Meinungen der muslimischen Theologen hierüber behandelt I. Goldziher, Die Sabbathinstitution im Islām, im Gedenkbuch für D. Kaufmann.

letzte Stufe. Der Vortrag der ersten 14, 16 oder 17 Verse soll ‘Omar bewogen haben, den Islām anzunehmen. Wenn dies auch mehrere alte Zeugen berichten[1]), und zwar in einer Gestalt, die im großen und ganzen nicht unglaubwürdig ist, so vermögen wir doch keinen Beweis dafür zu erbringen. Eine andere Überlieferung, welche die Bekehrung an die altmekkanische Sūra 69[2]) knüpft, ist schlechter bezeugt. Die übrigen Traditionen kommen nicht in Betracht, da sie an Stelle von Sūra 20 medīnische Stücke, nämlich Sur. 61[3]) oder 57[4]), setzen. Gegen die von allen Überlieferungen völlig abweichende Erzählung His. 227 f. ist einzuwenden, daß sie zu dem historisch beglaubigten Charakter ‘Omar's sehr wenig paßt. Jene Bekehrung soll geschehen sein am Ende des Jahres 6 der Berufung[5]), oder als Ibn ‘Omar, der im Jahre 2 der Higra ein Alter von 14, im Jahre 8 ein solches von 20 Jahren hatte[6]), noch nicht mannbar[7]) war (بالغ), oder erst 6 Jahre zählte[8]), d. h. im Jahre 6 vor der Higra. Wenn man die Zeit der Wirksamkeit des Propheten vor der Auswanderung auf 13 Jahre berechnet[9]), wird die Differenz zwischen beiden Angaben un-

---

[1]) His. 226 f. (vgl. die Anmerkung). Ibn Sa‘d ed. III, I, p. 192. Ṭab. ed. Zotenberg II, 405. Mém. de l'Acad. des Inscriptions 420. Vgl. Weil 60. Causs. I, 396 ff. Spr. Life 187 f. Leben II, 87 f. Muir II, 168. Leone Caetani, Annali, I, 284 ff. — Die Anmerkungen zu His. S. 76, Baihaqī, Maḥāsin ed. Schwally p. 71 f. usw. fügen dazu noch Sur. 81, 1–14 aus der ersten mekkanischen Periode. Aber weder in den Traditionssammlungen noch in den Kommentaren (Wah. L. F. Ṭabarī, Tafsīr. Zam. B.) habe ich irgend etwas hierüber gefunden.

[2]) Anmerkungen zu His. S. 76. Usd al-Ghāba IV, 53. Ibn Ḥagar II, S. 1234. Vgl. G. Weil, Geschichte der Chalifen I, S. 132 Anm. 2.

[3]) Usd al-Ghāba IV, 54. Weil, Anm. 69.

[4]) Hibat-allāh zu dieser Sūra. Mawāhib ladunīya ed. Cair. 1281 I, 67. Weil, Anm. 69. Man beachte, daß Sūra 61 und 57 mit demselben Verse anfangen.

[5]) Ibn Sa‘d I ed. III, I, p. 193, 12, zitiert von Nawawī ed. Wüstenf. p. 449. Spr. a. a. O. Muir a. a. O. Leone Caetani, Annali I, S. 285 Anm. 2.

[6]) Ibn Sa‘d ed. IV, I, p. 105, 5. 126, 23 s. v. عبد الله بن عمر.

[7]) a. a. O. p. 105 lin. 5.

[8]) Ibn Sa‘d ed. III, I, p. 193, 14.

[9]) His., der, wie gewöhnlich, auch hier kein Jahr nennt, sagt wenigstens, daß ‘Omar's Bekehrung nach der abessinischen Auswanderung

bedeutend. Vers 130f. werden von einzelnen ohne Grund für medīnisch gehalten[1]). — Sūra 26 hat zuerst eine förmliche Überschrift, um ihren Offenbarungscharakter zu beglaubigen[2]). V. 197 soll, wie so viele andere Verse, in denen man eine Hindeutung auf Juden fand, nach einigen zu Medīna entstanden sein[3]). Von größerer Bedeutung ist die Angabe, V. 214 allein oder V. 214f. oder V. 214—223 gehörten zum allerältesten Bestande, indem in ihnen die erste an den Propheten gerichtete Aufforderung läge, seinen Verwandten den Islām zu predigen[4]). Doch kann auch dies nicht wahr sein. Der breitere und weniger kräftige Stil dieser Verse — wir sehen natürlich von der gänzlich unhaltbaren Ansicht ab, welche bloß V. 214f. damals entstanden sein läßt — stimmt ganz zum übrigen Teile der Sūra[5]) und macht es

---

falle, ebenso Ṭabarī I, 1189, 9f. Ṭab. pers. II, 403f. aber wirft hier alles durcheinander, wenn er ʿOmar noch vor dem Jahre 3 (vor der Higra) den Islām annehmen läßt. Er verwechselt nämlich die größere Kühnheit, welche die Muslime auf ʿOmar's Antrieb auch bei der Ausübung ihres Gottesdienstes zeigten, mit dem ersten öffentlichen Auftreten des Propheten überhaupt.

1) Itq. 34. — Ṭabarī im Tafsīr, Wah. Alāeddīn etc. erzählen zu V. 131 ein Ereignis der medīnischen Zeit.

2) Vgl. oben S. 91. 3) Itq. 34.

4) His. 166. Ibn Saʿd I, I, p. 42, 133. Ṭabarī I, 1169. Bh., kit. al-waṣāyā § 10, kit. badʾ al-ḫalq § 83. Muslim Q. II, 181ff. kit. al-īmān, viertletztes bāb. Miśk. bāb al-indār wal-tandīr, faṣl 1 § 2, bāb al-mabʿat faṣl 1 § 9. Ṭabarī im Tafsīr Vol. 19, 66. L. Zam. B. Itq. 34 usw. Die nicht seltene Verknüpfung dieser Angabe mit der über die Veranlassung von Sur. 111 hat vielleicht in der ursprünglichen Gestalt der Tradition gefehlt. Daß die genannten Verse gerade die früheste Aufforderung zur Bekehrung der Verwandten sei, wird nicht an allen Stellen ausdrücklich gesagt.

G. Weil meint, das älteste Stück der Sūra bestehe aus V. 214—218 (K.² S. 65). H. Hirschfeld, New Researches S. 143, trennt V. 221—228 ab und führt dieselben im chronologischen Verzeichnis der Offenbarungen an 6. Stelle auf, gibt aber auch S. 63 keine nähere Begründung.

5) Auch die einzelnen Wörter, z. B. العزيز الرحيم, die in dieser Sūra so häufig verbunden werden (in den gleichlautenden, refrainartigen Versen 8. 68. 104. 122. 140. 159. 175. 191 und V. 217), sonst nur dreimal, und zwar in Sūren der zweiten und dritten Periode; السميع und العليم (V. 220), die, wie überhaupt dergleichen Epitheta Gottes, nie im ersten Zeitraum vorkommen.

unmöglich, sie in das Zeitalter der Sūren 111 und 74 zu setzen. Außerdem weisen V. 215. 219 schon deutlich auf eine wenn auch immerhin kleine Gemeinde hin[1]), während eine solche in jener frühen Zeit noch nicht vorhanden war. Darum kann in V. 214 nur eine wiederholte Aufforderung zur Bekehrung gesehen werden. Wir wissen ja, daß z. B. von den Oheimen Muhammeds Abū Lahab im Jahre 2 a. H. als Heide starb, ʻAbbās erst nach der Schlacht von Badr den Islām annahm, und Abū Ṭālib sich noch auf dem Totenbette gegen den Bekehrungseifer seines Neffen wehren mußte.

Da hinter كَثِيرًا V. 227 kein Versende sein kann, vielmehr V. 227. 228 der Flügel'schen Ausgabe zusammenzuziehen sind, so erhält der Vers eine unverhältnismäßige Länge. Zu diesem formalen Bedenken kommt noch ein inhaltliches, indem die Worte von إلّا bis ظُلِمُوا den leitenden Gedanken allzusehr abschwächen und, falls der Schluß von وَسَيَعْلَمُ an zum ältesten Bestande gehört, auch wohl den Zusammenhang unterbrechen[2]). Über die näheren Umstände dieser Interpolation erfahren wir folgendes: Die Dichter Ḥassān b. Ṯābit, ʻAbdallāh b. Rawāḥa und Kaʻb b. Mālik, welche alle ihre Begabung in den Dienst des Islām gestellt hatten, kamen einst weinend zu Muhammed und beschwerten sich, daß Allāh im 224. Verse sich so abfällig über die „Dichter" äußere, obwohl er doch wissen müsse, daß sie ebenfalls Dichter seien. Obwohl auf die Einzelheiten dieser Tradition[3]) gar kein Verlaß ist, so wird doch gewiß das allgemeine Motiv richtig erfaßt sein.

Während unsere Vermutung von der medīnischen Herkunft der Interpolation hierdurch bestätigt wird, ist kein

---

[1]) Freilich spricht His. 166 um diese Zeit schon von vielen heimlichen Anhängern Muhammeds, die er vor der öffentlichen Predigt gewonnen haben soll, wahrscheinlich durch eine Art Zauber!

[2]) Vgl. oben S. 97 und 104 die Bemerkungen zu Sur. 95,6, 103,3, 84,25.

[3]) Ṭabarī, Tafsīr. Suyūṭī, Asbāb al-nuzūl. — Etwas abweichend, auch in den Namen, sind die Traditionen bei L. Zam. B. ʻOmar b. Muḥammad. F.

Grund einzusehen, warum auch V. 224—226 dieser späten Zeit[1]) angehören sollten, selbst wenn sie gegen allen Anschein[2]) nicht mit dem Vorhergehenden zusammengehörten. Es ist dabei gleichgültig, ob man diese Verse auf die Polemik bezieht, welche quraischitische Dichter schon frühe gegen den Propheten geführt haben mochten, oder auf die Zunft der *Šu'arā* im allgemeinen. Das letztere ist um so wahrscheinlicher, als die anderen Qorānstellen, welche den *Šā'ir* erwähnen, die ganze Klasse im Auge haben, indem sie leidenschaftlich bestreiten, daß Muhammed etwas mit diesen Leuten zu tun habe. Der *Šā'ir* wird hier (Sur. 21, 5. 37 35. 52, 30. 69, 41) in eine Reihe mit dem *Kāhin* oder Wahrsager gestellt und gilt als ein Mann, dessen Träume und Zeichen (Sur. 21, 5) bedeutungsvoll sind und die Geheimnisse der Zukunft enthüllen (Sur. 52, 30). Der *Ginn* oder Dämon, der in dem *Šā'ir* steckt (Sur. 37, 35), ist nicht dazu da, um ihm schöne Worte und Gedanken zuzuraunen, sondern „um ihn hinsichtlich der Dinge zu inspirieren, in denen der Stamm seiner geistigen Hilfe bedarf“[3]). Das Wort „Dichter“, mit dem man *šā'ir* zu übersetzen pflegt, ist hier natürlich nicht ganz zutreffend. Unter allen Umständen wird aber die mekkanische Herkunft der Verse 224—226 dadurch gesichert, daß keine medīnische Stelle des Qorān vom *Šā'ir* handelt.

Wenn es nach dem allen auch fest steht, daß die bestrittenen Verse demselben Zeitraum wie die übrige Sūre angehören[4]), so scheint mir doch die Einheit des Ganzen damit

---

[1]) Hibat-allāh. F. Zam. B. 'Omar b. Muḥammad. 'Alāeddīn. Nach Abū'llaiṯ bezeichnet Al-kalbī einige Verse (آيات) am Ende der Sūra als medīnisch, dagegen Muqātil die ganze als mekkanisch.

[2]) Die vom Satan Inspirierten der Verse 210. 221 schließen doch wohl die Šu'arā mit ein.

[3]) Für den gewaltigen Einfluß des Šā'ir auf die Unternehmungen der Stämme gibt es in der profanen Literatur der Araber zahlreiche Belege, deren Sammlung und Beleuchtung wir Ignaz Goldziher, Abhandlungen zur arabischen Philologie, I. Teil S. 1—25, verdanken. Vgl. auch F. Schwally, Semitische Kriegsaltertümer, 1. Heft, 1901, S. 18ff.

[4]) So auch Muir, Life of Mah. II, 113. Caetani I, S. 239.

noch nicht bewiesen zu sein. Wie namentlich D. H. Müller[1]) gezeigt hat, sind V. 1—191 nach einem künstlichen Schema komponiert. Die Einleitung (V. 1—6) sowie die sieben folgenden Abschnitte, welche von alten Propheten und den Strafgerichten über ihre gottlosen Landsleute handeln, haben einen gleichlautenden Refrain[2]). Die ersten Verse der fünf letzten Abschnitte bieten, abgesehen von den Namen, einen völlig gleichen Text[3]). Von dieser stilistischen Technik wird aber im letzten Teile der Sūra (V. 192—228) kein Gebrauch mehr begemacht. Darum liegt es nahe, in diesem Stücke eine besondere Offenbarung zu sehen, die später durch Vorsetzung dreier Wörtchen (*wa innahū la*) notdürftig mit V. 191 verbunden wurde[4]).

Auch in Sur. 15 hat man ein paar uralte Verse finden wollen[5]), nämlich V. 89 und 94, welche ebenso wie Sur. 26, 214 ff. angeblich die ersten Aufforderungen zur Propaganda enthalten. Diese Ansicht ist aber allein aus den Wörtern النذير und فاصدع erschlossen, als ob sich Muhammed nicht auch später noch hätte ermahnen können, den Glauben ohne Furcht zu verkündigen. Überdies handeln diese und die damit eng zusammenhängenden Verse von den Gegnern, deren Neckereien und Verfolgungen er schon erfahren hatte. Endlich stimmen auch Stil und einzelne Redensarten nicht zur ältesten Periode[6]).

---

1) Die Propheten in ihrer ursprünglichen Form (Wien 1896) I, S. 34—42.

2) V. 7. 8 = 67. 68, 103. 104, 121. 122, 139b. 140, 158b. 159, 174. 175, 190. 191.

3) V. 105—109. 123—127. 141—145. 160—164. 176—180. Außerdem findet sich V. 108 (= 126. 144. 163. 179) noch dreimal, V. 110. 131. 150. — Th. Nöldeke sieht in diesen Wiederholungen nicht bewußt-kunstvolle Technik, sondern ein ganz naives Verfahren.

4) Dann hätte diese Offenbarung ursprünglich mit dem Worte *Tanzīl* begonnen, einem sehr beliebten Sūrenanfang, vgl. Sur. 32. 39. 40. 41. 45. 46, die alle der späteren mekkanischen Periode angehören.

5) His. 166. Ṭabarī I, 1169. Vgl. Weil 51 und K.^{1} 56, K.^{2} S. 65 f. Spr. 177.

6) Vgl. z. B. die Wendungen مشركون, سبّح بحمد usw., welche nie im ersten Zeitraum vorkommen.

Übrigens erwähnt Ibn Hišām[1]) noch eine andere, richtigere Veranlassung der Verse 94—96 aus einer späteren Periode. V. 24 und V. 87 werden aus nichtigen Gründen von gewissen Erklärern für medīnisch ausgegeben[2]).

Den ersten Teil von Sur. 19 sollen die Muslime dem christlichen Nagāšī (Negūs) von Abessinien in Gegenwart der quraischitischen Gesandten vorgelesen haben[3]), V. 59[4]) und 74[5]) werden ohne Grund für medīnisch gehalten. V. 35 bis 41 kann Muhammed erst später, etwa im Anfang des dritten oder am Ende des zweiten Zeitraums, hinzugefügt haben, und zwar als dogmatische oder polemische Ergänzung zu den in der Sprache wie auch im Reim[6]) abweichenden Versen über Jesus. Der Reim ändert sich auch in V. 76 ff. Angesichts der vollständigen Reimgleichheit in V. 1—34, 42 bis 75 ist dieser Umstand hinreichend, um den Verdacht späterer Anhängung zu rechtfertigen, obschon das lockere Gefüge der Homilie den Inhalt dieses, übrigens derselben Periode angehörenden, Abschnittes hinter V. 75 nicht unerträglich erscheinen läßt. Ob die Ursache der Zusammenschiebung in dem V. 75 ähnlichen Schlusse V. 98 zu sehen, oder ob dieser Vers mit Rücksicht auf jenen anderen komponiert worden ist, steht dahin. Die Sūre[7]) ist die älteste, in der neutestamentliche heilige[8]) Personen wie Maria, Zacharias, Johannes und Jesus erwähnt werden, oder wenigstens eine der ältesten.

---

[1]) His. 272. Ṭabarī, Tafsīr Vol. 14 S. 74.

[2]) Itq. 33. Wah. Ṭabarī, Tafsīr bezieht nur V. 24 auf Ereignisse nach der Higra.

[3]) His. 220 usw.; vgl. Sprenger, Leben II, 182. L. Caetani, Annali dell' Islam I, S. 277.

[5]) B. Itq. 59. [4]) Itq. 33.

[6]) Die Reimwörter des ältesten Bestandes der Sūre (V. 1—34. 42—75) endigen auf ـِيًّا (1 mal V. 75 ـِئْيًا), ـَيْئًا V. 10. 43. 61. 68 oder ـَيًّا V. 15. 32. 60. 67. Die andersartigen Reime V. 3 und 26 der Flügel'schen Ausgabe müssen auf falscher Teilung beruhen. V: 35—41 gehen auf *ūn* aus, V. 76—98 (Ende) auf *dā, bā, zā*.

[7]) Diese Sūra, sowie alle folgenden der zweiten Periode, mit Ausnahme von Sur. 67, zieht Muir zur fünften Stufe.

[8]) Dieselben werden von jetzt an nicht nur in der mekkanischen

Die ersten 10 Verse von Sūra 38, oder V. 5 allein, sollen entstanden sein, als die Quraischiten Abū Ṭālib zu bewegen suchten, Muhammed nicht länger zu schützen, oder als jener auf dem Totenbette lag[1]). Doch sind das bloße Schlüsse aus den einfachen Worten انطلق الملأ. V. 28 macht im Zusammenhang Schwierigkeiten, ob man ihn nun auf David und die öfter im Qorān erwähnte Offenbarung des Psalters bezieht oder, was nach Stellen wie Sur. 6,92. 156, 21,51, 7,1, 11,1, 14,1 wahrscheinlicher ist, auf Muhammed. Indessen wäre die Interpolation des Verses noch viel weniger zu begreifen.

Die Verse 67—87 (Ende) haben einen gemeinsamen Reim auf īm, īn, ūn, ūm[2]), während sonst in der Sūre der Reim ausschließlich auf āb, ār, ād usw.[3]) ausgeht. Der hieraus sich leicht aufdrängenden Annahme einer ursprünglichen Nichtzusammengehörigkeit der beiden Teile wird durch den Inhalt nicht widersprochen. Suyūṭī sagt, daß ein Erklärer diese Sūra gegen die gewöhnliche Ansicht für medīnisch halte[4]).

Auch über Sūra 36 hat man eine solche Meinung aufgestellt[5]). Andere behaupten dies nur von V. 11, indem sie ihn auf die Banū Salima beziehen, welche sich unweit der Moschee von Medīna ansiedeln wollten[6]), und von V. 47[7]), weil sie die darin gebotene Mildtätigkeit, wie sonst öfter, von der erst nach der Higra angeordneten Gemeindesteuer (صدقة, زكوة) erklären. Zwischen V. 24 und V. 25 sind vielleicht ein paar Worte ausgefallen, in denen die Ermordung des einzigen Gläubigen durch die Gottlosen erzählt war.

Sūra 43 V. 44 soll zu Jerusalem[8]) oder im Himmel[9])

(Sur. 21. 23. 43. 42. 6.), sondern auch später in der medīnischen (Sur. 2. 3. 4. 5. 9. 33. 57. 62. 66) Periode öfter genannt.

1) Wah. B.

2) V. 75 und 76 (Flügel) bilden nur einen Vers.

3) V. 43 und 44 (Flügel) sind zu einem Verse zusammenzuziehen.

4) Itq. 27.

5) Ebend.

6) Itq. 35 nach Tirmidi z. St. Ṭabarī, Tafsīr. F. Wah.

7) Itq. 35. ʿOmar b. Muḥammad.

8) Itq. 43. Ṭabarī, Tafsīr. Zam. F. ʿAlāeddīn.

9) Itq. 35.

entstanden und an die Propheten gerichtet sein, welche in der s. g. Nacht der Himmelsreise dort versammelt waren. Der Ursprung dieser seltsamen Angabe ist nicht schwer zu finden und von Weil richtig erklärt worden [1]). Die Behauptung, der Vers sei medīnisch [2]), beruht vielleicht nur auf einer ungenauen Auffassung der eben erwähnten Angabe; man hörte wohl, er sei nicht mekkanisch, und schloß daraus einfach auf seine Entstehung in Medīna. Falls der Konsonantentext von V. 88 nicht beschädigt ist, müssen am Anfang ein paar Worte ausgefallen sein, da وَقِيلِهِ [3]), selbst wenn man die diakritischen Punkte verändert, sich schwerlich mit dem vorhergehenden Verse befriedigend verknüpfen läßt. Ohne jeden stichhaltigen Grund weist H. Hirschfeld [4]) V. 1—24 und V. 25—89 verschiedenen Perioden zu.

Sūra 72 [5]) wird auf die Vision bezogen, in der Muhammed erfuhr, wie ihm die Ginnen beim Vortrage des Qorāns zuhörten. Nach der gewöhnlichen Angabe geschah dies, als er auf dem Rückwege von Ṭā'if, wohin er sich nach Abū Ṭālib's Tod begeben hatte, den Ort Nahla erreichte [6]). Andere lassen das Ereignis ebenfalls an diesem Orte, aber zu einer anderen Zeit geschehen, nämlich gelegentlich einer Reise nach der Messe von 'Uqāẓ [7]). Eine dritte Tradition verlegt es in die

---

1) Weil 374. 2) Itq. 35.

3) Am leichtesten ließe sich noch der Nominativ erklären, der freilich von den kanonischen „Lesern" nicht anerkannt, sondern bloß als isolierte (شاذّة) Lesart gilt; allein dabei bleibt immer noch die große Schwierigkeit des Personenwechsels.

4) New Researches S. 144.

5) V. 22 und 23 (Flügel) bilden nur einen einzigen Vers. Dagegen kann V. 26 (Flügel) in zwei zerlegt werden.

6) His. 281. Ibn Sa'd ed. I, ı, S. 141 f. Ṭabarī I, 1202 f., der sogar die Namen der sieben einzelnen Ginnen angibt, und im Tafsīr. Vgl. Weil 69. Sprenger, Life 187 f., Leben II, 246 ff. Muir II, 204. C. Snouck Hurgronje in De Gids 1886 II, 267. A. Müller in Rückert's Koranübersetzung S. 525. F. Buhl a. a. O. 187. Leone Caetani, Annali I, S. 311.

7) Bh. kit. al-adān § 103, tafsīr z. St. Muslim Q. III, 88 ff. kit. al-ṣalāt § 33 (bāb al-gahr bi'l-qirā'a fi'l-ṣubḥ). Tirm., Tafsīr. Ṭabarī, Tafsīr. F.

unmittelbare Nähe von Medīna[1]). Obschon keine dieser verschiedenen Angaben auf ihre Geschichtlichkeit hin kontrollierbar ist, so wissen wir doch aus anderen Quellen, daß Muhammed allen Ernstes eine Mission an die Ginnen zu haben glaubte. Als er einst auf dem Wege nach Tabūk war (9 a. H.), kam eine große, pralle, männliche Schlange auf ihn zu und blieb lange vor ihm, während er auf seinem Kamele hielt, darauf bog sie seitwärts vom Wege ab und richtete sich in die Höhe. Wißt ihr, sagte Muhammed, wer das ist? einer von den acht Ginnen, die die Offenbarung zu hören begehren[2]). In einigen Stellen des Qorāns richtet sich die Predigt geradezu an die Versammlung der Ginnen (Sur. 6, $_{128.\ 130}$, 55, $_{33}$).

Sūra 67 soll nach einer Überlieferung medīnisch sein[3]), wahrscheinlich nur wegen der ihr an Länge ungefähr gleichen, zu Medīna geoffenbarten Sūren 57—66, hinter denen sie in unserem Qorān steht. — Sūra 23, von welcher V. 78 wegen einer falschen Deutung auf die Schlacht bei Badr als medīnisch gilt[4]), wird von einigen, man weiß nicht warum, für die allerletzte mekkanische Sūra erklärt[5]). In Sūra 21 halten manche V. 7 für medīnisch[6]).

Sūra 25 V. 47 ist nach einer Tradition, der jedoch Suyūṭī nicht traut, in Ṭāif geoffenbart worden[7]); wäre dies wahr, so müßten die damit zusammenhängenden Verse denselben Ursprung haben, wofür aber nichts spricht[8]). V. 68 oder

---

[1]) Tirm., Tafsīr. Ṭabarī, Tafsīr. Muslim Q. III, 91 ff. F. Dies ist die Lokaltradition zu Mekka (Azraqī 424), wo man noch jetzt den betreffenden Ort (masgid al-ginn) den Pilgern zeigt (Burton, Pilgrimage to El-Medīnah and Meccah, London 1856, III, 353), und daher am wenigsten zuverlässig.

[2]) Wāqidī (Wellhausen) S. 400, Reste arabischen Heidentums² S. 153.

[3]) Itq. 28.

[4]) Itq. 34. Vgl. die Kommentare, welche auch V. 66 und V. 79 auf Dinge beziehen, die nach der Higra geschehen sind.

[5]) Wah. in der Einleitung, ed. Cair. p. 8. Itq. 55 Ende.

[6]) Itq. 34.

[7]) Itq. 43. Ḫamīs ed. Cair. 1283 I, 12 und daraus Weil 374.

[8]) Mit Unrecht meint Weil, die hier von Muhammed gebrauchten Worte seien allegorisch.

V. 68 ff.[1]) wird von einigen nach Medīna versetzt, da man in diesen wie verschiedenen anderen Versen ähnlichen Inhalts (Sünde und Vergebung) einen Hinweis auf Waḥšī fand, der in der Schlacht am Uḥud Ḥamza, den Oheim des Propheten, erschossen hatte, aber später Muslim ward[2]). Nach anderen sind diese Verse zwar schon in Mekka entstanden, aber später von Medīna aus an Waḥšī nach Mekka geschickt worden[3]). Ḍaḥḥāk erklärt die ganze Sūra für medīnisch[4]).

Da V. 64—77 (Aufzählung der Merkmale des wahren Gläubigen) inhaltlich keine nähere Beziehung zum Vorhergehenden haben, und auch im Reim etwas abweichen[5]), darf man die Frage aufwerfen, ob sie an ihrer ursprünglichen Stelle stehen. V. 5. 6 sind, wie schon oben S. 17 angedeutet wurde, für die Kenntnis der Vorgeschichte des Islām von grundlegender Bedeutung. Denn wir erfahren durch sie, mit welchem Eifer sich Muhammed aus alten heiligen Büchern Abschriften anfertigen ließ.

Sur. 17 V. 1 bezieht sich auf die nächtliche Reise Muhammeds von Mekka nach Jerusalem[6]). Für die traditionelle Auffassung gilt diese Fahrt als Wunder, dem steht aber entgegen, daß der Prophet an zahlreichen Stellen des Qorāns (z. B. Sur. 13,8. 27, 17,95, 25,8ff., 29,44) Wunder ausdrücklich ablehnt, indem er nur ein Warner und Prediger sei. Wir haben deshalb anzunehmen, daß Muhammed einen Traum[7]) erzählen

---

[1]) Diese Verse werden übrigens zu den *mansūḫāt* gerechnet, die durch Sur. 4, 95 aufgehoben seien (Ṭabarī, Tafsīr, Vol. 19, 25 f. Wah.).

[2]) L. ʿOmar b. Muḥammad. Itq. 34.

[3]) L.

[4]) Itq. 27.

[5]) V. 1—63 reimen durchgehends auf *lā* oder *rā*, denn Flügel V. 3. 4 sowie V. 20. 21 sind zu vereinigen, und V. 18 ist für السبيلَ wohl سَبِيلاً zu lesen. Dagegen reimen V. 64 ff. gewöhnlich auf *mā*, nur V. 71 auf *bā*, V. 73 auf *nā*.

[6]) Vgl. die Kommentare.

[7]) Das ist auch die Meinung der Muslime, wie schon die Worte zeigen, mit denen die betreffenden Traditionen anzuheben pflegen: كنتُ بين النائم واليقظان, تنام عينه ولا ينام قلبه sowie das oft als Schluß vorkommende واستيقظ, vgl. z. B. His. 263—266, Ṭabarī, Tafsīr zu V. 1.

wollte. Diese Annahme ist aber mit dem Wortlaute von V. 1 nur dann zu vereinen, wenn er den Traum nicht als Sinnestäuschung, sondern als wirkliches Erlebnis empfand[1]). Seine erregte Phantasie berührt sich hier mit dem naiven Denken der Naturvölker, wonach der Träumende wirklich Besuche fremder Personen empfangen oder selbst zu ihnen gehen kann. Daß V. 62[2]) jenen Traum im Auge hat, ist möglich, aber nicht zu beweisen, selbst dann nicht, wenn er ursprünglich derselben Homilie wie V. 1 angehörte. Der Zusammenhang rät eher an eine Vision zu denken, die über Eschatologisches Aufschluß gab. *Ru'yā* bezeichnet übrigens nicht nur ein Traumgesicht, sondern auch die Vision des Wachenden am Tage[3]). Unter keinen Umständen darf V. 95, der nur hypothetisch von einem Aufsteigen in den Himmel spricht, in diesen Zusammenhang hereingezogen werden. Selbst wenn dieser Vers, wie manche[4]) meinen, auf die Himmelfahrt Muhammeds anspielen würde, so ist doch in V. 1 einzig und allein von der nächtlichen Reise nach Jerusalem die Rede. Beide Ereignisse sind zwar in den Traditionen gewöhnlich miteinander verbunden[5]), doch kommt der Himmelfahrt eine

---

In anderen Traditionen (Ibn Sa'd a. a. O. Ya'qūbī, Historiae II, 25, Muslim Q. II, 63, kit. al-īmān § 72) kommt dies weniger deutlich zum Ausdruck. — Dieser Traum Muhammeds ist vielleicht irgendwie beeinflußt durch die bekannte Vision des jüdischen Propheten Ezechiel, in der ihn der Geist am Haarschopfe ergriff und zwischen Himmel und Erde hindurch von Babylonien nach Jerusalem führte (Ezechiel Kap. VIII, 3).

[1]) Von einer betrügerischen Vorspiegelung (Sprenger, Life 124, Leben I, 306, II, 528) kann natürlich keine Rede sein.

[2]) Mit der Nachtreise (Isrā) verbinden den Vers fast alle Kommentare, außerdem His. 265, Ibn Sa'd ed. I, ı, 144, Bh. kit. al-qadar § 10. Nur wenige beziehen ihn auf den Traum von der Eroberung Mekka's (L. F. Zam. 'Alāeddīn, ed. Cair. III, 177, Mawāhib, Maqṣad 5 im Anfang), weshalb er im Itq. 33 für medīnisch erklärt wird.

[3]) Vgl. z. B. Bh. kit. al-ḥiyal § 27.

[4]) G. Sale in der Übersetzung des Qorāns. Dagegen wird diese Beziehung m. W. in der muslimischen Tradition nirgends vertreten.

[5]) Schon in den ältesten Traditionen, die größtenteils auf Anas b. Mālik (gestorben 93 a. H.) zurückgehen und von ihm auf Abū Ḏarr und andere zurückgeführt werden: His. 268. Bh., Tirm. und Ṭabarī im Tafsīr zu V. 1 und 62. Bh. kit. bad' al-ḫalq, § 174 bāb al-mi'rāg. Muslim

derartige Wichtigkeit und Selbständigkeit zu, daß sich ihre Ignorierung in V. 1 keineswegs von selbst versteht. Da aber die Himmelfahrt Muhammeds auch von keiner anderen Qorānstelle behauptet wird, so kann diese Fabel erst nach dem Tode Muhammeds aufgekommen sein, wahrscheinlich in Anlehnung an die aus der altchristlichen Literatur bekannten Himmelsreisen der Ekstatiker[1]).

Daß V. 1 sich nicht mit dem Folgenden verbinden läßt, springt so deutlich in die Augen, daß es keines Beweises bedarf. In einer Sūre, die sonst einen ganz einheitlichen Reim auf *ā*[2]) hat, ist schon der isolierte Reim des ersten Verses auf *īr* verdächtig. Aber eine Erklärung des jetzigen literarischen Zustandes ist nicht mit Sicherheit zu geben. Vielleicht sind hinter V. 1 mehrere Verse ausgefallen, welche ungezwungen zu V. 2 hinüberleiteten. Oder V. 1 ist aus einem anderen Zusammenhang gerissen und absichtlich hierhergesetzt, weil man V. 62 auf ihn bezog. In diesem Falle müßte die ur-

---

kit. al-īmān § 72. His. 268. Ya'qūbī, Historiae II, 28. Misk. 518 (526, bāb al-mi'rāg. Nasāī, kit. al-ṣalāt Anfang. Ibn Sa'd ed. I, I, S. 142f. erzählt zuerst die Himmelfahrt und dann S. 143ff. die Luftreise, ohne beides miteinander zu verknüpfen. Ṭabarī in der Geschichte I, 1157 erwähnt die Luftreise überhaupt nicht und verlegt die Himmelfahrt in den Anfang von Muhammeds Prophetentum, was in einer Tradition bei Muslim Q. II, 63 mit der Luftreise geschieht. Buḫārī spricht außerhalb des Tafsīr fast nur von der Himmelfahrt (kit. al-ṣalāt am Anfang, kit. bad' al-ḫalq § 5) ausführlich. Man sieht, wie sich dieser das Interesse immer mehr zuwendet. Vgl. noch Sprenger, Life 126ff., Leben II, 527ff., III, S. LVI; Muir II, S. 219–222. Leone Caetani, Annali I, S. 229ff. Eine genaue kritische Untersuchung der Himmelfahrtserzählungen, von den ältesten Traditionen an bis zu den Ausschmückungen der persischen und türkischen Dichter, würde sehr lehrreich sein.

[1]) II. Corinth. 12, 1ff. Ascensio Isaiae. Apocalypsen des Baruch, Sophonias und Abraham. Talmud, Chagīgā fol. 14b 18a bezüglich des Rabbī 'Aqībā. Tešūbōt haggeōnīm (Rabbī Ismael). Vgl. Bousset, Die Himmelsreise der Seele, in Archiv für Religionswissenschaft Bd. IV, 1901, S. 136ff. 229ff. und Albrecht Dieterich, Eine Mithrasliturgie, S. 180.

[2]) In der Flügel'schen Ausgabe sind V. 9. 10 sowie 26. 27 je in einen Vers zusammenzuziehen, da Reime auf *īr* und *īn* in der Sūra unmöglich sind; desgleichen V. 48 und 49, da in allen übrigen Versen das Reimwort in der Penultima einen langen Vokal hat.

sprüngliche Einleitung zu V. 2ff. verloren gegangen sein. Ganz unwahrscheinlich ist die Behauptung Weil's[1]), V. 1 sei „erst nach Muhammeds Tode erdichtet oder irrigerweise dem Qorān einverleibt“ worden. V. 12 wird von Baiḍāwī für medīnisch erklärt, aber dies ist ein Irrtum, indem seine Quelle, Zamaḫšarī, in der Erzählung eines nach der Higra geschehenen Ereignisses diesen Vers nur erwähnt, aber mit keiner Silbe andeutet, daß er erst damals entstanden ist. Von den Versen 23—41, welche kurz die Pflichten des Muslim zusammenfassen, soll angeblich nach Ḥasan Albaṣrī V. 34f.[2]), nach zwei anderen Traditionen[3]) V. 28 und V. 31 medīnisch sein. Weil meint dasselbe wenigstens von V. 35[4]); aber wir erwarten in einer solchen Aufzählung von Pflichten doch von vornherein das Verbot des Mordes, und es ist keinesfalls, wie Weil meint, nötig, daß in den Worten „und wir haben seinem Verwandten (d. h. seinem Bluträcher) Gewalt gegeben“ eine Hinweisung auf die medīnische Stelle Sūra 2,$_{173}$ff. liege, da Muhammed erst in Medīna exekutive Gewalt ausüben konnte. Die Blutrache war bei den Arabern wie allen alten Völkern so fest gewurzelt und heilig, daß Muhammed sie als ein von Gott gegebenes Gesetz ansehen konnte. Wenn er sie daher hier, wo er bloß moralische Grundsätze aufstellt, erwähnt, so ist das nicht wunderbarer, als wenn er sie in Sūra 2 als Gesetz anerkennt. Mit ähnlichen Gründen, wie sie Weil vorbringt, ließe sich auch beweisen, daß V. 36 und viele andere nicht zu Mekka entstanden sein könnten[5]). Über V. 75—82 haben wir sehr verschiedene Angaben. Viele halten sie für medīnisch[6]) und beziehen V. 75 auf die Ṯaqīfiten, die im Jahre 9 der Higra den Islām nur unter gewissen mit

---

[1]) K.[2] S. 74. [2]) ʿOmar b. Muḥammad.

[3]) Suyūṭī, Asbāb al-nuzūl, am Rande von Gelālain ed. Cair. 1301.

[4]) Weil 377. K.[1] 64. K.[2] 74.

[5]) Qatāda soll V. 45, Muqātil V. 62 für medīnisch erklärt haben, vgl. ʿAlāeddīn, Tafsīr, Einleitung zu Sur. 17.

[6]) L. B. ʿOmar b. Muḥammad. Nach Itq. 33 soll medīnisch sein V. 78—80, nach Traditionen bei Ṭabarī im Tafsīr V. 75. 78. 82, nach Wāh. V. 75. 78, nach Naisābūrī (am Rande von Ṭabarī, Tafsīr) V. 75, nach

ihm im Widerspruch stehenden Bedingungen annehmen wollten und beinahe bei Muhammed Gehör gefunden hätten[1]), V. 78 auf die Juden zu Yaṯrib[2]), bezw. auf die Fabel, der Prophet sei einst durch die List der Juden bewogen worden, nach Palästina aufzubrechen, aber bald zurückgekehrt[3]). Andere lassen V. 82 auf die Eroberung von Mekka[4]) gehen, oder zwischen Mekka und Medīna entstanden sein, indem sie ihn auf den Eintritt in die Höhle (vgl. Sūra 9, 40)[5]) oder den Einzug in Medīna[6]) beziehen. Andere endlich finden mit Recht in V. 75[7]) und 78[8]) nur eine Beziehung auf die Quraischiten und in V. 32, auf dessen falscher, buchstäblicher Erklärung alle jene Einfälle beruhen, einen ganz allgemeinen Sinn[9]). Daß V. 78 von den Quraischiten die Rede ist, will auch Weil nicht zugeben[10]). Es ist aber gar nicht unwahrscheinlich, daß man schon früher Muhammed aus Mekka zu vertreiben suchte, wobei man freilich nicht daran dachte, daß seine Anhänger mitziehen und, mit einem fremden Stamme verbündet, einmal seine Vaterstadt bekriegen würden. Auf die Juden kann der Vers nicht gehen, da schon die ersten Versuche derselben, Muhammed Gewalt anzutun, mit ihrer Vertreibung endigten. Auch die Sprache dieses Verses stimmt zu der der übrigen[11]).

Farrā V. 75. 78, nach Qatāda bei 'Alāeddīn a. a. O. V. 75—77, nach Muqātil ebenda V. 76. 77. 82, nach Suyūṭī, Asbāb al-nuzūl V. 75—78. 82.

1) Ṭabarī, Tafsīr Vol. 15 S. 83. L. F. Wah. Zam. B. 'Omar b. Muḥammad. 'Alāeddīn. Naisābūrī. Suyūṭī, Asbāb.

2) Dieselben.

3) L. F. Wah. Zam. Naisābūrī bei Ṭabarī, Tafsīr am Rande Vol. 15 S. 72. Suyūṭī, Asbāb. 'Alāeddīn.

4) Zam. B. F. 'Alāeddīn.

5) Tirm., Tafsīr. Ṭabarī, Tafsīr. F. Zam. B.

6) L. Wah. 'Omar b. Muḥammad. B. Naisābūrī a. a. O. 'Alāeddīn. Suyūṭī, Asbāb.

7) Ṭabarī, Tafsīr. L. Wah. Zam. B. Suyūṭī, Asbāb. 'Alāeddīn.

8) Ṭabarī, Tafsīr. Wah. Zam. B. Aug. Müller in Friedrich Rückert's Koranübersetzung, Anmerkung z. St. S. 488.

9) Ṭabarī, Tafsīr. Wah. Zam. B. Naisābūrī. 'Alāeddīn.

10) K.[1] 64f. K.[2] 74.

11) Vgl. وَإِنْ كَادُوا V. 78. 75; إِذًا V. 78. 77. 75. 44. 102; اسْتَفَزَّ V. 78 und 66, sonst nie im Qorān.

In V. 75 oder V. 75—77 finden übrigens einige noch einen Hinweis auf die in Sūra 53 eingeschalteten Worte „dies sind die erhabenen Gharānīq“ [1]), allein man sieht leicht, daß jene Verse viel später sein müssen. ʿOmar b. Muḥammad b. ʿAbdalkāfī führt an, daß V. 80, wie V. 28 (wegen des Almosens; siehe oben) und V. 59, von Ḥasan Albaṣrī nach Medīna versetzt wurden. V. 87 soll die Antwort auf eine der drei Fragen enthalten, welche einst die Juden oder die Quraischiten auf Anstiften der Juden dem Propheten vorlegten. Dieses Ereignis, und darum auch der Vers, wird bald nach Mekka, bald nach Medīna verlegt; überhaupt schwanken die Angaben über dasselbe sehr; das Ganze ist höchst fabelhaft, so daß wir nicht viel darauf zu geben haben. Noch weniger darf man daraus schließen, daß Sūra 18, welche die Antwort auf die übrigen beiden Fragen enthalten soll, mit dieser Stelle ganz gleichzeitig sei, obwohl dies an sich recht gut möglich ist [2]).

Medīnischer Ursprung hat sich somit von keinem einzigen Verse nachweisen lassen. Obwohl außerdem von V. 2 an auch völlige Reimgleichheit herrscht [3]), so ist doch der innere Zusammenhang der verschiedenen Teile so lose, ihre äußere Verbindung eine so mangelhafte [4]), daß Zweifel an der Einheit der Sūre nicht unberechtigt sind. Indessen dürfte es beim Fehlen sicherer Maßstäbe kaum möglich sein, zu einem sicheren Ergebnis zu gelangen. Gegen H. Hirschfeld [5]), der V. 1—8, 103—111, V. 87—102, V. 9—86 drei verschiedenen Perioden

---

[1]) L. Ibn Saʿd ed. I, I, 137. Ṭabarī, Annales I, 1195, aber nicht im Tafsīr. Suyūṭī, Asbāb al-nuzūl. A. Müller in Fr. Rückert's Koranübersetzung S. 488. Vgl. auch oben S. 101.

[2]) Vgl. über diese Sache His. 192f. Bh. kit. al-ʿilm § 48. Wah. Suyūṭī, Asbāb al-nuzūl und überhaupt die Kommentare.

[3]) Vgl. oben S. 136.

[4]) So ist z. B. die Verbindung von V. 22 und V. 23, von V. 41b und V. 41a sehr schwierig. Auch scheint V. 23 nicht von V. 41b ff. vorausgesetzt zu werden. Die große Wichtigkeit, welche der Gesetzestafel V. 23—40 zukommt, legt den Gedanken nahe, daß sie einmal den Mittelpunkt einer Offenbarung gebildet hat.

[5]) New Researches, S. 70. 144.

zuweisen will, spricht schon allein die große Gleichmäßigkeit der Sprache und des Stiles[1]).

In Sūra 27 müssen einige Wörter ausgefallen sein. Denn in V. 42 können die Worte, welche auf هو folgen, nur dem Salomo oder seinem Gefolge angehören; es ist aber ein Übergang, der dies anzeigt, nicht zu entbehren. Vor V. 93 ist قُلْ entweder bloß dem Sinne nach zu ergänzen, oder lieber geradezu als ausgefallen zu betrachten.

Von Sur. 18 werden zuweilen einige Verse für medīnisch gehalten, V. 27 entweder ganz oder bis الدنيا[2]), V. 1—7 und V. 107 ff.[3]), ebenso V. 82[4]) aus demselben Grunde wie Sur. 17, 87. Ob die beiden seltsamen Teile, welche erzählen, wie Moses Gottes Vorsehung und seine Schwäche erkannt (V. 59—81), und wie Ḏū'lqarnain, d. h. Alexander der Große[5]), die Welt

---

[1]) Außer den oben S. 138 verzeichneten Wendungen erinnere ich noch an عسى أن V. 8. 53. 81; سبحان V. (1). 95. 108. 45. (46); مدحورا V. 19. 41; قرآن V. 9. 43. 47. 49. 62. 84. 90. 91; قُلْ V. 44. 53. 58. 86. 87. 90. 95. 98. 108 110. 111; V. 100b = V. 52.

[2]) 'Omar b. Muḥammad. B. Itq. 33.

[3]) Itq. 33.

[4]) Itq. 33.

[5]) Die Muslime haben über den Namen *Ḏū 'l-qarnain* viel Phantastisches ersonnen. Ich brauche hier nur auf die wichtigsten Stellen zu verweisen: Ṭabarī, Tafsīr Vol. 16 S. 6 ff. sowie die anderen Kommentare. Ibn Qutaiba ed. Wüstenfeld S. 26. Mas'ūdī, Prairies II, 248 f. Cod. Berolin. Petermann I, 359 fol. 124. Ibn Badrūn ed. Dozy S. 13 f. Ibn Ḫaṭīb al-Dahšā, Tuḥfa ed. Mann S. 52. Itqān 807.

Sicher ist mit jener Bezeichnung, wie auch die Muslime annehmen, Alexander d. Gr. gemeint. Von „Hörnern" Alexanders redet, so viel wir wissen, zuerst die syrische Alexanderlegende ed. E. W. Budge, S. 257. 274 „Ich weiß, daß du mir Hörner wachsen ließest, damit ich die Reiche dieser Welt zerstoße"), die nach Th. Nöldeke (Beiträge zur Geschichte des Alexanderromanes, in Denkschr. Akademie Wien, Philos. historische Klasse, Bd. 38 (1890) No. 5, vgl. auch die Besprechung von S. Fraenkel, ZDMG. Bd. 45 S. 309 ff.), aus dem Jahre 514 oder 515 a. D. (826 Seleuc.) stammt, und nicht aus dem Jahre 626, wie Carl Hunnius (das syrische Alexanderlied, Göttinger Dissertation 1904, S. 21 ff. ZDMG. 1906 S. 171) meint. Freilich der Ausdruck „Hörnermann" kommt in der syrischen Legende nicht vor. Falls sie wirklich die nächste Quelle Muhammeds oder seines Gewährsmannes war, muß die arabische Bezeichnung eine Neuschöpfung auf Grund der dort überlieferten Züge

durchzogen und das Tor gegen Gog und Magog zugebaut habe (V. 82—98), zugleich mit dem Vorhergehenden entstanden sind, wage ich nicht bestimmt zu behaupten. Nur ein sehr schwacher Grund für ihre Zusammengehörigkeit liegt, wie oben bei der Besprechung von Sur. 17, 87 angedeutet wurde,

---

sein. Mit *ḏū* und folgendem Dual sind ja viele arabische Beinamen zusammengesetzt, vgl. Mubarrad im Kāmil ed. Wright 777 f. und die reiche Zusammenstellung bei I. Goldziher, Ueber Dualtitel, WZKM. Bd. XIII (1899) S. 321 ff. Speziell *ḏū'l-qarnain* findet sich noch als Beiname des Lachmidenkönigs Munḏir III., vgl. Th. Nöldeke, Ṭabarī S. 169, Anm. 3 und I. Goldziher, Abhandlungen z. arab. Philologie II, S. 26, Anm. 13 zu Nr. 28. Möglicherweise ist aber der Name „Hörnermann" schon in einer uns unbekannten Rezension der Legende gebraucht und von da ins Arabische übersetzt worden. Im Syrischen könnte etwa *be'ēl qarnē* oder *qarnānā* entsprechen, da dieser semitische Dialekt keinen Dual mehr besitzt.

Eine genau dem Arabischen entsprechende Wendung ist aus der jüdischen Literatur bekannt, aus der Apokalypse Daniel 8, 21, wo das persische Reich als zweigehörnter Widder (האיל בעל הקרנים) erscheint, während Alexander d. Gr. als Bock mit einem Horn auf der Stirne vorgestellt wird, und aus Midrasch Rabbā zur Genesis, Par. 99, 2, wo Edom (d. i. Rom) בעל קרנים heißt, vgl. auch الروم ذات القرون His. Anm. S. 187. Nach diesen Quellen hat es den Anschein, als ob die Hörner Alexanders aus der apokalyptischen Literatur stammten und ein Symbol unüberwindlicher Stärke seien. Das Problem wird aber dadurch verwickelt, daß nach den Historikern (Curt. 4, 29, 5 ff.; Arrhian 3, 4) das Orakel des Jupiter Ammon Alexander den Gr. als Sohn dieses Gottes anerkannte, und daß eben von dieser als Widder gedachten Gottheit das Horn stammt, welches auf den ptolemäischen und lysimachischen Münzen der Alexanderkopf an der Schläfe hat (Vgl. J. J. Bernouilli, Die erhaltenen Darstellungen Alexanders d. Gr., München 1905, Tafel VIII, Fig. 4; Theod. Schreiber in den Abh. Sächs. Gesellsch. d. Wissensch. Philos. hist. Klasse 1903, Tafel XIII, Fig. 5). Da es sich hier überall um Profildarstellungen handelt, ist nur ein einziges Horn sichtbar. Auf die viel zitierte Angabe des Athenaeus nach Ephippus (XII, 537), Alexander habe sich zuweilen selbst als Gott Ammon drapiert, ist nicht viel zu geben, da möglicherweise nur ein gelehrter Schluß aus dem Münzbefunde vorliegt.

Der in der Moselegende (V. 60) erwähnte Fisch entspricht genau dem Fische, welcher nach dem Alexander-Roman im Lebensquell wieder lebendig wird (Ṭabarī I, 428, Nöldeke a. a. O. S. 25). Falls eine Verwechslung vorliegt, so mag sie dadurch entstanden sein, daß das leuchtende Antlitz Mose's in der biblischen Erzählung (Exod. 34, 29. 30. 35) bei Aquila und in der Vulgata als ein „gehörntes" (cornuta) erscheint, indem man

darin, daß sowohl der Anfang, die Geschichte von den Siebenschläfern (V. 8ff.)[1], wie das Ende (Ḏū'lqarnain) auf die drei Fragen der Juden gehen soll. Sonst läßt sich in keinem der drei genannten Abschnitte eine Bezugnahme auf die andern nachweisen. Von größerem Gewichte ist es, daß die Sagenkreise, um die es sich hier handelt, zum eisernen Bestande der damaligen Weltliteratur[2]) gehören. Deshalb wird die Reimgleichheit der Verse[3]) keine zufällige sein, sondern ihre

---

das Wort für „erstrahlen" im hebräischen Texte (*qaran*) mit *qeren* „Horn" zusammenbrachte. (Vgl. die Dissertation von Hunnius S. 27).

Der übrige Teil der Moselegende gehört zu einem im Orient und von da aus im europäischen Abendlande weitverbreiteten Sagenkreis, dessen Ursprünge noch immer in Dunkel gehüllt sind. (Vgl. das Literaturverzeichnis in Oesterley's Ausgabe von Pauli, Schimpf und Ernst, Stuttgart 1860, S. 550f., Gaston Paris, La Poésie du Moyen Age, 2 A. I, S. 150—187, L'ange et l'ermite). Die älteste Quelle dafür ist, abgesehen vom Qorāne, ein jüdisches Werk des 10. Jahrhunderts. Der Midrasch selbst kann viel älter sein, da in ihm einer der beiden Wanderer mit einer historischen Person der ersten Hälfte des 3. Jahrhunderts identifiziert wird, dem berühmten palästinischen Amoräer Josua ben Levi (vgl. Jewish Encyclopedia V, 125). Trotzdem ist direkte Abhängigkeit ausgeschlossen, denn die erzählten Begebenheiten sind allzusehr verschieden. Da der Lebensquell, den der Qorān in diesem Zusammenhang erwähnt, in der babylonischen Mythologie eine große Rolle spielt, ist vielleicht die ganze Legende dort zu Hause. Bedenkt man, daß im Paradiese nicht nur ewiges Leben, sondern, wie man aus der biblischen Form der Sage schließen darf, auch übermenschliches Wissen zu gewinnen war, so ergibt sich zwischen den anscheinend disparaten Teilen der qorānischen Moselegende auch eine innere Verbindung.

[1]) Vgl. I. Guidi, Testi orientali inediti sopra i sette dormienti di Efeso, Roma 1885. Th. Nöldeke in den Göttinger Gelehrten Anzeigen 1886, S. 453ff. M. J. de Goeje, De Legende der Zevenslapers van Efeze, in Verslagen en Mededeelingen der Koninklijke Akademie van Wetenschappen, Afd. Letterkunde, 4e Reeks, Deel III, auch separat erschienen, Amsterdam 1900. John Koch, Die Siebenschläferlegende, Leipzig 1882. B. Heller in Revue des études juives tom. 49, S. 190—218.

[2]) Vgl. auch J. Wellhausen, Reste arabischen Heidentums, 2 A. S. 236.

[3]) Der Reim geht regelmäßig auf *ā* aus, denn V. 21. 22 und V. 97. 98 der Flügel'schen Ausgabe sind je zu einem Vers zusammenzuziehen. Die Reimbuchstaben (*rawī*) freilich sind sehr verschieden und durchlaufen fast die Skala des ganzen Alphabetes, am häufigsten *dā* 47 mal, *rā* 22 mal, *hā* 17 mal, *lā* 13 mal.

Erklärung darin finden, daß jene Abschnitte von vornherein dazu bestimmt waren[1]), in einer einzigen Sūra vereinigt zu werden. Vielleicht hat sich Muhammed auch in der Reihenfolge genau an die Überlieferung angeschlossen.

Die Sūren der dritten Periode.

Was sich im zweiten Zeitraum an Stil, Sprache und Behandlung der Gegenstände allmählich ausbildet, das tritt im dritten fertig hervor. Die Sprache wird gedehnt, matt und prosaisch. Die ewigen Wiederholungen, bei denen der Prophet sich nicht scheut, fast dieselben Worte zu gebrauchen, die aller Schärfe und Klarheit entbehrende Beweisführung, die niemanden überzeugt als den, welcher schon von vornherein an das Endresultat glaubt, sowie die wenig Abwechslung bietenden Erzählungen machen die Offenbarungen oft geradezu langweilig. Wer sich weder für die Sprache des Originales noch für religionsgeschichtliche Probleme interessiert, wird es kaum über sich gewinnen, die späteren Teile des Qorāns zum zweiten Male zu lesen[2]). Man darf freilich nicht meinen, daß der Geist, der sich in den ersten Offenbarungen so glühend äußerte, hier nie mehr zum Vorschein käme. Aber es sind doch nur einzelne Funken, und die prosaisch gedehnte Rede vermag der Phantasie, wo diese einmal durchbricht, keine würdige Einkleidung zu geben. In engem Zusammenhang mit dem prosaischer werdenden Stil steht die zunehmende Länge der Verse, und von der poetischen Form bleibt schließlich nichts mehr übrig als der Reim. Dieser Reim macht zwar als kräftiger Sinnesabschluß oft noch einen bedeutenden Eindruck, ist aber auch vielfach störend, dazu wird er sehr nachlässig be-

---

[1]) Von häufiger gebrauchten Phrasen, die mehreren Teilen gemeinsam sind, notiere ich رَبِّى „mein Herr" V. 21. 23. 34. 36. 38. 94. 97. 98. 109 und حَتَّى إِذَا V. 70. 73. 76. 84. 89. 92. 95.

[2]) Muhammed war höchstens ein mittelmäßiger Stilist. Die schriftstellerische Bedeutung des Mannes beruht auf seiner Originalität, indem er für die Urkunde seiner neuen Religion einen neuen, biblisch gefärbten Stil geschaffen hat.

handelt und fast ganz auf die leichteste Form *ūn*, *īn* usw. beschränkt. Die Sūren selbst haben zum Teil bedeutende Ausdehnung. Doch können einige dieser langen Abschnitte aus kürzeren zusammengesetzt sein, ohne daß uns die Fugen immer erkennbar wären. Eine Eigentümlichkeit der dritten Periode ist noch die Anrede „O Ihr Leute“ (يا ايّها النّاس). Wie der Araber, wenn er zu einer Versammlung sprach, gewöhnlich eine Anrede gebrauchte[1]), so tut das jetzt auch Muhammed öfter, wo er prosaischer redet, während die früheren, poetisch oder vielmehr rhetorisch bewegten Sūren dieser Form widerstrebten.

Da in den Sūren der dritten Periode so gut wie gar keine Entwicklung mehr sichtbar ist, so können wir noch weniger als in denen der älteren Perioden eine irgend sichere chronologische Reihenfolge aufstellen.

In Sūra 32[2]) müssen die Worte فلا تكن فى مرية من لقائه des 23. Verses interpoliert sein, da sie sich auf keine Weise in einen Zusammenhang bringen lassen[3]). V. 16[4]) oder V. 18 bis 20[5]) werden mit Unrecht für medīnisch gehalten, jener wegen einer Tradition, die ihn auf die armen Ausgewanderten oder die „Hilfsgenossen“ bezieht, diese, weil man sie mit einem in der Schlacht bei Badr geschehenen Vorfall in Verbindung brachte.

Durch Sūra 41 V. 1—3 soll Muhammed versucht haben, den vornehmen Mekkaner ʿUtba b. Rabīʿa zum Islām zu bekehren[6]). Wenn dies auch wahr ist, so erfahren wir daraus

---

[1]) Z. B. يا قوم, يا معشر قريش.

[2]) Diese Sūra, wie mehrere andere von geringerem Umfange, setzt Muir in die vierte, nicht in die fünfte Stufe. — V. 9 (Flügel) bildet mit V. 10 einen Vers.

[3]) Eitel sind alle Erklärungsversuche der Muslime, wie der schon bei Muslim Q. II, 75 (bāb al-isrā, kit. al-īmān § 72) angegebene, ه in لقائه gehe auf Moses. Den wahren Sinn dieser Worte an ihrem ursprünglichen Ort zeigen Stellen, wie V. 10. 14 und Sur. 41, 54.

[4]) Wah. Itq. 34. 19. ʿAlāeddīn.

[5]) Ṭabarī, Tafsīr. Nasafī. Wah. ʿOmar b. Muḥammad. Zam. Itq. 19 f.

[6]) His. 186. Vgl. Sprenger, Leben II², S. 7 f.

doch nur, daß die Sūra älter ist als dieser Bekehrungsversuch. Zwar setzt Ibn Hišām diesen gleich nach der Bekehrung Ḥamza's. Aber dieser Schriftsteller nimmt bekanntlich bei den Ereignissen vor der Higra auf die genaue Chronologie so gut wie gar keine Rücksicht. Hierzu kommt, daß wir auch über die Zeit der Bekehrung Ḥamza's nichts Genaues wissen[1]). Hinsichtlich der äußeren Gestalt der Sūra verdient bemerkt zu werden, daß V. 1—38 regelmäßig auf *ūn* oder *īn*, seltener (V. 1. 11. 32. 34—36) *īm* — die Einschnitte am Ende von V. 12. 26 (Flügel) sind fehlerhaft — reimen, daß dagegen von da an (V. 39—54) *ūn* bezw. *īn* ganz verschwindet, *īm* nur 1 mal vorkommt, während dafür eine große Mannigfaltigkeit anderer Reimbuchstaben (ر, ز, د, ب, ص, ط, ظ) auftritt[2]). Darum dürfen wir die Sūra aber doch nicht auseinanderreißen, zumal V. 39 (Reim *īr*) mit V. 34. 38 (Reim *ūn*) zusammenzugehören, und V. 44 auf V. 1 zurückzuweisen scheint.

Sūra 45 V. 13 soll nach Wāḥidī auf dem Zuge gegen die Banū Muṣṭaliq oder bei einer anderen Gelegenheit in Medīna (vgl. auch Itqān 35) entstanden sein. ʻOmar, der hierbei eine bemerkenswerte Rolle spielt, tritt auch in Traditionen auf, die am mekkanischen Ursprunge festhalten. Daß in einigen derselben als ʻOmar's Gegner ein Mann vom Stamme Ghifār[3]) erscheint, ist vielleicht erst aus dem in jenem Verse vorkommenden Worte يغفروا abgeleitet.

In Sūra 16 finden wir einige erst zu Medīna geoffenbarte Verse. V. 43 f. könnte man zwar auf die Auswanderung nach Abessinien beziehen, aber V. 111 redet mit klaren Worten von denen, welche Mekka verlassen und mit den Ungläubigen gekämpft haben. Da nun die beiden vorher genannten

[1]) His. 227 und Ibn Saʻd ed. III, I, 192 setzen voraus, daß Ḥamza vor ʻOmar den Islām angenommen hat. Ṭabarī I, 1189 sagt es ausdrücklich. Ibn Saʻd ed. III, I, p. 4, 193 legt die Bekehrung in das Jahr 6 der Berufung Muhammeds. Ibn Ḥagar I, nr. 1818 und Usd al-Ghāba II, 46 behaupten, dies sei schon im Jahre 2 der Berufung geschehen.

[2]) Vgl. unten zu Sūre 40.

[3]) F. Zam. B. ʻAlāeddīn.

Verse mit diesem große Ähnlichkeit haben, dürfen wir ihnen den gleichen Ursprung zuschreiben. Übrigens ist hier von den Ausgewanderten im allgemeinen die Rede, nicht von einer besondern Schar derselben, wie Wāqidī 111 und Wāḥidī (z. St.) berichten. V. 115—118 könnten wir für mekkanisch halten, wenn es sicher wäre, daß Sūra 6, 119 auf sie hinwiese[1]). Dagegen muß V. 119, falls er, wie wahrscheinlich, Sūra 6, 147 im Auge hat, zu Medīna entstanden sein, ebenso V. 120, der mit ihm zusammenhängt und mit V. 111 Ähnlichkeit hat, und V. 125, der vom Sabbat der Juden handelt. Die mekkanische Herkunft von V. 124 ist schon deshalb zweifelhaft[2]), weil die meisten Verse, welche wie dieser den Islām als Religion Abraham's (*millat Ibrāhīm*)[3]) bezeichnen (Sur. 2, 134. 129, 3, 89, 4, 124, 22, 77) nach ihrem ganzen Zusammenhang sicher medīnisch sind. Dieser Verdacht wird noch durch innere Gründe verstärkt. „Anfangs ist Muhammed überzeugt, den Arabern dasjenige zu bringen, was die Christen von Īsā, die Juden von Mūsā usw. erhalten haben, und zuversichtlich beruft er sich den Ungläubigen gegenüber auf „die Wissenden“ (Sur. 16, 45, 21, 7), welche man nur zu befragen brauche, um die Bestätigung der Richtigkeit seiner Lehren zu erhalten. In Medīna kommt die Enttäuschung, die Schriftbesitzer wollen ihn nicht anerkennen. So muß er für sich eine über ihre Kontrolle erhabene Instanz suchen, die dennoch seinen früheren Offenbarungen

---

[1]) Mit Unrecht bezieht man sie auf Sur. 5, 4, einen der spätesten Verse des ganzen Qorāns.

[2]) Die Argumente der folgenden Beweisführung entnehme ich aus Snouck Hurgronje, Het Mekkaansche Feest, Leiden 1880, S. 28—40. Auch in späteren Aufsätzen hat dieser Forscher die Bedeutung Ibrāhīm's für die Entwicklung der Stellungnahme Muhammeds früheren Offenbarungen gegenüber mit Recht immer wieder hervorgehoben (Vgl. De Gids 1886, II, S. 460. 466, Revue Hist. Relig. Bd. 30 (1894) S. 64 ff.).

[3]) *milla* wird sonst im Qorān gebraucht von der Religion der Juden und Christen (1 mal, Sur. 2, 114) sowie der Heiden (4 mal, Sur. 38, 6 ist der Sinn unsicher). Seine Herkunft aus dem Aramäischen (*mellṯā* „Wort“) unterliegt keinem Zweifel, aber die qorānische Bedeutung „Religion“ ist dort nicht nachzuweisen. Doch scheint mir der Gebrauch dieses Wortes bei den Arabern älter als der Islām zu sein.

nicht widerspricht. Da greift er nach den älteren Propheten, deren Gemeinden ihm nicht entgegen treten können". Mit voller Deutlichkeit ist diese Tendenz allerdings nur an einer Stelle, Sur. 2, 129, ausgesprochen. Daß sich Muhammed später gerade Abraham am meisten verwandt fühlte, darf nicht Wunder nehmen, galt doch dieser Patriarch den Christen wie den Juden als vollendetstes Muster der Gerechtigkeit und des Glaubensgehorsams, als der „Vater"[1]) aller Frommen und der „Freund Gottes"[2]). Die Bevorzugung Abraham's durch Muhammed hängt weiter aufs engste zusammen mit der Ansicht von Sur. 2, 119. 121, daß jener der Gründer des mekkanischen Heiligtums[3]) sei. Auch diese Ansicht mag sich der Prophet erst in Medīna gebildet haben. Denn noch in den späteren mekkanischen Sūren steht es für ihn fest, daß Allāh vor ihm keinen „Warner" zu seinen Landsleuten gesandt habe (Sur. 32, 2, 34, 43, 36, 5). Da außer V. 124 noch V. 111 und 119. 120 sicher, V. 113—118 möglicherweise medīnisch sind, liegt es nahe, das ganze Stück V. 111—125 in diese Zeit zu versetzen[4]).

---

[1]) Z. B. Berēśīth Rabbā Par. 39 Anfang; Matth. 3, 9; Luc. 16, 21; Röm. 4, 1. 16 usw. Hierher gehört wohl auch Sur. 22, 77. Die Meinung, daß Abraham der Stammvater der Araber sei, braucht der Stelle nicht zugrunde zu liegen.

[2]) Im Qorān nur Sur. 4, 124 (*ḫalīl*), aber dem Ḥadīṯ ganz geläufig. Die Vorstellung ist schon alttestamentlich (*ōhēb* Jes. 4, 8. II Chron. 20, 7). Im späteren jüdischen Schrifttum heißt Abraham *yedīd*, z. B. Talm. bablī, Menāḥōth 53 b, Śabbāth 137 b (andere Stellen siehe bei B. Beer, Das Leben Abraham's nach Auffassung der jüdischen Sage, Leipzig 1859, Anm. 427 und 950) oder *reḥīm*, z. B. in einer aramäischen synagogalen Liturgie für den „kleinen" Versöhnungstag. In der altchristlichen Literatur wird er φίλος θεοῦ (Jacob. 2, 23; Ep. Clem. 10, 1. 17, 2) genannt.

[3]) Diese Legende ist vielleicht keine Erfindung Muhammeds, sondern im Kopfe arabischer Juden oder Christen entstanden, die auf die religiösen Begehungen bei der Ka'ba nicht verzichten wollten. Snouck Hurgronje (Het Mekkaansche Feest S. 28) hält es nicht für unwahrscheinlich, daß der Ḥagg von Christen mitgemacht wurde und verweist auf eine Tradition, nach der das schnelle Reiten durch den Wādī Moḥassir damit erklärt wird, daß dort früher die Christen das Wuqūf verrichteten (vgl. Muḥammad 'Ābid, Hidāyat al-nāsik 'alā tauḍīḥ al-manāsik, ed. Cair. 1302, p. 112).

[4]) So Grimme, Mohammed II, 26, aber ohne Begründung.

Mit Unrecht gibt man dagegen V. 96 (von وتذكروا an) bis 98 oder V. 97—99 für medīnisch aus[1]), indem man عهد الله (V. 97) auf die nach der Higra mit verschiedenen Stämmen abgeschlossenen Verträge bezieht. Ebensogut könnten die vorhergehenden Verse nach der Higra gelegt werden. Auch läßt sich die Auseinanderreißung von V. 96 in zwei Teile durch nichts rechtfertigen. Weil[2]) erklärt V. 103—105 für medīnisch. Aber seine Voraussetzung, daß Muhammed vor der Auswanderung keine Verse aufgehoben oder verändert habe, ist falsch, man erinnere sich nur an das oben zu Sūre 53 Ausgeführte[3]). Auch passen V. 105, in dem es heißt, er erhalte heimlich von anderen Leuten Belehrung, und V. 103, nach welchem die Ungläubigen ihn offen der Lüge zeihen, nicht auf die Verhältnisse nach der Übersiedelung aus seiner Vaterstadt. Schließlich hängen die beanstandeten Verse, wie es scheint, mit ihrer Umgebung zusammen. Ohne allen Wert ist die Angabe, V. 105 gehe auf den Perser Salmān, der erst in Medīna den Islām annahm[4]). Sie scheint bloß aus einer falschen Auffassung von أعجميّ geflossen zu sein, womit allerdings später am häufigsten die Perser bezeichnet wurden. Viele Traditionen lassen hier übrigens andere Leute gemeint sein, lauter obskure Persönlichkeiten, Sklaven mit Namen (z. B. بلعام, يعيش, جبر, يسار) wie namenlose. V. 108 geht nach einer Tradition des Mugāhid (gest. a. H. 101/3) auf die Gläubigen, welche sich scheuten, dem Beispiel des Propheten zu folgen und ihrer Vaterstadt den Rücken zu kehren[5]). Alle anderen aber beziehen ihn mit Recht auf die Muslime ohne Vermögen und Ansehen, welche vor der Higra vielen Belästigungen seitens der Mekkaner ausgesetzt waren. V. 126 ff. sind nach Inhalt und Form

---

1) ʿOmar b. Muḥammad. ʿAlāeddīn.

2) K.[1] 64, K.[2] 74.

3) Siehe oben S. 100 ff.

4) Ṭabarī, Tafsīr XIV, 111, 5. Zam. B. Weil, Anm. 369. K[2]. 74.

5) Vgl. Wah. Suyūṭī, Asbāb. ʿAlāeddīn.

mekkanisch[1]). Die Tradition erklärt sie aber durchgängig für ein an Muhammed gerichtetes Verbot, Ḥamza's Tod an den Mekkanern seinem Gelübde gemäß zu rächen[2]). Einige fügen hinzu, diese Verse seien nicht gleich nach der Schlacht am Uḥud, sondern erst bei der Einnahme von Mekka entstanden[3]), wo Muhammed allerdings klug genug war, die Gelegenheit zur Rache nicht zu benutzen. Diese falschen Ansichten können auf der Tatsache beruhen, daß der Text jener älteren Offenbarung bei einer dieser Gelegenheiten vom Propheten zitiert worden ist[4]), wahrscheinlicher sind sie aber freie Kombinationen der Exegeten. Da übrigens in der letzten Hälfte der Sūra mehrere teils wirklich, teils vermeintlich medīnische Verse vorkommen, so machen sich einige die Sache bequemer und erklären V. 42 bezw. V. 41 bis zu Ende[5]) oder gleich die ganze Sūra für medīnisch[6]).

Die ersten Verse von Sur. 30 müssen geoffenbart sein, nachdem die Byzantiner (Rūm) in einem Nachbarlande Arabiens sehr unglücklich gegen die Perser gekämpft hatten[7]). Aber es ist sehr schwer zu bestimmen, auf welche der zahlreichen, bis nach der Higra[8]) von den Byzantinern erlittenen Nieder-

---

1) Vgl. وجادِلْهم بالّتى هى احسن (V. 126); وٱصبر (V. 128); بما يمكرون (V. 128); lauter Andeutungen, daß der Prophet sich in der Lage des Schwächern befand, der gar nicht an Widerstand, geschweige an offenen Kampf denken konnte.

2) His. 584 f. Ṭabarī, Annales I, 1420 f. und im Tafsīr. Waq. 283. Tirm. (tafsīr). Ṭab. pers. III, 38. Wah. ʿOmar b. Muḥammad. ʿAghānī XIV, 22 f. Zam. B. Itq. 19. 33. 42. Suyūṭī, Asbāb. Vgl. Weil Anm. 179.

3) Tirm. a. a. O. Itq. 42. Suyūṭī, Asbāb al-nuzūl.

4) Vgl. Weil, K.[1] 64. K.[2] 74.

5) ʿOmar b. Muḥammad. Hibat-allāh.

6) ʿOmar b. Muḥammad.

7) Die Lesarten غَلَبَتْ und سَيُغْلَبُونَ sind freilich alt und werden schon Tirm. k. al-tafsīr zu Sūra 30, 1 erwähnt, haben aber schlechtere Autoritäten für sich als die gemeine Lesart und sind zu verwerfen, weil sie erst aus den Niederlagen, welche die Byzantiner später durch die Muslime erlitten, abstrahiert sind; diese konnte Muhammed aber damals nicht ahnen. Ṭabarī im Tafsīr sagt فقرأته (غَلَبَتْ) عامّة قرّاء الامصار.

8) Vgl. Bar Hebraei Chronic. Syriac. ed. Bruns-Kirsch p. 100.

lagen hier angespielt wird, besonders da die ältern muslimischen Schriftsteller[1]), welche von diesen Ereignissen ziemlich verworrene und ungenaue Berichte geben, nicht durch sichere byzantinische Nachrichten bestätigt werden. Nach der gewöhnlichen Angabe handelt es sich hier um eine Niederlage der Byzantiner bei Adru'āt[2]) und Buṣra oder in Mesopotamien oder in Palästina. Der persische Übersetzer Ṭabarī's (Zotenberg II, 306 f.), der hier allerlei verwirrtes Zeug über die Entthronung des Mauricius (موريق) usw. vorbringt, sagt, der Qorān rede von der Einnahme Jerusalems. Daß ein bedeutendes, in Palästina oder dessen Nähe geschehenes Ereignis gemeint sei, ist wohl nicht zu leugnen. Ob es aber jene Einnahme, nach der sichersten Angabe (Chron. Pasch.) im Juni 614 a. D.[3]), oder ein späterer Vorfall sei, können wir nicht bestimmt sagen[4]). Vielleicht hatte Muhammed überhaupt kein einzelnes Ereignis im Auge. Mit Unrecht trennt Weil[5]) die ersten Verse von den folgenden, mit welchen sie eng verbunden sind. V. 16 f. halten einige für medīnisch, weil

---

[1]) Ṭabarī I, 1003 ff. und Th. Nöldeke, Geschichte der Perser und Araber aus der arabischen Chronik des Ṭabarī S. 297 ff. Wah. F. Alqurṭubī. Viel weniger genau Zam. und B.

[2]) In dieser Schlacht war der Feldherr der Griechen nach Wah. يحنّس (Johannes), über den ich sonst nichts habe finden können; aber der Feldherr der Perser شهربراز wird auch von Byzantinern (*Σαρβαραζος* usw.), Armeniern (nach Lebeau, Histoire du Bas-Empire, ed. nouvelle) und Bar Hebraeus (ܫܗܪܒܪܙ) erwähnt. Vgl. besonders Th. Nöldeke, Ṭabarī S. 292.

[3]) Th. Nöldeke, Ṭabarī S. 297 und Aufsätze zur pers. Geschichte S. 126.

[4]) Was die Sache betrifft, um die es sich hier handelt, so war den Mekkanern freilich an und für sich der Sieg der Perser oder Byzantiner ziemlich gleichgültig. Denn die Ansicht, daß sie als Götzendiener mit den Persern sympathisiert hätten, wie die Muslime erzählen, ist ganz verfehlt. Wohl aber hatte Muhammed ein Interesse für die Christen, mit denen er sich damals noch beinahe identifizierte; ihm mußte der Sieg der Byzantiner über die Perser der der Monotheisten über die Ungläubigen sein, und daher fanden seine Gegner Gelegenheit, ihm vorzuhalten, daß seine Freunde besiegt wären, und sein Gott ihnen wohl nicht hätte helfen können.

[5]) K.[1] 67, K.[2] 76.

sie ihn auf die freilich auch bereits vor der Auswanderung eingehaltenen Liturgien beziehen[1]).

Von Sur. 11 soll V. 5[2]) nach einigen, ohne erkennbaren Grund, zu Ṭāif geoffenbart worden sein[3]). Eine andere Ansicht, daß es sich hier um die Zweifler in Medīna[4]) handle, weist schon Baiḍāwī zurück. V. 15[5]), 20[6]) (wegen der Erwähnung der Juden) und 116[7]) (wegen der Festsetzung der Gebetszeiten) gelten bei einigen für medīnisch. Die einzelnen Teile dieser Sūra hängen im allgemeinen fest zusammen[8]). Doch sind einige Ungleichmäßigkeiten der Komposition hervorzuheben. V. 72—84 fallen aus dem in den Erzählungen von Nūḥ (V. 27 ff.), ʿĀd (V. 52 ff.), Ṣāliḥ (V. 64 ff.) und Šuʿaib (V. 85 ff.)[9]) befolgten Einleitungsschema heraus.

---

1) ʿOmar b. Muḥammad. Zam. B. Selbst wenn man die Worte preßt, kommen nur 4 Gebetszeiten heraus, wahrscheinlich sind aber V. 16 und V. 17 parallel. Das fünfmalige tägliche Gebet wird nirgends im Qorān ausdrücklich befohlen. Vgl. oben S. 57.

2) V. 5 schließt in der Flügel'schen Ausgabe gegen den Sinn wie gegen alle gute Überlieferung mit حَيِّنَ. Vgl. darüber ʿOmar b. Muḥammad. Abū Yahyā, kitāb al-maqṣad z. St.

3) B., vgl. ʿAlāeddīn.

4) ʿAlāeddīn z. St.

5) Itq. 32. ʿAlāeddīn in der Einleitung nach Muqātil.

6) Ebend.

7) Ebend. Ṭabarī, Tafsīr Bd. XII, 75. ʿOmar b. Muḥammad. Wah. Suyūṭī, Asbāb al-nuzūl. ʿAlāeddīn nach Ibn ʿAbbās und Qatāda. Qasṭallānī zu Bh., kit. mawāqīt al-ṣalāt § 4.

8) Vgl. z. B. die Auslassung von لقد أرسلنا V. 52. 64. 85, weil die Phrase schon V. 27 vorgekommen war.

9) Hier heißt zuerst das Volk des (seinem Namen nach auch noch nicht genügend erklärten) Šuʿaib, das früher immer mit einem gewiß echt arabischen Namen Al'aika genannt worden ist, Madyan, ein Name der sicher nur durch jüdische Vermittelung zu Muhammed gelangte. Beide Namen bezeichnen nach seiner Anschauung dasselbe Volk, denn 1. sie haben, wie sonst nie zwei Völker, einen Propheten; 2. nachdem der Name Madyan einmal eingeführt ist, kommt der alte nie wieder vor; 3. beiden Völkern wird das sonst in den Prophetengeschichten nie erwähnte Verbrechen vorgeworfen, falsches Maß und Gewicht zu führen (Sur. 26, 181 f.; 7, 83; 11, 86). Aus dem ersten und dritten Grunde haben übrigens schon einige Muslime die Gleichheit beider Völker angenommen (Itq. 795). Eine andere Frage ist freilich, ob die Identität des Šuʿaib mit dem

V. 85 ist leichter als Fortsetzung von V. 71 zu begreifen. V. 112—123 beziehen sich zwar unverkennbar auf die vorher genannten Geschlechter (V. 118), Städte (V. 119) und Propheten (V. 121), indessen sehen schon V. 102—111 wie ein rekapitulierender Schluß aus. Die Erwähnung Mose's in V. 112 ist wegen V. 99 auffallend.

Sur. 14, 33. 34 beziehen mehrere Erklärer fälschlich auf die bei Badr kämpfenden Quraischiten[1]). In V. 38 ff. bittet Ibrāhīm seinen Herrn, das heilige Gebiet von Mekka zu schützen und seine Nachkommen vor Abgötterei zu bewahren, alsdann dankt er für die Gnade, noch im hohen Alter Vater zweier Söhne, des Jakob und Ismael, geworden zu sein. Nach den oben zu Sur. 16, 124 dargelegten Gründen sind auch diese Verse mit C. Snouck Hurgronje[2]) für medīnisch zu halten. „Fortan werden die Erzväter nicht mehr genannt, ohne daß Ismael zwischen Abraham und Isaak eingeschoben ist. Auf einer späteren Stufe avanciert Ismael zum Mitgründer der Ka'ba" (Sur. 2, 121).

Sur. 12 unterscheidet sich von allen übrigen größern Sūren dadurch, daß sie nur einen einzigen Gegenstand[3]), das Leben Joseph's[4]), behandelt, mit Ausnahme von ein paar Versen am Schluß, die aber doch mit dem übrigen zusammengehören[5]). Wie zwei spätere Schriftsteller[6]) berichten, hatte Muhammed

---

Schwiegervater Mose's und die damit zusammenhängende seines Volkes mit Madyan ursprünglich ist. Vgl. Th. Nöldeke in Cheyne-Black, Dictionary of the Bible s. v. Midian.

[1]) Waq. 133. 'Omar b. Muḥammad. Ṭabarī im Tafsīr. Zam. B. Itq. 33. Alāeddīn. — V. 11. 12; 13. 14 und 24. 25 (Flügel) bilden nur je einen Vers.

[2]) Het mekkaansche feest, S. 40. Vgl. oben S. 146.

[3]) Dem entspricht auch die Gestalt der Reime, welche durchgehends auf *ūn*, *īm*, *īn* ausgehen, nur je 1mal auf *īr* und *īl*. Die Reime *ār* (V. 39) und *rā* (V. 96) beruhen auf falscher Versabteilung.

[4]) Über die jüdischen Quellen der qorānischen Darstellung vergleiche A. Geiger a. a. O. S. 139 ff. und die eingehende Monographie von Israel Schapiro, Die haggadischen Elemente im erzählenden Teile des Korans, I. Heft, Leipzig 1907.

[5]) Siehe V. 109 ff., besonders V. 111.

[6]) Itq. 39. Ḫamīs ed. Cair. 1283 a. H. I, 13.

diese Sūra den ersten bei Mekka bekehrten Leuten von Yaṯrib mitgegeben. Auch angenommen, daß dies ganz sicher wäre, so folgt daraus doch nur, daß sie vor jenem Ereignis entstanden, nicht, daß sie eigens zu dem Zweck verfaßt worden ist, wie Weil zu glauben scheint[1]). Über die Ansicht, welche V. 1—3 für medīnisch erklärt[2]), sagt Suyūṭī[3]) richtig, daß sie unhaltbar und gegenstandslos sei. Dasselbe gilt auch von der Tradition, welche V. 7 einen medīnischen Ursprung zuschreibt[4]).

Sur. 40, 58 f. werden mit Unrecht auf die Juden bezogen und darum für medīnisch gehalten[5]). V. 59 bis zum Schluß (V. 87) heben sich äußerlich dadurch ab, daß sie sämtlich auf *ūn* oder *īn* ausgehen, während in den vorhergehenden Reimen die größte Mannigfaltigkeit herrscht[6]). Da die beiden Teile auch innerlich nicht zusammenhängen, so dürfen wir für sie verschiedenen Ursprung vermuten. Ihre Zusammenschiebung wurde vielleicht dadurch begünstigt, daß eine Lieblingswendung des ersten Teiles جادل فى آيات الله (V. 4. 5. 37. 58.) auch im zweiten (V. 71) einmal vorkommt[7]).

Sur. 28, 52 deutet man ebenso falsch auf die Christen, welche zu Muhammed nach Medīna kamen[8]). Denn um andere Gründe zu verschweigen, wie konnte Muhammed nach seinen traurigen Erfahrungen mit den Juden noch sagen, daß die, welche die Schrift empfangen hätten, an den Qorān glaubten? V. 76—82 sehen wie ein am unrechten Ort eingeschobenes

---

1) S. 380. 2) ʿOmar b. Muḥammad.

3) Itq. 32. 4) ʿOmar b. Muḥammad.

5) Ebend. Itq. 35. Suyūṭī, Asbāb al-nuzūl. ʿAlāeddīn.

6) Der herrschende Reim ist *ā* mit folgendem *b, d, r, q, l,* ع, ء, im ganzen 41mal; *ī* mit folgendem *m, n, r, l, b,* 21mal; *ū* mit folgendem *d, n, r,* 22mal. Das auffallende Reimwort كَاذِبًا in V. 39 (Flügel) beruht gewiß auf falscher Verseinteilung.

7) Unter andern Umständen würde dieser Tatbestand für ursprüngliche Zusammengehörigkeit sprechen.

8) Ṭabarī im Tafsīr nach Ḍaḥḥāk. F. nach Muqātil. Zam. B. Itq. 34. Nach ʿAlāeddīn in der Einleitung sind auch die 3 folgenden Verse medīnisch.

Stück aus, da ihre Angliederung nach vorn wie hinten Schwierigkeiten macht, und V. 83 sich leichter an V. 75 anschließen läßt. Indessen kann das bei dem wie bekannt oft sprunghaften Stil des Qorāns noch nicht entscheidend sein. Darum ist es erlaubt, V. 83 als Gegensatz zu der ganzen Erzählung von Qārūn zu betrachten, der im Vertrauen auf die eigene Kraft sich um Gott und Jenseits nicht kümmerte[1]). Einer buchstäblichen, aber hier gänzlich unpassenden[2]) Auffassung der Worte لرادّك الى معاد zu Liebe soll V. 85 auf der Auswanderung zu Guḥfa, einem Orte zwischen Mekka und Yaṯrib, entstanden sein[3]). Wohl nur ein Mißverständnis macht dann daraus eine medīnische Stelle[4]) oder läßt die ganze Sūra zwischen Mekka und Medīna geoffenbart werden[5]).

Von Sur. 39[6]) soll V. 54 oder V. 54—56 oder V. 54—61 wegen Waḥšī's (siehe oben S. 134) oder wegen anderer großer Missetäter von Medīna nach Mekka geschickt worden sein, und die Verse gelten daher vielfach als medīnisch[7]). Andere setzen auch V. 13[8]), wohl nur aus Verwechselung, und V. 24[9]), wegen eines nichtigen Grundes, nach der Higra.

Sur. 29, 1–10 werden mit Recht von vielen für medīnisch

---

1) Auch im Wortschatz der Verse 77 und 83 sind einige Berührungen vorhanden, z. B. فساد, الدار الآخرة.

2) So urteilt auch Weil, K.[1] 66, K.[2] 76.

3) F. L. Zam. B. Suyūṭī, Asbāb al-nuzūl. ʻAlāeddīn. Vgl. Weil 373. Jedoch finden wir in den Kommentaren auch andere Erklärungen dieser Worte. Eine seltsame Auslegung siehe bei Ṭabarī I, 2942 und Weil, Gesch. der Chalifen I, 174.

4) Itq. 34.

5) ʻOmar b. Muḥammad.

6) Die Reimverhältnisse der Sūre haben eine große Ähnlichkeit mit denen von Sur. 41. V. 3 und 4 sind gegen Flügel ein Vers. In V. 9 könnten die Worte ولا تزر وازرة وزر اخرى die auch noch Sur. 6, 164, 17, 16, 35, 19 und mit einer kleinen Abweichung (الّا) Sur. 53, 39 vorkommen, auf Interpolation beruhen.

7) His. 320. L. zu Sur. 4, 51. Wah. Ṭabarī im Tafsīr. ʻOmar b. Muḥammad. Zam. B. Itq. 20. 35. Suyūṭī, Asbāb al-nuzūl. ʻAlāeddīn.

8) Itq. 35. ʻAlāeddīn.

9) Itq. 35. ʻAlāeddīn.

angesehen[1]). V. 7 und 8 müssen wir zu ihnen zählen, obgleich die Kommentare gewöhnlich — sie geben freilich auch einige andere Erklärungen — diese Stelle, wie Sur. 31, 13 und Sur. 46, 14, auf Sa'd b. Abī Waqqāṣ, einen der ersten Gläubigen, beziehen. Sie gehen aber auf die Medīnenser, die sich durch ihre Eltern abhalten ließen, an den Kriegszügen des Propheten teilzunehmen. Diese zehn Verse, zu deren Erklärung die von der Tradition angeführten Geschichten[2]) wenig nützen, müssen entstanden sein, nachdem Muhammed schon mehrere Feldzüge unternommen hatte, sicher nach der Schlacht bei Badr, aber wahrscheinlich auch nach der Schlacht am Uḥud[3]). V. 45 ist jedenfalls in seiner jetzigen Gestalt medīnisch, da in ihm den Muslimen erlaubt wird, die Widerspenstigen unter den Juden auf andere als „die schönste" Weise zu bekämpfen, d. h. nicht mit Worten, sondern mit Gewalt. Solche Äußerungen konnte Muhammed aber nicht vor der Higra tun. Außerdem steht hiermit in Widerspruch der mekkanische V. 46, in dem es heißt, daß die, welche die Schrift empfangen hätten, im allgemeinen an seine Offenbarung glaubten[4]). Indessen sehen die Worte إِلَّا ٱلَّذِينَ ظَلَمُوا مِنْهُمْ (sonst nur noch Sur. 2, 145) wie ein späterer Einschub aus. Denn der Nachsatz von وَقُولُوا an scheint sie nicht voraus-

---

[1]) Vgl. die Kommentare. F. Itq. 34. Suyūṭī, Asbāb al-nuzūl. Wah. Ein Mißverständnis dreht dies um und läßt allein die zehn Verse mekkanisch sein (Hibat-allāh).

[2]) Siehe die Kommentare und Waq. 68 (Wellhausen S. 55).

[3]) Vgl. das Wort ٱلْمُنَافِقُونَ V. 10, welches in Sur. 2 noch fehlt. H. Grimme, Mohammed II, 26, und Aug. Müller, in der Ausgabe von Fr. Rückert's Übersetzung des Korān S. 509 f., rechnen noch V. 11. 12 zu diesem Stück, während G. Weil, K.² S. 76, nur V. 9. 10 und, weniger sicher, V. 5 nach Medīna versetzt. A. Sprenger a. a. O. II, 132 f. sucht die übrigens von vielen alten muslimischen Autoritäten vertretene mekkanische Herkunft der ganzen Sūre zu beweisen, und zwar verlegt er sie in die Zeit der Auswanderung nach Abessinien. Ihm schließt sich H. Hirschfeld, New Researches S. 144, an, nur daß er einzelne Teile verschiedenen Klassen zuweist, V. 1—12 der 6ten, V. 13—42 der 4ten, V. 43—69 der 5ten.

[4]) Vgl. die Bemerkung zu Sur. 28, 52.

zusetzen, und die doppelte Exzeption mit إِلَّا innerhalb desselben Satzes ist nicht nur störend, sondern auch sonst im Qorān nicht nachzuweisen. Läßt man diesen Passus weg, so sagt V. 45, daß man den Schriftbesitzern bloß mit Worten, nicht mit Gewalt entgegentreten dürfe. Die Provenienz des so gekürzten Textes steht nicht fest. Für seine medīnische Herkunft spricht, daß die mekkanischen Sūren die Phrase *ahlu 'l-kitābi* für „Schriftbesitzer" nicht kennen, sondern sich weitläufiger Umschreibungen bedienen[1]), während alle anderen Qorānstellen, in denen die Phrase بِٱلَّتِى هِىَ أَحْسَنُ vorkommt (Sur. 6,53. 16,126. 23,98), allgemein als mekkanisch gelten. V. 56 wird den Gläubigen nahe gelegt, im Interesse der neuen Religion sogar die Heimat zu verlassen. Aber hieraus allein darf man noch nicht folgern, daß diese Verse kurz vor die Auswanderung nach Yaṯrib gehören. Wir wissen ja, daß schon früher verschiedene Muslime und selbst Muhammed die Stadt verlassen hatten. V. 69 mag in Medīna hinzugekommen sein, obgleich es auch möglich ist, daß جَاهَدَ hier bloß „Unglück, Verfolgungen usw. mutig ertragen", nicht „kämpfen" bedeutet, daß also der Vers auch für mekkanische Verhältnisse paßt[2]). Wegen einer Fabel, die auch Wāḥidī erzählt, hält man noch V. 60 für medīnisch[3]). Eine andere Ansicht sagt dies wegen der einzelnen medīnischen Verse gleich von der ganzen Sūra[4]), obgleich wohl nicht leicht eine Stelle deutlicher ihren Ursprung im unverletzbaren Gebiete Mekkas zu erkennen gibt als V. 67. Von V. 18—22 könnte es zumal wegen des Wortes *qul* leicht scheinen, als ständen sie hier nicht an der rechten Stelle. Allein wir haben uns diese Worte wie Sur. 11,37 nicht an Muhammed gerichtet zu denken, sondern an den Propheten, dessen Rede mitgeteilt wird. Es ist nur die historische Andeutung zu ergänzen, daß Gott dem letzteren

---

1) z. B. ٱلَّذِينَ آتَيْنَاهُمُ ٱلْكِتَابَ V. 46.

2) Vgl. Weil, K.[1] 67, Anm. 1. K.[2] 76, Anm. 1.

3) Itq. 34.

4) ‘Omar b. Muḥammad.

dieses قُلْ zugerufen habe. Aus welchem Grunde die Sūra mehrfach für die letzte vor der Higra geoffenbarte ausgegeben wird[1]), ist nicht recht klar; etwa wegen V. 56? Die Verse haben homogene Reime (*īn, īm, īr, ūn*). Die starke Abweichung in V. 51 (*ā*) beruht auf falscher Teilung, indem V. 51. 52 (Flügel) zusammenzuziehen sind.

Sur. 31, 3 wird von einigen wegen der vermeintlichen Erwähnung der Gemeindesteuer für medīnisch gehalten[2]). V. 13 f., welche von törichten Eltern handeln, sind schwerlich an ihrer rechten Stelle; eher könnten sie hinter V. 18 stehen, um als Gegensatz gegen die weisen Lehren Luqmān's[3]) an seinen Sohn zu dienen. Wahrscheinlich aber gehören sie wie 29, 7 in die medīnische Periode, vgl. oben z. St. Vor V. 15 ist höchst wahrscheinlich etwas weggefallen, da إِنَّهَا schwerlich ein Substantiv entbehren kann, auf das es sich beziehen läßt. Dergleichen ist als Folge von Interpolationen nicht selten zu beobachten. Die ganze Perikope von Luqmān könnte erst später eingesetzt sein, da V. 19 sich leichter an V. 10 anschließt. V. 26 bis 28 sollen, wie so manche andere, gegen die Juden zu Medīna gerichtet und daher dort geoffenbart sein[4]).

Auch in Sur. 42 werden mehrere Verse ohne irgend stichhaltige Gründe für medīnisch erklärt: nämlich V. 26[5]), oder V. 22[b] (von قُلْ an) und 26[6]), oder V. 22 (von Anfang an)

---

[1]) Siehe die oben gegebenen Verzeichnisse der Sūren und Wah. in der Einleitung ed. Cair. S. 8. Ḫamīs I, 10.

[2]) B. Itq. 19.

[3]) Vgl. Joseph Derenbourg, Fables de Loqman le Sage, Berlin 1850, Indroduction.

[4]) F. Wah. ʿOmar b. Muḥammad. Ṭabarī, Tafsīr. Itq. 35. Suyūṭī, Asbāb al-nuzūl. ʿAlāeddīn. Zam. B. — V. 32. 33 (Flügel) bilden nur einen Vers, wie auch die gute Überlieferung annimmt, denn ein Reimwort شَيْئًا ist in dieser Sūra unmöglich.

[5]) F. B.

[6]) Ṭabarī, Tafsīr. Zam. Wah.

und 23[1]), oder V. 22^{b}—26[2]), oder V. 23—26[3]); schließlich V. 35[4]) oder V. 37—39[5]).

In Sur. 10 findet man ebenfalls mit Unrecht mehrere in Medīna entstandene Verse, nämlich V. 41[6]), den man auf die dortigen Juden bezog, V. 59[7]) und V. 94 oder V. 94f. oder V. 94—96[8]) oder V. 59. 60[9]), die übrigens nach Hibat-allāh die ältesten Verse des Qorāns sind, oder V. 41 bis ans Ende[10]) oder gar die ganze Sūra[11]). — Dasselbe geschieht wegen der Erwähnung der Juden bisweilen mit Sur. 34, 6[12]). — Sur. 35 V. 37 bis Schluß (V. 45) haben einen von dem Übrigen abweichenden, gemeinsamen Reim auf *ā*. Deshalb brauchen sie aber noch nicht für später hinzugefügt zu gelten, zumal V. 37 gut an V. 33 anschließt, und in der Phraseologie einige Berührungen stattfinden[13]).

Sūre 7 läßt sich in fünf Abschnitte zerlegen: V. 1—56 (Verführung Adams und Mahnreden an die Kinder Adams), V. 57—100 (Sendung der alten Propheten Nūḥ, Ṣāliḥ, Śu'aib), V. 101—173[14]) (Mose und die späteren Schicksale der Juden), V. 174—185 (über einen anonymen Gottesfeind) und schließ-

1) 'Alāeddīn.

2) 'Omar b. Muḥammad. Suyūṭī, Asbāb al-nuzūl. 'Alāeddīn.

3) Itqān 35.

4) Ṭabarī, Tafsīr. Zam. B. — V. 50. 51 (Flügel) bilden nur einen Vers.

5) Itq. 35. 'Alāeddīn.

6) 'Omar b. Muḥammad. Itq. 32. 'Alāeddīn.

7) 'Alāeddīn.

8) Vgl. Anm. 6. Hibat-allāh scheint diese Verse zu meinen, wenn er sagt, diese Sūra sei bis auf 2 oder 3 Verse mekkanisch.

9) 'Alāeddīn nach Muqātil.

10) Itq. 32.

11) Itq. 26. — V. 10. 11 (Flügel) sind in einen Vers zusammenzuziehen.

12) Itq. 35.

13) Vgl. يُمْسِكُ V. 2. 39; مكر V. 11. 41; أَجَلٍ مُسَمًّى V. 14. 44. — V. 42 sieht aus wie eine Variante zu den letzten fünf Worten des vorhergehenden Verses. — Hinter مُسَمًّى (Flügel) V. 44 ist nach der guten Überlieferung kein Versende.

14) V. 139. 140. 143. 144; 146. 147 und 157. 158 (Flügel) bilden eigent-

lich V. 186[1])—205 (über die letzte Stunde). Obwohl unter diesen Abschnitten keine näheren Beziehungen bestehen, ist es doch denkbar, daß sie Muhammed selbst miteinander vereinigt hat. Der erste Teil ist wahrscheinlich in Mekka während eines Wallfahrtsfestes entstanden. Denn er greift die Gebräuche an, nackt den Umgang um die Kaʿba zu vollziehen und zur Pilgerzeit zu fasten (V. 29). Aus V. 92 f. (vgl. V. 127 f.) scheint hervorzugehen, daß kurz vorher zu Mekka eine Teuerung geherrscht hatte. V. 163, zu welchem bisweilen noch einige der folgenden Verse hinzugefügt werden, halten manche für medînisch[2]), wahrscheinlich nur nach einem falschen Schlusse aus وَٱسْأَلْهُمْ (V. 163), das man auf die Juden zu Yaṯrib bezog. Seltener wird V. 198[3]) oder V. 203[4]) für medînisch erklärt. Aber in V. 156 sind mehrere Zeichen, die tatsächlich einen medînischen Ursprung verraten: ٱلْأُمِّيّ findet sich nur in medînischen Stellen, für die es auch besser paßt, da der Gegensatz des aus den Heiden hervorgegangenen Propheten zu den Schriftbesitzern in Mekka weniger Bedeutung hatte; die Tora und das Evangelium kommen nie in mekkanischen Sûren vor; und endlich deutet عَزَّرُوهُ وَنَصَرُوهُ unverkennbar auf die Anṣâr hin. Daher haben wir diesen Vers

---

lich je einen Vers, da isolierte Reime auf *â* in dieser Sûre unstatthaft sind.

Fr. Rückert in den Anmerkungen zu seiner Koranübersetzung, herausgegeben von A. Müller, S. 457 f. hält den letzten Satz von V. 142 bis V. 148 „für eine Andeutung des Inhaltes von V. 149, und das dazwischen liegende für unecht oder doch unnütz", aber ohne hinreichenden Grund.

In V. 166 ist hinter خاسئين nach guter Überlieferung Versende.

1) In V. 186 haben wir hinter بَغْتَةً, um einen Reim zu erhalten, nach dem Vorbild mehrerer Stellen (Sur. 7, 93, 12, 107, 26, 202, 29, 53, 43, 66) etwa وَأَنْتُمْ لَا تَشْعُرُونَ hinzuzufügen. — V. 199 = Sur. 41, 36.

2) ʿOmar b. Muḥammad. Itqân V. 163; Hibat-allâh V. 163—166; ʿAlâeddîn V. 163—167; Zam. und B. in der Einleitung, Itqân 32, ʿAlâeddîn V. 163—170.

3) B. in der Einleitung.

4) Wah. Suyûṭî, Asbâb al-nuzûl.

wie den darauf folgenden V. 157, also V. 156—158[1]), die auch die Gedankenentwicklung hemmen, als einen, vielleicht von Muhammed selbst hierher gestellten, medīnischen Zusatz zu betrachten. V. 174—182 beziehen die Traditionen gewöhnlich[2]) auf den biblischen Bileam oder auf den schon mehrfach erwähnten Umaiya b. Abī 'l-Ṣalṭ. Ein neuerer Erklärer[3]) denkt an den jüdischen Dichter Ka'b b. al-Aśraf und hält den Abschnitt deshalb für medīnisch.

Sur. 46, 9 soll wegen der Erwähnung der Juden wieder medīnisch sein[4]). V. 14 geht nach den Sunniten auf Abū Bekr. Ob diese Tradition nur zur Rechtfertigung seines Chalifates erfunden oder aus anderen, weniger tendenziösen Motiven entstanden ist, entzieht sich der Beurteilung. Indessen hat der Text V. 14—16 überhaupt keine bestimmte Person im Auge[5]), sondern hebt nur ganz allgemein die Pietät gegen die Eltern als Eigenschaft des wahren Muslim hervor. Wie der Abschnitt V. 14—16, so werden auch V. 34 f.[6]), welche in Wahrheit nur einen Vers ausmachen, ohne zureichende Gründe zuweilen als medīnisch bezeichnet. V. 20—31 standen ursprünglich gewiß nicht an dieser Stelle, da sie den Zusammenhang von V. 32 f. mit V. 19 stören, gehören aber derselben Periode an. V. 28 wird schon in der ältesten Überlieferung auf die gleiche Situation bezogen[7]) wie Sur. 72.

---

[1]) Weshalb H. Hirschfeld, New Researches S. 132. 145, auch noch das Folgende bis V. 172 für medīnisch hält, weiß ich nicht.

[2]) Die Kommentare. Wah. usw.

[3]) H. Hirschfeld, New Researches S. 94 f.

[4]) Man bezieht den Vers auf 'Abd-allāh b. Salām ('Omar b. Muḥammad. Ṭabarī, Tafsīr. Zam. B. F. 'Alāeddīn. Itq. 36. Suyūṭī, Asbāb al-nuzūl. Ibn Ḥagar II, S. 782. Usd al-Ghāba III, 176), obwohl gewiß kein einzelner Mann gemeint ist.

[5]) 'Alāeddīn zu V. 16 والقول الصحيح انّه ليس المراد من الآية شخص معيّن بل المراد كلّ شخص كان موصوفا بهذه الصفة وهو كلّ من دعاه ابواه الى الدين الصحيح.

[6]) Itq. 36. 'Alāeddīn.

[7]) His. 281. Ṭabarī I, 1202. Ibn Sa'd ed. I, ɪ, S. 142. Ḫamīs I, 303. Die Kommentare. Vgl. oben S. 132 f.

Wenn dies auch nicht richtig sein sollte, so ist doch gewiß, daß Muhammed mit der Geisterwelt der Ginnen in Verkehr zu stehen glaubte.

In Sur. 6 finden sich starke Sinneseinschnitte hinter den Versen 45. 72. 90. 117. 134. 141. 154. Doch zeigt die Sūre in stilistischer wie lexikalischer Beziehung eine außerordentliche Gleichmäßigkeit[1]. Diese Erscheinung erklärt sich am leichtesten bei der Annahme, daß die Mehrzahl der einzelnen Teile innerhalb eines eng begrenzten Zeitraumes entstanden ist. V. 20 wird von einigen ohne genügenden Grund, wahrscheinlich wegen seiner Bezugnahme auf die Schriftbesitzer, für medīnisch[2] ausgegeben. Häufiger ist diese Anṣicht[3] von V. 93. Denn man deutet ihn auf die falschen Propheten (Musailima usw.) oder auf ʿAbd-allāh b. Saʿd b. Abī Sarḥ[4], der die Offenbarungen verfälscht haben soll. Mit mehr Recht setzt man V. 91 nach der Auswanderung[5], da der direkte Vorwurf gegen die Juden, sie schrieben ihre heiligen Bücher nieder und verheimlichten dabei vieles, nämlich die Stellen, in denen von Muhammed die Rede sei, in Medīna eher als

1) Vergleiche خسر V. 12. 20. 31. 141; ومن اظلم ممّن افترى على الله كذبا V. 21. 93. 145; يفترون V. 24. 112. 138. 139; نصرّف الآيات V. 46. 65. 105; صدف V. 46. 158 3mal, sonst nirgends im Qorān; كسب V. 3. 69. 120. 129; زعم V. 22. 94. 137. 139; مسّ V. 17. 49; لبس V. 9. 65. 82. 138; هذا كتاب انزلناه مبارك V. 92. 156; فصّلنا الآيات V. 55. 97. 98. 119. 126; حجّة bezw. حاجّ V. 80. 83. 150; زيّن V. 43. 108. 122. 138; يا قوم V. 78. 135; انس وجنّ V. 112. 128. 130; يقترفون V. 113. 120; لعب ولهو V. 32. 69. — Die Wendung الذين هادوا V. 147, welche die Juden bezeichnet, findet sich sonst nur in medīnischen Stellen, Sur. 2, 59, 4, 48. 158, 5, 45. 48. 73, 16, 119, 22, 17, 62, 6.

2) ʿOmar b. Muḥammad. Itq. 31. ʿAlāeddīn.

3) Siehe oben S. 46f.

4) Ṭabarī im Tafsīr. Zam. B. ʿAlāeddīn. L. Wah. Itqān 31. Suyūṭī, Asbāb al-nuzūl.

5) Dieselben.

in Mekka gefallen sein dürfte. Da man nun, wie erwähnt, auch V. 93 für medīnisch hielt, so nehmen einige gleich V. 92[1]) und V. 94[2]) hinzu. V. 118—121 stehen schwerlich an ihrer rechten Stelle, sondern sind für ein Bruchstück zu halten, das freilich mit dem ausführlich von Speise- und anderen Verboten handelnden Abschnitt V. 135—154 viel Ähnlichkeit hat[3]). V. 142, in welchem das Almosengeben empfohlen wird[4]), und V. 152—154[5]) werden mit Unrecht für medīnisch gehalten. Vor dem Teile, der mit V. 155 anfängt, scheint einiges ausgefallen sein.

Von Sur. 13 beziehen sich nach der gewöhnlichen Erklärung V. 13. 14[6]) oder V. 14[7]) auf ʿĀmir b. Ṭufail und Arbad b. Qais, Häuptlinge des Stammes ʿĀmir b. Ṣaʿṣaʿa, die im Jahre 9 oder 10 angeblich den Propheten ermorden wollten und zur Strafe dafür von frühem Tode ereilt wurden. Deshalb wird auch von anderen Versen, welche mit V. 13 f. in Verbindung stehen, von V. 11. 12[8]), 11. 12. 15[9]) oder 9—12[10]), medīnische Herkunft behauptet. Richtig ist, daß die genannten Männer wegen ihres Anschlusses an den medīnischen Religionsstaat ergebnislos mit Muhammed verhandelten und einige Zeit nachher ein unheimliches Ende fanden, indem ʿĀmir die Pest „an den Hals kam", und den anderen

---

1) F. Itq. 31.

2) Itq. 31. ʿAlāeddīn.

3) V. 119 geht entweder auf Sur. 16, 116 oder auf Sur. 6, 146.

4) ʿOmar b. Muḥammad. L. Zam. B. ʿAlāeddīn.

5) ʿOmar b. Muḥammad. L. Zam. B. F. Itq. 31. ʿAlāeddīn. — Itqān 31 f. und ʿAlāeddīn in der Einleitung, welche unter den mir zugänglichen Schriftstellern am ausführlichsten über die medīnischen Verse dieser Sūra handeln, teilen beide je drei verschiedene Ansichten mit. So sind medīnisch nach Itq. a: V. 152—154. 93. 94. 20. 114; nach Itq. b: V. 91 f., nach Itq. c: 152. 153; nach ʿAlāeddīn a: V. 152—154. 91. 93. 94; nach ʿAl. b: V. 152—154. 91. 93. 94. 114. 20; nach ʿAl. c: V. 91. 142.

6) Ṭabarī, Tafsīr. L. Wah. Zam. B. ʿAlāeddīn.

7) Ibn Qutaiba, Liber poesis et poetarum, ed. M. J. de Goeje S. 151, 10. B. — Hibat-allāh erzählt die Geschichte, nennt aber keinen Vers.

8) F. 9) Wah.

10) His. 940 (nicht von Ibn Isḥāq). Itq. 26. 32. Suyūṭī, Asbāb al-nuzūl.

ein Blitz erschlug[1]). Obschon diese Todesart Arbad's durch ein Trauerlied seines Stiefbruders, des berühmten Dichters Labīd[2]), gesichert wird, so ist es doch unstatthaft, die Verse 13. 14 hiermit in Verbindung zu bringen. Sie sprechen ja nur den allgemeinen Gedanken aus, daß Allāh zuweilen Menschen durch Blitze töte. Die einfachste und darum wohl älteste Nachricht über Arbad[3]) weiß von dieser Offenbarung nichts, ebensowenig die vielen späteren Darstellungen[4]), so fabelhaft sie auch sonst ausgeschmückt sind. Wir finden übrigens zur Erklärung jenes Verses noch andere Geschichten überliefert, die aber ebenfalls kein Vertrauen verdienen. V. 29 verlegt man ins Jahr 6 der Higra, als die Mekkaner den Vorschlag der Muslime, die Vertragsurkunde von Ḥudaibiya mit der Formel *bismillāh al-raḥmān al-raḥīm* einzuleiten, zurückwiesen, da ihnen das Wort *al-raḥmān* unbekannt wäre[5]). Andere leiten ebenso falsch V. 31 aus dieser Zeit her und verstehen ihn von dem damals bei Mekka lagernden muslimischen Heere[6]), oder man bezieht ihn auf die Feldzüge Muhammeds überhaupt[7]). Als medīnisch gilt schließlich zuweilen auch V. 43, und zwar wegen des Ausdruckes *šahīd*, den man

---

1) Weil 256 f. Sprenger, Leben III, 401. Leone Caetani, Annali dell' Islām II, I, S. 90 f. verlegt die Gesandtschaft der Banū 'Āmir vor den Gumādā II des Jahres 8, auf Grund einer Kombination des Berichtes Ibn Sa'd's (Jul. Wellhausen, Skizzen und Vorarbeiten IV, S. 152) mit dem Wāqidī's (Wellhausen S. 306).

2) Dīwān des Labīd ed. Huber-Brockelmann No. 25. Ḥamāsa 468. Vgl. His. 941, 9. Ibn Qutaiba ed. M. J. de Goeje S. 151, 9. Aghānī XV, 139, 22. Mit Unrecht wird der im Dīwān der Hudhailiten No. 106 V. 5 erwähnte Arbad vom Scholiasten für den Bruder Labīd's gehalten.

3) Ibn Sa'd bei Wellhausen, Skizzen IV, S. 151 f. ist die einzige mir bekannte Quelle, welche noch nichts davon weiß, daß die beiden Häuptlinge zu Muhammed in der Absicht kamen, ihn zu ermorden.

4) His. 940. Ṭabarī, Annales I, 1745 ff. F. Wah. Hibat-allāh. Maidānī ed. Freytag II, 172 f.

5) Ṭabarī, Tafsīr. F. Wah. Hamīs ed. Cair. 1283 I, 12 und darnach Weil 375. Bei Wah. finden wir noch eine andere Erklärung, nach welcher der Vers mekkanisch ist.

6) L. und weniger genau Zam. B.

7) Ṭabarī, Tafsīr. 'Alāeddīn.

hier ebenso unrichtig wie anderswo *šāhid* (Sur. 46, 9) auf den jüdischen Konvertiten Abd-allāh b. Salām deutete[1]).

Der vermeintliche medīnische Ursprung einzelner Verse veranlaßt manche, dies von der ganzen Sūra zu behaupten[2]). Im Zusammenhang mit dieser Anschauung wird dann V. 30 f. oder V. 31, der, wie oben erwähnt, einigen Autoritäten in der sonst mekkanischen Sūra allein als medīnisch gilt, für mekkanisch erklärt[3]).

b. Die medīnischen Sūren.

Ehe wir zur Betrachtung dieser Sūren selbst übergehen, wird es gut sein, die Verhältnisse des Propheten vor und nach der Auswanderung sowie seine politische Stellung in Medīna den verschiedenen Parteien gegenüber kurz anzudeuten. Denn der Unterschied der hier geoffenbarten Qorānteile von den mekkanischen ist zunächst durch die Veränderung der geschichtlichen Lage bedingt.

Zu Mekka hatte Muhammed die wenig beneidenswerte Rolle eines Propheten gespielt, dem nur wenige und zwar zum größten Teil Leute aus der niedrigsten Klasse folgten, den die meisten für einen Narren oder Betrüger hielten, und den seine Verwandten nur aus Rücksicht auf die unzerreißbaren Familienbande vor persönlicher Beleidigung schützten. Durch die Auswanderung ward er auf einmal anerkannter geistlicher und sehr bald auch weltlicher Führer eines großen Gemeinwesens. Die Ursachen, welche diesen auffallenden Umschwung herbeigeführt haben, sind nicht vollkommen deut-

---

1) ʿOmar b. Muḥammad. F. ʿAlāeddīn. Itq. 26. Bei F. und Ṭabarī, Tafsīr wird diese Tradition für irrig erklärt.

2) Außer den Listen der Sūren (s. o. S. 59 ff.) ʿOmar b. Muḥammad. Hibat-allāh. Zam. B. Itq. 32 (Qatāda).

3) ʿOmar b. Muḥammad. Itqān 32 (Qatāda). ʿAlāeddīn. Im Itqān 26. 32 und bei ʿAlāeddīn in der Einleitung finden sich folgende verschiedene Ansichten über Sūre 13 zusammengestellt: 1) sie ist ganz mekkanisch (Itq. 26. ʿAl.); 2) ganz medīnisch (Itq. 26. ʿAl.); 3) mekkanisch außer V. 9—14 (Itq. 32); 4) mekkanisch außer V. 43. 9—14 (Itq. 26); 5) mekkanisch außer V. 13. 14 (ʿAl.); 6) mekkanisch außer V. 31. 43 (ʿAl.); 7) medīnisch außer V. 31 (Itq. 32); medīnisch außer V. 30. 31 (ʿAl.).

lich, obwohl unsere Kenntnis des vorislamischen Medīna sich durch die eindringenden Forschungen J. Wellhausen's[1]) sehr erweitert hat. Vor der Higra war Medīna jahrzehntelang der Schauplatz erbitterter Fehden zwischen den beiden Stammgruppen der Aus und Ḫazrag. Das letzte große Ereignis dieser Kämpfe, die Schlacht von Bu'āṯ, hatte weder den siegreichen Aus die Vorherrschaft gegeben, noch zu einem eigentlichen Friedensschlusse geführt. Vielmehr wurde die Unsicherheit im Stadtgebiet größer als je zuvor, indem die zahlreichen Blutschulden nicht offiziell beglichen, sondern der Privatrache überlassen waren. Wenn die Bewohner von Yaṯrib sich später so rasch an die Herrschaft eines Fremden gewöhnten, so ist das gewiß mit eine Folge jener anarchischen Zustände, die auf die Dauer immer unerträglicher werden mußten. Aber hieraus darf man noch nicht mit L. Caetani[2]) schließen, daß die medīnischen Männer, welche mit Muhammed in Mekka Verbindungen anknüpften, von dem politischen Motiv der Pazifizierung ihrer Stadt geleitet waren, wenn es auch möglich ist, daß diese Dinge unter ihnen zur Sprache kamen.

In der Überlieferung[3]) wird das letztere ausdrücklich behauptet, aber sie betont in erster Linie das religiöse Moment. Danach hatte Muhammed einer Gruppe von Medīnensern, die zum Besuche der Ka'ba gekommen waren, seine Lehren vorgetragen und war auf empfängliche Herzen gestoßen. Heimgekehrt entfalteten diese für den Islām eine so lebhafte Propaganda, daß sich in kaum zwei Jahren eine ansehnliche Gemeinde bildete, welche bereit war, dem in seiner Vaterstadt von den meisten verkannten Propheten eine neue Heimat zu gewähren.

Um den beispiellosen Erfolg des Islām in Yaṯrib zu erklären, hat man darauf hingewiesen, daß die Medīnenser

---

1) Skizzen und Vorarbeiten, Viertes Heft, 1889, S. 1—83; Das arabische Reich und sein Sturz, 1902, S. 1—15.

2) Annali dell' Islam I, 334.

3) His. 287, 1. Ṭabarī I, 1210, 6 ff.

durch die zahlreichen Juden, welche unter ihnen wohnten, sowie durch die christlichen Araberstämme, die ihnen benachbart und zum Teil verwandt waren, bereits mit wichtigen Ideen des Islām vertraut sein mußten, ja daß schon religiöse Reformer wie der Ḫazragite[1]) Aus b. ʿĀmir al-Rāhib, unter ihnen aufgetreten waren und Anhang besaßen[2]). Das ist unzweifelhaft richtig. Wenn es auch in Mekka derlei Leute gegeben hat, und die Religionen der Schriftbesitzer auch dort nicht unbekannt waren[3]), so ist doch in Yaṯrib ein unvergleichlich stärkeres Einströmen biblischer Vorstellungen anzunehmen. Vielleicht waren die medīnischen Bauern schon an sich für Religion empfänglicher als die Großkaufleute von Mekka.

Somit wird die muslimische Tradition darin Recht behalten, daß die religiöse Stimmung der Medīnenser das wesentliche Motiv zur Aufnahme Muhammeds war. In diesem Falle lag die Ausgestaltung der geistlichen Autorität zur politischen Führerschaft nicht von vornherein in ihrer Absicht, sondern entwickelte sich aus den Verhältnissen und deren kluger Ausnutzung durch den Propheten, dessen staatsmännische Begabung hier ihre ersten Triumphe feierte. Noch nicht zwei Jahre nach der Übersiedelung konnte er es wagen, den Bewohnern Yāṯribs eine Art von Staatsgrundgesetz[4]) zu diktieren. Was ihm vorzuschweben scheint, ist eine Theokratie ähnlich der mosaischen, in der „Allāh und Muhammed“ die letzte Instanz für alle Streitigkeiten sind.

---

[1]) Es ist wohl nicht bloßer Zufall, daß die überwiegende Mehrzahl der ersten für den Islām gewonnenen Medīnenser gerade dem Stamme der Ḫazrag angehört. Bei der zweiten Zusammenkunft in al-ʿAqabah sollen 53 von den Ḫazrag, aber nur 8 von den Aus zugegen gewesen sein, vgl. L. Caetani, Annali I, 321 f.

[2]) J. Wellhausen, Skizzen IV, S. 15—17.

[3]) Vgl. oben S. 8. 18; J. Wellhausen, Reste arabischen Heidentums² S. 238.

[4]) Vgl. J. Wellhausen's grundlegende Abhandlung „Die Gemeindeordnung von Medina“ im vierten Heft der Skizzen und Vorarbeiten, S. 67—83.

Von den Parteien, die wir in Medīna anzunehmen haben, waren ihm nur die wahren Muslime unbedingt ergeben, vor allem die ausgewanderten Mekkaner (*Muhāgirūn*), doch nicht viel weniger ein großer Teil der Bewohner von Yaṯrib, die mit Eifer den Islām annahmen und im Kampfe für ihn sich den Ruhm erstritten, Helfer (*Anṣār*) des Propheten zu heißen [1]. Allein viele Einwohner von Medīna waren gegen Muhammed nicht so freundlich gesinnt und erkannten ihn weder als Propheten an, noch wollten sie ihn als Herrscher dulden. Wegen der großen Menge seiner begeisterten Anhänger wagten sie zwar nicht offen gegen ihn aufzutreten, setzten ihm aber einen passiven Widerstand entgegen, an dem seine Pläne mehr als einmal scheiterten. Ihr Einfluß war so groß, daß er sie mit Behutsamkeit behandeln und ihnen zuweilen sogar nachgeben mußte. Man darf sich aber diese Partei der *Munāfiqūn*, der „Zweifler" oder „Wankelmütigen" [2], nicht allzu scharf ausgeprägt und abgegrenzt denken. Auch viele, die an Muhammed glaubten, blieben doch von einem unbedingten Gehorsam gegen ihn weit entfernt. Denn die Bande der Familie und des Blutes, welche die einzelnen Glieder zusammenhalten und unter die Autorität des geborenen oder gewählten Oberhauptes beugen, waren bei den damaligen Arabern, wie bei allen in Geschlechtsverfassung lebenden Völkern, außerordentlich stark. Vorzüglich wirkte ihm entgegen das Ansehen des ʿAbd-allāh b. Ubai b. Salūl, des berühmtesten Führers der Ḫazrag, welche dem Bruderstamme Aus an Zahl überlegen waren. Selbst nachdem dieser Mann

---

[1]) Der unleugbar hohe Mut, den die an Zahl nicht sehr bedeutenden Muslime ihren Feinden gegenüber zeigten, erklärt sich leichter, wenn man bedenkt, daß den Ausgewanderten überhaupt nichts übrig blieb, als zu siegen oder zu sterben, und daß dabei noch viele — besonders Nicht-Quraischiten — von Rachedurst gegen ihre ehemaligen Verfolger getrieben wurden, daß die Medīnenser aber durch die blutigen innern Zwistigkeiten zwischen den Stämmen Aus und Ḫazrag an den Krieg gewöhnt und daher dem in seinem Heiligtum sicheren quraischitischen Handelsvolke überlegen waren. Zu dem allen kam nun mehr und mehr der religiöse Fanatismus als mächtigster Antrieb zum Kampfe.

[2]) Über die Bedeutung und Etymologie von *munāfiq* vgl. oben S. 88.

seine eigentliche politische Macht verloren hatte, war sein Einfluß immer noch so groß, daß Muhammed, der ihn gewiß von Herzen haßte, doch große Rücksicht auf ihn nehmen und ihn bis zum Tode fast als seinesgleichen behandeln mußte. Sonst hätte er leicht dessen ganzes Geschlecht und sogar die Gläubigen darunter gegen sich aufgebracht[1]). Zuweilen dehnt man den Ausdruck *Munāfiq* noch weiter aus und nennt so selbst wahre Gläubige, die einmal aus irgend einer Ursache ungehorsam oder in der Ausführung von Befehlen lässig gewesen sind. Dann wird das Wort auch wohl von der Masse derer gebraucht, die, wie immer der große Haufe, dem Propheten beistanden, wenn er siegte, aber ihn im Unglück verlassen wollten. Ähnlich muß man die arabischen Stämme beurteilen, die von der Zeit des Friedens von Ḥudaibiya an, vorzüglich aber seit der Einnahme von Mekka zu Muhammed übergingen. Von ihnen wurden zwar manche wahre Gläubige, aber der größte Teil, unter ihnen auch die Häupter der Quraischiten, besonders fast das ganze Geschlecht der Banū

---

[1]) Das deutlichste Beispiel des halb heidnischen, halb islāmischen Geistes der Neubekehrten, des Kampfes zwischen unbedingtem Gehorsam und unwiderstehlicher Gewalt des Geschlechtszusammenhanges und der darauf gegründeten Blutrache bietet die Erzählung, wie einst dieses ʿAbd-allāh Sohn, ein guter Muslim, den Propheten um Erlaubnis bat, seinen eigenen Vater wegen einer unehrerbietigen Äußerung zu töten; „denn", sagte er, „wenn ihn ein anderer tötet, so stehe ich nicht dafür, daß mich nicht einst ‚der Eifer des Heidentums' erfaßt und ich an dem Mörder meines Vaters Blutrache nehme, ob auch jener ein Gläubiger, dieser ein Ungläubiger ist" (His. 727 f. Ṭabarī I, 1514 f. Wāqidī ed. Wellhausen S. 181 f. Ṭabarī, Tafsīr und F. zu Sur. 63 usw.). Es ist möglich, daß ʿAbd-allāh anfangs dem Propheten nicht kräftig genug entgegengetreten war oder ihn gar unterstützt hatte. Darauf deuten die Worte, die er später über Muhammed und seine Anhänger gebrauchte: سَمِّنْ كَلْبَكَ يَأْكُلْكَ „Mäste deinen Hund, so frißt er dich" (His. 726. Ṭab. I, 1512. Wāqidī ed. Wellhausen S. 179 f. und die Kommentare zu Sur. 63. Vgl. Freytag, Proverbia I, S. 609). Als nun sein Ansehen in dem Grade sank, wie das des Propheten stieg, und Glieder seines eigenen Hauses zu diesem übergingen, klagte er seinen Schmerz in den schönen Versen, die wir His. 413 finden.

Umaiya b. ʿAbd-šams[1]), nahm nur gezwungen oder aus eigennütziger Berechnung den Islām an, und sie wurden auch nur aus politischen Gründen als Muslime anerkannt.

Mit weit größerer Energie als die „Wankelmütigen" traten dem Propheten die jüdischen Stämme entgegen, die in Yaṯrib selbst wie in benachbarten Oasen angesiedelt waren. Zu der geistigen Überlegenheit, welche ihnen eine uralte literarische Tradition über die Araber gab, mag man ihre Gelehrsamkeit auch noch so gering anschlagen[2]), kamen noch kriegerischer Mut und andere Eigenschaften[3]), durch die sie sich nach der wunderbaren Weise aller Juden ihren Nachbarn assimiliert hatten, ohne ihre Eigentümlichkeit aufzugeben. Muhammed hatte anfangs große Hoffnungen auf sie gesetzt, als auf Leute, welche die Offenbarung schon kannten. Da sie nun aber ihre alte Auffassung derselben nicht gleich dem neuen Propheten zuliebe aufgaben[4]), dessen große Abweichungen von ihrem Glauben ihnen viel leichter zu erkennen waren als ihm, da ward der Zwiespalt immer größer und hörte nicht auf, bis endlich alle Juden umgebracht, vertrieben oder unterjocht waren. Die Feindschaft der Juden war um so gefährlicher, als sie ihm nicht nur mit den Mitteln des Kriegs und der Politik, sondern auch durch

---

[1]) Diese Leute wurden المؤلَّفةُ قلوبُهم „die, deren Herzen gewonnen sind" (im Qorān nur einmal Sūra 9, 60, aber häufig in den Traditionen) genannt. · Vgl. auch Lammens, Moʿāwiya S. 222.

[2]) Ganz arabisch erscheinen die Juden in ihren Gedichten, von denen sich noch einige, zum Teil sehr schöne Fragmente aus dem Kitāb al-Aghānī und andern Werken zusammenbringen lassen. Vgl. Th. Nöldeke, Beiträge zur Kenntniss der Poesie der alten Araber, 1864, S. 52—86. Übrigens bestand ein großer Teil dieser Juden aus zum Judentum bekehrten Arabern, vgl. Jul. Wellhausen, Skizzen IV, S. 15.

[3]) Mit Ausnahme einiger wenigen, wie des ʿAbd-allāh b. Salām, der darum für die Muslime überhaupt als Beispiel eines gläubigen Juden dienen muß, wie ʿAbd-allāh b. Ubai als das eines Zweiflers, Abū Gahl als das eines Götzendieners usw., und daher sehr oft am unrechten Ort erwähnt wird.

[4]) Vgl. J. Wellhausen, Skizzen und Vorarbeiten, Viertes Heft, Berlin 1898, S. 12 f.

beißenden Spott und spitze Fragen über Gegenstände der Religion schadeten[1]). Wären nicht ihre verschiedenen Stämme durch die Kämpfe der Aus und Ḫazrag in zwei feindliche Teile gespalten gewesen, so würde es Muhammed kaum möglich gewesen sein, sie nacheinander aufzureiben.

Die Heiden, gegen welche in der medīnischen Zeit ein offener Kampf geführt wurde, werden nur noch selten durch den Qorān angegriffen. Auch von den Christen, die ja weit von Yaṯrib ab wohnten, und mit denen Muhammed erst in seinen letzten Jahren feindlich zusammenstieß, spricht er selten und zwar meist ziemlich freundlich, nur mit Tadel über gewisse Dogmen. Dagegen greift Muhammed die Juden nach der Higra sehr oft mit großer Schärfe an und sucht zu zeigen, daß sie von jeher halsstarrig gewesen und darum von Gott verflucht worden seien. Auch die „Wankelmütigen“ werden häufig bitter getadelt; wenn er in seinen Handlungen auch oft auf sie Rücksicht nehmen mußte, so läßt er doch im Qorān — allerdings mit Verschweigung der Namen — seinen Gefühlen freien Lauf. Übrigens wendet der Prophet sich hierbei fast nur an die eigentlichen *Munāfiqūn* zu Medīna. Denn die übrigen Araber, welche den Islām ebenfalls nur äußerlich angenommen hatten, suchte er mehr mit Güte zu gewinnen als durch zu strenge Maßregeln und Worte abzustoßen.

Endlich reden diese Sūren oft die Muslime an, jedoch selten um ihnen dogmatische oder moralische Sätze vorzutragen, die ihnen aus den mekkanischen Sūren hinlänglich bekannt waren, sondern der Prophet spricht daheim und im

---

[1]) So warfen sie z. B. gegen den Propheten ein: ما نرى لهذا الرجل همّة الّا النسآء والنكاح ولو كان نبيًّا كما زعم لشغلَه امرُ النبوّة عن النسآء (Alkalbī bei Wah. zu Sur. 13, 38). So fragten sie ihn: „Gott hat die Welt geschaffen: wer hat denn den Schöpfer geschaffen?“ Natürlich hatten sie selbst eine spitzfindige Antwort darauf bereit, wollten aber prüfen, ob Muhammed auch eine solche fände. Die Muslime sehen in dergleichen Fragen freilich nur die Ungläubigkeit und Bosheit der Juden. Jene Frage ist überhaupt typisch und wird auch Ungläubigen und Skeptikern in den Mund gelegt, vgl. Abū Dāwūd, Sunan II, 178.

Feld als ihr Anführer, indem er nach Maßgabe der Umstände, besonders nach einem Siege oder einer Niederlage, schilt oder lobt, die Ereignisse in das rechte Licht setzt, das Zukünftige vorstellt oder Befehle und Gesetze gibt. Diese gesetzlichen Offenbarungen sind von besonderer Wichtigkeit. Einige derselben sollen nur eine Zeitlang, andere für immer gültig sein. Sie entscheiden bürgerliche und rituelle Fragen, ohne jedoch diese Gebiete streng zu trennen. Wie der ganze Qorān mehr den Eingebungen der jedesmaligen Zeitumstände als einem festen Systeme folgt, so sind auch viele dieser Gesetze aus einzelnen Entscheidungen über streitige Rechtsfälle hervorgegangen. Hierbei fügte Muhammed zu dem Richterspruch oft noch Bestimmungen über etwa vorkommende ähnliche Fälle. Ganz ohne bestimmte tatsächliche Veranlassung ist wohl kaum ein Komplex solcher Gesetze[1]) entstanden. Manche Verordnungen und Befehle beziehen sich auch auf die häuslichen Angelegenheiten des Propheten.

Die neuen Gegenstände, welche nach der Auswanderung in den Gesichtskreis Muhammeds traten und in den Sūren zur Behandlung kamen, hätten, so sollte man meinen, erhebliche Abweichungen von dem Stil der letzten mekkanischen Periode nach sich ziehen müssen. Das ist aber im allgemeinen nicht der Fall. Vielmehr werden neue Ausdrücke und Wendungen fast nur da angewandt, wo der Stoff es unbedingt erfordert. Dies tritt natürlich am stärksten in den Gesetzen hervor, bei deren Formulierung auch aller rhetorische Schmuck vermieden wird. Nur von dem Reime, der hier oft aus ganz überflüssigen Zusätzen besteht und deshalb zuweilen geradezu störend wirkt, kann sich Muhammed nicht freimachen. Da er sich selten an die Menschen im allgemeinen wendet, wie zu Mekka, sondern an die einzelnen Parteien besonders, so ist hier die Anrede „o ihr Leute!“ sehr selten; dagegen steht

---

[1]) Dieser Ursprung erklärt einerseits die Einfachheit und den gesunden Menschenverstand, der in diesen Gesetzen zu liegen pflegt, andererseits die Widersprüche, die übrigens auch bei systematischen Kodifikationen nicht ganz zu vermeiden sind.

häufig „o ihr Gläubigen!", seltner „o ihr Juden!", „o ihr Wankelmütigen!" usw. Übrigens finden sich auch in diesen Sūren einzelne kraftvolle und selbst poetische Stellen[1]). Im ganzen sind die medīnischen Offenbarungen, die ja mehr kurze Gesetze, Anreden, Befehle u. dergl. enthalten, ursprünglich von geringerem Umfang als die Mehrzahl der spätern mekkanischen, die gerne in weitläufigen Vorträgen bestehen. Andrerseits hat die Gleichartigkeit des Inhalts zur Folge gehabt, daß unverhältnismäßig viel medīnische Einzeloffenbarungen zu einer Sūre vereinigt wurden, weshalb die medīnischen Sūren jetzt die längsten in unserem Qorānbuche sind.

Eine Entwicklung des Sprachgebrauchs, wie vor der Auswanderung, läßt sich nach derselben höchstens in vereinzelten Spuren nachweisen. Allein dieses doch immer sehr unsichere Hilfsmittel ist hier bei der Altersbestimmung um so leichter zu entbehren, als der Inhalt, die beständige Bezugnahme auf bekannte Ereignisse oder Zustände und der enge Zusammenhang mit der Entwicklung des neuen Staatswesens uns einen viel bessern Leitfaden geben. Jeder, der sich mit der Geschichte Muhammeds beschäftigt, merkt sofort, welch ein Unterschied zwischen der Überlieferung der Ereignisse vor und nach der Auswanderung besteht. Dort haben wir nur wenige sichere Erinnerungen eines kleinen Kreises mit ungewisser Zeitfolge und viele Fabeln, hier bildet die reine Geschichte den Hauptteil, so daß wir den Ereignissen von Jahr zu Jahr folgen können. Es wird uns dadurch möglich gemacht, eine chronologische Ordnung der medīnischen Sūren aufzustellen, bei der einzelnes ganz sicher ist. Freilich bleibt immer noch gar vieles ungewiß; für manchen Abschnitt läßt sich nur eine engere oder weitere Zeitgrenze der Entstehung angeben; von anderen Versen können wir nur sagen, daß sie überhaupt aus der medīnischen Periode stammen[2]).

---

[1]) Vgl. z. B. Sur. 2, 16 ff., 266 ff.

[2]) Muir hat seine Ansichten über die medīnischen Sūren im Appendix zu Vol. III, S. 311—313 dargelegt, jedoch sehr kurz und nicht aufs einzelne eingehend, neues gibt er gar nicht. Er ordnet die medīnischen

Wenn es auch möglich ist, daß einige bald nach der Higra geoffenbarte Stücke später verschwunden oder vom Propheten selbst vernichtet worden sind, so müssen wir doch den Muslimen darin Recht geben, daß von den noch vorhandenen Sūren Sūra 2 die älteste medīnische sei[1]). Denn der größte Teil derselben stammt aus dem zweiten Jahre der Higra, und zwar aus der Zeit vor der Schlacht bei Badr. Der erste Teil, V. 1—19 (bis قدير), fängt allein von allen medīnischen Offenbarungen, ähnlich wie so manche spätere mekkanische, mit den Worten ذلك الكتاب an[2]). Die Muslime sind nicht einig, ob diese Verse auf die Juden oder die *Munāfiqūn* gehen[3]). Daß aber letztere gemeint seien, sieht man aus V. 7 ff. Da jedoch Muhammed nichts davon sagt, daß sie weder kämpfen, noch die Gemeindesteuer entrichten wollten[4]) — sonst der Hauptvorwurf gegen sie —, so ist es wahrscheinlich, daß die Verse zwar nicht aus der allerersten Zeit, aber doch ziemlich früh, etwa aus dem Anfang des Jahres 2 stammen. Der folgende Teil, V. 19 (von يا ايّها الناس an) bis 37, trägt keine deutlichen Zeichen eines medīnischen Ursprungs, dagegen manche Spuren, die einen mekkanischen wahrscheinlich machen. In den ersten Versen spricht der Prophet gegen die Götzendiener, was auch viele Muslime anerkennen[5]). Die folgenden Verse behandeln

---

Sūren folgendermaßen ein, ohne sich zu verhehlen, daß diese Ordnung nur eine ungefähre ist, und daß manche Sūren Stücke aus ganz verschiedenen Jahren umfassen: Sur. 98 (8 Verse); 2 (287 Verse); 3 (200 Verse); 8 (76 Verse); 47 (38 Verse); 62 (11 Verse); 5 (120 Verse); 59 (24 Verse); 4 (175 Verse); 58 (22 Verse); 65 (13 Verse); 24 (65 Verse); 63 (11 Verse); 57 (29 Verse); 61 (14 Verse). Ausschließlich den fünf letzten Jahren weist er zu: Sur. 48 (29 Verse); 60 (13 Verse); 66 (13 Verse); 49 (18 Verse); 9 (131 Verse). Sūra 33 hat Muir ausgelassen. — Über die Anordnungen von Grimme und Hirschfeld ist schon oben S. 73 f. das Nötige gesagt.

1) Vgl. oben S. 59 ff. die Listen der Sūren; Itq. 56.

2) Vgl. Sur. 7, 1. 11, 1. 14, 1.

3) Vorzüglich Alkalbī erwähnt bei den einzelnen Versen die Juden. Vgl. die Kommentare, besonders L. und Ṭabarī, Tafsīr; weniger genau ist die Sprenger'sche Handschrift 404.

4) Auch kommt hier, wie in der ganzen Sūra, das Wort منافقون noch nicht vor.

5) Vgl. die Kommentare, von denen freilich keiner offen sagt, dieser Vers sei mekkanisch, sondern nur, daß er sich an die Mekkaner wende (Wah.).

Gegenstände, die oft in mekkanischen Sūren, in medīnischen aber sonst nie vorkommen. Allein dieser Teil, in dem, wie oft vor der Higra, Schöpfung und Sündenfall der ersten Menschen erzählt wird, steht als Einleitung vor einem größeren medīnischen Stück, welches den Juden zu beweisen sucht, daß sie von der Urzeit an gottlos waren. Obgleich dieses erst einige Zeit nach der Higra entstanden sein kann, als der böse Wille der Juden klar am Tage lag, deutet doch nichts darauf hin, daß Muhammed schon Krieg mit ihnen geführt hatte. Nun weisen einige Verse deutlich auf die Zeit, in der die Gebetsrichtung von Jerusalem nach Mekka verlegt ward[1]). Dies paßt zu dem ganzen Stück, und wir dürfen es

[1]) Über die Zeit dieses Ereignisses weichen die Angaben der meisten Traditionen nur um einen Monat von einander ab. Viele setzen es:

a) in den Monat Ragab des Jahres 2 der Higra (His. 381; Ibn Sa'd cod. Gothan. I, 261; Ṭabarī, Tafsīr Bd. II, S. 3; Zam.; B.; F.; Hibat-allāh, der diese Angabe für die gewöhnliche erklärt; Usd al-Ghāba I, 22, das zwischen den Monaten Ragab und Śa'bān, Ḥalabī, ed. Cair. 1280, Bd. II, 297, der zwischen Ragab, Śa'bān und Gumādā II schwankt), oder

b) an das Ende des 16ten, bzw. Anfang des 17ten Monats nach der Ankunft Muhammeds in Medīna (Ṭabarī I, 1280 und im Tafsīr; Ibn Sa'd cod. Gothan. Bd. I, 263, IX; Bh., kit. al-ṣalāt § 31; Muslim, kit. al-ṣalāt § 50; Nasāī, kit. al-ṣalāt § 24, kit. al-qibla § 1; Muwaṭṭa' 68 mit dem Zusatz „zwei Monate vor der Schlacht bei Badr", also wie oben im Ragab, vgl. auch Ṭabarī, Tafsīr a. a. O.), oder

c) an den Anfang des 18ten Monats (Azraqī 265; cod. Sprenger 404; Ṭabarī, Tafsīr Bd. II, S. 8; Ibn Atīr II, 88), während His. 427, 12; Ṭabarī I, 1279 f.; Ya'qūbī, Historiae II, 42 noch den Namen des Monats, Śa'bān, nennen. Diesen Monat allein nennt Mas'ūdī, Kitāb al-Tanbīh wa'l-Aśrāf ed. M. J. de Goeje, Bibliotheca Geograph. Arab. Vol. VIII, 237, 1.

d) An den Anfang des 19ten Monats (Mas'ūdī ed. Paris. IV, 141; Ṭabarī, Tafsīr Bd. II, S. 12; Ya'qūbī a. a. O.; Hibat-allāh ed. Cair. S. 40; L.).

e) Andere (Bh., kit. al-ṣalāt § 31, kit. al-tafsīr; Muslim a. a. O.; Tirm. im kit. al-tafsīr und kit. al-ṣalāt § 139; Nasāī, kit. al-ṣalāt § 24; F.; Wah.) schwanken zwischen 16 und 17 Monaten.

Nur vereinzelte Traditionen berechnen die Dauer der jerusalemischen Qibla in Medīna:

f) auf 15 Monate nach Fertigstellung der Moschee (Ḥalabī a. a. O.) bzw. nach der Ankunft in Medīna (Ibn Atīr II, 88), oder

g) auf 14 Monate (Ḥalabī), oder

daher in die Zeit setzen, in der Muhammed sich zu dieser Verlegung entschloß, d. h. in die erste Hälfte des zweiten Jahres. V. 59 spricht den Gedanken aus, daß alles auf den Glauben ankomme, hinsichtlich dessen der Jude nichts vor den Nazarenern und Zabiern voraus habe. In dieser Fassung fügt

---

h) auf 13 Monate (Ṭabarī, Tafsīr Bd. II, 3; Hibat-allāh ed. Cair. p. 40), oder

i) auf 9 oder 10 Monate (Ṭabarī, Tafsīr a. a. O.). Diese Angabe beruht vielleicht auf einem Textfehler; oder schließlich

k) ganz allgemein auf „10 und einige" Monate (Ṭabarī, Tafsīr Bd. II, S. 13, 9).

Der Entstehung dieser verschiedenen Berechnungen, bei denen zuweilen noch das Monatsdatum und der Wochentag steht, kann hier nicht weiter nachgegangen werden. Wir können uns mit der Feststellung begnügen, daß die Zahl von 16 oder 17 Monaten am besten bezeugt ist.

Der Grund zur Veränderung der jerusalemischen Gebetsrichtung liegt in der neuen Stellung zu den älteren Offenbarungsreligionen, die Muhammed allmählich in Medīna gewonnen hatte. Während er sich früher den Juden und Christen nächstverwandt fühlte, bewog ihn die Erfolglosigkeit seiner Propaganda unter diesen, sich nach einer anderen Anknüpfung umzusehen, und er fand sie schließlich in der „Religion des Ibrāhīm", den eine Offenbarung eng mit der Kaʿba verflocht, vgl. oben S. 146 f. So wurde der heidnische Kultusort zu einem Heiligtum des Islām und als solches zum Ort der Gebetsrichtung ebenso geeignet, wie es Jerusalem für die Juden war. Die mekkanische Qibla, die Muhammed nach seiner Theorie von der ibrāhīmischen Religion für die einzig wahre halten mußte, erhöhte nicht nur das Selbstbewußtsein der Muslime, indem sie zwischen sich und den dem Islām ablehnend gegenüberstehenden Juden eine neue Schranke aufgerichtet sahen, sie erleichterte auch die Propaganda unter den heidnischen Stämmen.

Nach einer weitverbreiteten Meinung (Weil 90; Muir III, 42 ff.; H. Grimme, Mohammed I, 71. Mohammed [1904] S. 64; Leone Caetani I, 466 ff.; Fr. Buhl a. a. O. S. 212) ist die jerusalemische Qibla erst in Yaṯrib angeordnet worden, um die Herzen der dort zahlreichen jüdischen Bevölkerung zu gewinnen (تألّف). Während die zahlreichen Zitate im ersten Teil der Anmerkung für diese Frage ohne Belang sind, da sie sich fast alle streng auf die Angabe der medīnischen Zeit beschränken, finden wir doch in den Kommentaren zu Sur. 2, 136 ff. und einigen Geschichtswerken (Ḫamīs I, 367; Ḥalabī II, 297 ff.; Ṭabarī pers. II, S. 477) jene Tendenz deutlich ausgesprochen. Indessen sind diese Angaben nicht zuverlässig, denn sie widersprechen unseren ältesten und besten Quellen (His. 190. 228. 294 f.; Ṭabarī I, 1280; Azraqī 273 nach Wāqidī; Ibn Aṯīr II, 88), denen zufolge sich Muhammed schon vor der Higra im Gebet nach Jerusalem bzw. nach Syrien gewandt hat. Der

sich der Inhalt gut in den Zusammenhang ein. Doch treten jene Gedanken in dem überlieferten Wortlaut so wenig scharf hervor, daß sich leicht der Verdacht einer Interpolation aufdrängt. Dem steht aber entgegen, daß der so gut wie gleiche Vers Sur. 5, 73 innerhalb eines auffallend ähnlichen Kontextes steht. V. 70—76 reden die Muslime an, aber mit Bezugnahme auf die Juden. Auch V. 88—90 und 91—97, die gegen gottlose Reden einzelner Juden gerichtet sind[1]), können derselben Zeit angehören. V. 98—115 sind wahrscheinlich aus der Zeit kurz vor der Einsetzung der mekkanischen Qibla; denn V. 100 betrifft vermutlich die Aufhebung früherer Gesetze. V. 108 bezieht sich auf medīnische Gegner des

---

Qorān schweigt sich zwar darüber aus, da die mekkanische Stelle Sur. 10, 87 nur beweist, daß Muhammed der Begriff der Qibla schon damals bekannt war. Aber die Glaubwürdigkeit jener Traditionen wird durch innere Gründe unterstützt. Da Muhammed nicht nur den Namen für das offizielle Gebet (*ṣalāt*), sondern auch zahlreiche Formeln und Riten desselben den älteren Offenbarungsreligionen entlehnt hat, wäre es auffallend, wenn er nicht gleichzeitig oder doch sehr früh nach ihrem Beispiele auch eine Gebetsrichtung befolgt hätte. Sprenger (Leben III, S. 46 Anm. 2) und neuerdings A. J. Wensinck, Mohammed en de Joden te Medina, Dissertation, Leiden 1908, S. 108, gelangen gleichfalls zu dem Resultat, daß die jerusalemische Qibla schon in Mekka eingeführt worden ist. Nun wissen wir, daß die Juden sich im Gebet nach Jerusalem wenden (I Kön. 8, 44. 48; Daniel 6, 11; III Ezra 4, 58; Mischnā, Berākhōt pereq 4, § 5. 6; His. 381), dagegen die Christen der ersten Jahrhunderte nach Osten (vgl. Joseph Bingham, Antiquitates ecclesiasticae, Halae 1729, Vol. V, 275—280; Heinrich Nissen, Orientation, Studien zur Geschichte der Religion, 2tes Heft, 1907, S. 110 f. 247 f.). Damit ist aber noch nicht gesagt, daß die jerusalemische Qibla von Muhammed als eine spezifisch jüdische Einrichtung übernommen worden ist. Möglicherweise fand er dieselbe auch in christlichen Gemeinschaften Arabiens vor, die, wie bekannt, beträchtliche judaisierende Färbung hatten.

In der mekkanischen Periode Muhammeds wird die Kaʿba kaum, jedenfalls nicht als offizielle Gebetsrichtung gedient haben, da sie, wie oben ausgeführt, erst in Medīna als Heiligtum des Islām anerkannt worden ist. Ebensowenig befriedigt die fast wie ein Vermittelungsvorschlag aussehende Tradition, die jerusalemische Qibla sei allein von den kurz vor der Higra bekehrten Medīnensern befolgt worden (Ibn Saʿd cod. Gothan. Bd. IX s. v. Kaʿb b. Mālik; Balāḏurī, Futūḥ al-buldān ed. M. J. de Goeje, S. 2; L.).

[1]) Vgl. die Kommentare.

Propheten, welche die Muslime in der Ausübung des Gottesdienstes störten, ja ihre Versammlungsorte niederzureißen trachteten. V. 109, der ausführt, wie gleichgültig die Gebetsrichtung[1]) für die Gläubigen sei, scheint die Qibla der Juden anzugreifen, aber V. 110 kann nur auf Christen gehen[2]). Daß die Ka'ba und die Religion Abrahams dem Judentum weit vorzuziehen sei[3]), sucht er in V. 116—135 zu beweisen. Was in diesen wie in den vorhergehenden Versen mehr oder weniger angedeutet war, das spricht er endlich offen aus in V. 136—145, welche den Muslimen bei allen Gebeten die Richtung des Antlitzes nach der Ka'ba hin vorschreiben; dabei sagt der Qorān voraus, daß viele hieran Anstoß nehmen würden[4]). V. 148—152 sind jünger. Manche Erklärer beziehen sie auf die bei Badr gefallenen Gläubigen[5]). Da aber V. 150 andeutet, daß die Muslime damals kein besonderes Glück hatten, so ist diese Ansicht nicht wahrscheinlich und eher die Ḍaḥḥāk's vorzuziehen, der sie von den nach der Schlacht am Uḥud beim Bi'r Ma'ūna Gefallenen versteht[6]). V. 154—157 können wir damit verbinden, da sie den Ausharrenden, welche Gott segnet (V. 152), die Gottlosen gegenüberstellen, die von allen verflucht werden (V. 154; 156), und denen, die um der Wahrheit willen umkommen, die, welche in ihrer Bosheit dahinsterben (V. 146 und 156). Der versprengte V. 153 gehört eher nach der Perikope V. 185—199, die sich mit den Wallfahrtszeremonien beschäftigt. Wie leicht aus dem Wortlaut zu erschließen ist, bezieht er sich

---

1) Daß V. 109 die Qibla gemeint sei, sagen auch viele Muslime; vgl. Tirm. k. al-tafsīr; cod. Sprenger 404; Hibat-allāh; L.; Wah.; Ṭabarī, Tafsīr; Zam.; B. Dieselben geben aber auch allerlei andere Erklärungen.

2) V. 107 und 110 bringt man, wie alle Stellen, die von Christen handeln, gegen jede Wahrscheinlichkeit mit der Gesandtschaft von Nagrān in Verbindung (L.; Wah.; Ṭabarī, Tafsīr; Zam.; B.).

3) Vgl. hierzu Snouck-Hurgronje, Het Mekkaansche Feest S. 33 ff. und die Erörterung oben zu Sur. 16, 124.

4) V. 136. — Über das Verhältnis von V. 118 ff. zu V. 136 ff. vergleiche C. Snouck Hurgronje a. a. O. S. 38 f.

5) So Alkalbī nach L. und cod. Spr. 404; vgl. B. 6) L.

auf Bedenken der Muslime, den althergebrachten Lauf zwischen den Hügeln Ṣafā und Marwā mitzumachen[1]). Doch sind wir ebensowenig wie die Traditionen imstande, anzugeben, bei welcher Gelegenheit er offenbart worden ist. Immerhin spricht manches für die Besuchsfahrt des Jahres 7. V. 158—162 sind mekkanisch, wahrscheinlich aus dem Anfange einer Sūra, so daß vorne nur wenige Worte oder Verse abgefallen wären. Mit ihnen haben wir vielleicht V. 196 (von فمن الناس an) bis 198 und V. 200—203 zu verbinden[2]), zu welchen die Muslime oft falsche Erklärungen bieten[3]). Mekkanisch sind auch V. 163—166, welche die Götzendiener bekämpfen, die nur ihren Vätern folgen. Dieser Teil steht vor dem medīnischen V. 167—171, da in beiden von verbotenen Speisen die Rede ist. Vielleicht enthalten diese Verse einen versteckten Gegensatz zu den Juden, die von den Muslimen die Beobachtung der mosaischen Speisegesetze verlangten, und würden so, wie viele andere Teile unserer Sūra, gut zu der Zeit passen, in welcher Muhammed die jüdischen Sitten ablehnte. V. 172 soll denen, welche an der Veränderung der Gebetsrichtung Anstoß genommen hatten, vorstellen, daß es auf solche äußere Gebräuche viel weniger ankomme als auf wahre Frömmigkeit; wir haben ihn als bald nach jenem Ereignis geoffenbart anzusehen. Hierauf folgen in V. 173—181 drei Gesetze, die nicht nur denselben Umfang, je drei Verse, sondern auch den gleichen Anfang, die Worte كُتِبَ عليكم, haben, so daß wir kaum an ihrer ursprünglichen Zusammengehörigkeit zweifeln können. Ihre Entstehung ist zu setzen in die Zeit kurz vor dem Ramaḍān des Jahres 2[4]), für welchen durch das zweite Gesetz das Fasten zum ersten Male angeordnet

---

1) Bh., kit. al-ḥagg § 80. 162; Muslim, kit. al-ḥagg § 39; L.; Wah.; Ṭabarī, Tafsīr; Zam.; B. usw. Vgl. C. Snouck Hurgronje a. a. O. S. 117.

2) Vorzüglich spricht dafür der Ausdruck ومِن (فمِن) الناس V. 160. 196. 200, auch der Reim.

3) Siehe His. 642 und die Kommentare.

4) Ibn Sa'd cod. Gothan. I, S. 261 und 266. Die in Ṭabarī, Tafsīr zu V. 178 mitgeteilten Traditionen geben nur eine ganz allgemeine Situation

wird[1]), d. h. wesentlich in dieselbe Zeit wie die oben behandelten Teile der Sūra. Den Schluß dieser Gesetze bildet V. 182. V. 183 gehört sicher einer späteren Zeit an, denn

an. Falsch setzt Tab. pers. III, 126 V. 181 in die Zeit der Eroberung Mekka's, welche im Ramaḍān stattfand.

[1]) Nach der einhelligen Behauptung der Tradition ist das Ramaḍān-Fasten an Stelle des 'Āšūrā-Fastens getreten. In der Beurteilung des letzteren gehen aber die Traditionen auseinander. Die einen (Muwaṭṭa' 91; Bh. kit-al-ṣaum Anfang und Ende, kit. bad' al-ḫalq § 157 (bāb ayyām al-gāhilīya), kit. al-tafsīr; Tirm. kit. al-ṣaum § 47; Šamā'il § 43; Kommentare) sehen darin ein altes mekkanisches Fest, die anderen eine Neuerung, welche Muhammed erst in Medīna von den Juden übernommen hätte (Bh. kit. al-ṣaum Anfang und sonst; Ṭabarī I, 1281; Ibn Aṯīr II, 88; Ḫamīs I, 360. 68; Mišk. bāb ṣiyām al-taṭauwu' faṣl 3 Anfang). Für die erste Ansicht spricht, daß der Muḥarram ein alter heiliger Monat ist, an dessen zehn ersten Tagen noch von den heutigen Muhammedanern alle möglichen abergläubischen Bräuche geübt werden. An dem hohen Alter dieser Einrichtung braucht man an sich nicht zu zweifeln, da auch die erste Dekade des Wallfahrtsmonats Ḏū'l-Ḥigga besondere Heiligkeit genießt. Dagegen ist es äußerst unwahrscheinlich, daß schon die heidnischen Mekkaner, wie die angeführten Traditionen behaupten, am 'Āšūrā-Tage gefastet haben. Das lehrt vor allem die sprachliche Beobachtung, nach der das Wort *'āšūrā* im Arabischen eine isolierte Nominalbildung darstellt, die aber genau jüdischem *'āsōr* „zehnter Tag" mit der aramäischen Determinativendung *ā* entspricht. Gewiß richtig identifiziert man 'Āšūrā mit dem jüdischen Versöhnungstag am 10. Tischrī als dem heiligsten der hier in Betracht kommenden Fasttage. Da nun überhaupt die 10 ersten Tage des Tischrī seit alters als Bußtage gelten, so ist die oben erwähnte Heiligkeit der entsprechenden Tage des muhammedanischen Kalenders vielleicht ebenfalls jüdischen Ursprungs.

Wie die europäischen Biographen des Propheten (Weil 90 f.; Muir III, 47 f.; Sprenger III, 53 f.; Buhl 212; Grimme I, 55; Leone Caetani I, S. 431 f., 470 f.) vermuten, hat er sich bei der Übernahme des jüdischen Fastens wie bei der der jüdischen Qibla von der Absicht leiten lassen, die Juden für seine Religion zu gewinnen. Das ist nicht unwahrscheinlich, aber von der Frage, ob dieses Fasten schon gegen Ende der mekkanischen oder erst im Anfange der medīnischen Zeit zur Einführung gelangte, nicht unbedingt abhängig.

Der Gedanke, das Fasten im Muḥarram durch ein anderes im Ramaḍān abzulösen, mag damit zusammenhängen, daß die berühmte „Schicksalsnacht" (lailat al-qadr) in diesen Monat fiel. Wie kam aber Muhammed dazu, anstatt jenes Eintagsfastens gleich ein ganzes Monatsfasten anzuordnen? Diese unerhörte Steigerung läßt sich, wie die Umwandlung der Qibla, weder aus prinzipiellen Gedanken des Islām oder aus heidnischen Institutionen herleiten, noch als freie und willkürliche Erfindung betrachten. Sprenger (Leben III, 55) erblickt darin eine

er ist nicht nur viel genauer als die übrigen Gesetze, sondern erwähnt auch ausdrücklich, daß die Muslime wiederholt in der Fastenzeit die Abstinenz übertrieben hätten. Wir haben ihn demnach als eine spätere Ergänzung jenes Gesetzes zu betrachten. V. 184 scheint Fragment einer größern Offenbarung zu sein. V. 185 bis 199 — mit Ausnahme der vielleicht mekkanischen V. 196b von فمن الناس an bis 198 Ende — bilden ein Konglomerat von Bestimmungen, die alle das heilige Gebiet von Mekka betreffen. Dadurch ist zwar ihre medīnische Herkunft außer Zweifel gestellt, aber über ihre genauere Chronologie noch nichts gesagt. Als sicher kann vorläufig nur gelten, daß sie einerseits hinter Stellen wie Sur. 16, 124; 2, 119. 121 gehören, in denen die prinzipielle Stellung des Islām zu der Ka'ba dargelegt wird, andrerseits sich auf die in den Jahren 6, 7 und 10 von Muhammed unternommenen Wallfahrten (*ḥagg*) bezw. Besuchsfahrten (*'omra*) beziehen. V. 185 bringt einen altertümlichen, bei der Wallfahrt beobachteten Brauch in Erinnerung. Wenn man die Ursprünglichkeit der

---

Anlehnung an die christlichen Quadragesimalfasten, vgl. auch Leone Caetani I, S. 471. Die zeitliche Koinzidenz ist hierbei einigermaßen gewahrt, falls die Einsetzung des Ramaḍān-Fastens im Jahre 624 oder 625 erfolgt ist (Sprenger a. a. O.), nicht aber, wenn dies, wie aus einer Notiz bei Wāqidī 41 (= Wellhausen S. 46) hervorgeht, bereits a. D. 623 geschehen war, vgl. G. Jacob, der muslimische Fastenmonat Ramaḍān, im Jahresbericht der Geograph. Gesellschaft Greifswald, 1893—96, I. Teil, S. 5. Hierbei ist allerdings vorausgesetzt, daß die österlichen Fasten wirklich 40 Tage währten, es ist aber fraglich, ob wir diese in der Großkirche herrschende Dauer auch für die obskuren Sekten der arabischen Halbinsel annehmen dürfen. Ein grundlegender Unterschied besteht hinsichtlich der Art des Fastens, indem die Kirche nur die Enthaltung von gewissen Speisen fordert, während der Islām absolute Abstinenz am Tage vorschreibt, aber die Nacht frei gibt.' Diese besondere Art ist m. W. allein bei der christlichen Sekte der Manichäer nachzuweisen, welche nach dem Fihrist ed. Flügel S. 333f. „wenn der Neumond zu scheinen beginnt, die Sonne im Zeichen des Wassermannes steht [etwa am 20. Januar] und vom Monat 8 Tage verflossen sind, 30 Tage lang fasten, jedoch täglich beim Sonnenuntergang das Fasten brechen“, vgl. G. Flügel, Mani S. 97 und Anm. 245, K. Kessler, Art. Manichaeer in Herzog's Realencyklopädie Bd. XII (1903) S. 213. Vielleicht gab es in Arabien christliche Sekten, welche die österlichen Fasten in gleicher Weise begingen.

gegenwärtigen literarischen Verbindung dahingestellt sein läßt, so wird man bei diesem Verse, ebenso wie den andern, einer zeitgeschichtlichen Anspielung entbehrenden V. 193—196a. 199, auf sichere Fixierung verzichten müssen[1]). V. 186—189 empfehlen den Glaubenskrieg und erlauben den Muslimen, sich gegen die Mekkaner selbst im heiligen Gebiete der Kaʿba mit den Waffen zu verteidigen. Man kann zweifeln, ob dieser Abschnitt kurz vor die Eroberung von Mekka oder in die Zeit des Zuges von Ḥudaibiya gehört, da Muhammed bei den Vorbereitungen zur Wallfahrt des Jahres 6 von vornherein mit kriegerischen Verwickelungen rechnete. Dagegen scheint es nach den scharfsinnigen Ausführungen Snouck Hurgronje's[2]) sicher, daß die Verse 190. 192a kurz vor diesen Zug fallen. Da sie in erster Linie vom Ḥagg handeln, wie auch die Erwähnung der Opfertiere zeigt, ist eine Beziehung auf die ʿOmra des Jahres 7 ausgeschlossen. V. 192b hält derselbe Forscher[3]) mit guten Gründen für einen Zusatz aus der Zeit der sogenannten Abschiedswallfahrt (a. H. 10), bei der Muhammed neben dem Ḥagg die ʿOmra vollzog und die Beendigung der letzteren als willkommene Gelegenheit benutzte, um das heilige Pilgerkleid (*iḥrām*) abzulegen und seine Sehnsucht nach dem Weibe zu stillen. Doch nahmen die angesehensten seiner Gefährten, vor allem ʿOmar, hieran so schweren Anstoß, daß Allāh seinen Gesandten durch eine neue Offenbarung rechtfertigen mußte.

---

[1]) Vgl. C. Snouck Hurgronje, Het Mekkaansche Feest, Leiden 1880, S. 49 f. 80. 135. Azraqī 124 und Ṭabarī, Tafsīr Vol. II, S. 105, 29 ff. setzen V. 185 ins Jahr von Ḥudaibiya.

[2]) A. a. O. S. 51 ff. 115 f. 14. — V. 190 ist nach Ibn Hiśām 789, 2 (nicht von Ibn Isḥāq) bei der Besuchsfahrt des Jahres 7 (عمرة القضاء, القضية oder القصاص genannt) geoffenbart. V. 192 nach Wāqidī ed. Wellhausen S. 244; Bh. kit. al-ḥagg § 179, kit. al-magāzī § 37; Tirm. kit. al-tafsīr; Ṭabarī, Tafsīr Vol. II, 131, 2; Wah.; Hibat-allāh im Jahr von Ḥudaibiya.

[3]) A. a. O. S. 49. 83—92. Vgl. Bh. kit. al-ḥagg § 34, Muslim Q. V, 274. 277. 281. 285. 288. 289 (kit. al-ḥagg § 16) und die anderen bei Snouck Hurgronje angeführten Stellen.

Da sich V. 207 ausdrücklich als eine an die Kinder Israel zu richtende Anfrage ausgibt, so bezieht die Tradition V. 204 ff. auf Muslime, welche die jüdischen Gesetze halten wollten [1]). Diese Stelle könnte demnach gleichzeitig mit V. 100, 179 ff. sein, in denen jüdische Sitten verworfen werden. Indessen redet der Wortlaut nur ganz allgemein von Abfall und Verführungen des Satans, während die Anspielung des V. 206 leider unverständlich ist [2]). V. 211. 214—219 enthalten die Antworten auf allerlei an den Propheten gerichtete Fragen. Sicher gleichzeitig sind von diesen nur V. 216—219 (Flügel), da diese eigentlich nur einen Vers bilden [3]). V. 211, der mit der nämlichen Frage beginnt, mit der V. 216 (Flügel) schließt, muß einer anderen Zeit angehören. V. 214 beziehen die Traditionen, wie es scheint, richtig auf ʻAbdallāh b. Gaḥš und seine Leute, die im Jahre 2 an einem der letzten Tage des heiligen Monats Ragab eine qoraischitische Handelskarawane bei Naḫla abgefangen und deren Führer getötet hatten [4]). Der formal mit jenen Fragen

---

[1]) Ṭabarī, Tafsīr; Zam.; B.; L.; Wah.

[2]) Darum könnte Hartw. Hirschfeld, New Researches S. 144, der diese Verse für mekkanisch erklärt, im Rechte sein.

[3]) V. 216 gilt allgemein als die älteste Stelle des Qorāns, welche den Wein verbietet. Die Verpönung des Genusses berauschender Getränke ist ein asketischer, pietistischer Zug, der aus christlichen Kreisen (Severianer, Manichaeer) stammt und sich auch bei Musailima findet (Ṭabarī I, 1916 u.). Das spätere unbedingte Verbot, das in der Tradition einen viel schärferen Ausdruck erhalten hat als im Qorān, ist für die islamische Welt ein unermeßlicher Segen geworden. In dem genannten Verse ist Muhammed noch Opportunist, vielleicht sogar mehr als der jetzige Wortlaut zuläßt. Denn كَبِيرٌ scheint im Zusammenhange auffallend und erst später eingesetzt zu sein. Jedenfalls hielten kurz nach der Schlacht von Badr, vor der Vertreibung der Banū Qainuqāʻ, einige „Hilfsgenossen" im Hause einer Sängerin (قَيْنَة) ein lustiges Gelage, bei dem sich Ḥamza, der Oheim des Propheten, tüchtig betrank und mutwillige Streiche verübte (Bh. kit. al-maghāzī § 12; Ibn Badroun ed. Dozy S. 139 f.). Ursprünglich war der Weingenuß, wie aus Sur. 4, 46 hervorzugehen scheint, nur vor dem Gottesdienste verboten, vgl. unten zu Sur. 4, 46 und I. Goldziher, Muhammedanische Studien I, S. 21 ff.

[4]) His. 423 ff.; Waq. 8 ff. (Wellhausen S. 34 ff. und Vorbemerkungen S. 11 f.); Ṭabarī I, 1272 ff.; Ṭabarī, Tafsīr und die anderen Kommentare

gleichartige V. 222 steht jetzt isoliert. Der Überlieferung zufolge ist er ebenfalls gegen eine Sitte der Juden gerichtet, so daß diese endlich gesagt hätten: „Dieser Mann will uns auch gar nichts von unseren Einrichtungen lassen, in allem muß er widersprechen“ [1]). Aber hierauf ist nichts zu geben, da die in dem Verse für die Behandlung menstruierender Frauen entwickelten Grundsätze durchaus mit den jüdischen übereinstimmen Die eingehenden eherechtlichen Verordnungen V. 220 f. 223—238. 241—243 bieten zu einer zeitlichen Fixierung keine Anhaltspunkte. V. 241 könnte noch vor der Schlacht am Uḥud (a. H. 4) entstanden sein, wenn es feststünde, daß Sur. 4, 12 ff. eine Abänderung desselben darstellt. Vielleicht handelt es sich in ihm aber um einen in Sur. 4 gar nicht berücksichtigten Spezialfall [2]). Über V. 239 f. kann man nichts sagen, als daß sie wahrscheinlich vor der Anordnung des sog. Furchtgebetes [3]), d. h. vor dem Jahre 4 entstanden sind. V. 212 f., welche dem Sinn und der Überlieferung nach nur einen einzigen Vers bilden, sind vielleicht mit V. 245 f. zu verbinden. So entsteht wieder ein Gesetz von drei Versen mit dem Anfang كُتِبَ عليكم, das wir also in dieselbe Zeit setzen könnten wie oben V. 173—182 [4]). Auch an

zu dieser Stelle sowie zu Sur. 4, 46; Weil 98 ff.; Sprenger, Leben III, 105 ff.; Leone Caetani, Annali I, S. 463 ff. Das Gedicht His. 427, 5 ff. ist eine poetische Umschreibung jenes Verses (Sur. 2, 214).

1) Muslim, kit. al-ḥaiḍ § 3; Tirm., Tafsīr; Miśk., bāb al-ḥaiḍ Anfang; Nasā'ī, kit. al-ḥaiḍ bāb 4. Nach Ibn Ḥagar I, no. 873, Wah. usw. fragte den Propheten wegen dieser Sache Ṯābit b. Daḥdāḥ, der entweder am Uḥud oder im Jahre 6 umkam.

2) Dieses Problem kann nur im Zusammenhang einer eingehenden Untersuchung über die eherechtlichen Bestimmungen des Qorāns aufgehellt werden. Die neueste Abhandlung über den Gegenstand (Robt. Roberts, Das Familien-, Sklaven- und Erbrecht im Qorān, Leipziger Semitistische Studien II, 6 [1908], herausgegeben von A. Fischer und H. Zimmern, hat darauf nicht geachtet.

3) Siehe unten zu Sur. 4, 102 f.

4) Man könnte einwenden, der Inhalt von V. 246 hinge nicht eng genug mit dem von V. 245 zusammen, um beide zu einem kurzen Gesetze zu rechnen; aber die Aufwendungen für den Krieg und der Kampf selbst werden oft im Qorān in die engste Verbindung gebracht. Beides ist جهاد, dieses بالنفس, jenes بالمال.

sich ist die Zeit kurz vor der ersten Schlacht für Verse, welche den kurzen Befehl zum Kampfe enthalten, sehr naheliegend. Damit hängen gewiß V. 244 und V. 247—257 zusammen, in denen die Muslime durch Beispiele aus der israelitischen Geschichte zu Mut und Gehorsam entflammt werden. Man sieht, wie deutlich Muhammed erkannt hatte, daß ein offener Kampf mit seinen Landsleuten nicht mehr aufzuschieben war. Vielleicht sind damit die Geschichten V. 260—262 zu verbinden, die ähnlich wie V. 244[1]) durch den Hinweis auf die auferweckende Kraft Gottes zur Verachtung des Todes antreiben. V. 253 f. scheinen jenes Stück abzuschließen. V. 255—259[2]) sind nicht leicht in einer bestimmten Situation unterzubringen. Denn der Grundsatz, daß bei der Bekehrung zum Islām kein Zwang ausgeübt werden solle (V. 257), konnte ebensogut in Zeiten tiefster seelischer Depression wie in solchen höchster Siegesgewißheit aufgestellt werden. Übrigens hatte in der medīnischen Periode eine derartige Äußerung für die Praxis keine allzu große Bedeutung, da hier neben der rein religiösen Propaganda die auf Anerkennung der Herrschaft gerichtete Politik stark in den Vordergrund trat. Über die Zeit von V. 263—281, welche eine Aufforderung zum Almosengeben und ein Verbot des Wuchers enthalten, ist ebenfalls nichts genaues zu bestimmen.

---

1) Man beachte auch الم تَرَ.

2) V. 256 wird *āyat al-kursī* d. h. „Thronvers“ genannt und gilt bei den Muslimen für einen der allerheiligsten Verse. Über seine Verwendung im Gebet vergleiche die Kommentare und E. W. Lane, Sitten und Gebräuche der heutigen Egypter, übers. von Zenker I, 72. Ihm wird auch große Zauberkraft beigelegt (Bh. kit. faḍā'il al-qurān § 10; Tirm. a. a. O. § 2 usw.). Von den 9 Sätzchen, aus denen dieser Vers besteht, ist der Wortlaut von 1 (= Sur. 3,1), 2, 3, 9 wörtlich in dem Alten Testament und der altjüdischen Literatur nachzuweisen. Vgl. Targum zu II Sam. 22,32 und Psalm. 18,32, Mekhiltha zu Exod. 15,26. 16,18; Jac. Levy, Wörterbuch zu den Targumim s. v. קַיָּם; Ps. 121,3; I Chron. 29,11; die hebräischen Lexika s. v. עָצוּם und עֶלְיוֹן. Die Phrasen von 4—8 stehen ganz auf dem Niveau biblischen Sprachgebrauchs, vgl. z. B. 7 mit Jes. 66,1. Es liegt deshalb vielleicht nur die arabische Übersetzung eines jüdischen oder christlichen Hymnus vor.

Einige Traditionen beziehen V. 278 ff. auf das Geld, welches einige reiche Quraischiten bei den Bewohnern von Ṭāif ausstehen hatten, andere halten V. 278 oder V. 281 bzw. V. 278—281[1]) für den letzten Teil des ganzen Qorāns, der bei der Abschieds-Pilgerfahrt wegen der auf Zinsen ausgeliehenen Gelder des ʻAbbās und anderer geoffenbart worden sei[2]). Aber das hat alles keine ausreichende Begründung. Man kann höchstens zugeben, daß die Verse einmal auf die erwähnten Fälle angewandt wurden. V. 282—284, die sehr umständlich über das beim Geldverleihen zu beobachtende Verfahren handeln, sind schwerlich aus der ersten Zeit der Higra. V. 285 f. können ebensogut mekkanisch wie medīnisch sein[3]).

Mit dem größern Teil dieser Sūra mögen ein paar kleine etwa gleichzeitig sein.

Sur. 98[4]) wird von den meisten als medīnisch ausgegeben, seltener als mekkanisch[5]), und zwar wohl deshalb, weil sie unter lauter alten mekkanischen steht. Für die erstere Meinung spricht aber allein der Umstand, daß in V. 1 und V. 5 die Ungläubigen unter den Schriftbesitzern in einem Atem mit den Götzendienern genannt werden. Muir (III, 311) führt die Sure unter den medīnischen auf, hält aber mit Recht eine genauere chronologische Bestimmung für unmöglich.

---

1) Ṭabarī, Tafsīr Vol. III, 70.

2) Vgl. His. 275 f.; Bh. kit. al-buyūʻ § 24; die Kommentare; Miśk. bāb al-ribā faṣl 3 § 7; Wah. z. St. und in der Einleitung; Alqurṭubī I, f. 23 v.; Aśśūśāwī Kap. I; Itq. 59 usw. Über die Zeit, welche der Prophet nach der Offenbarung dieses Verses noch gelebt haben soll, schwankt die Tradition sehr stark, indem sich folgende Angaben finden: 81, 21, 7 (B.; Zam.; Nasafī), 9 (Ṭabarī, Tafsīr) Tage, und sogar nur 3 Stunden (B.; Zam.; Nasafī).

3) Diese beiden Verse, *ḫawātīm al-baqara* genannt, sind dem Propheten angeblich bei der Himmelfahrt geoffenbart worden (Nasāī, kit. al-ṣalāt § 1 Ende; Miśk. bāb al-miʻrāg gegen Ende; L.). Andere erklären dies für falsch, weil die ganze Sūra medīnisch sei (L.).

4) V. 7. 8 (Flügel) bilden nur einen Vers. Dagegen kann V. 2 in zwei Verse zerlegt werden, wie es von der besten Überlieferung geschieht.

5) ʻOmar b. Muḥammad; Zam.; B.; Itq. 21. 29 f.; Hibat-allāh; Hartwig Hirschfeld, New Researches S. 143. H. Grimme, Muhammed II, 26 schwankt.

Sur. 64 ist den mekkanischen Sūren ähnlich und wird daher zuweilen zu diesen gerechnet[1]). Aber V. 14 ff. sind ohne Zweifel medīnisch[2]), wenn sich auch ihre Zeit nicht genau angeben läßt. Auch von V. 11—13 ist dies wahrscheinlich[3]). Daher halten mehrere „die letzten Verse“ für medīnisch[4]). Die Ansicht, daß die ganze Sūra medīnisch sei[5]), hat einiges für sich. Wahrscheinlich gilt das überhaupt für alle Musabbiḥāt, d. h. die mit *sabbaḥa* bzw. *yusabbiḥu* anfangenden Sūren 57. 59. 61. 62. 64.

Der erste Teil von Sur. 62, der gegen die Juden gerichtet ist, scheint aus derselben Zeit zu stammen wie die Masse von Sur. 2. Der zweite Teil (V. 9 ff.) geht nach einigen[6]) auf Daḥya Alkalbī, der, ehe er bekehrt war, einmal während des Freitagsgottesdienstes mit lärmendem Gefolge in Medīna einzog. Aber selbst wenn diese Angabe zuverlässig wäre, so bekämen wir dadurch keine genauere Zeitbestimmung. Denn wir wissen über Daḥya's Bekehrung nur so viel, daß er beim Grabenkrieg (Ende des Jahres 5) schon Muslim war, während ihn einige freilich schon am Uḥud unter den Gläubigen kämpfen lassen[7]).

---

1) Zam.; B.; 'Alāeddīn; Itq. 28; Galālain. So urteilen auch G. Weil (K.[1] 63, K.[2] 72) und Muir.

2) Ṭabarī, Tafsīr zu V. 14 (Bd. 28, S. 74); Wah.

3) Vgl. die Redensart اطيعوا الله واطيعوا الرسول, welche sich sonst nur in medīnischen Stellen findet. Vgl. ferner مصيبة V. 11. Auch der Reim weicht von V. 11 an ein wenig ab.

4) آيات فى آخرها 'Omar b. Muḥammad. Itq. 20, 36.

5) Hibat-allāh. Zam.: B. 'Alāeddin. Suyūṭī, kitāb al-nāsiḫ wa'l-mansūḫ. Itq. 28. Die Listen der Sūren. Man beachte vorzüglich den Anfang, der sich oft in medīnischen, nie in mekkanischen Offenbarungen findet.

6) Ṭabarī, Tafsīr. F. Wah. Die älteste exegetische Tradition (Bh. und Tirm. im Tafsīr) sagt zwar ebenfalls, daß V. 10 eine Handelskarawane betreffe, die einst an einem Freitag in Medīna eingezogen sei, aber sie erwähnt keine Namen.

7) Ibn Ḥagar I, Nr. 2378, Usd al-ghāba II, 130. — Ibn Sa'd ed. IV, I S. 184 (= Nawawī 239) sagt freilich (ohne Isnād), Daḥya sei schon in der ältesten Zeit Muslim geworden, habe jedoch bei Badr nicht mitgekämpft; aber auf dergleichen Zurückdatierungen der Bekehrung von

Sur. 8 bezieht sich zwar nicht ganz, wie eine alte Tradition[1]) behauptet, aber doch zum größten Teil unmittelbar auf den Sieg bei Badr. Da die Historiker berichten, daß bis zur völligen Verteilung der Beute etwa ein Monat verlaufen sei[2]), so wird Muhammed das meiste innerhalb dieses kurzen Zeitraumes veröffentlicht haben. Der Anfang scheint etwas älter zu sein als V. 29—46[3]); ohne Zweifel ist wenigstens V. 42, welcher die endgiltige[4]) Verteilung der Beute festsetzt, später als V. 1. Auch V. 27 enthält eine Ermahnung, von der Beute nichts zu entwenden. Manche[5]) finden in ihm eine Beziehung auf Abū Lubāba, der den jüdischen Banū Quraiẓa (im Jahre 5) durch eine Handbewegung angedeutet hatte, daß es ihnen, selbst wenn sie sich dem Propheten ergäben, an den Hals ginge. V. 30—35[6]) oder allein V. 30[7]) halten einige mit Unrecht für mekkanisch;

Leuten, die den Propheten erst zu Medīna kennen lernten (wie Abū Ḏarr), ist nichts zu geben. Daß aber Daḥya ein reisender Kaufmann war, der fremde Länder durchwandert hatte, scheint fest zu stehen: er schenkt dem Propheten koptische Kleider (Ibn Ḥagar, Usd al-ghāba) und will ihn die, den Arabern gewiß nicht bekannte, Maultierzucht lehren (Ibn Ḥagar a. a. O.). Der Kenntnis fremder Länder wegen wählt ihn Muhammed zum Boten an den byzantinischen Kaiser (His. 971. Ibn Sa'd ed. IV, I, S. 185 und bei J. Wellhausen, Skizzen IV, 98).

1) باسرها Ibn Isḥāq bei His. 476, 6 = Ṭabarī I, 1354, 17, vgl. Leone Caetani, Annali dell' Islām I, S. 497.

2) Nach His. 539, 16 f. Ṭabarī I, 1363, 10 ward Muhammed mit der Ordnung dieser Verhältnisse erst in den letzten Tagen dieses Monats oder gar erst im folgenden fertig; nach Ṭab. a. a. O. am Tage vor der Rückkehr nach Medīna, welche auf den 25. oder 26. Ramaḍān fällt.

3) V. 43 und 44 (Flügel) bilden nur einen Vers, da مفعولا V. 43 eine in der ganzen Sure sonst nicht vorkommende Reimart darstellt.

4) Einige beziehen diesen Vers auf die bei den Banū Qainuqā', ungefähr einen Monat nach der Schlacht, gemachte Beute. (Ṭab. pers. Zotenberg III, 4. Zam.)

5) His. 686 f. (nicht nach Ibn Isḥāq). Wāqidī (Wellh.) 213 f. Ṭab. pers. Zotenberg III, 70. Wah. F. Ṭabarī, Tafsīr. Zam. B. Vgl. Weil 428. Causs. III, 144. Muir III, 272.

6) Ṭabarī, Tafsīr. 'Omar b. Muḥammad. F., der aber sehr richtig hinzufügt: 'والاصحّ انّها نزلت بالمدينة وان كانت الواقعة بمكّة' vgl. auch Suyūṭī Asbāb al-nuzūl.

7) Itq. 32.

sie sollen eben nur den siegesfrohen Propheten und seine Gläubigen daran erinnern, wie schwach und hilflos sie früher in Mekka waren[1]). V. 36 gilt manchen als am Tage vom Uḥud geoffenbart[2]). V. 47—64, welche gebieten, alle Feinde mit dem größtenEifer zu bekämpfen, sind ein selbständiges Stück[3]), das aber in dieselbe Periode gehört (vgl. V. 57 mit V. 22). V. 60 ff. bezieht man zuweilen ohne Grund auf die Banū Qainuqā'[4]), mit denen bald nach dem Tage von Badr der Kampf begann. V. 65 wird entweder nach 'Omar's Bekehrung[5]) oder, was wahrscheinlicher ist, kurz vor jener Schlacht angesetzt[6]). V. 66 könnte trotz seiner Siegeszuversicht noch vor der Entscheidung entstanden sein. V. 67 ist wenigstens in seiner jetzigen Gestalt nicht ursprüngliche Fortsetzung dazu, sondern sieht eher wie eine andere Rezension oder ein einschränkender Nachtrag aus. Vers 68 f. läßt Weil[7]) erst nach der Niederlage am Uḥud geoffenbart werden. Aber diese Ansicht ist irrig, da es nicht heißt, die, welche die Gefangenen geschont hätten, wären nun wirklich[8]) bestraft, sondern Gott habe ihnen durch eine Offenbarung die Strafe erlassen. Hiermit hängt V. 70 zusammen, welcher von der bei Badr gemachten Beute handelt. Wir müssen daher diese Verse, wie

---

[1]) V. 31 ist zu übersetzen: und wann ihnen vorgelesen wurden: quum (= quoties) legebantur.

[2]) Ṭabarī, Tafsīr.

[3]) F. V. 54 = Sur. 3, 9 (abgesehen von einigen kleinen Abweichungen). V. 56 sieht aus wie eine andere Rezension von V. 54.

[4]) Waq. 131. 178. 181. Ṭabarī I, 1360, vgl. Leone Caetani I, S. 521. Andere nennen dafür die Banū Quraiẓa, welche im Jahre 5, oder die Banū Naḍīr, welche im Jahre 4 bekämpft wurden (Waq. 131 zu V. 63. Ṭabarī, Tafsīr. F. B.). J. Wellhausen, Skizzen und Vorarbeiten IV, S. 82 Anm. 3, stellt fest, daß diese verschiedenen Angaben sich keineswegs auszuschließen brauchen, indem auch nach Vernichtung der genannten Stämme noch immer manche Juden in Medīna übrig blieben.

[5]) Wah. Zam. B. Itq. 32. Daher nennt denn hie und da einer den Vers mekkanisch. Vgl. 'Omar b. Muḥammad.

[6]) Waq. 131. Ṭabarī, Tafsīr. Wah. Zam. B.

[7]) K.[1] 72. K.[2] 82.

[8]) Wie Weil meint, durch diese Niederlage. Ṭabarī I, 1355, 17, Ibn Atīr II, 105 betrachten allerdings den Tag vom Uḥud als Strafe für jene Schonung der Gefangenen.

auch V. 71 f., die aber keine Fortsetzung des Vorhergehenden sind, als gleichzeitig mit dem größten Teil der Sūra ansehen. V. 75 f. scheinen ungefähr aus derselben Zeit zu sein. Wenn V. 76 gesagt wird, die Bande der Verwandtschaft seien am festesten, so liegt darin ein Hinweis auf den Bruderbund, welchen Muhammed zwischen den Einwohnern von Yaṯrib und seinen zum großen Teil ganz hilflosen Landsleuten gestiftet hatte, aber nach der Schlacht wieder auflöste[1]). Mit Unrecht sehen die Erklärer in V. 76 eine Abrogierung von V. 73. Denn obwohl jener Bund aufgehoben ward, so sollte doch innige Freundschaft und gegenseitige Unterstützung nach V. 76 immer bestehen bleiben.

Sur. 47 kann nicht lange nach der Schlacht von Badr entstanden sein[2]). Denn der zweite Teil greift neben den Zweiflern (V. 31. 22) die zaghaften Mitkämpfer des Propheten an, welche trotz ihres Sieges (V. 37) mit den Mekkanern Frieden schließen wollten. Einige halten die Sūre für mekkanisch, während andere widersprechen[3]); eine dritte Gruppe von Erklärern läßt V. 14 geoffenbart werden, als der Prophet bei der Auswanderung sich weinend nach seiner Vaterstadt umsah[4]).

Wann der erste Teil (V. 1—86) von Sur. 3 geoffenbart wurde, ist ziemlich ungewiß. Falls er ganz aus einer Zeit

---

[1]) His. 344 f. Ibn Sa'd cod. Gothan. I, 257. Bh. kit. al-farā'iḍ § 16. Nasāī, kit. al-nikāḥ gegen Ende usw. Vgl. Weil 83 f. Caussin III, 24 f. Muir III, 17 f. Sprenger, Leben III, 26.

[2]) So auch Weil, K.[1] 72 f. K.[2] 82.

[3]) Vgl. 'Omar b. Muḥammad. Hibat-allāh. Zam. B. Itq. 27. Sprenger, Leben II, 376 redet von mekkanischen Bruchstücken vor V. 15, macht aber keine näheren Angaben.

[4]) 'Omar b. Muḥammad. Itq. 43. Anders Muir III, 308. — Von den 40 Versen dieser Sūra gehen 36 auf den in anderen Sūren nur ganz sporadisch vorkommenden (z. B. 79, 33, 80, 32, 88, 26, 99, 6, 109, 4) Reim *um* aus, gewöhnlich mit vorhergehendem *ā* in der Antepenultima. Über andere Abweichungen handelt Rud. Geyer in den Göttinger gelehrten Anzeigen 1909, Nr. 1, S. 40 des Sep.-Abzuges. Die auffallenden Reime der Verse 4. 16. 22 (Flügel) beruhen entschieden auf falscher Teilung, dagegen könnten die unvollkommenen Reime in V. 11. 26 (Flügel) ursprünglich sein.

stammt, muß er später als die Schlacht von Badr sein, da V. 11 unverkennbar auf diese anspielt. Als Grenze der Abfassung nach unten das Jahr 6 oder 7 anzunehmen, ist sehr mißlich. Wenn auch V. 57 in den Briefen des Propheten an den Kaiser Heraklius[1]) und den koptischen Patriarchen von Ägypten[2]) erwähnt wird, so unterliegt doch die Echtheit des Wortlautes dieser Briefe den schwersten Bedenken[3]). Die von der Tradition zu den einzelnen Versen angeführten historischen Erklärungen helfen uns wenig; nur

[1]) Bh. kit. bad' al-waḥy und kit. al-tafsīr; Muslim, kit. al-gihād § 23 (Q. VII, 380).

[2]) Suyūṭī, Ḥusn al-muḥādara I, cap. 18, womit das im Journal Asiatique 1854, S. 482 ff. veröffentlichte angebliche Original wörtlich übereinstimmt, bei S. fehlen nur die Worte فان توليت فعليك ما يفجع القبط, und steht für عبد الله ورسوله bloß رسول الله.

[3]) Vgl. Jul. Wellhausen, Skizzen und Vorarbeiten IV, 90. Leone Caetani, Annali dell' Islām I, 725 ff. Ein angebliches Original des Briefes an den Muqauqis, auf Pergament, wurde im Jahre 1852 von dem französischen Ägyptologen Étienne Barthélemy in einem Kloster unweit der oberägyptischen Stadt Akhmīm aufgefunden und von M. Belin im Journal Asiatique (Juli—Déc. 1854, S. 482—518) veröffentlicht. Das Original kam später nach Konstantinopel und wurde dort den Prophetenreliquien des alten Serail als kostbares Kleinod hinzufügt. Kürzlich brachte Girgī Zaidān in seiner Zeitschrift Hilāl (Vol. XIII Nr. 2, Kairo November 1904, S. 103 f.) eine photographische Nachbildung des Originales. Das Dokument ist jedoch entschieden unecht. Die Urkundenschrift jener Zeit hatte wahrscheinlich viel weniger kufischen Charakter. Ebenso bediente man sich damals an Stelle der Unterschrift keiner farbigen Stempel, sondern des Tonsiegels. Schließlich muß in einem derartigen offiziellen Schriftstück nicht nur der ausfertigende Sekretär, sondern auch der mit der Überbringung beauftragte Gesandte ausdrücklich und mit Namen genannt sein. — Über die plumpe Fälschung eines Briefes Muhammeds an den persischen Statthalter von Baḥrain Mundir b. Sāwā siehe die vernichtende Kritik H. L. Fleischer's, Kleine Schriften III, 400 f. = ZDMG. XVII, 385 ff. — Die Tradition (Kommentare, Waḥ. usw.), daß die Gesandtschaft der christlichen Nagrānier den Anfang der Sūra veranlaßt habe, ist ohne Anhalt. Dieses Ereignis wird bei Hiš. 944 f. und Bh. kit. al-īmān § 40 nicht datiert, es kann aber aus inneren Gründen erst in die letzte Zeit Muhammeds fallen. Denn wie hätte er früher einem Stamme Bedingungen auferlegen können, dessen Wohnsitze so weit von Medīna entfernt lagen? In der Tat verlegt Ibn Sa'd (J. Wellhausen, Skizzen und Vorarbeiten, Viertes Heft, S. 155 f.), dem Sprenger, Leben III, 372 ff., L. Caetani II, I, S. 198 ff.

könnte V. 10, wie mehrere sagen[1]), auf die jüdischen Banū Qainuqā' gehen. Damit wäre ein festerer Zeitpunkt gewonnen. Ungefähr in diese Zeit weisen auch die Verse 58 ff., welche den „Schriftbesitzern" gegenüber allein die Religion Ibrāhīm's als wahr hinstellen. Denn dieser Gedanke ist nach den Ausführungen S. 146 f. nur unter der Voraussetzung verständlich, daß der Prophet bereits mit den Juden zerfallen war und jede Hoffnung auf ihren freiwilligen Übertritt zum Islām aufgegeben hatte. V. 25 f., welche zu den übrigen nicht passen, sind ein Lobgebet, das besonders in der zweiten Hälfte nach Inhalt und Form unverkennbar jüdischen Ursprung verrät. Gewöhnlich legt man ihre Entstehung in das Jahr 5, als bei Medīna ein Festungsgraben gezogen ward[2]), seltener nach der Einnahme Mekka's[3]) im Jahre 8, aber von dergleichen Angaben darf man nicht viel halten. V. 79 soll sicher spät sein[4]), da in ihm allen Ungläubigen ewige Pein angedroht wird. Doch hat dieser Beweisgrund keine Gültigkeit, denn unter den Ungläubigen brauchen keineswegs alle Nichtmuslime verstanden zu werden. Wir wissen ja, daß Muhammed noch in den ersten Jahren seiner medīnischen Wirksamkeit die wahren Christen für Gläubige hielt[5]). Zur Bestimmung des Zeitalters von V. 87—113, die übrigens mit dem ersten Teil zusammenhängen, haben wir mehrere Anhaltspunkte. Die einzigartige Wertschätzung der Religion Abraham's (*millat Ibrāhīm*) in V. 89 und die Aufnahme der Wallfahrt nach Mekka in den Kultus des Islām (V. 90 f.) weisen, wie schon früher ausführlich dargelegt worden ist, mit Bestimmt-

---

folgen, die Gesandtschaft ins Jahr 8, Ṭabarī I, 1736 ff. Ḫamīs II, 194 ins Jahr 10, Muir IV, 181 ins Jahr 9. Der Letztere läßt bei dieser Gelegenheit die Verse 52—57 verkündigt werden (II, 302 f., III, 312), während Sprenger III, 490 ff. wieder andere (30—51) auswählt.

[1]) His. 383 und 545. Tafsīr. L. Zam. Gegen alle Wahrscheinlichkeit nennen andere die Banū Naḍīr oder die Banū Quraiẓa. Vgl. die Kommentare.

[2]) L. Wah. Zam. B. [3]) Zam. Wah.

[4]) Weil K.[1] 73 f. K.[2] 83.

[5]) Vgl. oben S. 146 und C. Snouck Hurgronje, Het Mekkaansche Feest, Leiden 1880, S. 42 f.

heit in die Zeit nach der Schlacht von Badr. V. 93 ff. bezieht man auf Śa's b. Qais, einen der Banū Qainuqā'[1]), dessen Lieder die alte Zwietracht der Stämme von Yaṯrib, Aus und Ḫazrag wieder zu entflammen suchten[2]). Da dieser Śa's in einem Gedichte des Ka'b b. Mālik oder des Abd-allāh b. Rawāḥa unter denen erscheint, welche durch die Bezwingung der Banū Naḍīr hart betroffen wurden[3]), so müßte jenes Ereignis vor den Rabī' I des Jahres 4 fallen. Vielleicht traten die Juden so herausfordernd nach der Uḥudschlacht auf, in welcher die Muslime eine schwere Niederlage erlitten hatten. Dazu stimmt V. 107, der von den Beleidigungen (أَذًى) der Juden spricht, die anscheinend auch vor offenem Kampfe nicht zurückschreckten. Dies paßt nur auf eine Zeit, in der die Gläubigen, durch das Unglück niedergebeugt, der Bosheit ihrer Feinde ausgesetzt waren. Diese Verse können daher kurz vor dem Kriege mit den Banū Naḍīr entstanden sein. Da aber der ganz allgemein gehaltene Wortlaut der Verse 92 ff. weder die Beziehung auf den Juden Śa's, noch auf eine bestimmte Person überhaupt nahe legt, so beruht jene Geschichte wahrscheinlich nicht auf einer alten begleitenden Tradition, sondern auf schulmäßiger Schriftauslegung. Nichtsdestoweniger wird die allgemeine Lage richtig gezeichnet sein. Ungefähr aus derselben Zeit stammen V. 114 ff., in denen es heißt, daß die Juden aus ihrer Feindschaft gegen die vom Unglück heimgesuchten (V. 116) Muslime gar kein Hehl mehr machen. Wir können diese Verse daher mit dem Abschnitt verbinden, welcher von der ohne Zweifel nicht sehr lange vorher verlorenen Schlacht am Berge Uḥud (Śauwāl des Jahres 3) handelt. V. 123 ward nach vielen Berichten dem Propheten inspiriert, als er verwundet auf dem Schlachtfelde lag[4]). Aber wenn es auch möglich

---

1) His. 352.

2) His. 385 ff. Ṭabarī, Tafsīr. L. Wah. Zam. B.

3) His. 661.

4) His. 571. Waq. 242. Muslim, kit. al-gihād. § 32. Tirm. kit. al-tafsīr. Aghānī XIV, 18, 22. Ṭabarī, Tafsīr. L. Zam. B. Ähnlich berichtet Ṭab. pers. II, 505, daß Sur. 8, 12 und andere Verse in der Schlacht bei Badr geoffenbart worden seien.

ist, daß er in dieser Lage solche Gedanken hatte, wie sie hier ausgesprochen werden, so kann der Vers, der mit den übrigen zusammenhängt, doch erst später entstanden sein. Überdies weiß die Tradition noch von anderen Ereignissen, die während der Schlacht oder kurz nachher seine Offenbarung veranlaßt hätten[1]). Vers 125—130, deren Herkunft nicht genauer zu bestimmen ist, trennen diesen Teil von einem andern, V. 131—154, der sich auf dieselbe Schlacht bezieht, aber mehr in die Zeit unmittelbar nach ihr gehört. Die vier Verse 155—158 verknüpft eine Tradition mit der Angabe, daß man einst unter der Beute von Badr ein kostbares Gewand vermißte und Muhammed verdächtigte, es für sich genommen zu haben[2]). Diese Kombination macht zunächst, gerade wegen ihres für den Propheten beleidigenden Inhaltes, den Eindruck historischer Zuverlässigkeit. Trotzdem scheint sie verdächtig, da sie allzu leicht durch Interpretation zu gewinnen war. Andere[3]) beziehen sie auf die Bogenschützen, die aus Furcht, Muhammed würde ihnen nichts von der Beute abgeben, am Uḥud ihre Reihen verlassen und dadurch die Niederlage herbeigeführt hätten. Man sieht, wie künstlich ein an sich gewiß wahres Ereignis mit diesem Verse in Verbindung gebracht und darnach selbst modifiziert wird[4]). Mit V. 154 hängen V. 159—176 zusammen, in denen Muhammed auch seiner treuen Genossen gedenkt, die am Morgen nach der

---

1) Waq. 311, 341. Bh., kit al-maghāzī § 22 usw. Muslim, kit. al-ṣalāt § 95 (Q. III, 363). Tirm., kit. al-tafsīr. Nasāī, kit. al-taṭbīq § 21. Miśk., kit. al-qunūt Anfang. Tafsīr. L. Wah. Zam. Nach einer Tradition bei Muslim Q. III, 364 u. Qasṭallānī VI, 303 f. zu Bh., maghāzī § 22 hat der Vers den Zweck, den Fluch über die Verräter von Bi'r Maʿūna aufzuheben. Der von Muhammed ausgesprochene Fluch ist gewiß geschichtlich (vgl. Muslim a. a. O. Q. III, 364 ff. Waq. 341 usw.), nicht aber die Verbindung, in welche der Qorānvers mit ihm gebracht wird.

2) Waq. 97, 316. Tirm., kit. al-tafsīr. Wah. Zam. B. Sprenger, Leben III, 128.

3) L. Wah. Zam. B. Vgl. His. 570. Waq. 226 f. Ṭabarī I, 1400 f. usw.

4) Gar keine Autorität hat für uns die Erklärung, das „Unterschlagen" beziehe sich auf das Verheimlichen von Offenbarungen (His. 602 usw.).

Schlacht den Mekkanern bis Ḥamrā al-Asad nachzogen[1]). V. 177—181 antworten auf die Spottreden eines Juden; die einzelnen Umstände werden verschieden erzählt und sind nicht genau zu ermitteln[2]). Die allgemeine Situation mag dieselbe sein wie die der folgenden Verse 182 ff.[3]), die wir wohl nicht lange nach der Schlacht am Uḥud anzusetzen haben. Hierauf deutet wenigstens die gedrückte Stimmung, in der den Muslimen befohlen wird, das Unglück und die Beleidigungen ruhig zu tragen (V. 200, 183), sowie die Erwähnung der für den Glauben gefallenen Muslime (V. 194) und der durch den Sieg übermütigen Heiden (V. 196).

Sur. 61 gilt wie mehrere medīnische Sūren von kürzerem Umfange bisweilen für mekkanisch[4]). Ein Teil gehört nach Weil[5]) der verunglückten Pilgerfahrt von Ḥudaibiya an, besonders V. 13, der eine baldige Eroberung verheiße, und die ersten vier Verse, welche den Gläubigen vorwürfen, ihr Wort nicht gehalten zu haben, was wahrscheinlich auf ihr Zurückbleiben vom Zuge nach Mekka gehe. Richtiger denkt die Tradition[6]) an die Schlacht beim Uḥud, in der viele ihre Stellen verlassen und also nicht „wie ein fest gefügtes Gebäude“ gestanden hatten. Der in V. 13 erwähnte Sieg, nach dem die Muslime so sehr begehren, gerade weil sie im Unglück sind, ist entweder gar kein bestimmter, oder Muhammed denkt schon an den Angriff auf die Banū Naḍīr. Ein bestimmter Hinweis auf die Einnahme von Mekka liegt gewiß

1) V. 166 f. Vgl. His. 588 f., 606. Waq. 330. Bh., kit. al-maghāzī § 27. Ṭabarī I, 1355, 1427 und im Tafsīr z. St. Aghānī XIV, 25. L. Zam. B. Vgl. Caussin III, 112. Weil 130. Muir III, 193. Sprenger III, 180. Leone Caetani I, 566 ff. — Waq. Wellhausen S. 169 bezieht V. 166 f., Ya'qūbī, Historiae ed. Houtsma II, 69 V. 167 f. auf den Zug nach Badr al-Mau'id im Jahre 4. Muir III, 222 läßt gelegentlich derselben Expedition die Verse 166—169 geoffenbart werden.

2) Außer den Kommentaren vgl. His. 388 f. Waq. 219.

3) Sprenger, Leben III, 19, setzt V. 183 kurz nach dem Bau der ersten Moschee in Medīna.

4) 'Omar b. Muḥammad. B. 'Alāeddīn.

5) K.[1] 76 f. K.[2] 86 f. — Muir III, 313 in seiner chronologischen Tabelle der medīnischen Sūren hat Sur. 61 an sechstletzter Stelle.

6) Ṭabarī, Tafsīr. Wah. Zam. B.

nicht darin. Über V. 5—9 läßt sich kaum etwas genaueres bestimmen. Daß sie medīnisch sind, sieht man aus V. 89, da Muhammed vor der Auswanderung den Gedanken von dem schließlichen Siege des Islām über alle übrigen Religionen nicht leicht mit solcher Bestimmtheit aussprechen konnte[1]).

Sur. 57 wird oft ganz[2]) oder wenigstens ihrem ersten[3]) oder letzten[4]) Teile nach für mekkanisch gehalten. Ihr Hauptinhalt, wie der mancher anderer Sūren, besteht in Ermahnungen, für die Glaubenskriege beizusteuern und in Anklagen gegen die Zweifler, welche kein Geld hergeben wollen. V. 10 wird oft auf die Einnahme Mekka's bezogen[5]), aber das ist nicht zutreffend, da Muhammed in dem ganzen Stücke nicht so zuversichtlich auftritt, wie es nach diesem großen Erfolge tatsächlich der Fall war. Wenn nicht alles trügt, geht aus V. 22 f.[6]) hervor, daß Muhammed zur Zeit der Abfassung im Unglück war. Wir setzen daher die Sūra am wahrscheinlichsten in die Zeit zwischen der Uḥudschlacht und dem Grabenkriege. Der „Sieg" (*fatḥ*), auf den V. 10 anspielt, wird wohl die Schlacht von Badr sein.

Der größte Teil von Sur. 4 scheint dem Zeitraum zwischen dem Ende des Jahres 3 und dem des Jahres 5 anzugehören[7]).

---

[1]) Ein Anhaltspunkt für die genauere Bestimmung würde vorhanden sein, wenn wir nachweisen könnten, wann zuerst die gleichzeitigen Dichter das aus V. 7 genommene *Aḥmad* für *Muḥammad* gebrauchen; aber bei der ungenauen Überlieferung dieser Gedichte und der Masse der unechten, in denen gerade der Name *Aḥmad* besonders beliebt ist, dürfte dieser Nachweis sehr schwer fallen. — V. 8. 9 = Sur. 9, 32. 33, nur V. 32 hat einige Abweichungen. V. 9 kommt mit einer anderen Schlußformel noch Sur. 48, 28 vor. V. 14 berührt sich nahe mit Sur. 3, 45.

[2]) Hibat-allāh. B. Itq. 27. Nasafī.

[3]) Itq. 27. [4]) Itq. 36.

[5]) Ṭabarī, Tafsīr. F. B. So auch Weil, K.[1] 73, K.[2] 83.

[6]) Man vergleiche z. B. V. 23 mit Sur. 3, 147.

[7]) Weil (K.[1] 71, K.[2] 81) setzt diese Sūra in die erste Zeit nach der Auswanderung. Daß dies nicht richtig ist, geht unter anderem schon daraus hervor, daß ein großer Teil derselben heftig gegen die Zweifler redet. Im ganzen und großen richtig bezeichnet schon eine Tradition bei Nasāī, kit. al-ṭalāq, bāb ʿiddat al-ḥāmil gegen Ende, diese Sūra als später denn Sur. 2.

Diese Periode wird mehr oder weniger klar durch verschiedene Stellen der Sūra angedeutet und paßt für die meisten Teile derselben. Für den ersten, V. 1—18 [1]), erzählen die Muslime allerlei Geschichten, aber alle diejenigen, deren Chronologie sich bestimmen läßt, führen auf die Zeit bald nach der Schlacht am Uḥud. V. 8 und V. 12 sollen je auf eine Frau gehen, die sich bei dem Propheten darüber beklagte, daß sie nach alt-arabischer Sitte von der Erbschaft ausgeschlossen wäre. Die Frau wird entweder gar nicht genannt, oder sie heißt Umm Kuḥḥa [2]). Ihr verstorbener Gatte führt in den verschiedenen Berichten verschiedene Namen, nämlich:

1. Rifā'a [3]), ohne genauere genealogische Bezeichnung. Sein Sohn wird Ṯābit genannt [4]). Rifā'a heißen mehrere Gefährten des Propheten; bei keinem derselben führt Ibn Ḥagar an, daß er hier gemeint sei. Es könnte aber recht wohl Rifā'a b. 'Amr [5]) oder Rifā'a b. Waqaś [6]) sein, die beide am Uḥud fielen.

2. Sa'd b. al-Rabī', der in der Schlacht am Uḥud getötet ward [7]).

---

[1]) V. 5—7 sowie V. 13—16 (Flügel) bilden je einen Vers, ebenso V. 29. 30. Vgl. auch Rud. Geyer, Göttinger gelehrte Anzeigen 1909, I, S. 25—27 des Separatabzuges.

[2]) So richtig Ṭabarī, Tafsīr. F. Zam. B. Wah. Gauharī. Lisān al-'Arab. Ibn Ḥagar I, Nr. 315 Ende, 921; dagegen hat Ibn Ḥagar IV, p. 946 die ausdrückliche Lesart كجّة (بضمّ الكاف وتشديد الجيم) nebst der Variante كلجة (بسكون المهملة بعدها لام); كجة haben z. B. auch Usd al-Ghāba V, 611, III, 402, 2 f. und Ḏahabī, Tagrīd asmā al-ṣaḥāba (Haiderābād 1315 a. H.) II, p. 349.

[3]) Wah. zu V. 5. L. zu V. 8. F. zu V. 5.

[4]) Kurz erwähnt bei Wah., Ibn Ḥagar I, Nr. 877, Usd al-Ghāba I, 223, ohne Zeitbestimmung.

[5]) His. 609. Waq. 297. Ibn Ḥagar I, Nr. 2661. Usd al-Gh. II, 184.

[6]) His. 607. Waq. 230 und 293. Ibn Ḥagar I, Nr. 2666. Usd al-Ghāba II, 185 nennt als seinen Bruder den oben erwähnten Ṯābit.

[7]) Waq. 320, der ohne Zweifel auf V. 12 hindeutet. Tirm., farā'iḍ § 3. Ibn Ḥagar I, Nr. 2734, Usd al-Ghāba II, 277 f., Nawawī 271 f., die V. 12 nennen. His. 608. Ibn Ḥagar IV, p. 945 u. — Ibn Ḥagar II, Nr. 4048 nennt V. 175 oder V. 38 und als seine Frau 'Amra bint Ḥazm. Dagegen wissen die Biographen der Frau (Ibn Sa'd ed. VIII, 328, Ibn Ḥagar IV, 704 f., Usd al-Gh. V, 509) von Offenbarungen nichts zu melden.

3. Aus b. Ṯābit Al'anṣārī[1]), der Bruder des Dichters Ḥassān, der in jener Schlacht fiel[2]). Daß hier nicht dieser Mann, sondern ein anderer, sonst nirgends erwähnter Aus b. Ṯābit gemeint sei, schließt Ibn Ḥagar aus ganz unzureichenden Gründen.

4. Für Aus b. Ṯābit nennen einige Abderraḥmān b. Ṯābit[3]), einen, wie auch Ibn Ḥagar hervorhebt, sonst nicht bekannten Bruder des Dichters, andere nennen den beim Uḥud gefallenen Aus b. Mālik[4]).

5. Ṯābit b. Qais, der ebendaselbst umgekommen sein soll[5]).

6. Zu V. 8 nennt einer den Aus b. Suwaid[6]), von dem wir sonst nichts wissen.

---

[1]) L. F. und Wah. zu V. 8. Ibn Ḥagar I, Nr. 315.

[2]) Dafür haben wir das Zeugnis seines eigenen Bruders: ومنّا قتيل الشعب اوس بن ثابت (Dīwān Ḥassān's ed. Tunis., S. 27; Ibn Ḥagar I, Nr. 315). Vgl. His. 608.

[3]) Ṭabarī im Tafsīr zu V. 12. Ibn Ḥagar IV, p. 946, II, Nr. 9459.

[4]) Ibn Ḥagar I, Nr. 315, 350 (IV, p. 946). Dieser wird in den Listen der Gefallenen bei Waq. und His. nicht aufgeführt. Zam. und B. haben dafür اوس بن الصامت. Das ist ein ganz anderer Anṣārier, wegen dessen angeblich der Anfang von Sur. 58 geoffenbart ward, und der geraume Zeit nach dem Propheten, vielleicht erst unter ʿOṯmān gestorben ist (Ibn Saʿd ed. III, ii, p. 93. Ibn Ḥagar I, Nr. 338. Usd al-Gh. I, p. 146 f. Nawawī 168 f.). Auf einer Verwechslung mit diesem beruht auch die falsche Angabe, daß jener Aus ibn Ṯābit, der Bruder des Dichters, noch lange nach dem Propheten gelebt habe (Ibn Saʿd ed. III, ii p. 63, Ibn Ḥagar I, Nr. 314, Usd al-Gh. I, p. 141, alle nach Wāqidī).

[5]) So Wah. zu V. 12 in einer verwirrten Erzählung. Ibn Ḥagar IV, p. 946. Ibn Ḥagar I, Nr. 984 billigt dies nicht; er fehlt in den Listen bei Waq. und His. Die vielen Leute, die unter diesem Namen von Ibn Ḥagar aufgeführt werden, starben alle nach Muhammed, bis auf einen, über dessen Tod nichts bekannt ist (Nr. 900).

[6]) Ibn Ḥagar I, Nr. 336, IV, p. 946 lin. 13 ist am Anfang für وثعلبة بن اوس وسويد zu lesen: وثعلبة واوس بن سويد, von denen der letztere der Gatte der Umm Kuḥḥa, der letztere dessen Bruder sein soll. Vgl. auch Ibn Ḥagar I, Nr. 935; Nr. 315 erscheint Suwaid an Stelle von Ḫālid oder Qatāda als Bruder des ʿUrfuṭa, der nach einigen Bruder, nach anderen Vetter des Aus b. Ṯābit war, vgl. Ibn Ḥagar I, Nr. 2140, II, Nr. 9877. Usd al-Ghāba II, 85, III, 401 f., IV, 194.

Wenn auch einige der genannten Namen, wie Nr. 4, 5, 6, nur aus Verwechslungen entstanden sein mögen, so bleiben doch immer noch drei oder wenigstens zwei übrig. Aber selbst auf diese ist wegen der bekannten Tendenz der exegetischen Traditionen wenig Verlaß. Nur der eine Zug, daß es sich um Leute handelt, welche am Uḥud gefallen sind, verdient Glauben. Auch an und für sich ist es sehr wahrscheinlich, daß diese genauen Gesetze über Waisen und über die Erbschaft verstorbener Männer zu einer Zeit erlassen wurden, in der viele Familienväter auf einmal umgekommen waren; das paßt aber am besten auf jene große Niederlage. V. 19—22, über Unzucht von Männern und Frauen, sind vielleicht in dieselbe Zeit zu setzen; wenigstens sind sie älter als die Stelle Sur. 24, 2, welche aus dem Jahre 6 zu stammen scheint. V. 23—32 können den ersten Versen gleichzeitig sein; denn V. 23 hat fast den nämlichen Inhalt, so daß die Muslime zu seiner Erklärung die gleichen Geschichten erzählen. Auch die übrigen Verse, die von Ehesachen handeln, passen für eine Zeit, in der die Zahl der Witwen groß geworden war. V. 28 wird die sog. Mut'a- oder Genußehe erwähnt, die später während der Belagerung von Ḫaibar (Jahr 7) verboten ward[1]. Auch V. 33—45, in denen Muhammed

---

[1] Muwaṭṭa' 196. Bh., kit. al-nikāḥ § 31. Muslim, kit. al-nikāḥ § 3, kit. al-ṣaid § 4. Nasāī, kit. al-nikāḥ § 61. Tirm., nikāḥ § 27. Hibatallāh. Aus den verschiedenen Traditionen hierüber scheint hervorzugehen, daß die Mut'a nach der Eroberung von Mekka wieder auf kurze Zeit erlaubt ward vgl. Muslim, nikāḥ § 3, Anm. zu His. 758. Weil, Anm. 357. Nach Ibn Sa'd ed. IV, II S. 68 unten ist die Mut'a-Ehe während der Abschiedswallfahrt verboten worden, es steht aber nichts davon da, daß dies damals zum ersten Male geschehen sei. Der Herausgeber des Textes, Jul. Lippert, hat, wie seine Anmerkung z. St. (S. XCIX) zeigt, den Sinn von *mut'a* nicht verstanden. Ibn 'Abbās soll hinter فما استمتعتم به منهن noch gelesen haben الى اجَلٍ مسمًّى, Ṭabarī im Tafsīr. Lisān X, 205 f. Im Gegensatze zur Schī'a verwerfen alle Autoritäten der Sunna die sog. „Genußehe", vgl. Śa'rānī, Mīzān (Cairo 1317) II, 107. J. Wellhausen, Nachrichten Ges. Wissensch. Göttingen 1893, S. 464 f. T. W. Juynboll, Mohammedaansche Wet, Leiden 1903, § 39.

anfängt, die Zweifler zu bekämpfen (V. 40 ff.), scheinen ungefähr derselben Zeit anzugehören (vergl. V. 36 f.). Über die Abfassung von V. 46 ist es schwer, ein Urteil abzugeben. So viel steht fest, daß dieser Vers, der in der Trunkenheit zu beten untersagt, früher als das allgemeine Weinverbot[1] sein muß. Da dieses Verbot angeblich[2] während des Krieges gegen die Banū Naḍīr im Rabī' I des Jahres 4 bekannt gemacht wurde[3], so wäre der Vers vor jene Zeit zu setzen. Dem widersprechen aber die Traditionen über die Entstehung der zweiten Vershälfte[4], in welcher bei der rituellen Waschung im Notfall Sand[5] anstatt Wasser erlaubt wird. Einige lassen diese Offenbarung bei einem nicht näher zu bestimmenden Kriegszuge geschehen; die hierbei erwähnten Orte, Ḏāt al-Gaiš[6] oder

1) Die Muslime geben die chronologische Ordnung der Stellen, die vom Wein handeln, richtig folgendermaßen an: Sur. 16, 69 (mekkanisch); 2, 216 (wie wir oben S. 182 sahen, kurz vor der Schlacht bei Badr); 4, 46; 5, 92 (Tirm. Tafsīr z. St. Nasāī, kit. al-aśriba Anfang. Ṭabarī, Tafsīr zu Sur. 2, 216 (Vol. II, 203 f.) und 5, 92 (Vol. VII, 20 f.). L. zu Sur. 5, 92. Hibat-allāh, Zam., B. zu Sur. 2, 216. Itq. 58). Man sieht nicht ein, wie Weil dieses Verbot für später halten kann als Sur. 5, 92. Wenn dem so wäre, so würde Muhammed gegen einen, der in der Trunkenheit öffentlich gebetet hatte, ganz anders aufgetreten sein als hier. Dazu kommt, daß die oben aufgezählten Schriftsteller vielleicht mit Recht angeben, hier sei die Rede von Abderraḥmān b. 'Auf, einem der ältesten und treusten Anhänger des Propheten, der so etwas gewiß nicht getan hätte, wenn ein allgemeines Verbot vorausgegangen wäre.

2) His. 653. Darnach Weil 139. Caussin III, 122. Caetani I, 586.

3) Die oben S. 182 zitierten Autoritäten erzählen, das Weintrinken sei gelegentlich eines Streites bei einem Gelage des Sa'd b. Abī Waqqās verboten worden, ohne eines Kriegszuges zu gedenken. Waq. 261, letzte Zeile (Wellhausen S. 125 = Bh., kit. al-maghāzī § 17 Mitte), setzt voraus, daß zur Zeit der Uḥud-Schlacht der Wein noch nicht verboten war.

4) Der Tayammum-Vers ist von وان كنتم bis وايديكم wörtlich identisch mit Sur. 5, 9.

5) Diese Verordnung ist keineswegs eine freie Erfindung des Propheten, sondern geht zunächst auf jüdisches (Talmūd, Berākhōt fol. 15 a oben מי
שאין לו מים לרחוץ ידיו מקנח ידיו בעפר ובצרור ובקסמית), bzw. daraus geflossenes christliches Ritual zurück.

6) Muwaṭṭa' 18 f. Bh., kit. al-tayammum § 1. Muslim, kit. al-ḥaiḍ § 27. Nasāī, kit. al-ṭahāra, bāb 106. Wah. Diese ganze Tradition hat in einigen Umständen, auch dem Lokal, eine verdächtige Ähnlichkeit mit der berüchtigten Geschichte von 'Ā'iša's verlorenem Halsbande, siehe unten zu Sur. 24.

Ulāt al-Gaiś[1]) und Al-Baidā[2]), die alle in der Nähe von Medīna liegen, wurden öfter von Muhammeds Heeren berührt. Wāqidī[3]) verlegt die Offenbarung in den Zug gegen die Banū Muṣṭaliq, der nach ihm in den Śa'bān des Jahres 5, nach Ibn Isḥāq[4]) in denselben Monat des folgenden Jahres fällt. Seltener nennt man den im Muḥarram a. H. 5 erfolgten Kriegszug von Ḏāt al-Riqā[5]). Vielleicht haben wir in V. 46 gar nicht den originalen Wortlaut einer einheitlichen Offenbarung zu erblicken, sondern die nachträgliche literarische Zusammenfassung zweier, bei verschiedenen Gelegenheiten ergangener[6]), göttlicher Befehle. V. 47—60 lassen sich an V. 45 anschließen. V. 54 bezieht die Tradition auf die Juden, welche die Quraischiten zum Kampfe gegen den Propheten aufreizten, wobei sie den Islām als Neuerung gegenüber dem uralten heidnischen Kultus herabsetzten. Wenn diese Verse, wie einige behaupten[7]), auf Ka'b b. Al'aśraf gehen, so sind sie älter als die Schlacht am Uḥud, da Ka'b im Rabī' I des Jahres 3 ermordet ward[8]). Aber das ist nicht wahrscheinlich, weil die Juden den Quraischiten in dieser Schlacht keinen Beistand leisteten. Eher sind hier einige der Banū Naḍīr gemeint[9]), die nach dem Verlust ihrer Wohnsitze die

---

1) Qāmūs. Ḫamīs I, 473 u.

2) Siehe S. 199 Anm. 6.

3) Übers. von Wellhausen S. 184, 188. Ḫamīs I, 473 u. Der Glossator zum Muwaṭṭa' a. a. O. Itq. 41 f. Vgl. Weil 159. Caussin III, 161. Caetani I, 604.

4) His. 725. Ṭabarī I, 1510.

5) Der Glossator zum Muwaṭṭa' a. a. O. Ḫamīs I, 464. Vgl. unten zu V. 102f.

6) Vgl. Muir III, 301. Sprenger III, S. XXXI f.

7) Ṭabarī, Tafsīr. L. Wah. Zam. B. — V. 50 wird von Ṭabarī im Tafsīr auf andere Juden bezogen, Rifā'a b. Zaid b. Sā'ib (Tābūt) und Mālik b. Ṣaif, V. 47 allein auf ersteren. Das ist derselbe, auf den His. 397 Sūra 5, 62 f. gedeutet wird. Auf solche Nominierungen ist aber gar nichts zu geben.

8) Waq. 184, 188. Ṭabarī I, 1368 ff. His. 548 ff. Diese Angabe bestätigen mehrere Gedichte über den Krieg mit den Banū Naḍīr, die Ka'bs Tod erwähnen (His. 656 ff.).

9) His. 669. Ṭabarī I, 1464. F. zu Sur. 33, 9. Wah. Daß dies nach der Schlacht beim Uḥud geschehen sei, sagt auch Wah., der also sich

Koalition der quraizanischen Juden, der Quraiš mit ihren Anhängern wie der weit ausgebreiteten Ghaṭafān zusammenbrachten und dadurch im Jahre 5 Muhammed beinahe ins Verderben rissen[1]). V. 62—72 müssen auf einen Streit gehen, den ein Muslim durch den Propheten nicht schlichten lassen wollte. Aber die zu V. 63 und 68 angeführten Geschichten sind weder sicher genug, noch für die Chronologie entscheidend. Da dieser Abschnitt jedoch durch Inhalt und Sprache dem vorher behandelten ähnlich ist, so mögen beide ungefähr gleichzeitig sein. V. 73—85 sind ohne Zweifel nicht sehr lange nach der großen Niederlage verkündigt worden, da sie deutlich zu erkennen geben, daß damals die Heiden weit stärker waren als die Muslime. V. 86—95 können jedenfalls erst entstanden sein, als die Muslime schon mit verschiedenen Stämmen Verträge (vgl. V. 92. 94) abgeschlossen hatten. V. 94 soll auf den Maḫzūmiten ʿAiyāš b. Abī Rabīʿa gehen, der den Ḥāriṯ b. Zaid (oder b. Yazīd), ohne von seiner Bekehrung etwas zu wissen[2]), wegen einer alten Streitsache erschlagen hatte. Zufolge einer anderen Tradition[3]) geschah dies nach der Schlacht am Uḥud. Andere haben an Stelle des Ḥāriṯ einen Anonymus, oder sie nennen noch dazu den Mörder Abū'l-Dardā[4]). Daß sich V. 90 auf diejenigen beziehe, welche den Propheten beim Uḥud im Stiche ließen[5]), ist ebensowenig beweisbar, da der Vers nur allgemein von den Zweiflern handelt. V. 96—105 haben mit dem vorhergehenden Stücke viel Ähnlichkeit. V. 102 f. erwähnen den sog. „Notgottesdienst“,

---

selbst widerspricht, wenn er den Kaʿb nennt, der vor jener ermordet worden war. Übrigens ist diese ganze, an sich historisch gewisse, Sache durch allerlei alberne Zusätze entstellt.

[1]) Die gewöhnliche Tradition über V. 56 beurteilt schon Weil (K.[1] 72 Anm. 2, K.[2] 81 Anm. 8) richtig.

[2]) Ṭabarī, Tafsīr. L. Wah. Zam. B.

[3]) Ibn Ḥagar I, Nr. 1503 Ende.

[4]) Ṭabarī, Tafsīr.

[5]) Bh., kit. al-maghāzī § 17 Ende, kit. al-tafsīr. Muslim, kit. ṣifāt al-munāfiqīn § 1. Tirm., kit. al-tafsīr. Ṭabarī, Tafsīr. Zam. Wah. B. Die Kommentare haben übrigens noch andere Erklärungen.

ṣalāt al-ḫauf[1]), der nach manchen Quellen[2]) auf dem Zuge gegen einen Zweig der Ghaṭafān (غزوة ذات الرقاع) zugelassen ward, d. h. im Gumādā I des Jahres 4[3]) oder im Muḥarram des Jahres 5[4]). V. 96, der mit diesen eng zusammenhängt, beziehen die Muslime meistens auf die bei einem Feldzuge des Jahres 7 erfolgte Ermordung eines Mannes durch Muhammeds Liebling Usāma b. Zaid[5]). Das verdient aber ebensowenig Vertrauen wie die anderen Geschichten, welche nach der Tradition[6]) diese Offenbarung veranlaßt haben sollen. V. 106—115 bzw. 116 werden allgemein auf einen des Diebstahls überführten Medīnenser gedeutet, den Muhammed auf die Bitten seiner Stammesgenossen, der Banū Ẓafar, beinahe freigesprochen hätte. Im einzelnen finden sich in den verschiedenen Berichten[7]) neben mancherlei harmlosen

---

1) Auch diese Anordnung (siehe oben S. 199) ist jüdischen Ursprungs. Mischnā Berākhōth 4, 4 המהַלך במקום סַכָּנָה מתפלל תפלה קצרה und Talmūd bablī Berākhōth fol. 29b תנו רבנן [cf. Tosephtā Ber. 3] המהלך במקום גדודי חיה מתפלל תפלה קצרה.

2) Bh., kit. al-maghāzī § 33. Ṭabarī I, 1454. Mas'ūdī IV, 156 f. Waq. Wellhausen 172. Einige sagen nicht geradezu, daß dies damals zuerst geschehen sei, Muwaṭṭa' 64. His. 662. Muslim, kit. faḍā'il alqurān § 18. Nasāī, kit. ṣalāt al-ḫauf. Miśk. ibidem. Es werden auch noch andere Kriegszüge und andere Orte genannt, an denen dieses Gebet abgehalten wurde, ohne damit ausdrücklich zu leugnen, daß dasselbe schon früher vorgekommen sein könne, nämlich 'Usfān und Ḍanagān (Zug nach Ḥudaibiya a. H. 6): Tirm., kit. al-tafsīr, Ṭabarī im Tafsīr V, 144. 152. Wah.; ḏu Qarad: Nasāī a. a. O. (a. H. 6); gegen einige von den Guhaina: Muslim a. a. O. Daß der Vers bei 'Usfān auch geoffenbart worden sei, findet sich Ṭabarī, Tafsīr V, 145. Waq. Wellhausen 245. Itqān 41. Vgl. noch Muir III, 224. Leone Caetani I, p. 596.

3) His. 661. Mas'ūdī a. a. O.

4) Waq. 4 und Wellhausen S. 172.

5) Ṭabarī, Tafsīr. L. Wah. Zam. B. Ohne Erwähnung des Verses erzählen die Geschichte His. 984. Ibn Sa'd ed. IV, ɪ, S. 48. Waq. Wellhausen 297 f. Muslim, kit. al-īmān § 41. Tirm. kit. al-tafsīr. Miśk., kit. al-qiṣāṣ faṣl 1 § 5. Usd al-Ghāba im Artikel Usāma.

6) So haben z. B. His. 987 (vgl. die Anmerkung dazu) und Waq. Wellhausen S. 325 ein Ereignis, das kurz vor die Einnahme Mekka's fallen soll. Vgl. Leone Caetani, Annali II, ɪ, S. 116.

7) His. 359. Tirm., kit. al-tafsīr. Ṭabarī im Tafsīr Vol. V, 157—160. L. Wah. Zam. B. Usd al-Ghāba II, 179 f. Ibn Ḥagar I, Nr. 2651. Ḥassān b. Ṯabit, Dīwān ed. Tunis. S. 64 f. Scholion, nach denen der Dieb

Zutaten auch tendenziöse Züge[1]). Die meisten Quellen entbehren jeder chronologischen Andeutung, nur wenige sagen, der Dieb sei zu Mekka im Unglauben gestorben[2]), bei Usd al-Ghāba[3]) findet sich die unkontrollierbare Notiz, daß der Diebstahl vor dem Rabī' I des Jahres 4 stattgefunden habe. Das Ereignis selbst ist durchaus glaubwürdig, ja seine Geschichtlichkeit wird durch ein darauf Bezug nehmendes Spottgedicht des Ḥassān b. Ṯābit bewiesen. Seine Verknüpfung mit jenen Versen der Sūra hat indessen an dem Wortlaut des Qorāntextes keinen Anhalt und gehört wohl in das große Gebiet der exegetischen Erfindungen. V. 116—125 und die damit anscheinend zusammenhängenden V. 130—133[4]) bekämpfen den Götzendienst. Die vorbildliche Bedeutung der Religion Abraham's (*millat Ibrāhīm*), welche V. 122 ausspricht, empfiehlt, das Ganze nicht vor der Schlacht bei

---

in Mekka sich bei بنت سعد (سلافة) aufhielt. Als Name des Diebes wird angegeben ابو طُعْمة بن أُبَيْرِق (so Wah., eine Variante bei His. und die beste Tradition bei L.) oder طعمة بن ابيرق (gewöhnlich, Usd al-Ghāba III, 52. Ibn Ḥagar II, Nr. 8734) oder ابو طعمة بشير بن ابيرق! (His. Usd III, 52) oder بشير بن ابيرق (Tirm.). Im Verse des Ḥassān heißt er bloß سارق الدِّرْعَيْن, in der historischen Erklärung dazu بشير بن أبيرق ابو طعمة الظفرىّ. Für طُعْمة, die am besten beglaubigte Namensform — vgl. auch Ḥamāsa 452, Tuḥfa ed. Mann —, finden wir zuweilen طُعْمة (Varianten zu His. und Fleischer's Baiḍāwī). Ob aber بَشِير oder بُشَيْر zu lesen sei, ist weniger gewiß. Ibn Ḥagar I, Nr. 686 schwankt, indessen geben die Anmerkung zu His. 359 und Usd al-Ghāba I, 184 die Diminutivform als richtig an. Ganz falsch unterscheidet cod. Spr. 282 ابو طُعمة الظفرىّ von طِعْمة بن ابيرق (sic!).

[1]) Wenn man z. B. sagt, der Hehler oder gar der Dieb selbst sei ein Jude gewesen.

[2]) Zam. Ṭabarī, Tafsīr.

[3]) I, 184 s. v. بشر بن الحارث.

[4]) Man achte auf ولله ما فى السماوات وما فى الارض in V. 125, V. 130 (zweimal), V. 131.

Badr anzusetzen[1]). V. 126—129 sind wohl als Ergänzungen zu den im Anfang der Sūra stehenden Gesetzen aufzufassen. V. 134 kann mit V. 61 verbunden werden. V. 135—142, mit denen V. 143—152 anscheinend gleichzeitig sind, gehören in die Zeit nach der Schlacht am Uḥud; denn aus V. 136 und 146 sieht man, daß die Muslime damals schon mit wechselndem Glück gekämpft hatten[2]). In V. 152—168 faßt Muhammed alles, was er gegen das Judenvolk auf dem Herzen hat, kurz zusammen. Sie können bei ihrer großen Bitterkeit kaum entstanden sein, ehe er mit den medīnischen Juden in offenen Kampf geraten war. V. 169—174, in denen auch den Christen mehrere falsche Lehren vorgeworfen werden, hängen damit zusammen[3]). Über die Entstehung von V. 175 (Erbrecht) gehen die Traditionen auseinander. Nach einigen ward er auf einem Feldzuge[4]) geoffenbart, nach andern, als der Prophet einst den Gābir b. ʿAbdallāh auf seinem Krankenlager besuchte[5]). Endlich sagen manche, der Vers sei wegen einer Anfrage eben dieses Gābir auf der letzten Pilgerfahrt entstanden[6]) und überhaupt der späteste des ganzen Qorāns[7]). Obgleich diese Angabe alt und weit verbreitet ist, so hat sie doch für ebensowenig vertrauenswürdig zu gelten wie die übrigen, die bis auf eine, wegen der Unmöglichkeit zeitlicher

---

1) Vgl. oben S. 191 f. zu Sur. 3, 89 und die ausführliche Darlegung zu Sur. 16, 124 auf S. 146 f.

2) Mit Unrecht beziehen die Kommentare V. 135 f. auf die Juden statt auf die Zweifler.

3) Vgl. V. 168, der den ersten Teil abschließt, wie V. 174 den zweiten.

4) Ṭabarī, Tafsīr. Itq. 41.

5) Bh., kit. al-farā'iḍ § 1. Tirm. kit. al-farā'iḍ § 4. Ṭabarī, Tafsīr. Zam. B. Wah. F. Naisābūrī. Nasafī.

6) في طريق مكة عام حجة الوداع F. Zam. ʿAlāeddīn. Naisābūrī. Itq. 49. Auch die Regelung anderer erbrechtlicher Verhältnisse wird von der Tradition in diese Zeit verlegt, vgl. Bh., kit. al-maghāzī § 78 gegen Ende, Waq. Wellhausen S. 432 f.

7) Bh., kit. al-farā'iḍ § 14 und kit. al-tafsīr. Muslim, kit. al-farā'iḍ Q. VII, 62. Tirm., kit. al-tafsīr. Ṭabarī, Tafsīr. B. F. Wah. in der Einleitung ed. Cair. S. 9 oben. Qurṭubī fol. 23 v. Cod. Lugd. 653 viertletztes Blatt. Iqt. 60. Śuśāwī Cap. 1. ʿAlāeddīn.

Fixierung, ziemlich wertlos und sämtlich unkontrollierbar sind. Da die letzte Pilgerfahrt in den Anfang des März (a. H. 632) fällt, so steht jene Tradition noch im Widerspruch mit einer anderen, nach welcher der Vers im Sommer[1]) entstand. Aber auch diese, an sich ganz unverdächtig aussehende, Überlieferung verliert ihren Wert, wenn wir sehen, daß man V. 15, dessen erbrechtliche Bestimmungen durch V. 175 etwas abgeändert werden, in den Winter verlegt[2]). Wir müssen uns deshalb mit dem allgemeinen Resultate begnügen, daß, V. 175 einige Zeit nach V. 15 formuliert worden ist. Überhaupt ist bei der Datierung gesetzgebender Qorānabschnitte immer zu bedenken, daß viele wahrscheinlich gar nicht auf Gelegenheitsoffenbarungen zurückgehen. Denn sobald sich Muhammed in Medīna vor die Aufgabe gestellt sah, zu organisieren, mußte ihm naturgemäß daran liegen, besonders anstößige und verwerfliche Institutionen des Heidentums so rasch wie möglich umzugestalten, und nicht erst zu warten, bis besondere Anlässe vorlagen.

Wegen des ähnlichen Inhalts führen wir hier Sur. 65[3]) an, durch welche der Abschnitt Sur. 2, 225 ff. ergänzt wird. Wenn der erste Vers wirklich auf Ibn 'Omar ginge, der seine Frau während der Zeit ihrer monatlichen Reinigung entlassen hatte[4]), so könnte die Sūra kaum vor das Jahr 8 fallen, da er damals erst 20 Jahr zählte. Dem widerspricht aber eine Tradition, nach der Muhammed bei dieser Gelegenheit den

---

[1]) Muwaṭṭa' 328. Muslim, kit. al-ṣalāt § 65 gegen Ende, kit. al-farā'iḍ Q. VII, 59. Tirm., kit. al-tafsīr. Ṭabarī, Tafsīr Vol. VI, 26. F. 'Alāeddīn. Itqān 49, 924. Ḫamīs I, 12. Hibat-allāh zu Sur. 4. Der Vers wird deshalb gerade als „Sommervers" (آية الصيف) bezeichnet. Ganz falsch verbindet daher Itq. 49 beide Traditionen und behauptet, alle auf der letzten Pilgerfahrt geoffenbarten Verse seien „sommerliche" (صيفىّ).

[2]) Ḫamīs I, 12.

[3]) V. 2 (Flügel) ist das Versende hinter مخرجًا anzusetzen, und das übrige mit V. 3 zu vereinigen, ebenso V. 10 und V. 11.

[4]) Ṭabarī, Tafsīr. Wah. B.

Vers nur vorgetragen hat[1]). Zudem werden noch verschiedene abweichende Entstehungsgeschichten überliefert[2]), die ebenso unglaubwürdig sind. Eine Angabe bezeichnet diese Sūra als mekkanisch[3]), vielleicht mit Rücksicht auf den Schluß, welcher dem Stil der mekkanischen Periode ähnlich ist.

Sur. 59 bezieht sich zum größten Teil auf die Unterwerfung und Vertreibung des jüdischen Stammes Naḍīr im Rabīʿ I des Jahres 4[4]), weshalb sie geradezu Naḍīr-Sūra[5]) genannt wird. Über das Zeitalter von V. 18 ff. ist schwerlich etwas sicheres auszumachen; doch spricht nichts dagegen, daß sie mit dem ersten Teil gleichzeitig sind, kehrt ja auch V. 1 wörtlich am Schluß der Sūra wieder.

Sur. 33 besteht aus mehreren Stücken. V. 9—27 stammen sicher aus dem Ende des Jahres 5[6]), nachdem die mächtigen

---

1) Muslim, kit. al-ṭalāq § 1 gegen Ende Q. VI, 257. F.; in allen anderen der zahlreichen Rezensionen dieser Überlieferung (F. und besonders bei Muslim, sowie Bh. Tirm. Nas. Muwaṭṭa'. Miśk. im Anfang des kit. al-ṭalāq) spielt die Antwort des Propheten nur auf jenen Vers an.

2) Ṭabarī, Tafsīr. Wah. Suyūṭī, Asbāb al-nuzūl.

3) Bei ʿOmar b. Muḥammad.

4) Dies ist die allgemeine Ansicht (His. 653. Waq. 4. 353, Wellhausen S. 163. Bh., kit. al-maghāzī § 14 Anfang. Balāḏurī ed. M. J. de Goeje S. 18. Ṭabarī I, 1448. Masʿūdī IV, 157. Die Kommentare. Vgl. Weil 135 f., Caussin III, 121, Muir III, 215 ff., Sprenger III, 160 ff., Caetani I, S. 584). Ganz vereinzelt steht die Tradition Zuhrī's bei Bh. a. a. O. § 14 Anfang, Ḫamīs I, 460 oben, dies Ereignis falle 6 Monate nach der Schlacht bei Badr, d. h. auch auf den Rabīʿ I, aber den des Jahres 3. Dagegen sprechen noch andere Berichte. Die Historiker (His. 650, 652. Waq. 354. Ṭabarī I, 1444. 1448) geben nämlich als Veranlassung des Krieges mit den Banū Naḍīr ein Ereignis an, das durch den Kampf bei Bi'r Maʿūna in Ṣafar des Jahres 4 hervorgerufen ist. Außerdem wird in dem Gedichte eines Juden auf den Tod des Kaʿb b. Al'aśraf (bei His. 659), das nicht gut nach der Vertreibung der Banū Naḍīr abgefaßt sein kann, die Schlacht am Uḥud erwähnt:

كما لاقيتم من بأسِ صَخْرٍ * بأُحْدٍ حيث ليس لكم نصير

„Wie die Kraft Ṣaḫr's (Abū Sufyān's), die Ihr erfuhrt beim Uḥd „(d. i. Uḥud), wo Ihr keinen Retter hattet!"

5) Bh., kit. al-maghāzī cap. 14 § 3. F. ʿAlāeddīn.

6) His. 668 ff. besonders 693 f. Ṭabarī I, 1463 ff. Yaʿqūbī II, 50 (55 Monate nach der Higra). Waq. 4 f. 157 (Wellhausen S. 210). Balāḏurī ed. de Goeje S. 21 u. a. m. Das Jahr scheint sicher und paßt weit besser

Verbündeten, Quraiš, Ghaṭafān und Quraiẓa, die Belagerung des durch einen Graben (خَنْدَق) verteidigten Yaṯrib aufgegeben hatten, und der jüdische Stamm Quraiẓa gleich darauf von Muhammed vernichtet worden war. Ungefähr in dieselbe Zeit gehören die Verse 36—40[1]). Sie beziehen sich auf Zainab bint Gaḥš, die geschiedene Frau seines Freigelassenen und Adoptivsohnes Zaid, die er heiraten wollte. Diese Scheidung verlegt man ins Jahr 5[2]), und ebendahin führt die Angabe, daß sich die Wiederverheiratung noch vor dem Kriege mit den Banū Muṣṭaliq[3]) vollzogen habe. Mit jenen Versen kann man weiter in Verbindung bringen V. 1—3, eine Art von Einleitung, V. 4f., in denen Muhammed, um die Ehe mit der Frau seines Adoptivsohnes zu legitimieren, auseinandersetzt, daß Adoptivsöhne keine wahren Söhne seien, V. 6—8 über des Propheten und seiner Frauen Verhältnis zu den Gläubigen, schließlich V. 28—35, verschiedene Bestimmungen über die Frauen Muhammeds[4]). V. 53—55 bezieht man gewöhnlich auf die Gäste, die bei Zainab's

---

in die ganze Reihe der Ereignisse als die bloß aus der Tradition, Ibn ʿOmar sei zur Zeit der Uḥudschlacht 14, zur Zeit des Grabenkampfes 15 Jahre alt gewesen (Bh., kit. al-maghāzī § 31 Anfang), gezogene Annahme, dieser Kampf falle in das Jahr 4 (Ibn Qutaiba 80. Ḫamīs I, 479 u.). Vgl. Bh. a. a. O., wo noch der Monat, Šauwāl, genannt wird, vgl. Muir III, 156. Dieser Monatsangabe, welche auch Ibn Isḥāq hat, ist übrigens die des Wāqidī (Ḏū'l-Qaʿda) wahrscheinlich vorzuziehen, dem Wellhausen, Wāqidī 17f., Caetani I, p. 611f. und Buhl 265 folgen.

1) Bh., kit. al-ṭalāq § 8. Nasāī, kit. al-nikāḥ § 25. Die Kommentare. Vgl. auch die beiden folgenden Anmerkungen.

2) Ṭabarī I, 1460ff. Masʿūdī ed. Paris. IV, 157. Ibn Saʿd ed. VIII, 81. — Usd al-Ghāba V, 463, Ibn Ḥagar IV, S. 600, Nawawī 842, Ḫamīs I, 500 geben daneben noch das Jahr 3 an.

3) Das geht aus der Rolle hervor, welche Zainab und noch mehr ihre Schwester in der Geschichte der Verleumdung ʿĀïša's spielt. Siehe die Zitate S. 211 Anm. 1.

4) Die Muslime reden viel von einem großen Zwist zwischen Muhammed und seinen Frauen, mit dem sie V. 28f. zusammenbringen, aber gewöhnlich, ohne ihn genau zu zitieren (آية التخيير). Auch wird aus der anekdotenhaft aufgeputzten Erzählung nicht klar, woher dieser Streit kam. Vgl. Bh., kit. al-ṭalāq § 5, Muslim, kit. al-ṭalāq § 4, F. und die Kommentare.

zweiter Hochzeit länger blieben, als dem Propheten lieb war[1]). Indessen haben einige Quellen[2]) auch andere Veranlassungen, und man wird zugestehen müssen, daß es im Leben Muhammeds zahlreiche Situationen gab, die eine derartige Offenbarung hervorrufen konnten. V. 59, eine Verordnung über Frauenkleidung, ist vielleicht später hinzugefügt worden, aber noch vor dem Jahre 8. Denn in diesem Jahre starb Muhammeds Tochter Umm Kulṯūm[3]), so daß nur Fāṭima übrig blieb, und also eine Botschaft an seine „Töchter" (*banātika*), wie in diesem Vers, nicht mehr möglich war. Für die Zeitbestimmung der Verse V. 49—51, welche dem Propheten unter anderem das Konkubinat mit Sklavinnen erlauben, ist daran zu erinnern, daß er zum erstenmal bei der im Kriege mit den Quraiẓa (a. H. 5) gefangen genommenen Raiḥāna[4]) von dieser Erlaubnis Gebrauch machte. V. 52 gehört gewiß in die letzten Lebensjahre Muhammeds[5]). V. 48, über eine gewisse Art der Ehescheidung, ist eine Ergänzung zu Sur. 2, $_{237}$ und scheint etwa aus derselben Zeit zu stammen wie der größte Teil der Sūra. Von dem Verhältnis des Propheten zu den Gläubigen und Ungläubigen handeln V. 41—47. 56—58. 60—73. Diese Verse haben auch in der Sprache einiges gemeinsam, vgl. V. 42 mit 56, und das Wort اذى in V. 47. 57. 58. 59. 69, welches sonst nur noch V. 53 vorkommt. Die Anordnung der einzelnen Teile dieser Sūre entbehrt eines sachlichen Prinzipes. Denn die mannigfaltigen Bestimmungen über das

---

[1]) Bh., kit. al-nikāḥ § 47, kit. al-aṭʿima Ende, kit. al-istīḏān § 10. Muslim, kit. al-nikāḥ § 15. Ṭabarī, Tafsīr. Wah. F. Vgl. Weil, Anm. 229. Caussin III, 151. Muir III, 228 ff. Sprenger I, 400 ff. Caetani I, 610 f. Weniger genau Tirm. im kit. al-tafsīr usw. In eine andere Beziehung zu Zainab wird der sogenannte Ḥigāb-Vers von Nasāī, kit. al-nikāḥ § 25 gebracht.

[2]) Ṭabarī, Tafsīr. Wah.

[3]) Vgl. Ibn Saʿd ed. VIII, S. 25. Ibn Qutaiba ed. Wüstenfeld S. 69 f. Ibn Ḥagar IV, S. 949 usw.

[4]) His. 693. Ṭabarī I, 1497 f. Ibn Saʿd ed. VIII, 92 ff. Ibn Ḥagar IV, S. 591 f. Vgl. Weil 170 f. Muir III, 272. Sprenger III, 77 f. Caetani I, 634.

[5]) Dies hat Weil 358 f. K.[2] 86 gegen die seltsamen Ansichten vieler Muslime (vgl. die Kommentare) bewiesen.

Recht der Familie und des Hauses (V. 4—8. 28—40. 48. 53—55) sind mit den Ausführungen über den Propheten und seine Zeitgenossen (41—47. 56—58. 60—73) bunt durcheinander gewürfelt, während die weitläufige Ansprache über die Grabenschlacht (V. 9—27) weder dem einen noch dem anderen Teile homogen ist und Gleichartiges auseinander sprengt. Trotz dieses Wirrwarrs wechselt die Anrede يا ايّها الّذين آمنوا V. 9. 41. 48. 53. 69, von einer einzigen Ausnahme V. 70 abgesehen, mit der anderen يا ايّها النّبىّ V. 1. 28. 44. 49. 59 regelmäßig ab. Das kann nicht auf Zufall beruhen, sondern muß vom Schriftsteller oder Redaktor beabsichtigt sein. Da aber die meisten Abschnitte anscheinend zeitlich sehr nahe bei einander liegen, so mag die Sure ihre gegenwärtige Gestalt schon vom Propheten selbst erhalten haben[1]).

Sur. 63 wird kurz nach dem Zuge gegen die Banū Muṣṭaliq, einen Zweig der Banū Ḫuzā'a, angesetzt und auf die aufrührerischen Worte bezogen, welche 'Abd-allāh b. Ubai bei dieser Gelegenheit geäußert hatte[2]). V. 9—11 können auch

[1]) Vgl. hierzu die beachtenswerten Ausführungen Sprenger's III, S. XXXII f.

[2]) His. 726 f., 360, wo es heißt, diese ganze Sūra (بأسرها) sei damals geoffenbart worden. Muslim, kit. ṣifāt al-munāfiqīn Anfang. Tirm., kit. al-tafsīr. Bh. ibidem. Ṭabarī I, 1512 ff. I Aṯīr II, 147. Wāqidī (Wellhausen) S. 179 ff. Ṭabarī im Tafsīr. Wah. Zam. B. Vgl. Caussin III, 162 f. Weil 148 ff. Muir III, 240. Sprenger III, 193. Caetani I, p. 602 f. Was die Zeit dieses Krieges betrifft, so können wir sie (His. 661. 725. Bh., kit. al-maghāzī § 34. Ṭabarī I, 1510. Usd al-Ghāba I, 22, ungenauer Ya'qūbī II, 53. Mas'ūdī IV, 143) auf den Ša'bān des Jahres 6 verlegen; dafür spricht auch, daß Muhammeds Frauen, die während des Grabenkampfes (Ende 5) noch nicht von der Welt zurückgezogen lebten (His. 687. Ṭabarī I, 1489. F. zu Sur. 33, 9. Bh. a. a. O. § 36), während dieses Feldzuges schon ganz abgesondert waren, wie aus der unten zu Sur. 24 zitierten Tradition hervorgeht. Dagegen nennt eine andere Tradition (Waq. p. 4 und Wellhausen p. 175. Ibn Qutaiba 80. Ḫamīs I, 470), der übrigens Weil 143 ff. Muir III, 237 und Caetani I, 600 folgen, das Jahr 5. Ḫamīs fügt hinzu, der Feldzug habe 5 Monate 3 Tage nach dem von Dūmat al-Gandal stattgefunden. Dagegen stimmt Ibn Qutaiba mit Ibn Isḥāq und den andern oben genannten Quellen insofern überein, als er die Grabenschlacht (nach ihm a. H. 4) vor unseren Feldzug rückt. Noch ein Jahr weiter zurück (a. H. 4) verlegen das Ereignis die öfter

einer andern Zeit angehören, jedenfalls haben sie mit dem übrigen keinen inneren Zusammenhang.

Von Sur. 24 behandeln V. 1—3 die Sünde der Hurerei sowie die Ehe mit Huren, V. 4—10. 21—26 die Unzucht und die Bestrafung derjenigen, welche Frauen fälschlich dieses Vergehens beschuldigen. Der Überlieferung zufolge geht V. 6—9 auf ʻUwaimir b. Ḥāriṯ[1]), oder auf Hilāl b. Umaiya[2]), die ihre eigenen Frauen des außerehelichen Umgangs bezichtigt hatten. Der Name des schuldigen Mannes, Śarīk b. al-Saḥmā, wird ebenso regelmäßig in Verbindung mit Hilāl genannt, wie der des ʻĀṣim b. ʻAdī neben seinem Freunde ʻUwaimir. Als Verführer der Frau des letzteren erscheint Śarīk in den älteren Quellen niemals[3]). Desgleichen sind es sehr späte Werke, welche den Namen der leichtsinnigen Frau nennen[4]). Als Zeit des Vergehens wird von einigen[5]) der Śaʻbān des Jahres 9 angegeben, als Muhammed von Tabūk zurückgekehrt war. Vor der Kritik kann von dieser exegetischen Gelehrsamkeit nicht viel bestehen. Mag immerhin in der Familie des ʻUwaimir oder Hilāl ein derartiger Fall von Unzucht vorgekommen sein, so ist doch die Verknüpfung

---

zitierten (Bh. a. a. O. § 34 Anfang, Ḫamīs I, 470) Maghāzī des Mūsā ibn ʻOqba, auf den wohl auch Masʻūdī IV, 157 zurückgeht, und dem Sprenger III, 192 zu folgen geneigt ist.

1) Muwaṭṭaʼ 206. Bh., kit. al-ṭalāq § 4, kit. al-tafsīr. Muslim, kit. al-liʻān Q. VI, 315 ff. Nasāī, kit. al-ṭalāq bāb 28. Ibn Qutaiba 170. L. F. Miśk., bāb al-liʻān Anfang. Ibn Ḥagar III, S. 88. Usd al-Ghāba IV, 158 f. Zam.

2) Muslim, kit. al-liʻān Q. VI, 326. Tirm., kit. al-tafsīr. Nasāī, kit. al-ṭalāq bāb 30. Ṭabarī, Tafsīr. L. Wah. F. B. Zam. Miśk. a. a. O. Ibn Ḥagar III, S. 1250, II, S. 414 f. Usd al-Ghāba II, 397 f. V, 66. Nawawī ed. Wüstenfeld 609.

3) F. Usd al-Ghāba IV, 158. Nawawī 491.

4) F. Zam. — Der Name der Frau, Ḫaula, ist wahrscheinlich den Traditionen zu Sur. 58 entnommen.

5) Usd al-Ghāba IV, 158. Nawawī ed. Wüstenfeld S. 491. Nawawī zu Muslim Q. VI, 316, alle mit Berufung auf Ṭabarī, vermutlich Annales I, 1705, wo allerdings nur steht, daß Hilāl während der Expedition nach Tabūk in Medīna zurückblieb. Vgl. auch Ḫamīs II, 133.

desselben mit unserer Qorānstelle wahrscheinlich erfunden. Während die genannten Verse ganz allgemein gehalten sind, haben V. 10—20 unverkennbar ein bestimmtes Ereignis im Auge. Die auffallend einige Überlieferung versteht darunter das bekannte Abenteuer ʻĀïša's, das sich auf dem eben erwähnten Zuge gegen die Banū Muṣṭaliq zutrug und die Gemahlin des Propheten in den Verdacht brachte, sich mit einem fremden Manne vergangen zu haben[1]). An der Zuverlässigkeit der Tradition zu zweifeln, ist hier kein Grund vorhanden. Wie es scheint, ist dieser Abschnitt, dessen Offenbarung ungefähr einen Monat[2]) nach dem Kriegszuge stattfand, erst nachträglich in seine jetzige Umgebung eingefügt worden. Die Abfassung der letzteren würde demnach in eine frühere Zeit fallen. V. 27—33 und V. 57—61 enthalten zwar beide Bestimmungen über die Wahrung von Zucht und Sitte in Haus und Familie, sind aber anscheinend verschiedener Herkunft[3]). Dazwischen geschaltet ist jetzt ein Stück ganz anderen Charakters, nämlich die Verse 34—44, welche Allāh, das Licht der Welt, der Finsternis des Unglaubens gegenüberstellen und zu den erhabensten wie poetischsten Stellen der medīnischen Sūren gehören; und V. 45—56, die zwar den gleichen Anfang haben[4]), aber in einfacherem Stile gehalten sind. Sie tadeln das Verhalten der Zweifler (V. 49) und der unzuverlässigen Elemente, welche trotz ihrer eidlichen Zusage dem Propheten bei seinen Kriegszügen die Gefolgschaft verweigert hatten (V. 52). Diese Polemik muß einer Zeit angehören, in der es Muhammed

---

1) His. 731 ff. Ṭabarī I, 1517 ff. Waq. Wellhausen 184 ff. Bh., kit. al-śahādāt § 15, maghāzī § 36, tafsīr. Muslim, kit. al-tauba § 11. Tirm., kit. al-tafsīr. L. Wah. F. Vgl. Weil 151 ff. Caussin III, 164 ff. Sprenger III, 63 ff. Muir III, 244 ff. Aug. Müller, Der Islām I, 133 f. Caetani I, 604 ff. Fr. Buhl 275 ff.

2) Vgl. die in der vorigen Anmerkungen zitierten Stellen.

3) Jedes Stück hat seine besondere Einleitung, und V. 61 ist parallel V. 27—29.

4) لقد انزلنا (اليكم) آيات مبيّنات.

schlecht ging, also vielleicht der Periode zwischen der Schlacht am Uḥud und dem Ende des Grabenkampfes. Die alte Tradition [1]), welche V. 62—64 auf die Aushebung des Verteidigungsgrabens vor Medīna bezieht, kann im Rechte sein, wenn es auch so gut wie sicher ist, daß ihr nur eine exegetische Kombination zugrunde liegt.

Sur. 58 handelt über ähnliche Dinge wie Sur. 24. Der Wortlaut der ersten Verse (1—5) läßt deutlich erkennen, daß sie durch ein bestimmtes Ereignis veranlaßt sind. Und zwar beziehen sie alle Angaben einhellig auf Aus b. Aṣṣāmit, der sich von einer seiner Frauen, namens Ḫaula oder Ḫuwaila [2]), mit der heidnischen Formel „Du bist mir wie der Rücken meiner Mutter!" geschieden hatte [3]), dann aber Reue darüber empfand und den ehelichen Verkehr ohne weiteres wieder aufnehmen wollte. Spätere Quellen [4]) setzen dieses Ereignis kurz nach der Rückkehr von Ḥudaibiya, also in das Ende des 6 ten oder den Anfang des 7 ten Jahres, während den alten Traditionen solche Angaben fehlen. Die Vorschriften über die dem Propheten gebührenden Ehrenbezeugungen (V. 12—14) passen für das Zeitalter der Sur. 24; auf keinen Fall stammen sie aus den ersten Jahren nach der Higra. V. 6—9 und 15 ff. sind gegen die Zweifler gerichtet. Die einzelnen Abschnitte (V. 1—5. 6—9. 10. 11. 12. 13 f. 15 ff.) werden sich der Zeit nach einander ziemlich nahe stehen, wie auch die Ähnlichkeit der Phraseologie

---

[1]) His. 670. Ṭabarī I, 1465 f. Zam.

[2]) In Usd al-Ghāba V, 417, Ibn Ḥagar I, Nr. 338, IV, S. 503, Nawawī Wüstenfeld 839 erscheint daneben noch die Variante جَميلة, die aber gewiß nur auf einem Schreibfehler beruht. — Hinter وزورًا V. 3 hat Flügel fälschlich ein Versende.

[3]) Ibn Qutaiba 131. Ibn Sa'd ed. III, II, S. 94, VIII, S. 274 f. Ṭabarī, Tafsīr. Tirm., kit. al-tafsīr. Wah. F. Zam. B. Ibn Ḥagar, Usd al-Ghāba und Nawawī unter den betreffenden Stichwörtern.

[4]) Insān al-'Uyūn des Nūreddīn el-Ḥalabī († 1044), ed. Cair. 1280, Vol. III, 140 ff.. Schon das etwas ältere Ḫamīs (II, 25 f.) hat die Angabe, leider ohne Anführung von Autoritäten. Weil 184 und Anm. 280.

erkennen läßt[1]). Ohne vernünftigen Grund halten einige V. 1—10[2]) oder V. 9—11[3]) für mekkanisch.

Sur. 22, die gewöhnlich für mekkanisch, mitunter jedoch auch für medīnisch gilt[4]), ist zwar größtenteils im dritten Zeitraum vor der Higra geoffenbart, erhält aber ihre Hauptbedeutung durch die in ihr vorkommenden medīnischen Stücke. Mekkanisch sind V. 1—24, von denen V. 5—7 den Zusammenhang sprengen, V. 43—56. 60—65. 67—75. Von diesen werden mehrere mit Unrecht als medīnisch bezeichnet: V. 1f. sollen auf dem Zuge gegen die Banū Muṣṭaliq entstanden sein[5]), vielleicht, weil Muhammed sie während desselben einmal vortrug; V. 11f. werden von einigen nach der Auswanderung gesetzt, weil man sie auf die Araberstämme, welche erst später den Islām annahmen, oder auf andere nach der Higra geschehene Dinge bezog[6]). Ebenso dachten einzelne auch bei V. 15 an arabische Stämme, indem sie das Wort *yanṣuruhu* in der Bedeutung „Sieg verleihen" auffaßten[7]). Ganz allgemein ist die Ansicht, V. 20—22 oder V. 20—23 oder V. 20—24 bezögen sich auf die Einzelkämpfe ʿAlī's und einiger Genossen mit vornehmen Quraischiten in der Schlacht bei Badr[8]). Diese Erklärung stützt sich aber nur auf eine buchstäbliche Auffassung des Wortes *ḫaṣmāni*[9]). V. 18. 19 werden ursprünglich

---

1) Vgl. حدود الله V. 5 mit يحادّون V. 6. 21. 22; V. 13f. handelt von نجوى wie V. 6—11; der Anfang von V. 21 ist gleich dem von V. 6; أَلَمْ تَرَ V. 8. 9. 15.

2) B. 3) Itq. 36.

4) Vgl. ʿOmar b. Muḥammad. Itq. 26f. und die Kommentare.

5) F. Zam. Itq. 43. Ṭabarī im Tafsīr sagt nur, Muhammed habe diese Verse فى بعض مغازيه oder als er vom غزوة العسرة (das ist der Zug nach Tabūk, vgl. Bh., kit. al-maghāzī § 79) zurückkehrte, vorgetragen.

6) ʿOmar b. Muḥammad. Wah. F. Ṭabarī, Tafsīr.

7) F.

8) Waq. 64. Muslim in dem sehr dürftigen kit. al-tafsīr am Ende. Ṭabarī, Tafsīr. L. F. Zam. B. ʿOmar b. Muḥammad. Itq. 19.

9) Doch haben die Kommentare auch noch andere Erklärungen der Stelle.

dem Zusammenhange fremd sein, da ihre Reime zu denen der anderen Verse nicht passen, und eine Zusammenziehung mit V. 20 weder bezeugt noch statthaft ist. V. 17 ist offenbar erst nachträglich eingesetzt worden. Für seine medīnische Herkunft spricht der von den Juden gebrauchte Ausdruck *alladīna hādū,* der wenigstens in älteren Qorānstücken nicht vorkommt[1]). Von den übrigen medīnischen Versen scheinen die meisten (V. 25—38) aus der Zeit der Wallfahrt des Jahres 6 oder 7 zu stammen, da sie eine Anleitung für die Pilger enthalten. Nach der Eroberung Mekka's darf man sie nicht setzen; denn V. 25 f. tadelt die Ungläubigen, daß sie nicht nur die Ka'ba schlecht verwalteten, sondern auch den Gläubigen den Zugang zu ihr verwehrten, und V. 31 ermahnt die Muslime, sich dort vor Befleckung durch die heidnischen Idole zu hüten, lauter Bemerkungen, die nach der Einnahme der heiligen Stadt gegenstandslos waren. V. 66, der wie V. 35 beginnt, ist wohl der nämlichen Zeit zuzuweisen. Wenn durch V. 39—42, wie die Überlieferung[2]) will, den Muslimen erstmals der offene Kampf mit den Feinden der wahren Religion erlaubt worden wäre, so müßten sie früher als die Schlacht von Badr sein. Dagegen kann Muhammed jene Erlaubnis zum Kampf keinesfalls schon vor der Higra[3]) gegeben haben. V. 51 bezieht man regelmäßig[4]) auf die mekkanischen Göttinnen Allāt, 'Uzzā und Manāt, deren Verehrung der Prophet in einer schwachen Stunde dulden wollte. Diese Erklärung beruht jedoch auf der irrigen Annahme, die Wörter *tamannā* und *umnīya* hätten die Bedeutung von *qara'a* „vortragen", *qirā'a* „Rezitation"[5]). Der Vers könnte an sich sehr gut mekkanisch

---

[1]) Die Belegstellen für jene Phrase, Sur. 2, 59, 4, 48. 158, 5, 45. 48. 73, 6, 147, 16, 119, 62, 6, sind alle medīnisch. Vgl. auch H. Hirschfeld, New Researches S. 125.

[2]) Ya'qūbī ed. Houtsma II, 44. Nasāī, kit. al-gihād Anfang. Ṭabarī, Tafsīr. L. Wah. Zam. B. Itq. 58. Weil 94. Sprenger III, 100.

[3]) His. 313, vgl. Cod. Sprenger 207.

[4]) Siehe oben S. 100 f. die Zitate zu Sur. 53.

[5]) Diese Bedeutung ist dem Qorān unbekannt, obgleich einige sie auch an andern Qorānstellen finden wollen, z. B. His. 370 nach Abū

sein, wenn er nicht mit V. 52 zusammenhinge, welcher unter den Gegnern deutlich die Zweifler[1] hervorhebt. V. 57—59 müssen später als die Schlacht von Badr sein, da sie bereits von Gläubigen sprechen, die im Kampf gefallen sind[2]). V. 76 ff. werden schon von einem alten Erklärer mit Recht als medīnisch bezeichnet[3]). Ihre Abfassung fällt wegen der Aufforderung zum „heiligen Krieg“ frühstens vor die Schlacht bei Badr[4]) und wegen der Erwähnung der „Religion Abraham's“ in die Nähe der ersten Kriege mit den Juden[5]).

Sur. 48 ist nach dem Frieden von Ḥudaibiya (im Monat Ḏū'lqa'da des Jahres 6) anzusetzen, aber nur V. 1—17 fallen kurz nach dem Abschluß desselben und zwar wahrscheinlich

---

'Ubaida in أمانىّ Sur. 2, 105; auch scheinen sie bei alten Dichtern nicht vorzukommen. Die Muslime führen freilich als Belegstellen an:

تَمَنَّى كتابَ اللّه بالليل خاليًا * تَمَنِّىَ داوُدَ الزبورَ على رِسْلِ

(His. 370. L. Zam. zu Sur. 22, 51, vgl. den Śarḥ al-Śawāhid z. St. B. zu Sur. 2, 73, Sur. 22, 51 und Lisān XX, 164 haben أوّل ليله aus Verwechselung mit dem folgenden Vers, der bei Zam. nur zur Hälfte angeführt ist), und

تَمَنَّى كتابَ الله اوّلَ ليلِهِ * وآخِرَهُ لاقَى حِمامَ المقادِرِ

(F. L. Zam. zu Sur. 2, 73. I Aṯīr, Nihāya IV, 111. Lisān l. c. His. 371 mit der Lesart وافَى für لاقَى); der letztere Vers soll sich auf 'Oṯmān's Tod beziehen (F. Zam. Lisān und Nihāya l. c. Śarḥ Śawāhid). In jedem Falle ist wahrscheinlich, daß die hier vorliegende singuläre Bedeutung von تمنّى jener mißverstandenen Qorānstelle entnommen ist.

1) „Die, in deren Herzen Krankheit ist“; damit sind nach dem festen Sprachgebrauch des Qorāns die *Munāfiqūn* gemeint.

2) Stände da مَنْ قُتِلَ „wer getötet wird“, „wenn einer getötet wird“, so könnten diese Verse immer noch vor der wirklichen Schlacht entstanden sein; aber الّذين قُتِلوا zeigt, mit Ausschluß der konditionalen Bedeutung, einfach die vollendete Tatsache an: „die, welche getötet worden sind“.

3) 'Omar b. Muḥammad. — V. 77. 78 (Flügel) können aus syntaktischen Gründen nur einen Vers bilden, was die Überlieferung bestätigt.

4) Vgl. oben zu V. 39 ff.

5) Vgl. oben S. 146 f. zu Sur. 16, 124.

noch vor Muhammeds Rückkunft nach Medīna[1]), was viele von der ganzen Sūra behaupten[2]). Aus diesen Versen sehen wir weit deutlicher als aus den Berichten der Historiker, daß Muhammed schon damals im Sinn hatte, Mekka zu erobern, daß aber die mit ihm verbündeten Beduinen, durch deren große Masse es ihm 2 Jahre später möglich ward, die Stadt fast ohne Schwertstreich zu nehmen, seine Hoffnung täuschten. Daher gab er den Plan, sich den Eingang in die heilige Stadt zu erzwingen, auf und traf mit den Quraischiten eine Vereinbarung, die ihm außer anderen Vorteilen für das nächste Jahr den ungehinderten Vollzug der Wallfahrt garantierte. Daß dieser Friede ein Meisterstück seiner Politik und ein wahrer Sieg war[3]), hat der Ausgang am besten gezeigt. V. 18 ff. stammen aus der Zeit nach der Unterwerfung der Juden von Ḫaibar und Umgegend (Anfang des Jahres 7), deren Reichtümer Muhammed seinen Genossen auf der Rückkehr von Ḥudaibiya versprochen hatte[4]). Denn V. 19, 20 und 27 lassen sich auf keine andere Weise erklären. Nachdem er diesen Erfolg errungen, durfte er einen Rückblick auf das Ereignis von Ḥudaibiya werfen; daher spricht er denn auch in diesem Teile viel davon, am deutlichsten in V. 23, und sucht die Muslime zu überzeugen, daß Gott ihm damals ebenso beigestanden habe wie bei Ḫaibar.

---

[1]) Siehe V. 11 und V. 15: „Die, welche zu Hause geblieben sind, werden sagen“ (wenn du wieder zurückkommst). Vgl. Muir IV, 36 ff.

[2]) His. 749 ff. Waq. Wellhausen 260. Bh., kit. al-maghāzī § 37 und kit. al-tafsīr. Wah. B. Weniger deutlich Muwaṭṭa’ 71. Eine Tradition bei Muslim, kit. al-gihād § 29 Q. VII, 424 f. sagt dies nur von den ersten 5 Versen. Vgl. Muir IV, 36 ff. Sprenger III, 251 ff. F. Buhl, Liv 285. Aug. Müller in Fr. Rückert's Qorānübersetzung. — H. Hirschfeld, New Researches S. 127 hält V. 1—17 für später als die Eroberung Mekka's. Daß dies, wie er behauptet, aus V. 12 hervorgehe, ist nicht einzusehen.

[3]) So läßt sich V. 1 gut erklären (vgl. die Kommentare), so daß wir die ersten Verse nicht nach dem Kriege von Ḫaibar zu stellen brauchen.

[4]) V. 15, 20. Über die große Beute dieses Krieges vgl. His. 773 ff. Ṭabarī I, 1588 ff. Waq. Wellhausen 284 ff. Balādurī 25 ff. Caussin III, 202. Muir IV, 73 ff. Sprenger III, 274 ff. L. Caetani, Annali II, I, S. 38 ff.

Falsch setzt eine Tradition V. 27 nach der Pilgerfahrt des Jahres 7[1]).

Die ersten Verse von Sur. 66 bringt die Tradition mit einem Skandal im Hause des Propheten in Verbindung[2]). Muhammed hatte eines Tages die Hütte seiner Gemahlin Ḥafṣa zu einem Stelldichein mit der koptischen Sklavin Maria benutzt. Das verstieß nicht nur gegen die gute Sitte, sondern war auch ein schwerer Eingriff in das Hausrecht der Frau. Ḥafṣa, die unerwartet nach Hause zurückkehrte und die beiden überraschte, machte dem Propheten die bittersten Vorwürfe und brachte ʿĀïša samt den anderen Nebenfrauen gegen ihn auf. In der ganzen muslimischen Gemeinde muß die Irrung ihres Leiters die größte Beunruhigung hervorgerufen haben, sonst hätte er es nicht für nötig befunden, sich durch eine besondere Offenbarung rechtfertigen zu lassen. Diese Tradition trägt die Gewähr ihrer Geschichtlichkeit in sich selbst. Eine Episode, die den Charakter Muhammeds in so ungünstigem Lichte zeigt, können die Muslime weder erfunden, noch dem Gerede der Ungläubigen entnommen haben. Eine andere Überlieferung erzählt, daß der Prophet aus Vorliebe für Ḥafṣa, die ihn bei seinen Besuchen regelmäßig mit Honig bewirtete, eine Zeit lang seine übrigen Frauen vernachlässigt habe[3]). Diese alberne Geschichte wird wegen ihrer Harmlosigkeit zwar oft als Erklärung der ersten Verse angeführt, hat aber die andere Auffassung doch nicht verdrängen können. Über die Zeit jenes Ereignisses können wir leider nicht mehr sagen, als daß es wahrscheinlich vor die Geburt Ibrāhīm's fällt, sonst würde doch wohl Maria's Verdienst,

---

1) Ṭabarī pers. Zotenberg III, 111. — Daß die Worte „Ihr zieht ein, wenn es Gott gefällt" nur auf die Zukunft gehen können, bedarf keines weitern Beweises.

2) Nasāī, kit. ʿiśrat al-nisā § 4 (nur kurz angedeutet). F. Wah. Ṭabarī, Tafsīr. Zam. B. Vgl. Weil 274ff. Caussin III, 268. Sprenger III, 85f. Muir IV, 160ff. Caetani II, 1 S. 236ff.

3) Ibn Saʿd ed. VIII, 76. Bh., kit. al-ṭalāq § 8, kit. al-aimān § 23. Muslim, kit. al-ṭalāq § 3. Nasāī, kit. al-ṭalāq bāb 10, kit. al-aimān § 20, kit. ʿiśrat al-nisā § 4. Miśk., bāb al-ṭalāq, faṣl 1 § 5. F. Wah. Ṭabarī, Tafsīr (nur kurz angedeutet). Zam. B.

dem Propheten nach 25 Jahren das erste Kind, und zwar einen Sohn, geboren zu haben, in den Berichten über die Eifersuchtsszene nicht unerwähnt geblieben sein[1]) V. 6—8, die sich abwechselnd an Gläubige und Leugner wenden, sowie V. 8—12, die Muster gläubiger und ungläubiger Frauen aufstellen, entziehen sich wegen ihres allgemeinen Inhaltes jeder näheren Bestimmung. V. 9, der allein in dieser Sūra ausdrücklich der Zweifler (*munāfiqūn*) gedenkt, stimmt wörtlich mit Sur. 9, $_{74}$ überein. Da er vor Sur. 9, $_{75}$, aber nicht vor Sur. 66, $_{10}$ notwendig ist, so scheint er seine ursprüngliche Stelle in Sur. 9 zu haben.

Der Anfang von Sur. 60 (V. 1—9) warnt die Muslime, mit Leuten, die seinerzeit Muhammed nebst seinen Anhängern in die Verbannung getrieben hatten, Freundschaft zu schließen, läßt aber die Möglichkeit einer späteren Aussöhnung offen (V. 7). Die Tradition setzt diesen Abschnitt kurz vor die Einnahme Mekka's im Ramaḍān des Jahres 8 und bezieht ihn auf die heimliche Botschaft des Ḥāṭib b. Abī Balta'a an die Quraischiten, daß Muhammed ihre Stadt anzugreifen beabsichtige[2]). Diese Kombination kann richtig sein, doch läßt sich ein Beweis dafür nicht erbringen. Sicher ist nur so viel,

---

[1]) Dagegen setzen Muir a. a. O. und Caetani a. a. O. das Ereignis zwischen die Geburt Ibrāhīm's und den Zug von Tabūk. Nach Weil 274 ff. K.[1] 78 ist es sogar noch später, was K.[2] 88 damit begründet wird, daß V. 6—8 sich auf die bezögen, welche bei diesem Feldzuge zurück geblieben waren, und kein Grund vorhanden sei, die ersten Verse nicht auch in diese Zeit zu setzen. Jene angebliche Beziehung ist aber keineswegs deutlich. Die Sklavin Maria soll sich unter den Geschenken befunden haben, welche der koptische Machthaber in Alexandrien dem Propheten auf seine Gesandtschaft hin überreichen ließ (Ṭabarī I, 1561. Ibn Sa'd, Wellhausen, Skizzen IV S. 99 f.). Leider steht das Jahr der Gesandtschaft nicht fest. Vgl. Wellhausen a. a. O. und Caetani, Annali I, S. 730 f. — V. 5, der einen von den übrigen Versen gänzlich abweichenden Reim (*ārā*) zeigt, scheint seinen ursprünglichen Schluß verloren zu haben.

[2]) His. 809 f. Ṭabarī I, 1627. Waq. Wellhausen S. 325. Bh., kit. al-maghāzī § 48, kit. al-tafsīr. Muslim, kit. al-faḍā'il § 71. Tirm., kit. al-tafsīr. Misk., bāb gāmi' al-manāqib, faṣl 1 § 27. Wah. F. Ṭabarī, Tafsīr. Zam. B. Usd al-Ghāba I, 361. Ibn Ḥagar I, Nr. 1532. Vgl. Weil 209 f. Caussin III, 221 ff. Muir IV, 113 f. Caetani II, 1, S. 117.

daß der Abschnitt überhaupt vor jene Eroberung fällt [1]). V. 10 f. müssen aus der Zeit bald nach dem Frieden von Ḥudaibiya stammen [2]), wenn sie auch nicht, wie die Tradition will [3]), noch zu Ḥudaibiya selbst entstanden sind. Denn es ist undenkbar, daß der Prophet, der dort die zu ihm fliehenden Männer nach dem Vertrage auslieferte, die Frauen aufgenommen hätte, obwohl über diese das Dispositionsrecht der Familie weit größer war. V. 12 kann man gut hiermit verbinden. Die Ansicht, daß er bei der Einnahme von Mekka entstanden sei, ist unbeweisbar und findet sich nur bei sehr späten Schriftstellern [4]). V. 13 scheint auf denselben Gegenstand wie die ersten Verse zu gehen und könnte ihnen deshalb gleichzeitig sein.

Sur. 110, die wie ein Bruchstück aussieht, steht im Qorānbuche zwischen lauter mekkanischen Sūren und wird deshalb öfter zu diesen gerechnet [5]). Aber die zuversichtliche Gewißheit, daß die Völker in Haufen der wahren Religion (*al-dīn*) zuströmen werden, spricht mehr für die spätere medīnische Zeit. Dagegen ist es fraglich, ob man die Worte *al-naṣr wa'l-fatḥ* (V. 1) gerade von der Eroberung Mekka's verstehen [6]) und deshalb mit den meisten Traditionen in die

---

1) Vgl. auch Muir IV, 114 Anm. 1.

2) Diese Annahme stimmt gut zu den Berichten His. 754. Waq. Wellhausen 263. Ṭabarī I, 1552 f. Ibn Sa'd ed. VIII, 168. Ibn Ḥagar IV, S. 953. Usd al-Ghāba V, 614.

3) Bh., kit. al-śurūṭ § 15. Hibat-allāh. Miśk., bāb al-ṣulḥ faṣl 1 § 1. Wah. F. zu Sur. 48 und 60. Ṭabarī, Tafsīr. Zam. B. Suyūṭī, Asbāb al-nuzūl. Vgl. Weil 183. Muir IV, 44 ff. Caetani I, 723.

4) Der Vers wird zwar in vielen Traditionen (Miśk., bāb al-ṣulḥ faṣl 1 § 4. Bh., kit. al-aḥkām § 49. Nasa'ī im kit. al-bai'a § 18. Ṭabarī, Tafsīr. Zam. Alāeddīn. Nasafī. Suyūṭī, Asbāb al-nuzūl) bei der Erzählung von der Huldigung der Frauen nach der Einnahme von Mekka erwähnt, aber die Angabe, daß er auch bei dieser Gelegenheit offenbart worden sei, findet sich seltener, z. B. bei Baiḍāwī und im persischen Ṭabarī Zotenberg III, 138. F. drückt sich nicht klar aus.

5) 'Omar b. Muḥammad. Hibat-allāh. Muir II, 319. Sprenger I, 560 hat sich zu diesem Ansatze durch eine gewisse Verwandtschaft des Anfanges der Sūre mit Sur. 26, 118, 32, 28 verleiten lassen.

6) Vgl. oben zu Sur. 61, 13.

Nähe dieses Ereignisses setzen muß[1]). Andere gehen noch weiter und lassen durch die Sūra den bevorstehenden Tod des Propheten angekündigt werden oder erklären dieselbe geradezu für die allerspäteste Offenbarung[2]).

Sur. 49 besteht aus mehreren Teilen. V. 1—5 erklären fast alle von den Gesandten der Banū Tamīm[3]), die im Jahre 9 oder 10[4]) in Medīna eingetroffen waren, um wegen der Auslösung von Gefangenen zu unterhandeln, und als Muhammed nicht gleich zu ihnen herauskam, sich lärmend und herausfordernd benahmen. Das paßt auffallend gut zu dem Wortlaute der Verse 2—5, und wir müßten diese Tradition als unbedingt glaubwürdig ansehen, wenn es fest stünde, daß ihre Gestalt nicht vom Qorān aus beeinflußt wäre. Weniger deutlich zu erkennen ist die Situation, welche den Versen 6 bis 8 zugrunde liegt. Man bezieht sie auf den Umaiyaden Walīd b. ʿUqba b. Abī Muʿaiṭ, der um dieselbe Zeit bei den Banū Muṣṭaliq die Gemeindesteuer eintreiben wollte, aber unverrichteter Dinge zurückgekehrt war, indem er diesen Stamm fälschlich beschuldigte, die Steuer verweigert und ihm selbst

---

[1]) Muslim, kit. faḍā'il al-qurān § 2, sagt, daß Muhammed die Sūra im Jahre oder gar am Tage der Eroberung Mekka's vorgetragen (*qara'a*) habe. Wah. läßt sie auf der Rückkehr aus der Schlacht bei Ḥunain geoffenbart werden (*nazala*).

[2]) Bh., kit. al-tafsīr. Muslim, kit. al-tafsīr Q. X, 487. Tirm., kit. al-tafsīr zu Sur. 5 am Ende und zu Sur. 110 usw. Ṭabarī, Tafsīr. Anmerkung zu His. 933. Itq. 45. 61. Cod. Lugdun. 653 Warner fol. 275 v. Ibn Qutaiba 82.

[3]) Ausdrücklich von V. 1—5 sagen dies nur Bh., kit. al-maghāzī § 68, kit. al-tafsīr. W. F., weniger deutlich Tirm., kit. al-tafsīr. Ṭabarī, Tafsīr. Zam. B. Nur den V. 2 nennen Ḥassān b. Ṯābit, Dīwān ed. Tunis. S. 113 und Waq. Wellhausen 386; nur V. 4 His. 939, 4, Ibn Saʿd (Wellhausen, Skizzen IV, Nr. 78), Ṭabarī I, 1717, Aghānī IV, 9. Indessen hängen V. 2—5 ja eng zusammen, während das von V. 1 zweifelhaft ist. Vgl. Weil 244 ff. Caussin III, 271. Muir IV, 171 f. Sprenger III, 366 ff. Caetani II, i, S. 219 f., 449 f.

[4]) Ibn Saʿd (Wellhausen, Skizzen IV, S. 137 ff.) und Aghānī IV, 8 geben kein Jahr an. Bei His. 933 deutet die allgemeine Überschrift an, daß das Jahr 9 gemeint ist. Ṭabarī I, 1710 nennt das Jahr 9, weniger deutlich Waq. Wellhausen 386.

nach dem Leben getrachtet zu haben[1]). Obwohl der Text der Offenbarung sich in diesem Sinne deuten läßt, so ist die Überlieferung doch schon deshalb verdächtig, weil sie einen Mann betrifft, der später als schlechter Muslim berüchtigt wurde. Der Spitznahme *al-fāsiq* „der Bösewicht", welcher ihm oft beigelegt wird, stammt natürlich aus der exegetischen Tradition. V. 9. 10 reden vom Kampfe zwischen muslimischen Geschlechtern, V. 11. 12 verbieten Verläumdung und Spitznamen. Die Frage, ob diese beiden Abschnitte von vornherein untereinander sowie mit V. 6 ff. verbunden waren, läßt sich nicht entscheiden[2]). V. 13 entwickelt den Gedanken, daß es im Islām nicht auf den Adel der Abstammung, sondern allein auf die Gottesfurcht ankomme. Die Tradition, welche ihn auf den Hochmut der Quraischiten nach der Einnahme Mekka's deutet[3]), ist beachtenswert, obgleich er sich noch auf viele andere Verhältnisse beziehen läßt[4]). Der Vers hat mit dem Vorhergehenden keinen Zusammenhang, vielleicht aber auch ursprünglich nicht mit dem Folgenden. V. 14—17 geben eine zutreffende Charakteristik der Beduinen, die ohne wahren Glauben den Islām nur äußerlich angenommen hatten. Man bezieht diesen Abschnitt gewöhnlich auf den Stamm der Asad b. Ḫuzaima, die während einer Hungersnot im Jahre 9[5]) in Medīna erschienen und, auf ihre freiwillige Bekehrung pochend, von Muhammed Nahrung forderten. Eine andere Tradition[6]) denkt an die Stämme der Beduinen, welche ihm

1) His. 730 f. Ibn Qutaiba 162 f. Wah. F. Ṭabarī, Tafsīr. Zam. B. Ibn Ḥagar, Usd el-Ghāba und Nawawī ed. Wüstenfeld s. v. Walīd ist der Bruder des späteren Chalifen ʻOṯmān.

2) Die Wiederholung von *fusūq* V. 7 (vgl. V. 6). 11 beweist nichts, da dieser Sachverhalt erst den Anstoß zu der redaktionellen Zusammenschiebung gegeben haben könnte.

3) F. Wah. Zam. Suyūṭī, Asbāb al-nuzūl, lassen den Vers bei dieser Gelegenheit geoffenbart werden. Nach His. 821, Ṭabarī I, 1642 trug ihn Muhammed damals nur vor (تلا), vgl. Caetani II, I, S. 130.

4) Wah. F.

5) Ibn Saʻd (Wellhausen, Skizzen IV, Nr. 77). Ṭabarī I, 1687 und im Tafsīr. Wah. F. Zam. B. Vgl. Caetani II, I, S. 227.

6) Ibn Saʻd (Wellhausen Skizzen IV, Nr. 77). Ṭabarī I, 1687. Über die Hungersnot im Jahre 9 erfahren wir auch sonst, His. 894, Ṭabarī I, 1693.

nicht nach Ḥudaibiya folgten. Da aber die Verse nur die Hauptcharakterzüge aller Beduinen hervorheben, stolzes, und hochfahrendes Wesen neben großer Oberflächlichkeit in der Bekehrung, und da jede genauere Anspielung fehlt, so ist keine jener Überlieferungen beweisbar, wahrscheinlich beruhen sie beide auf Kombinationen.

In Sur. 9 sind die wichtigsten Verse die, welche der Prophet den am Pilgerfest des Jahres 9 in Mekka versammelten Arabern durch ʻAlī vortragen ließ. Die Traditionen schwanken über den Umfang dieser Proklamation sehr stark [1]). Mit einiger Sicherheit darf man nur V. 1—12 dazu rechnen, welche den Muslimen befehlen, nach Ablauf der heiligen Monate alle Götzendiener anzugreifen, falls nicht ein ganz bestimmter und zeitlich begrenzter Vertrag mit ihnen vorhanden sei. Schon die ersten Worte „Lossagung [2]) Allāh's

[1]) His. 921, Tirm., kit. al-tafsīr, lassen ohne nähere Bestimmung den Anfang der Sūra vortragen. Ḫamīs I, 11 nennt 28 Verse, Mugāhid bei Zam. 13, Ṭabarī I, 1720 f. und im Tafsīr (Vol. X, 41) 40, Zam. B. 30 oder 40 Verse. Ungenau nennen einige wie Mas'ūdī ed. Paris. IX, 54. Tirm. kit. al-tafsīr § 4 die Sūra schlechthin, vgl. Caetani II, I, S. 294. Muir IV, 208 ff. nennt V. 1—7. 28, Sprenger III, 478 ff. V. 1—28, C. Snouck Hurgronje, Het Mekkaansche Feest S. 63—65, „V. 1—12, 28 und höchstwahrscheinlich auch V. 36 f." — H. Grimme, Muhammed I, 128 ff., II, 29, deutet V. 1—24 auf den Zug gegen Mekka im Jahre 8, aber diese Auffassung scheitert an dem Ausdrucke *al-ḥagg* V. 3. Eine ʻOmra hätte jene Expedition vielleicht genannt werden können, aber nicht ein Ḥagg, vgl. Th. Noeldeke, Literarisches Centralblatt 1892 Nr. 26.

[2]) Wenn man einen aus seinem Schutze (جوار, ولاية) entließ, so erklärte man vorher öffentlich in Mekka bei der Ka'ba: إنّى برىء من فلان (vgl. Josua II, 19, 20: אנחנו נקים מן) oder etwas Ähnliches, wodurch man sich von jeder Verbindlichkeit des Schutzes und der Blutrache lossagte. Beispiele davon findet man mehrfach bei His. und andern alten Schriftstellern. Vgl. I. Goldziher, Muhammedanische Studien I, 68; Abhandlungen zur arabischen Philologie I, 32 f. O. Procksch, Über die Blutrache bei den vorislāmischen Arabern S. 34. Ḥatim Ṭai ed. F. Schultheß p. 63 Anm. 2.

Wie viele andere Sūren wird auch diese nach ihrem Anfangsworte, *barā'a*, benannt. Ihr anderer Name, *al-tauba*, beruht auf dem häufigen Vorkommen des Verbum *tāba* „sich bekehren, verzeihen" und seiner Ableitungen (V. 3. 5. 11. 15. 27. 103. 105. 107. 113. 118. 119. 127). Über die zahlreichen anderen Namen der Sūra siehe Zam. und B. am Anfange.

und seines Gesandten“ schließen den ganzen Inhalt in sich. V. 28 gehört offenbar in dieselbe Zeit, wenn er auch niemals ein Teil dieser „Lossagung“ gewesen ist. Viel weniger sicher ist das von den jetzt außer jedem Zusammenhang stehenden V. 36. 37, die grundsätzliche Bestimmungen über den islāmischen Kalender, die Zahl der heiligen Monate und das Verbot ihrer Verschiebung enthalten[1]). V. 13—16 setzt man wohl am besten vor die Einnahme Mekka's. Denn es liegt nahe, den in V. 13 erwähnten Vertragsbruch, wie es in einer weitverbreiteten Tradition geschieht, auf die Verletzung des Abkommens von Ḥudaibiya seitens der Quraischiten zu beziehen. In diesem Falle ist allerdings der Ausdruck *hammū* nicht von dem bloßen Vorsatz der Feinde zu verstehen, dem keine tatsächliche Ausführung folgte, sondern von dem der wirklichen Tat vorangehenden Eifer. Zu diesem Ansatze[2]) stimmt auch der Inhalt der von dem Vorhergehenden nicht gut zu trennenden V. 17—22, in denen wiederholt die „Heiden“ als Erhalter der Ka'ba bezeichnet werden[3]). Der größte Teil der Sūra beschäftigt sich mit dem im Ragab des Jahres 9 gegen die Byzantiner und ihre arabischen Bundesgenossen an der syrischen Grenze unternommenen Feldzuge, an dem viele Medīnenser und Beduinen nicht teilnahmen. Diese Gelegenheit benutzt Muhammed, um den Zweiflern und den lauen Muslimen noch andere schwere Vorwürfe zu machen. Die Verse sind indessen nicht auf einmal, sondern teils vor dem Abmarsch, teils auf dem Zuge selbst, teils nach der Rückkunft entstanden. Vor

---

[1]) Daß diese Verse in einer Rede Muhammeds bei seiner letzten Wallfahrt im Jahr 10 erscheinen (His. 968. Ṭabarī I, 1754. Waq. Wellhausen 431. F.), ist natürlich ganz belanglos.

[2]) Der Grund für die Zusammenfügung der Stücke V. 1—12 und V. 13 ff. liegt, wie C. Snouck Hurgronje, Het Mekkaansche Feest, S. 50 Anm. 1, hervorhebt, wohl darin, daß sie beide von der Bekämpfung der Ungläubigen handeln. Äußerlich war vielleicht auch die in V. 12 wie V. 13 vorkommende Phrase نكثوا ايمانهم maßgebend.

[3]) Über V. 19 gibt es die verschiedensten Traditionen, siehe F. Wah. und die Kommentare.

den Beginn des Feldzuges[1]) kann man setzen V. 23. 24, welche die Ausflüchte der zurückgebliebenen Muslime brandmarken, und V. 25—27, in denen an dem Beispiele der Schlacht von Ḥunain (Śauwāl des Jahres 8) gezeigt wird, daß nur die Hilfe Allāh's den Sieg verleihe. V. 28—35 fordern auf, auch die Christen zu bekämpfen, bis sie tributpflichtig werden. Sie lassen sich aus der gleichen Zeit verstehen, um so mehr, als die Muslime ja schon früher, im Gumādā des Jahres 8 bei Mu'ta, mit christlichen Truppen handgemein geworden waren. Hierher gehören ferner V. 38—41, von denen V. 41, nach der Anmerkung zu Ibn Hiśām 924, der älteste der ganzen Sūra ist, sowie V. 49—57, wie sich besonders aus V. 49 ergibt. Dagegen stehen V. 58—73, in denen Muhammed die Beschuldigung ungerechter Verteilung der Almosen (*ṣadaqāt*) und andere Vorwürfe der Zweifler zurückweist, in keiner greifbaren Beziehung zu jenem Feldzuge. Auf dem Zuge sind geoffenbart V. 42—48 und V. 82—97, von denen V. 85, wenn er sich wirklich auf den Tod des 'Abd-allāh b. Ubai bezöge[2]), später hinzugefügt sein müßte. Nach der Rückkehr kann man setzen V. 74—81 und V. 98—107. V. 103. 107 erwähnen diejenigen Muslime, welche ihr Zurückbleiben bereuten[3]), sowie einige andere[4]), über deren Schicksal die

---

1) Wir nehmen hier keine Rücksicht auf die vielen Fabeln, welche die Kommentare zu den einzelnen Versen anführen, z. B. von den Nachstellungen der Zweifler usw. Hiervon findet sich nichts bei His. Dennoch bleibt es merkwürdig, daß sich an diesen Zug, wie an ein paar andere, so unverhältnismäßig viele Fabeln knüpfen, vgl. His. Waq. Wellhausen usw.

2) His. 927. Waq. Wellhausen 414. Bh., kit. al-tafsīr und kit. al-kusūf § 203. Muslim, kit. ṣifāt al-munāfiqīn § 1. Tirm., kit. al-tafsīr. Nasāī, kit. al-ganā'iz § 67. Wah. F. Ṭabarī, Tafsīr. Zam. B. Vgl. Weil, Anm. 433 und S. 429.

3) Da man von diesen, ähnlich wie von Abū Lubāba (vgl. die Zitate zu Sur. 8, 27), berichtet, daß sie sich an eine Säule gebunden hätten, bis Gott ihnen vergab, bezieht man diese Stelle wohl auch auf ihn, oder sagt, er habe zu diesen Leuten gehört, also im Jahre 9 noch einmal dasselbe getan wie im Jahre 5. Vgl. His. 687. Waq. Wellhausen 416. Ṭabarī, Tafsīr. Zam. B. Wah. F. Bei Zam. finden wir sogar die Angabe, es sei förmlich Sitte gewesen, daß sich die Büßer an Säulen gebunden hätten. Vgl. I. Goldziher in ZDMG. Bd. LV, S. 505 Anm. 4.

4) Die Tradition bringt V. 107 mit V. 119 in Verbindung und be-

Entscheidung Allāh's noch ausstand. Kurz bevor Muhammed wieder in Medīna einzog, sollen V. 108—111 entstanden sein. Sie richten sich gegen Leute der Banū Sālim, die heimliche Anhänger des Ḥanīfen Abū 'Āmir waren und sich unweit Medīna's ein besonderes Bethaus errichtet hatten [1]. Hiermit mögen zusammenhängen V. 112 f., welche das Bild wahrer Muslime aufstellen, sowie V. 114—117, welche die Muslime von der Pflicht entbinden, für die Götzendiener um Verzeihung zu bitten, selbst wenn es ihre nächsten Verwandten seien. Die Tradition bezieht diesen Abschnitt entweder auf Abū Ṭālib's Tod [2], der noch vor der Higra erfolgt war, oder auf den Besuch Muhammeds am Grab seiner Mutter Āmina in Al'abwā [3], wobei ihm Allāh verboten haben soll, für sie zu beten. Die erste Deutung ist schon aus chronologischen Gründen unmöglich, die zweite wäre zulässig, wenn der Abschnitt überhaupt einen besonderen Fall im Auge hätte. Da er aber nur einen allgemeinen Gedanken ausspricht, der gerade wegen seiner Allgemeinheit in die Situation der medīnischen Zeit vortrefflich paßt, so sind beide Angaben

---

zieht ihn auf Ka'b b. Mālik, Hilāl b. Umaiya und Murāra b. Arrabī'. Vgl. His. 907 ff. (Tradition des Ka'b b. Mālik). Waq. Wellhausen 411 ff. 416. Ṭabarī I, 1705 ff. Bh. im kit. al-tafsīr und kit. al-maghāzī. Muslim, kit. al-tauba § 10. Kommentare. Ibn Ḥagar, Usd al-ghāba unter den betreffenden Namen. Vgl. Weil, Anm. 414. Caussin III, 287. Muir IV, 197.

[1]) His. 906 f. Waq. Wellhausen 410 f. Ṭabarī I, 1704 und im Tafsīr. Zam. B. Wah. F. Vgl. Weil 267. Muir IV, 198 f. Sprenger III, 33 f. Caetani II, I, S. 271 ff.

[2]) Ibn Sa'd ed. I, I, 78. Bh., kit. al-tafsīr, kit. bad' al-ḫalq § 171. Muslim, kit. al-īmān § 9. Wah. F. Itq. 32. Zam. B. Ibn Ḥagar IV, S. 214.

[3]) Vgl. die Kommentare. Dies geschah im Jahre 6. Siehe Ibn Sa'd ed. I, I, S. 74, wo die Meinung widerlegt wird, daß das Ereignis nach der Einnahme Mekka's falle. Bei Azraqī S. 433 wird dies so erzählt, als ob der Prophet die Tradition der Mekkaner im Auge hätte, nach welcher Āmina in Mekka selbst begraben ist (siehe Burckhardt, Travels in Arabia 173. Burton, Pilgrimage III, 352. Chr. Snouck Hurgronje, Mekka II, 66). Aber Azraqī 482 wird richtig Al'-abwā' genannt.

nichts anderes als haltlose exegetische Kombinationen[1]). In V. 118. 119 erhalten drei von den Zurückgebliebenen Verzeihung[2]). V. 120—123 weisen die Zurückgebliebenen der Medīnenser und der umwohnenden Beduinen zurecht, machen aber zu diesem allgemeinen Tadel die bemerkenswerte Einschränkung: nicht alle Muslime hätten mitzuziehen brauchen, Allāh wäre schon zufrieden gewesen, wenn sich nur einige (*firqa*) von jeder Gruppe (*ṭā'ifa*) beteiligt hätten. V. 124—127 fordern die Muslime auf, die Ungläubigen in ihrer Nähe rücksichtslos zu bekämpfen. Die Offenbarung ist sicher spätmedīnisch und wegen ihrer Stellung im Qorāne vielleicht aus derselben Zeit wie das Vorhergehende. V. 128 hat denselben Anfang wie V. 125[3]), damit ist aber ihre ursprüngliche literarische Zusammengehörigkeit noch nicht bewiesen. V. 129 f. werden von einigen als mekkanisch ausgegeben[4]). Es liegt natürlich nahe, in den Worten. „Ein Gesandter aus eurer Mitte ist ja zu euch gekommen" den Ausdruck *min anfusikum* auf die Quraischiten zu deuten. Falls der Prophet hier aber nur an seine arabische Abstammung überhaupt gedacht hätte, so stünde nichts im Wege, die beiden Verse für medīnisch zu halten und mit dem Vorhergehenden zu verknüpfen. Daß sie anderen für die allerspätesten Verse gelten[5]), hängt mit einer Tradition über die Sammlung des Qorāns zusammen[6]),

---

1) Man könnte in den Versen eine auf den Tod des ʻAbdallāh b. Ubai gehende, an seinen Sohn gerichtete Anspielung sehen, wenn es nicht unstatthaft wäre, jenen geradezu einen Götzendiener (*mušrik* V. 114) zu nennen.

2) Siehe oben zu V. 107.

3) Die Worte وإذا ما أُنْزِلَتْ سورة finden sich auch noch V. 87.

4) Zam. B. Itq. 32. ʻAlāeddīn. Ḫamīs I, 13. Die Prädikate رَءُوف und رحيم werden, wie auch die Kommentare andeuten, sonst nur von Allāh gebraucht. Darum ist wahrscheinlich hinter بالمؤمنين V. 129 etwas ausgefallen, vgl. V. 118.

5) Wah. in der Einleitung, ed. Cair. S. 9. F. Ṭabarī, Tafsīr. Zam. B. Itq. 32. Aššūsāwī Kap. 1.

6) Vergleiche z. B. Bh., kit. al-tafsīr zu Sur. 9 am Ende.

die wir im zweiten Teile besprechen werden. Die Komposition der Sūra ist, wie auch sonst gewöhnlich, nicht durchsichtig[1]). Doch legen die auffallend zahlreichen lexikalischen und phraseologischen Berührungen ihrer verschiedenen Teile[2]) von vornherein die Vermutung nahe, daß ihre Abfassungszeiten nicht weit von einander abliegen.

Während diese Sūra bei sehr vielen für die späteste[3]) gilt, halten andere Sur. 5 für noch jünger[4]), und zwar wahrscheinlich deshalb, weil ein paar wichtige Verse derselben später als alle übrigen sind.

Zu diesen rechnet die Tradition ausdrücklich nur V. 5[5]), indem sie behauptet, daß ihn Muhammed wenige Monate vor seinem Tode, bei der sog. Abschiedswallfahrt des Jahres 10, den Gläubigen vorgetragen habe. Doch dürfen wir dazu noch V. 1. 4. 7[6]) rechnen, da sie nach ihrem Inhalte jenen Vers gut ergänzen und sich stilistisch mit ihm berühren. Die Zeitangabe der Überlieferung ist durchaus einleuchtend; denn

[1]) Eine hierhin gehörende Vermutung ist oben zu V. 13 ausgesprochen.

[2]) Vgl. تاب V. 3. 5. 11. 15. 27. 103. 105. 107. 113. 118. 119. 127; وعد V. 69. 73. 78. 112. 115; فسق V. 8. 24. 53. 54. 68. 81. 85. 97; حلف V. 42. 56. 63. 65. 75. 96. 97. 108 (sonst nur noch 5 mal im Qorān); عذب V. 3. 14. 26. 34. 39. 55. 62. 67. 69. 75. 80. 86. 91. 102. 107; صدقة V. 58. 60. 80. 104. 105; لمز V. 58. 80 (sonst nur noch 2 mal im Qorān); لقد V. 25. 48. 75. 118. 129; واذا ما أُنْزِلَتْ سورة V. 87. 125. 128.

[3]) Bh., kit. al-maghāzī § 67, kit. al-tafsīr. Muslim, kit. al-farā'iḍ. Ṭabarī in der Einleitung zum Tafsīr ed. Cair. I, 34. Cod. Lugd. 653 Warn. fol. 6b. B. Itq. 55f. Vgl. die Listen der Sūren oben S. 59ff.

[4]) Tirm., kit. al-tafsīr zur Sūra am Ende. Zam. zu Sur. 9, 2. Śuśāwī Kap. I. Vgl. die Listen der Sūren oben S. 59ff.

[5]) Bh., kit. al-īmān § 33, kit. al-tafsīr. Muslim, kit. al-tafsīr am Anfang. Tirm., kit. al-tafsīr. Ṭabarī, Tafsīr. Zam. B. Wah. F. Im cod. Lugd. 653 Warn. drittletztes Blatt und Ya'qūbī ed. Houtsma II, 43f. wird V. 5 für die allerletzte Offenbarung erklärt.

[6]) V. 1 (Flügel) wird von den Muslimen, mit Ausnahme der Kufier, in zwei Verse geteilt. Zwischen V. 4 und 5 macht die Flügelsche Ausgabe gegen alle Überlieferung einen Einschnitt.

Die Ordnung der zu jener Offenbarung gehörigen Verse dürfte ursprünglich etwa folgende gewesen sein: V. 1; V. 4 bis فسق; V. 5 von فمن اضطرّ an; V. 7; V. 4 von اليوم bis دينا.

das mit Nachdruck wiederholte „Heute“ (*al-yauma* V. 4. 5. 7) verrät eine besonders wichtige Situation, und das Hochgefühl des Propheten über den Erfolg seiner Wirksamkeit, wie es im Anfang des 5. Verses zum Ausdruck kommt[1]), paßt vorzüglich in sein letztes Lebensjahr. V. 6 ist nach allen Überlieferungen die Antwort auf eine Frage des ‘Adī b. Ḥātim oder des Zaid-alḫail, zweier angesehener Ṭāiten[2]), die erst in der letzten Zeit Muhammeds bekehrt wurden. Zaid[3]) war Führer der Gesandtschaft seines Stammes an den Propheten, der andere[4]), gleichfalls ein Häuptling, spielt eine Rolle in ‘Alī’s Expedition, bei welcher das Idol des Fuls (Fals) zerstört ward. Ibn Sa‘d[5]) erzählt in diesem Zusammenhang noch von einer Anfrage an Muhammed über das Wildpret — der Fragesteller heißt bei ihm ‘Amr b. al-Musabbiḥ — aber die Anwort darauf (كُلْ ما اصميت وَدَعْ ما انميت) steht zu keinem Qorān in Beziehung. Es ist deshalb mit der Möglichkeit zu rechnen, daß man diese Episode erst nachträglich mit V. 6 in Verbindung gebracht und an Stelle des weniger bekannten ‘Amr — ein wie großer Nimrod er auch gewesen sein mag — berühmtere Namen eingesetzt hat. Unter diesen Umständen ist über V. 6 kein sicheres Urteil zu gewinnen. V. 2 ward der Tradition zufolge entweder auf der Wallfahrt des Jahres 7[6]) oder auf der nicht zur Ausführung gekommenen des Jahres 6

---

[1]) „Heute habe ich Euch Eure Religion vollendet, meine Wohltat an Euch erfüllt und Euch mit der islāmischen Religion begnadet.“

[2]) Bh., kit. al-ṣaid § 7. Ṭabarī, Tafsīr. F. Wah. Ibn Ḥagar I, Nr. 2421. — Muslim, kit. al-ṣaid § 1, Nasāī, kit. al-ṣaid § 1 ff., Bh. a. O. § 8 erwähnen die Sache, ohne den Vers ausdrücklich zu nennen. Ṭabarī, Tafsīr und Wah. geben auch andere Veranlassungen an.

[3]) His. 946 f. Ibn Sa‘d (Wellhausen, Skizzen IV, nr. 103). Ṭabarī I, 1747 f. Aghānī XVI, 48 f.

[4]) His. 947 f. Waq. Wellh. 390 ff. Ibn Sa‘d l. c. Ṭabarī I, 1706 ff. Aghānī XVI, 97. Sprenger, Leben III, 386 ff.

[5]) a. a. O. Vgl. Ṭabarī III, 2362. Usd al-Ghāba IV, 131.

[6]) Wah. Hibatallāh. — Andere Werke (Ṭabarī, Tafsīr, F., ‘Alāeddīn, Suyūṭī, Asbāb al-nuzūl) erzählen zwar die gleiche Geschichte, geben aber nicht an, in welchem Jahre der medīnischen Zeit diese spielt.

(Ḥudaibiya)[1]) geoffenbart. Da aber der damit eng[2]) zusammenhängende V. 3 immer in das Jahr 6 gelegt wird[3]), so ist die zweite Angabe äußerlich besser beglaubigt. Für die Kritik der Tradition hängt alles vom Verständnis der Worte *āmmīna'l-baiti* V. 2 ab. Sind darunter heidnische Pilger gemeint, so gehören die Verse vor das Jahr 9, in welchem Muhammed sich ein für allemal von den Götzendienen lossagte[4]). Gehen aber jene Worte auf Muslime, so steht auch einer späteren Abfassung nichts im Wege. V. 11—13 sind damit vielleicht gleichzeitig[5]). V. 14 läßt sich der Zeit nach kaum bestimmen[6]), da er nur in ganz allgemeinen Wendungen von einer Gefahr der Muslime redet[7]). Die Geschichten über persönliche Lebensgefahren des Propheten, welche die Tradition zur Erklärung anführt[8]), sind ohne Wert. Für das Zeitalter von V. 15—38[9]) läßt sich ein Anhaltspunkt allein aus V. 37 gewinnen, der unverkennbar offenen und rücksichtslosen Krieg predigt. Da nach dem Wortlaute des Textes der Kampf schon früher begonnen hat, so fällt die Perikope nach der Vertreibung der Banū Qaīnuqā' im Šauwāl des Jahres 2, natürlich vor den letzten Schlag gegen die Macht des arabischen Judentums, die Einnahme Ḫaibar's im Gumādā I des Jahres 7. Vermutlich stehen sie aber dem letzten Termin ziemlich nahe, da die

---

1) Wah.

2) V. 2. 3 (Flügel) bilden in Wahrheit nur einen Vers.

3) Ṭabarī, Tafsīr. L. Zam. B. ʿAlāeddīn. Suyūṭī, Asbāb al-nuzūl.

4) Vgl. den Anfang von Sur. 9.

5) Die Redensart ولا يجرمنكم شنآن قوم findet sich nur V. 3 und V. 11.

6) Beachte aber die Phrase اذكروا نعمة الله V. 10. 14. 23.

7) „Als einige Leute versuchten, ihre Hände nach Euch auszustrecken."

8) His. 392 und 663. Waq. 194. Ṭabarī I, 1456. Ḥalabī II, 403. Ḫamīs I, 415. F. Wah. Die Kommentare. Vgl. Caetani I, S. 538. 596.

9) An die Tradition, welche V. 27 schon in einer vor der Schlacht bei Badr gehaltenen Rede zitiert werden läßt (His. 434. Waq. 43. Ṭabarī I, 1300), brauchen wir uns nicht zu kehren. Niemand wird dergleichen Reden einen urkundlichen Charakter beilegen wollen. H. Hirschfeld, New Researches, S. 71, setzt V. 23—38 in die mekkanische Zeit, was nach dem oben Dargelegten nicht richtig sein kann.

meisten Teile der Sūra 5 anscheinend den Jahren 6 und 7 angehören. V. 39—44, deren Stil sich mit dem Vorhergehenden berührt[1]), müssen wenigstens vor die Einnahme von Mekka fallen, wenn es sich bewahrheitet, daß Muhammed auf dem Zuge dahin eine Diebin nach dem Gesetze V. 41 mit Handabschneiden bestrafte[2]), und daß diese Bestrafung die erste ihrer Art ist, nicht aber auf altarabischem Gewohnheitsrechte beruht. In die nämliche Zeit wiese auch die Überlieferung[3]), daß hier von Abū Ṭu'ma b. Ubairiq die Rede sei, wenn nicht der Name dieses nun einmal als Musterdieb geltenden Mannes[4]) etwas verdächtig wäre. Wie aber Weil dazu kommt, den Vers auf die letzte Pilgerfahrt zu legen[5]), ist nicht zu sagen. V. 45—55 handeln von einer Streitfrage zwischen Juden, die uns sehr verschieden erzählt wird[6]). Wenn daran etwas wahres ist, so müssen die Verse älter sein als die Ausrottung der Banū Quraiẓa, da dieser Stamm in einigen Traditionen genannt wird. Freilich heißt bald der Angeklagte, bald der Richter

---

1) Vgl. تقبّل V. 40 und dreimal V. 30; تقطّع ايديهم V. 37 und فاقطعوا ايديهما V. 42.

2) Bh., kit. al-ḥudūd § 13. Muslim, kit. al-ḥudūd § 2. Nasāī, kit. qaṭ' al-sāriq § 6. In allen diesen Stellen wird die diebische Frau allgemein als Maḫzūmitin bezeichnet. Baihaqī, Maḥāsin ed. Schwally S. 395, nennt sie Tochter des Sufyān b. 'Abd al-Asad. In der Awā'il-Literatur, z. B. Ibn Qutaiba 273, Ibn Rustah, Bibliotheca Geograph. arabicorum VII, 191, Ṯa'ālibī, Laṭā'if al-ma'ārif 8 wird behauptet, daß Walīd b. Mughīra im Heidentum die Strafe des Handabschneidens für jenes Delikt eingeführt habe. Auch andere Erwägungen empfehlen die Annahme, daß wirklich eine Neuerung auf arabischem Boden vorliegt, wenigstens, soweit es sich um Freie handelt. Sklaven gegenüber mag das immer erlaubt gewesen sein. Sonst könnte man an eine Entlehnung aus Abessinien denken, wo diese barbarische Justiz noch heute ausgeübt wird, während sie dem jüdischen wie griechisch-römischen Rechte fremd ist. Über ihre Verbreitung im Abendlande das ganze Mittelalter hindurch siehe L. Günther, Die Idee der Wiedervergeltung Bd. I (1889) S. 200. 253. 294.

3) L. und Wah.

4) Vgl. oben S. 201 zu Sur. 4, 106.

5) K.[1] 79 f. K.[2] 90.

6) His. 393 ff. Ṭabarī, Tafsīr. Zam. B. L. F. Wah. — Muwaṭṭa' 347 und Mišk., kit. al-ḥudūd faṣl 1 § 4, ohne ausdrückliche Nennung des Verses. Vgl. Sprenger III, 37 ff.

ein Quraẓī, so daß doch eigentlich alles ungewiß und unzuverlässig bleibt[1]). V. 56—63 würden aus dem Jahre 3 stammen, wenn sie sich wirklich auf ʿAbd-allāh b. Ubai bezögen, der durch seine Bitten den gefangenen Banū Qainuqāʿ die Erlaubnis zur Auswanderung erwirkte[2]). Bei genauerem Zusehen zeigt sich, daß der Text auf eine unglückliche Zeit hinweist, in der einige aus Furcht vor den Feinden ein Bündnis mit den Juden vorschlugen (V. 56), aber vom Propheten die Antwort erhielten, Allāh würde ihnen vielleicht einen Sieg oder sonst eine günstige Wendung bescheren. Diese Umstände passen durchaus nicht zu einer Zeit, in der kurz nacheinander die Mekkaner wie die Juden eine Niederlage erlitten hatten. Eine andere Tradition bezieht V. 56f. und damit die ganze Stelle auf einen dem Propheten nach der Schlacht am Uḥud gegebenen Rat, die Hilfe der Juden gegen die Heiden nachzusuchen[3]). Das ist viel einleuchtender, verdient aber doch kein besonderes Vertrauen, da wir es wahrscheinlich nur mit einer exegetischen Kombination zu tun haben[4]). V. 64—88 setzen voraus, daß schon mehrere Kriege mit den Juden geführt worden sind. Wenn man aus dem Abschnitt weiter folgert[5]), daß die Schlachten von Mu'ta und Tabūk noch nicht stattgefunden

---

[1]) Andere deuten V. 46 oder V. 45 auf einen Streit zwischen den Banū Quraiẓa und Banū Naḍīr (His. 395, Nasāī, kit. al-buyūʿ § 111, Ṭabarī, Tafsīr, Zam., B., L., F.). Eine Tradition bei Waq. Wellhausen 215, Ṭabarī, Tafsīr, Vol. VI, 134 bezieht V. 45 auf die Begnadigung des Abū Lubāba, vgl. Caetani I, S. 629f. — Von lexikalischen und sachlichen Berührungen der Verse 45—55 mit anderen Teilen der Sūra seien notiert: يحرِّفون الكَلِمَ V. 45. 16; هُدًى ونور V. 48. 18; تَخْشَوا ... واْخشونِ V. 48. 4; يسارعون فى V. 45. 57. 67; die letzten Worte von V. 45 ziemlich gleich denen von V. 37; عيسى ابن مريم V. 50. 82. 109. 112. 116 und in anderer Form المسيح ابن مريم V. 19. 76. 79; es gibt keine Sūra, welche den Namen Jesu so oft erwähnt.

[2]) His. 546. Ṭabarī, Tafsīr. Zam. B. F. Wah. Vgl. Weil, Anm. 159. Caussin III, 81f.

[3]) So. L.

[4]) H. Hirschfeld, New Researches S. 119, denkt an die Vertreibung der jüdischen Banū Naḍīr und den Bund mit den Banū Quraiẓa. Aber diese Situation paßt auch nicht recht.

[5] Weil K.[1] 80, K.[2] 90.

haben, so ist das keineswegs außer Zweifel. Denn die freundliche Beurteilung der Christen, besonders ihrer Priester und Mönche, in V. 73. 85 ist eine rein theoretische, prinzipielle und braucht auf jene Kämpfe nicht notwendig Rücksicht zu nehmen. Anders würde man freilich urteilen müssen, wenn Muhammeds Weisung an die Mu'ta-Krieger, die Pfaffen niederzusäbeln und nur die Einsiedler in Frieden zu lassen[1]), geschichtlich wäre. Ohne Gewicht für uns sind die aus falschen Deutungen geflossenen Erklärungen von V. 71, z. B. er sei einer der ältesten mekkanischen Verse[2]). V. 89—91 können spätestens im Jahre 7 entstanden sein, da schon Sur. 66, 2 deutlich auf sie hinweist. Vielleicht sind sie aus derselben Zeit wie V. 92—94, in welchen die erlaubten Dinge den verbotenen gegenübergestellt werden. Wir haben schon S. 199 gesehen, daß die Zeit dieser Verse nicht genau zu bestimmen ist, und sie vielleicht ins Jahr 4, schwerlich nach dem Jahr 6 fallen. V. 95—97 werden zuweilen in das Jahr von Ḥudaibiya gesetzt[3]); V. 98—100, welche von den Heiligtümern Mekka's handeln, würden sehr gut für diese Zeit passen. V. 101 geht nach einigen Angaben auf einen Mann, der, als der Befehl zur Pilgerfahrt erschien, fragte, ob man denn jedes Jahr wallfahren müsse, und dem darauf Muhammed etwas ärgerlich erwiderte: „Wenn ich diese Frage bejahte, so hättet ihr zu gehorchen, da euch dies aber nicht möglich wäre, so würdet ihr wieder ungläubig werden! laßt daher das Fragen sein!“[4]). Andere beziehen den Vers auf sonstige Fragen über dem Propheten unbekannte oder seiner unwürdige Dinge[5]). Näher liegt die Verknüpfung mit den

---

1) Waq. Wellhausen 310.

2) Ṭabarī, Tafsīr. Deutlicher Wah. und Suyūṭī, Asbāb al-nuzūl (من غريب ما ورد فى سبب نزولها). 3) Zam. B.

4) Miśk., kit. al-manāsik, faṣl 1 § 1. 15. Ṭabarī, Tafsīr. Zam. B. L. Wah. Vgl. Muslim, kit. al-ḥagg § 69, kit. al-faḍā'il § 30. In den Namen und Umständen stimmen die Traditionen nicht ganz überein.

5) Viele wollten z. B. wissen, wo sie ihr verirrtes Kamel wiederfinden könnten; andere, die dem Propheten persönlich unbekannt waren, frugen ihn nach dem Namen ihres Vaters, Bh., kit. al-i'tiṣām § 4, kit.

zunächst folgenden Versen 102. 103, die sich gegen allerlei heidnischen Aberglauben wenden, aber chronologisch nicht näher zu bestimmen sind. V. 104 ist besser zum Vorhergehenden als zum Folgenden zu ziehen. V. 105 ff. sind nicht zugleich mit Sur. 2,176, sondern sicher längere Zeit nachher geoffenbart worden, um dieses kurze Gesetz genauer zu bestimmen. Man bezieht sie allgemein auf zwei Muslime, die aus dem Nachlasse ihres Reisegefährten einen vergoldeten Becher unterschlagen hatten[1]). Falls dieses Ereignis historisch wäre, müßte es nach der Einnahme von Mekka geschehen sein, weil darin Leute und Familien der Quraiš auftreten, die erst damals den Islām angenommen haben. Indessen lassen sich die fraglichen Verse weder aus dieser Situation befriedigend verstehen, noch sehen sie überhaupt wie eine Gelegenheitsoffenbarung aus[2]). Die wörtlichen Berührungen zwischen der Tradition und jenen Versen haben keine Bedeutung. Das Zeitalter von V. 108 ff.[3]) läßt sich ebenfalls nicht ermitteln.

---

al-tafsīr. Muslim, kit. al-aqḍiya § 5, kit. al-faḍā'il § 30. Tirm., kit. al-tafsīr. Ṭabarī, Tafsīr. L. Wah. In diesen Zusammenhang gehören überhaupt die Traditionen, nach denen Muhammed das viele Fragen (كثرة السؤال) zu den Allāh am meisten verhaßten Dingen rechnet: Muwaṭṭa' 388. Muslim, kit. al-aqḍiya § 5. Miśk., bāb al-birr wa'l-ṣila faṣl 1 § 5. Vgl. auch I. Goldziher in ZDMG. Bd. 57 (1903) S. 393.

Wenn auch sämtliche Traditionen zu V. 101 auf freier Erfindung beruhen, so gehen sie doch von einer richtigen Gesamtanschauung aus. Das gilt besonders für die S. 232 Anm. 4 nachgewiesene Tradition, welche das Bild eines durch zudringliche Fragen zur Verzweiflung Getriebenen unübertrefflich zeichnet.

[1]) Bh., kit. al-waṣāyā § 36. Tirm., kit. al-tafsīr. Ṭabarī, Tafsīr. Zam. B. L. Wah. F. Ibn Ḥagar I Nr. 608, 832. Usd al-Ghāba I, 169, III, 390.

[2]) Vgl. oben S. 205.

[3]) Die Flügelsche Ausgabe macht bei V. 109 fälschlich hinter كهلا einen Einschnitt. Ein derartiger Reim findet sich nur in V. 2 (vgl. dazu S. 229 Anm. 2). 19. 35. 52, beruht aber überall auf der Verwechslung von Pausa mit Versende. Die übrigen Verse der Sūra haben, bei aller Mannigfaltigkeit im einzelnen, eine geschlossene Silbe mit

Dieser erzählende Abschnitt, mit interessanten Einzelheiten aus der Jesuslegende (Vogel- und Tischwunder), ist vielleicht deshalb hierher gesetzt worden, weil in der Sūra schon öfter von dem „Sohne Marias“ die Rede war (V. 19. 50. 76. 79. 82). Auch von den anderen Teilen ist es schwer zu glauben, daß sie lediglich blinder Zufall aneinander gereiht habe. So sind V. 1—7 und V. 89 ff. inhaltlich verwandt, indem sie beide von verbotenen Speisen, der Jagd und dem heiligem Gebiete Mekka's, handeln. Innerhalb des Abschnittes V. 15—58 stehen zwischen den Auslassungen über die Schriftbesitzer (V. 15—38, 45—55, 64—88) zwei Ermahnungen an die Gläubigen (V. 39—44) und die Heuchler (V. 56—63).

B. Die im Qorān nicht erhaltenen Offenbarungen Muhammeds.

Die Offenbarungen, deren Ursprung wir bisher nachgegangen sind, entstammen ausnahmslos dem Qorānbuche der Muslime. Die Tradition kennt aber noch viele andere Offenbarungen des Propheten.

I. Hiervon gehen uns in erster Linie diejenigen an, welche ihrem Wortlaute nach erhalten sind und von der Tradition ausdrücklich als ursprüngliche Teile des heiligen Buches bezeichnet werden[1]).

1. Eine sehr oft[2]) erwähnte Stelle, deren verschiedene Rezensionen aber so stark voneinander abweichen, daß wir die wichtigsten einzeln anführen müssen:

a) Tirmiḏī, kit. al-manāqib s. v. Ubai b. Ka'b nach Ubai,

langem Vokal als Reim. Vgl. auch Rud. Geyer, Göttingische gelehrte Anzeigen 1909, Nr. 1, S. 27 f. des Separatabzuges. Die Worte وتكلّم الناس في المهد وكهلا kehren fast wörtlich Sur. 3, 41 wieder.

[1]) Das ist nach Hibat-allāh (ed. Cair. S. 9) die erste Klasse des *Mansūḫ* oder „Aufgehobenen“, ما نُسخ خطُّه وحكمه.

[2]) Die von uns angeführten Traditionen beruhen auf der Autorität des Ubai b. Ka'b, Anas b. Mālik, Abū Mūsā Al'aš'arī, Abū Wāqid Allaitī, Ibn 'Abbās, Ibn Zubair. Außerdem nennt Tirm. (abwāb alzuhd bāb 20) Abū Sa'īd Alḫudrī, 'Āïša, Gābir, Abū Huraira.

Itqān 525 (c)[1]) nach Abū Wāqid Allaiṯī, Hibat-allāh (in der Einleitung, ed. Cair. 1315 pag. 11), Abū ʻAbdallāh Muḥammad b. Ḥazm (kitāb al-nāsiḫ wa'l-mansūḫ, am Rande von Gelālain ed. Cair. 1311, Vol. II, 148) nach Anas b. Mālik: لو انّ[2]) لابن آدم واديا[3]) من مال[4]) لابتغى[5]) اليه[6]) ثانيا[7]) ولو انّ[8]) له ثانيا[7]) لابتغى[5]) اليه ثالثا[9]) ولا يملأ جوفَ ابن آدم الّا الترابُ ويتوب الله على من تاب. „Hätte der Mensch[10]) ein Tal von Schätzen, so würde er dazu noch ein zweites verlangen, und hätte er ein zweites, so würde er dazu noch ein drittes verlangen; aber nur Staub wird den Bauch des Menschen füllen, doch Allāh kehrt sich zu denen, welche sich zu ihm kehren“.

Vor diesen Worten hat das Itqān noch: انّ الله يقول انّا انزلنا[11]) المالَ لإقام الصلوة وايتاء الزكوة و(لو الخ) „Allāh spricht: Wahrlich wir haben die Schätze herabgesandt für die Verrichtung des Gebets und die Darbringung des Almosens, und (hätte usw.)“.

b) Nicht sehr verschieden von dieser Gestalt ist die, welche nach Buḫārī (c)[12]) und den Mabānī IV, cod. Berolin.

---

1) Die verschiedenen Rezensionen werden nach ihrer Anordnung im Itqān hier mit a, b, c bezeichnet.

2) كان Ibn Ḥazm.

3) واديين Ibn Ḥazm; واديان Hibat-allāh ed. Cair. 1315.

4) ذهب Hibat-allāh. Itq. läßt من مال weg.

5) لأحبّ ان يكون Itq.

6) اليهما Hibat-allāh. Ibn Ḥazm.

7) ثالثا Hibat-allāh. Ibn Ḥazm; الثانى Itq.

8) Tirm. (له ثانيا) كان; Itq. (اليه الثانى) كان.

9) رابعا, Hibat-allāh. Ibn Ḥazm; اليهما الثالث Itq.

10) Wörtlich „Adamsohn“, vgl. unten S. 242 Anm. 1.

11) Eine andere Einleitungsformel zu einem abweichenden Texte ist unten S. 239 verzeichnet.

12) Alle aus Bh. genommenen Gestalten dieser Stelle stehen im kit. al-riqāq cap. 10; wir bezeichnen dieselben nach ihrer Reihenfolge mit a, b, c, d.

Wetzstein I, 103 fol. 34ᵛ, Ibn Zubair vorlas: لو انّ ابن آدم أُعْطِىَ واديا مَلْأً[1]) من ذهب احبّ[2]) اليه ثانيا ولو اعطى ثانيا احبّ[3]) اليه ثالثا ولا يسدّ[4]) جوف ابن آدم الّا آلخ[5]) ۞

c) ferner die, welche Itqān 525 (b) nach Ubai b. Ka'b hat, Mabānī IV fol. 36ᵛf. nach 'Ikrima: لو انّ ابن آدم سأل واديا من مال فأُعطيه[6]) سأل[7]) ثانيا وان[8]) سأل[9]) ثانيا فاعطيه[10]) سأل[7]) ثالثا ولا يملأ جوف ابن آدم الّا آلخ ۞

d) die in den Mabānī IV fol. 34ʳ nach Ubai gegebene: انّ ابن آدم لو اعطى واديا من مال لالتمس ثانيا ولو اعطى واديين من مال لالتمس ثالثا ولا يملأ جوف آلخ ۞

e) Kanz al-'ummāl des 'Alāeddīn 'Alī b. Ḥusām al-Hindī (gest. 975 a. H.), Haiderābād 1312—1315 a. H. Bd. I, Nr. 4750 von Ubai: لو كان لابن آدم واد لابتغى اليه ثانيا ولو اعطى اليه ثانيا لابتغى اليه ثالثا ولا يملأ جوف آلخ ۞

Kürzer sind folgende Gestalten:

f) Buḫārī (d), Muslim, kit. al-zakāt § 26 (b)[11]), Tirmiḏī, abwāb al-zuhd bāb 20, alle nach Anas b. Mālik, Suhailī's

---

[1]) ملآن Mabānī (mit folgenden ذهبًا), Randlesart im cod. Lugd. 356 mit einem صحّ und Qasṭallānī IX, 250 nach Abū Ḏarr.

[2]) لأَحب Mabānī.

[3]) لأَحبّ Mabānī.

[4]) يملأ Mabānī.

[5]) Der Schluß nach الّا ist überall, wo wir keine besondere Abweichung angeben, derselbe wie bei a.

[6]) وأُعطى Mabānī.

[7]) لسأل Mabānī.

[8]) ولو Mabānī.

[9]) اعطى Mabānī.

[10]) Fehlt Mabānī.

[11]) Die verschiedenen Rezensionen bezeichnen wir nach ihrer Anordnung bei Muslim mit a, b, c, d.

Kommentar zu Ibn Hiśām (Anm. zu S. 650) ohne Anführung einer Autorität[1]): لو انّ[2]) لابن آدم واديا[3]) من ذهب[4]) لاحبَّ[5]) ان يكون[6]) له[7]) واديان[8]) ولن[9]) يملأ فاه[10]) آلّا آلخ ✿

g) ‘Aṭā’ nach Ibn ‘Abbās bei Buḫārī (b) und Muslim (c): لو انّ لابن آدم مثل[11]) وادٍ مالًا لأَحبَّ انّ له[12]) اليه مثله ولا يملأ عين[13]) ابن آدم آلخ ✿

---

1) In dieser Form hat schon George Sale, The Koran, preliminary discourse, chapt. 3, den Vers mitgeteilt.

2) كان Tirm. Muslim.

3) واد Muslim.

4) Suhailī führt an, daß andere مال lesen. Die Lesart مال ist für die ältere und bessere zu halten, da in der unten Anm. 13 mitgeteilten Parallele aus dem syrischen Achiqar-Roman ܣܝ̈ܡܬܐ „Schätze“ steht.

5) احبَّ Muslim. Bh.; aber am Rande von cod. Lugd. 356 des Bh. und in Qasṭallānī IX, 221 nach Abū Ḏarr لاحبَّ.

6) Fehlt Muslim.

7) لابتغى اليه für له — لاحبَّ Suhailī.

8) واديا آخر Muslim, ثانيا Tirm. Suhailī.

9) ولا am Rande von cod. Lugd. 356. Tirm. Suhailī.

10) جوف ابن آدم Suhailī, der hinzufügt, daß andere عينَى (vgl. die mit g bezeichnete Rezension), andere فم lesen. Muslim hat hier والله يتوب آلخ.

11) ملءُ Randlesart im cod. Lugd. 356. Muslim.

12) يكون Muslim.

13) نفس Muslim, der auch hier hat والله يتوب الخ. — عينٌ „Auge“ (vgl. Anm. 10) ist entschieden die sinnvollere Lesart. Daß es aber auch die ältere ist, ergibt sich aus dem Vorkommen der Phrase im Achiqar-Romane, der, wie man auch über seine Abfassungszeit denken mag, jedenfalls um viele Jahrhunderte älter als unsere frühsten arabischen Quellen sein muß. Der betreffende Text lautet nach der besten Rezension — vgl. F. C. Conybeare, I. Rendel Harris and Agnes Smith Lewis, The story of Aḥiḳar from the syriac, arabic, armenian, ethiopic, greek and slavonian versions, London 1898, S. (34) 47 — folgendermaßen: ܒܪܝ ܥܝܢܗ ܕܒܪܢܫܐ ܐܝܟ ܡܒܘܥܐ ܕܡܝܐ ܘܠܐ ܣܒܥܐ ܒܥܘܬܪܐ ܥܕܡܐ

h) Buḫārī (c) ist ein Mischtext aus d, e, f: لو ابن آدم اعطى واديا ملأً من ذهب احبّ اليه ثانيا ولو اعطى ثانيا احبّ اليه ثالثا ولا يسدّ جوف ابن آدم آلخ. Diese auf Ibn Zubair zurückgehende Tradition gibt sich aber nicht als Offenbarung aus, sondern als Ḥadīṯ. Vgl. unten S. 241.

i) Ibn ʿAbbās in Buḫārī (a) und Miśkāt, bāb al-amal wa'l-ḥirṣ faṣl 1 § 5, Abū Mūsā bei Muslim (d), Ṭabarī, Tafsīr zu Sūra 2,100 (Vol. I S. 361), Mabānī IV fol. 39r. 40r, Itq. 525 f. (c), Ubai in Mabānī II fol. 15r, Anas bei Muslim (a): (لو كان[1] لابن آدم واديان[2]) من مال[3]) لابتغى[4]) واديا[5]) ثالثا[6]) ولا يملأ جوف ابن آدم آلخ[7]) ☆

☆ ܘܡܠܐ ܒܥܦܪܐ „Das Auge des Menschen ist wie ein Wasserquell, es wird nicht satt von Schätzen, bis es sich mit Erde füllt". Außer der syrischen Version findet sich dieses Dictum nur noch in einer slavischen. Die Lesart عين ist auch sonst in der arabischen Literatur bezeugt, z. B. in Qutbeddīn's Chronik von Mekka ed. Wüstenfeld III, 302, wo die Worte von ولا يملأ عين bis التراب in die Schilderung eines habgierigen Großvezieres verwoben sind. Dieselbe Rezension liegt auch einer Stelle in dem von René Basset herausgegebenen arabisch-jakobitischen Synaxar (Patrologia orientalis ed. R. Graffin et F. Nau, Tome III, fasc. 3 S. 542 [466]) zu Grunde: مال هذا العالم باسره ولا يملا عينيه لان ادم هو تراب وما يملا عيناه غير التراب). Schließlich ist noch das von Chr. Snouck Hurgronje (Mekkanische Sprichwörter und Redensarten gesammelt und erklärt, No. 46) aufgezeichnete, heutige mekkanische Sprichwort ما يملّى عين بنى آدم غير التراب zu erwähnen.

[1]) أنّ Mabānī. Itq. Tafsīr.

[2]) واديين Mabānī. Itq. Tafsīr.

[3]) ذهب Mabānī II und Kanz al-ʿummāl I Nr. 4755.

[4]) لتمنّى Itq. Mabānī II. IV fol. 40r.

[5]) Fehlt Tirm. Miśk. Mabānī IV fol. 39a. — اليهما für واديا Mabānī II. — لهما Ṭābarī, Tafsīr.

[6]) بالثالث Mabānī II. — Kanz al-ʿummāl Bd. I Nr. 4755 liest für واديا ثالثا nur الثالث. Von ولا bis zum Ende fehlt alles bei Tirm.

[7]) ويتوب الخ fehlt bei Muslim nach Abū Mūsā.

In Itqān und Mabānī IV fol. 39r ist nach Abū Mūsā der Anfang: ان ّ الله يؤيّد [1] هذا الدين بقوم لا خَلاق [2] لهم [3] ولو الخ.

Unter dieser Masse von Abweichungen, die sich durch Reminiszenzen beständig untereinander verschlingen und dadurch neue Formen erzeugen, eine einzelne als älter und ursprünglicher zu erweisen, ist kaum möglich. Dagegen konnten wir durch Vergleichung mit dem syrischen Achiqar-Roman feststellen, daß die Lesarten مال „Schätze“ und عين „Auge“ den andern vorzuziehen sind. [4]).

Ebenso verschieden wie die Texte lauten auch die Angaben über ihren göttlichen Ursprung und ihre ursprüngliche Stelle im Qorān. Bei Hibat-allāh heißt es: كنّا نقرأ على عهد رسول الله صلّعم سورةً نعدلها [5]) بسورة التوبة ما احفظ منها غير آية وهى [6]) لو آلخ. Erklärend setzt eine fast wörtlich hiermit übereinstimmende Tradition Abū Mūsā's bei Muslim a. a. O. hinzu: كنّا نشبّهها فى الطول والشدّة, wovon nur فى الطول dem ursprünglichen Sinn gemäß ist. Auch in den Mabānī und im

---

[1]) سيؤيّد Itq.

[2]) Itqān falsch خلاف, vgl. auch Sur. 3, 71.

[3]) Dies sind, wie unten erklärt wird, die Männer, welche für Muhammed kämpften, ohne zu glauben, und daher keinen Teil am Himmelreich haben. Als Ḥadīṯ kommen diese Worte öfter vor. Bh., kit. al-gihād § 18, hat sie in der etwas abweichenden Form ان ّ الله ليؤيّد هذا الدين بالرجل الفاجر, Bh., kit. al-maghāzī cap. 39 (ghazwat Ḫaibar) § 8 mit der Variante يؤيّد.

[4]) Siehe S. 237 Anm. 4. 13.

[5]) So, d. h. نُعدّلها („wir verglichen sie“), lesen sowohl die Leidener Handschrift 411, als auch die Sprengersche 397; so ist daher auch ohne Zweifel im Leipziger Codex des Hibat-allāh für بعد لها zu lesen, wofür Fleischer (Catalogus Libr. manuscript. in Biblioth. senatoria civitatis Lipsiae asserv. ed. G. R. Naumann, Grimmae 1838, S. 396) يعدلها vorschlägt. Die Kairiner Ausgabe p. 10 hat تعدلها.

[6]) So in den Berliner Handschriften; die Kairiner Ausgabe hat آية واحدة ولو.

Itqān sagt Abū Mūsā mit kürzeren Worten dasselbe, sie hätten eine Sūra gelesen نحو براءة oder مثل سورة براءة, nur daß dort ebenfalls ein nicht richtiges Tamyīz, تغليظا وتشديدا, hinzugefügt wird.

Ganz anders heißt es bei Suhailī: وكانت هذه الآية اعنى قوله لو ان لابن آدم فى سورة يونس بعد قوله كَأَنْ لَمْ تَغْنَ بِالْأَمْسِ كَذَلِكَ نُفَصِّلُ الآيَاتِ لِقَوْمٍ يَتَفَكَّرُونَ كذلك قال ابن سلّام[1]) وهو فى مصحف أُبَىّ بن كعب[2]), d. h. dieser Vers hätte hinter Sur. 10,25 gestanden. Der Sinn würde hier allerdings einen solchen Zusatz zur Not zulassen; da aber ein Reim auf *āb* in Sūra 10 undenkbar ist[3]), und die meisten Autoritäten ganz andere Sūren nennen, so verdient jene Angabe Suhailī's kein Vertrauen.

In den Mabānī IV fol. 34v sagt ʿIkrima: قرأ علىّ عاصم لَمْ يَكُن ثلثين آية هذا [= d] فيها. So erklärt auch Ubai im Itqān 525 diesen Vers für ein Bruchstück (من بقيّتها) von Sur. 98. Die älteste Stelle für diese Angaben ist folgende Tradition bei Tirmiḏī[4]): فقرأ عليه لَمْ يَكُنِ الَّذِينَ كَفَرُوا وقرأ فيها إنّ الدين[5]) .... وقرأ عليه لو ان آلخ

„Und er (der Prophet) trug ihm (dem Ubai) Sur. 98 vor und darin (den Vers): wahrlich die Religion usw., und er trug ihm vor: Hätte usw.“ Hier heißt es zwar nicht ausdrücklich, daß dieser Vers zu Sur. 98 gehört habe, aber die Worte müssen wahrscheinlich so verstanden werden[6]).

Daß Ubai den fraglichen Vers für einen Qorānteil gehalten

[1]) D. i. Abū ʿUbaid Alqāsim b. Sallām († 222).

[2]) Vgl. hierüber den zweiten Teil „Über die Sammlung des Qorāns“.

[3]) Da die letzten Worte des angeblichen Qorānfragmentes in allen Rezensionen gleich lauten, so darf man sie nicht verändern.

[4]) Kit. al-tafsīr zu Sur. 98.

[5]) Hier folgt der unter 2 (S. 242) angeführte Vers.

[6]) Im Itq. ist die Ordnung umgekehrt, indem zuerst die hier angeführte Stelle als aus Sur. 98 genommen, dann die andere erwähnt wird.

habe, ist auch in den Mabānī Kap. II und IV bezeugt. Nicht ganz so deutlich spricht dies Abū Wāqid (Itqān 525) in folgenden Worten aus: „der Prophet sagte انّ الله يقول انّا انزلنا المال آلخ“. So werden nämlich mitunter auch Ḥadīṯe bezeichnet, welche der Prophet auf Gottes eigne Aussprüche zurückführte[1]). Ibn ʿAbbās bei Buḫārī und Muslim, Anas bei Muslim drücken ihren Zweifel darüber aus, ob diese Stelle zum Qorān gehöre oder nicht (z. B. فلا ادرى اشىءٌ انزل ام شىء كان يقوله كنّا نرى هذا من القرآن حتّى نزلت أَلْهَاكُمُ التَّكَاثُرُ; aber ihre schließliche Ansicht ist falsch, da Sur. 102 weit älter sein muß als dieser Vers, und auch der Medīnenser Anas bei der Offenbarung von Sur. 102 nicht zugegen gewesen sein kann.

An vielen Stellen werden endlich diese Worte einfach als Ḥadīṯ des Propheten aufgeführt, z. B.[2]) عن عبّاس بن سهل بن سعد قال سمعتُ ابن الزبير على المنبر بمكّة فى خطبته يقول يا ايّها الناس انّ النبىّ صلّعم كان يقول لو آلخ ۞

Die wichtige Frage nach der Zuverlässigkeit dieser Traditionen ist keineswegs leicht zu entscheiden. Da sich die angeführten Worte des Propheten auf der Linie qorānischer Denk- und Ausdrucksweise bewegen[3]), so könnten sie einer verloren gegangenen Offenbarung angehören. Die Stelle mochte sich im Gedächtnis einzelner vielleicht deshalb erhalten haben, weil der Prophet sie besonders oft im Munde führte. Die stark abweichenden Rezensionen und das Schwanken der Tradition über den Ursprung würden so leicht zu erklären sein. Indessen läßt sich aus den gegebenen Tatsachen mit derselben Wahrscheinlichkeit auch der entgegengesetzte Schluß ziehen, daß jene Worte ein ursprüngliches Ḥadīṯ sind, das wegen seines Anklanges an qorānische Diktion für eine Offenbarung gehalten wurde. Ja es ist nicht ausgeschlossen, daß auch das Ḥadīṯ unecht ist. Gegen die Autorschaft

---

1) Vgl. unten S. 256 f.

2) Bh. Vgl. oben S. 238 unter h). Mabānī.

3) Vgl. z. B. die Wörter ابتغى, جوف, تُراب.

Muhammeds überhaupt spricht die Tatsache, daß die Wendung *ibn ādam*[1]) „Mensch" der Sprache des Qorāns fremd ist.

2. Tirmiḏī, kit. al-tafsīr zu Sur. 98. Mabānī IV fol. 37 r. Itqān 525. Ubai las in Sur. 98: ان[2]) الدين عند الله الحنيفية السمحة[3]) لا[4]) اليهودية[5]) ولا النصرانية[6]) ومن[7]) يفعل[8]) خيرًا فلن يكفره[9]) ۞

„Wahrlich die Religion bei Gott ist das milde Ḥanīfentum, nicht das Judentum, noch das Christentum; und wer Gutes tut, wird dafür nicht unbelohnt bleiben".

Wenn diese Worte, deren Reim freilich zu dem von Sur. 98 einigermaßen paßt, auch wirklich echt qorānisch sein könnten, so müßte doch die ursprüngliche Form etwas verändert sein. Denn die Wörter حنيفية, يهودية, نصرانية, zu deren Gebrauch im Qorān Veranlassung genug wäre, sind ihm fremd[10]).

Der Anfang des Textes erscheint in mehreren abweichen-

---

[1]) Sie entspricht aramäischem ܒܪ ܐܢܫܐ und noch genauer hebräischem בֶּן אָדָם, das zum erstenmal bei Ezechiel auftaucht. Der Qorān sagt dafür immer *insān*. Nur der Plural *banū ādam* ist einigemal zu belegen, Sur. 7, 25. 26. 29. 33. 171, 17, 72, 36, 60. Daß aber der Singular *ibn ādam* der zeitgenössischen Literatur nicht fremd war, scheint z. B. aus Labīd, Dīwān ed. Huber-Brockelmann No. 32 V. 10 hervorzugehen.

[2]) Itq. und Kanz al-'ummāl Bd. I Nr. 4750 fügen ذات hinzu.

[3]) Fehlt im Itq. und Kanz al-'ummāl; المسلمة Tirm.

[4]) غير Itq. — Kanz al-'ummāl schiebt ولا المشركة ein.

[5]) Mabānī ohne Artikel, der aber hier nicht entbehrt werden kann.

[6]) Desgleichen. Tirm. fügt hinzu ولا المجوسية.

[7]) Ohne و Tirm.

[8]) يعمل Itq. und Kanz al-'ummāl.

[9]) Kanz al-'ummāl يكفر له.

[10]) Das einzige, von einem Nomen auf ـِيّ abgeleitete, Abstraktum, das im Qorān vorkommt, ist جاهلية „Heidentum" (4 mal). Dieser Name bedeutet wohl eigentlich „Zustand der Unwissenheit", wie das neutestamentliche ἄγνοια Act. 17, 30, I Petr. 1, 14. Eine etwas abweichende Auffassung vertritt I. Goldziher, Muhammedanische Studien I, S. 219—228.

den Fassungen als Ḥadīṯ: احبّ الدين الى الله الحنيفيّة السمحة oder بُعِثْتُ بالحنيفيّة السمحة[1]).

3. Nach einer im Itqān 526 angeführten Tradition trug Maslama b. Muḫallad Al'anṣārī seinen Freunden folgende zwei Verse vor, die qorānisch seien, aber in dem offiziellen Text fehlten[2]): انّ[3]) الَّذِينَ آمَنُوا وَهَاجَرُوا وَجَاهَدُوا فِي سَبِيلِ اللَّهِ بِأَمْوَالِهِمْ وَأَنْفُسِهِمْ أَلا ابشروا انتم المفلحون * وَالَّذِين آووهم ونصروهم وجادلوا عنهم القوم الَّذين غضب الله عليهم اولائك لا تَعْلَمُ نَفْسٌ مَا أُخْفِيَ لَهُمْ مِنْ قُرَّةِ أَعْيُنٍ جَزَاءً بِمَا كَانُوا يَعْمَلُونَ ۞

„Die da geglaubt haben und ausgewandert sind und um Gottes willen Gut und Blut gewagt haben, o freut Euch, Ihr seid die Glücklichen! Und die, welche sie aufnahmen und ihnen beistanden und die Leute, denen Gott zürnt, von ihnen abwehrten: keine Seele weiß, was für Erquickung diesen zum Lohn ihrer Taten aufgespart ist".

Auch über diese beiden Verse läßt sich kein bestimmtes Urteil abgeben. Zu Gunsten ihrer Echtheit wäre nicht nur der durchgängig qorānische Charakter des Wortbestandes anzuführen[4]), sondern auch der Wechsel der grammatischen Person, welcher bekanntlich öfter im Qorāne vorkommt. Doch klingt

---

1) Bh., kit. al-īmān § 29. Ibn Sa'd ed. 1, I, p. 128, 13. Ibn al-Aṯīr, Nihāya s. v. حنف. Eine andere Form kommt in einem alt-islāmischen, oft zitierten Verse vor, der dem Umaiya b. Abī Ṣalt zugeschrieben wird:

كلّ دينٍ يومَ القيامة عند الله الّا دينَ الحنيفة زورُ

Aghānī III, 187. Ibn Ḥagar I, S. 263, während His. 40 die falsche Lesart الحنيفيّة hat. Vgl. auch die angeblichen Worte Umaiya's bei Ibn Ḥagar I, S. 262, 4 وأنا اعلم انّ الحنفيّة حقّ. Daß die Wurzel سمح sich nicht im Qorān findet, ist wohl ohne Bedeutung.

2) أَخْبِرونى بآيتَيْن فى القرآن لم يُكتبا فى المصحف.

3) Man könnte daran denken, انّ in يا ايّها abzuändern; aber das ist kaum statthaft, zumal auch im zweiten Verse die dritte Person steht.

4) Indessen kommt ألا mit Imperativ im Qorān nicht vor.

der Text anderseits ein wenig wie eine Zusammenstellung aus Sur. 8, 73 und Sur. 32, 17, welche der Medīnenser Maslama tatsächlich verfaßt haben mag, um die alten Gefährten des Propheten gegenüber der herrschenden Dynastie[1]) herauszustreichen.

4. Mabānī Kap. IV fol. 40r, Itqān 526, Kanz al-ʿummāl Bd. I Nr. 4749 wird erzählt, ʿOmar habe als Chalif zu ʿAbdarraḥmān b. ʿAuf gesagt, ob er nicht den Vers kenne: أَنْ جاهدوا كما جاهدتم أوّل مرّة „kämpfet, wie Ihr das erstemal (früher) gekämpft habt!"; darauf habe dieser geantwortet, der Vers wäre einer der getilgten (أُسْقِطَتْ فيما أسقط من القرآن). Niemand wird leugnen, daß diese Worte qorānisch sein können. Man darf nur bezweifeln, daß sich über den Ursprung eines solchen, aller Originalität entbehrenden, Passus eine begleitende Tradition erhalten hat. Eine andere Überlieferung (Mabānī IV fol. 40r) bringt den Vers in folgende Form: جاهدوا في الله في آخر الزمان كما جاهدتم في أوّله. Die Echtheit dieser Rezension ist jedoch verdächtig, weil der Ausdruck *zamān* für „Zeit" dem heiligen Buche fremd ist. Wenn man auch diesem Argument keine große Bedeutung beimißt, so könnte die weitere Bemerkung der Mabānī, daß die Worte so in Sur. 44 gestanden hätten, doch nur dann richtig sein, wenn unter *gāhada* nicht der eigentliche Kampf für die Religion, sondern allgemein das eifrige Eintreten für dieselbe gemeint wäre[2]). Doch ist es wegen der scharfen Hervorhebung des „ersten Gihād" wahrscheinlicher, daß man hier wirklich an den heiligen Krieg zu denken hat. Diese Auffassung wiese also frühstens in die medīnische Zeit, und zwar nach der Schlacht von Badr, da dem Text zufolge schon ein Gihād stattgefunden hat, während Sur. 44 bekanntlich in Mekka entstanden ist. Indessen ist der Satz wahrscheinlich eschatologisch gemeint und stellt die klassische Periode der

---

1) Die Worte الّذين غضب الله عليهم „diejenigen, welchen Gott zürnt" ließen sich auf die Umayyaden beziehen. Maslama starb nämlich erst unter der Regierung Muʿāwiya's.

2) Vgl. oben S. 156 zu Sur. 29, 69.

Stiftung des Islām einer fernen Zukunft gegenüber. Dieser Gedanke hat aber zur Voraussetzung, daß nach dem Tode Muhammeds schon ein längerer Zeitraum verstrichen ist.

5. Muslim, kit. al-zakāt § 26 am Ende. Itq. 526. Abū Mūsā Al'aś'arī sagte: كنّا نقرأ سورة كنّا[1]) نشبّهها باحدى المسبّحات وأُنسيتها[2]) غير انّى قد حفظتُ منها يَا أَيُّهَا ٱلَّذِينَ آمَنُوا لِمَ تَقُولُونَ مَا لَا تَفْعَلُونَ فَتُكْتَبُ شَهَادَةً فِي أَعْنَاقِكُمْ فَتُسْأَلُونَ عَنْهَا يَوْمَ ٱلْقِيَامَةِ ۞

„Wir rezitierten eine Sūra, die wir einer der Musabbiḥāt[3]) für ähnlich hielten[4]), aber sie ist mir in Vergessenheit geraten, nur folgendes habe ich behalten: O Ihr Gläubigen, warum redet Ihr, was Ihr nicht tut? So wird man Euch ein Zeugnis auf den Hals schreiben und Euch am Tage der Auferstehung darnach fragen".

Da die erste Hälfte des Zitates wörtlich dem zweiten Verse von Sur. 61 gleich ist, liegt es nahe, den ganzen Passus für ein Fragment aus dieser Sūra zu halten. Doch steht dem einerseits der Reim entgegen, der in allen Musabbiḥāt auf *ūn*, *īn* und ähnliche Silben ausgeht, anderseits die ausdrückliche Angabe, daß die zugehörige Sūra verloren sei. Aus diesem Grunde ist auch jeder Versuch, dem überlieferten Texte des Fragmentes, sei es durch Umstellung[5]) oder Erweiterung, einen anderen Reim zu geben, von vornherein aussichtslos.

In den Mabānī Kap. IV fol. 40a lautet die Tradition etwas abweichend: قال ابو موسى ونزلت سورة نشبّهها بالمسبّحات اوّلها سَبَّحَ لِلّٰهِ مَا فِي ٱلسَّمَاوَاتِ وَمَا فِي ٱلْأَرْضِ فنسيناها غير انّى احفظ منها يَا أَيُّهَا ٱلَّذِينَ آمَنُوا لِمَ تَقُولُونَ مَا لَا تَفْعَلُونَ كَبُرَ مَقْتًا عِنْدَ ٱللّٰهِ أَنْ تَقُولُوا مَا لَا تَفْعَلُونَ ۞

1) كنا fehlt Itq.

2) Itq. وانسيناها.

3) Sur. 57. 59. 61. 62. 64, welche mit den Worten سَبَّحَ (يُسَبِّحُ) لِلّٰهِ مَا فِي ٱلسَّمَاوَاتِ وَمَا فِي ٱلْأَرْضِ anfangen.

4) An Länge.

5) Etwa in فيوم القيامة عنها تسألون.

Die auffallende Tatsache, daß hier das ganze Zitat mit Sur. 61, 2. 3 übereinstimmt, rät entschieden, nicht dieser, sondern der ersten Rezension den Vorzug zu geben. Sonst lassen sich gegen die Glaubwürdigkeit der Tradition keine Einwände erheben.

6. Anas erzählt, daß über die, welche bei Bi'r Ma'ūna (im Ṣafar des Jahres 4) gefallen waren, ein Qorānvers geoffenbart worden sei, den Gott aber nachher aufgehoben habe: قال انزل في الّذين قُتِلوا ببئرِ معونةَ قرآنٌ قرأناه ثمّ نُسخَ بعدُ[1]) oder ähnlich[2]). Dieser lautet in vier Traditionen bei Buḫārī[3]), drei bei Ibn Sa'd ed. II, i S. 37 f., III, ii S. 71 f., zwei bei Ṭabarī, Annales I, 1447. 1448 und je einer bei Wāqidī 341, Muslim, kit. al-ṣalāt § 93, Itqān 527, Ḫamīs ed. Cair. I, 14 und bei Suhailī in der Anmerkung zu Ibn Hišām S. 650 mit einigen Varianten folgendermaßen: [4]) بلّغوا [5]) عنّا [6]) قومنا [7]) انّا قد [8]) لقينا ربّنا فرضى عنّا ورضينا عنه [9]) ☆

---

[1]) Buḫārī a. d (vgl. Anm. 3). Ḫamīs I, 14. — Muslim liest حتّى anstatt ثمّ.

[2]) Von den zahlreichen Varianten dieses Textes sind am bemerkenswertesten diejenigen, welche sagen, daß er längere Zeit als qorānisch rezitiert worden sei: Ibn Sa'd ed. II, i S. 38 فقرأنا بهم قرآنًا زمانا ثمّ انزل فيهم قرآنًا . . . . ثمّ, Ṭabarī I, 1447 انّ ذلك رُفع او نُسى نُسخت فرُفعت بعد ما قرأناه زمانًا.

[3]) Eine im kit. al-gihād § 183, hier bezeichnet mit d; die übrigen im kit. al-maghāzī § 30, mit a, b, c bezeichnet.

[4]) Am Anfang lesen ان His. Ibn Sa'd III, ii. Muslim. Itqān; الا Bh. d.

[5]) His. Muslim ابلغوا.

[6]) عنّا fehlt in Bh. c, d. Waq. His. Ibn Sa'd III, ii. Muslim. Der ganze Anfang von بلّغوا bis قومنا fehlt bei Bh. b.

[7]) Für قومنا liest Ṭabarī I, 1448, 3 اخواننا. Ibn Sa'd II, i, 37 stellt قومنا vor عنّا.

[8]) Für انّا قد lesen His. Muslim ان قد; Bh. d بأنّا قد; Bh. c فقد; Waq. Itq. Ibn Sa'd II, i, 37 f. bloß انّا.

[9]) An Stelle von ورضينا عنه lesen Bh. a, b, d, Ibn Sa'd II, i, 38 und Itqān وأرضانا, Ḫamīs verzeichnet aber auch die andere Lesart.

„Meldet unserm Volke, daß wir unsern Herrn angetroffen haben, und er mit uns zufrieden ist, wie auch wir mit ihm zufrieden sind“.

In anderen Traditionen wird dieser Text den Muslimen in den Mund gelegt, welche am Uḥud oder bei Bi'r Ma'ūna gefallen und allsogleich in die Herrlichkeit des Paradieses eingegangen waren[1]); oder der Prophet erzählt in einer Ansprache an seine Genossen von der Bitte dieser Märtyrer. So heißt es Buḫārī (an einer Stelle zwischen b und c): وانّهم قد سألوا ربّهم فقالوا ربّنا اخبر عنّا بما رضينا عنك ورضيتَ عنّا; Muslim, kit. al-imāra § 39: . . . وانّهم قالوا اللهمّ بَلِّغْ عنّا نبيّنا انّا قد لقيناك فرضينا عنك ورضيتَ عنّا[2]); Tirmidi, kit. al-tafsīr zu Sūra 3,163: . . . . وتقرئ نبيّنا السلام وتُخبر انْ (var. انا) قد رَضينَا ورُضى عنّا; Ṭabarī im Tafsīr zu Sūra 3,163 (Vol. IV, 108): . . . قالوا يا ليت بيننا وبين اخواننا مَن يبلغهم انّا لقينا ربّنا فرضى عنّا وأرضانا ✿

Die Entscheidung der Frage, ob ursprünglich Qorān, oder ob Ḥadīṯ vorliegt, fällt nicht leicht. Zwar ist die Phraseologie unseres Textes zweifellos qorānisch[1]). Aber gerade diese

---

1) Diese Botschaft aus dem Jenseits hat eine bemerkenswerte Parallele an Lucas 16,27f.

2) Stärker abweichend Baghāwī zu Sūre 3,163: . . . فلمّا رأوا طيب مقيلهم ومطعمهم وشربهم ورأوا ما اعدّ الله لهم من الكرامة قالوا يا ليت قومنا يعلمون ما نحن فيه من النعيم وما يصنع الله بنا كى يرغبوا فى الجهاد ولا ينكلوا عنه فقال الله عزّ وجلّ انا مخبر عنكم ومبلغ اخوانكم ففرحوا بذلك واستبشروا فانزل الله تعالى (Sur. 3,163); 'Alāeddīn 'Alī b. Muḥammad al-Ḫāzin, Tafsīr zu Sur. 3,163: . . . . . فلمّا وجدوا طيب مأكلهم ومشربهم ومقيلهم قالوا من يبلغ اخواننا عنّا انّنا احياء فى الجنّة لئلّا يزهدوا فى الجنّة ولا ينكلوا عن الحرب. . . . ✿

1) Vgl. لقاء اللهِ (ربّهم) Sur. 6,31.155, 10,46, 13,2, 18,105.110,

Eigentümlichkeit könnte auch die Veranlassung gegeben haben, den Ḥadīṯ für eine Offenbarung zu erklären. Sollte es sich aber wirklich um einen Qorān handeln, so müßte ihm die Einleitung abhanden gekommen sein, in der gesagt war, daß dies Worte der Erschlagenen seien.

7. Sehr berühmt ist der sogenannte Vers der Steinigung (آية الرجم), der nach vielen Traditionen von ʿOmar für einen Teil des Qorāns gehalten wurde[1]: لا ترغبوا عن آبائكم[2]) فانّه[3]) كُفْرٌ بكم[4]) الشيخ[5]) والشيخة اذا زنيا[6]) فارجموهما[7]) البتّة نكالا من الله والله عزيز حكيم[8]) ✡

29, 4. 22, 30, 7, 32, 10; رضى الله عنهم ورضوا عنه Sur. 5, 119, 9, 101, 58, 22, 98, 8.

[1]) Um nur einige Stellen anzuführen, in denen dieser Vers ganz oder zum Teil vorkommt, nennen wir His. 1015. Ṭabarī I, 1821. Muwaṭṭaʾ 349. Ibn Saʿd ed. III, 1 p. 242. Yaʿqūbī II, 184. Mabānī an drei Stellen, cap. II fol. 16r, cap. IV fol. 32r. 34v. Qurṭubī. Naisābūrī am Rande von Ṭabarī's Tafsīr Vol. XXI, 81 zu Sur. 33. Zam. zu Sur. 33 am Anfang. Nasafī am Rande von ʿAlāeddīn Vol. III, 472 zu derselben Sūre. Ibn Ḥazm am Rande der Gelālain II, 148. Itqān in 3 Formen, S. 524 (a, b), 528 (c). Hibat-allāh p. 13. Cod. Peterm. 555. Ḫamīs I, 14. Suhailī a. a. O. usw. Daß die آية الرجم im Qorān gewesen, sagen unzählige Schriftsteller.

[2]) عن آبائكم fehlt Ṭabarī I, 1821 cod. C.

[3]) Hibat-allāh فان ذلك.

[4]) Die Worte bis hierher fehlen bei vielen, z. B. Muwaṭṭaʾ 349. Ibn Saʿd. Yaʿqūbī. Mabānī IV fol. 33v f. Naisābūrī. Zam. Nasafī. Ḫamīs. Itqān a, b, c. Kanz al-ʿummāl Bd. I Nr. 4751. Hinter الله stehen sie durch و verknüpft bei Suhailī mit der Variante فانّ ذلك; His. Ṭab. fügen noch dazu ان ترغبوا عن آبائكم, lassen aber alles andere weg. Nach den Mabānī IV fol. 32r lesen einige (z. B. Bh., kit. al-muḥāribīn § 17) فانّ (انّ) كفرًا بكم ان ترغبوا عن ابائكم.

[5]) Ibn Saʿd والشيخ. Suhailī فالشيخ.

[6]) Einige lesen اذا زنا الشيخ والشيخة. Itq. 524 (a). Mab. IV fol. 34v.; Yaʿqūbī und Itqān lassen اذا زنى weg.

[7]) Alles, was folgt, fehlt Muwaṭṭaʾ. Ibn Saʿd. Ibn Māga, bāb al-ragm. Naisābūrī. Itqān. Itq. 524 (b) hat dafür das Glossem بما قضيا من اللذّة.

[8]) Die letzten drei Worte finden sich Itq. 524 (a). Qurṭubī. Zam.

„Sehnt Euch nicht weg von Euren Vätern[1]), denn das ist bei Euch Gottlosigkeit; und wenn ein bejahrter Mann und eine bejahrte Frau[2]) Unzucht treiben, so steinigt sie auf jeden Fall, zur Strafe von Gott; Gott aber ist allmächtig und allweise."

Die meisten sagen weiter nichts, als daß dieser Vers zu den *mansūḫāt* oder „aufgehobenen" Qoranstellen gehöre[3]). Qurṭubī, Mabānī IV, Naisābūrī, Ṭabarī I, 1821, Zamaḫšarī, Nasafī, Itqān (a) und Kanz al-'ummāl Bd. I, Nr. 4751 geben nach 'Āïša und Ubai an, daß er in Sur. 33 gestanden habe. Doch ist dies unmöglich, weil der Vers auf *ūn*, die Sūra aber durchgehends auf *ā* reimt. Nach einer anderen Tradition ist die ursprüngliche Stelle des Verses in Sūra 24 gewesen[4]). Diese Sūra paßt insofern besser, als nicht nur ihr Reim mit dem des Fragmentes übereinstimmt, sondern sie auch allein das Huren (*zinā*) von Männern und Frauen behandelt. Indessen steht V. 2, der für dieses Vergehen ohne jede Einschränkung die Strafe der Geißelung festsetzt, im Widerspruch mit dem Steinigungsverse[5]). Man müßte also

---

Hibat-allāh. Nasafī. Ibn Ḥazm; Ya'qūbī und Ḫamīs haben عليم an Stelle von عزيز. Die Worte نكالا من الله والله عزيز حكيم stehen genau so Sur. 5, 62.

[1]) D. h. verlangt nicht aus falschem Stolze, einer anderen als Eurer eigenen Familie anzugehören.

[2]) Mālik gibt im Muwaṭṭa' die Glosse يعني الثيّب والثيّبة.

[3]) Nach anderen ging der Vers zufällig verloren, indem irgend ein Haustier (داجن Naisāb. Zam. Nasafī) die Stelle, an welcher der Vers stand, anfraß. Das nämliche wird auch von dem „Säugungsverse" (siehe unten S. 253 f.) behauptet (Ibn Māga, Sunan, cap. رضاع الكبير. Mabānī IV, fol. 40r. Damīrī, kit. al-ḥayawān s. v. داجن). Alle diese Überlieferungen gehen angeblich auf 'Āïša zurück, werden aber meistens (z. B. Naisāb. Zam. Nasafī) für Erfindungen von Sektierern (من تآليفات الملاحدة والروافض) erklärt.

[4]) Buḫārī, kit. al-muḥāribīn § 7. Ḫamīs I, 14.

[5]) V. 2 läßt sich zwar zur Not so erklären, daß er keinen Widerspruch zu dem hier gegebenen Gebote bildet, aber eine solche Harmonisierung ist doch kaum statthaft. Das spätere Gesetz kennt die beiden

annehmen, daß dieser eben durch V. 2 aufgehoben worden sei, was jedoch weder bezeugt ist, noch mit der Entwicklung des muslimischen Strafrechtes im Einklange steht. Wenn es wahr ist, daß Muhammed während seiner medīnischen Wirksamkeit mehrmals unzüchtige Personen zum Tode durch Steinigung verurteilt hat[1]), so begreift man weder, wie eine hierauf gehende Offenbarung abrogiert werden, noch wie sie verloren gehen konnte. Während die Glaubwürdigkeit dieser Überlieferungen nicht zu kontrollieren ist, muß es als ausgemacht gelten, daß die Strafe der Steinigung unter der Regierung der ersten Chalifen in Übung war, wie sie noch bis auf den heutigen Tag in den muslimischen Gesetzbüchern[2]) gelehrt wird. Nach den meisten Berichten ist es ʻOmar, der den Medīnensern die Beobachtung dieses grausamen Gesetzes eingeschärft hat. „Ich habe gesehen, wie der Gesandte Gottes steinigen ließ, und wir haben nach ihm gesteinigt. Wenn die Leute mich nicht der Neuerungssucht beschuldigen würden, so hätte ich den Steinigungsvers in das Qorānexemplar ein-

genannten Strafarten, indem es die Geißelung für mildere, die Steinigung für schwerere Unzuchtsfälle verlangt. Das Genauere ist unten Anm. 2 dargelegt.

[1]) Bh., kit. al-muḥāribīn § 7. 8. 10. 11. 14. 15. Ibn Saʻd ed. IV, II, S. 51 f., Ḫamīs I, 467, II, 139. Eine andere Tradition, Ibn Saʻd ed. IV, II, S. 52 lin. 7f., erzählt, daß Muhammed einmal eine reuige Sünderin nicht der Steinigung preisgab, sondern begnadigte.

Dagegen dürfen die nach der Einnahme Mekka's angeblich gesprochenen Worte وللعاهر الحجر (Bh., kit. al-buyūʻ § 100, — waṣāyā, § 4, — maghāzī § 54, — farā'iḍ § 18, — muḥāribīn § 9, — ḫuṣūmāt § 5, Waq. Wellhausen S. 338, andere Stellen siehe bei I. Goldziher, Muhammedanische Studien I, 188 Anm. 2 und ZDMG. Bd. 42 S. 589) nicht hierher gezogen werden. Qasṭallānī zu Bh., farā'iḍ § 18 (IX, 438 f.) erklärt folgendermaßen: اى لا حقّ له فى النسب كقولهم له التراب عبر به عن الخيبة لا شىء له d. h., daß demjenigen, der auf dem Bette eines anderen hurt, kein Recht auf Verwandtschaft (*nasab*) mit dem dort gezeugten Kinde zusteht. Nur bei dieser Auffassung geben jene Worte zusammen mit dem Vordersatze الولد للفِراش ein sinnvolles Ganze. Die andere Erklärung, welche an die Steinigung (الرجم بالحجر) denkt, wird von Qasṭallānī und anderen mit guten Gründen zurückgewiesen.

[2]) Gesteinigt werden muß nach dem Gesetz nicht nur die Person,

getragen. Wir haben ihn aber wirklich recitiert[1]“. Die angeführten Worte machen den Eindruck, als ob die Behauptung von dem göttlichen Ursprung dieses Verses nur als Mittel gedient hätte, um das Gesetz in der Praxis durchzusetzen. Da die Steinigung unzüchtiger Männer und Frauen dem altarabischen Gewohnheitsrecht fremd ist, in dem es überhaupt keine festen Kriminalstrafen kennt, so wird das Vorbild des jüdischen Gesetzes Deut. 22, 21-24[2]) maßgebend gewesen sein.

Der Anfang des Verses hat anscheinend zu dem von der Steinigung handelnden Teile keine innere Beziehung und zeigt nach Inhalt und Form qorānischen Charakter. Da aber die beiden Teile unter dem Namen „Steinigungsvers“ regelmäßig miteinander verbunden sind, so wird für den ersten Teil dasselbe zu gelten haben, was für den zweiten wahrscheinlich gemacht wurde, daß er nämlich niemals zum heiligen Buche gehört hat[3]).

Der Anfang des Verses kommt auch einigemal[4]) als bloßer Ausspruch Muhammeds vor, ohne daß besondere Um-

---

welche bei Begehung der Unzucht verheiratet ist, sondern auch die, welche früher einmal in gültiger Ehe gelebt hat. Wer niemals verheiratet war (غير مُحْصَن bzw. غير مُحْصَنَة), erhält dagegen 100 Geißelhiebe. Vgl. Ed. Sachau, Mohammedanisches Recht, 1897, S. 809 ff. Chr. Snouck Hurgronje in ZDMG. Bd. 53 (1899), S. 161 ff. Th. W. Juynboll, Mohammedaansche Wet, 1903, S. 302 ff.

[1]) His. 1014 f. Ṭabarī I, 1821. Ibn Sa‘d ed. III, ı, S. 242. Ya‘qūbī II, 184. Tirm., abwāb al-ḥudūd cap. 8. Ḫamīs I, 14. Mabānī IV fol. 32r f.

[2]) Bei der Aburteilung eines jüdischen Pärchens, das man wegen Verdachtes der Unzucht vor den Richterstuhl Muhammeds geschleppt hatte, wird diese Bibelstelle herangezogen, Bh., kit. al-muḥāribīn § 10. Ḫamīs I, 467.

[3]) Zu diesem Resultate kommt auch Leone Caetani, Annali dell' Islam II, ı, S. 305. Lexikalisch ist beachtenswert, daß die Wörter الشيخة und البتّة im Qorāne nicht vorkommen.

[4]) Muslim, kit. al-īmān § 27. Miśk., bāb al-li‘an faṣl 1 Ende, wo فقد für فهو steht, dann ist natürlich nicht كُفْر oder كافر zu lesen, sondern كَفَرَ.

stände angegeben werden, und zwar in folgender Form: لا ترغبوا عن آبائكم فمن رغب عن ابيه فهو كُفْرٌ ۞

8. Kanz al-'ummāl Bd. I Nr. 4752 von Ubai b. Ka'b: وَلَا تَقْرَبُوا الزِّنَا إِنَّهُ كَانَ فَاحِشَةً وَمَقْتًا وَسَاءَ سَبِيلًا إِلَّا مَنْ تَابَ فَإِنَّ اللَّهَ كَانَ غَفُورًا رَحِيمًا ۞

Dieser Text ist ganz aus Qorānstellen zusammengesetzt. Es findet sich nämlich der Anfang bis فاحشة in Sur. 17, 34, انّه bis سبيلا in Sur. 4, 26, الّا من تاب in Sur. 25, 70 und der Schlußsatz bis رحيما in Sur. 4, 128. Das ist natürlich kein entscheidendes Argument gegen die Echtheit, da sich in unserem Qorāne ziemlich viele Verse finden die wie stückweise aus anderen zusammengesetzt aussehen. Doch verdient ein solcher Text kein besonderes Vertrauen, es sei denn, daß seine Zugehörigkeit zum Qorāne einwandfrei bezeugt wäre.

9. Kanz al-'ummāl Bd. I Nr. 4753, von Abū Idrīs al-Ḫaulānī[1]). Mabānī cap. IV, fol. 37r: إِذْ جَعَلَ الَّذِينَ كَفَرُوا فِي قُلُوبِهِمُ الْحَمِيَّةَ حَمِيَّةَ الْجَاهِلِيَّةِ وَلَوْ حَمِيتُمْ كَمَا حَمُوا لَفَسَدَ[2]) الْمَسْجِدُ الْحَرَامُ فَأَنْزَلَ اللَّهُ سَكِينَتَهُ عَلَى رَسُولِهِ[3]) ۞

Der Anfang dieses Textes bis الجاهليّة sowie der Schluß von فأنزل an finden sich in Sur. 48, 26 unmittelbar hintereinander. Dagegen sind von dem mittleren Stücke, von كما bis الحرام, nur die einzelnen Wendungen qorānisch.

10. Kanz al-'ummāl Bd. I Nr. 4754, von Bagāla (b. 'Abada): اَلنَّبِيُّ أَوْلَى بِالْمُؤْمِنِينَ مِنْ أَنْفُسِهِمْ وَأَزْوَاجُهُ أُمَّهَاتُهُمْ وَهُوَ أَبٌ لَهُمْ ۞

Fast der ganze Text, bis امّهاتهم, ist mit Sur. 33, 6 identisch. Die drei folgenden Worte werden hier und da

---

[1]) Gestorben a. H. 80, vgl. Ḏahabī, Taḏkirat al-Ḥuffāẓ I, S. 49.

[2]) Kanz al-'ummāl schiebt hinter حموا noch نفسه ein. Diese Lesart ist jedoch äußerst verdächtig, da sie keinen rechten Sinn gibt, und sich ihre Entstehung, aus versehentlich doppelt geschriebenem لفسد, leicht erklären läßt.

[3]) Der Schluß von فانزل an fehlt in Mabānī.

von der exegetischen Tradition unter den Lesarten aufgeführt[1]). Sonst läßt sich die Bezeichnung des Propheten als „Vater“ der Gläubigen aus dem Qorān nicht belegen, ja Muhammed lehnt dieselbe Sur. 33, 40 direkt ab, wie er auch anderseits die Gläubigen niemals als „meine Kinder“ anredet.

11. ʿĀïša sagte[2]): كان[3]) فيما انزل الله[4]) عشرُ رضعات معلومات يُحَرِّمْنَ[5]) فنُسِخْنَ[6]) بخمس معلومات[7]) فتوفّى رسول الله صلعم وهنّ[8]) ممّا[9]) يقرأ من[10]) القرآن; oder[11]): انزل فى القرآن عشر رضعات معلومات فنسخ من ذلك خمسًا وصار الى خمس رضعات معلومات فتوفّى رسول الله صلعم والامر على ذلك; oder[12]): كان فيما يقرأ من القرآن فسقط يحرّم من الرضاع عشرُ رضعات ثمّ نسخن الى خمس معلومات; oder[13]): كان فيما انزل الله من القرآن ثمّ سقط لا يحرّم الّا عشرُ رضعات او خمس معلومات; oder endlich[14]): نزل فى القرآن عشر رضعات معلومات ثمّ نزل ايضا خمس معلومات ☆

Es handelt sich hier um die Anzahl der Säugungsakte,

---

1) Z. B. Ṭabarī, Tafsīr z. St. Vol. XXI, S. 70 lin. 15 فى بعض القراءة; Naisabūrī, Tafsīr z. St. bei Ṭabarī, Tafsīr Vol. XXI, S. 84 am Rande فى قراءة ابن مسعود.

2) Muwaṭṭaʾ 224. Muslim, kit. al-raḍāʿ § 1 in zwei Formen (a, b). Tirm., abwāb al-raḍāʿ § 3. Nasāʾī, kit. al-nikāḥ § 49. Mišk., bāb al-muḥarrimat faṣl 1 § 6. Mabānī IV fol. 40 v. Itqān 517. Ḫamīs I, 14.

3) Fehlt bei Nasāʾī.

4) Fehlt bei Muslim b (also أُنْزِلَ), Itqān, Ḫamīs. Muslim a fügt hinzu من القرآن.

5) Vokale nach Mišk. und Mabānī fol. 40 v. Das Wort fehlt Itq.

6) Muslim. Nas. ثمّ نسخن.

7) Ḫamīs läßt alles folgende weg.

8) Mišk. Nas. وهى; Mab. وهو.

9) فيما Mišk. Muslim a.

10) فى Muwaṭṭaʾ, aber nach der Glosse hat eine andere Handschrift من.

11) Tirmidī.

12) Andere Gestalt in den Mabānī IV fol. 35 r.

13) Ibn Maga, Sunan, cap. لا تحرّم المصّة ولا المصّتان

14) Muslim b.

welche das Kind zu seiner Amme und ihren Verwandten, sofern die Zulässigkeit der Ehe in Frage kommt, in dasselbe Verhältnis setzen, wie zu seiner leiblichen Mutter und deren Verwandten. Und zwar soll nach der älteren Fassung jener angeblichen Qorānstelle zehnmaliges, nach der jüngeren schon fünfmaliges Säugen einen solchen, die Ehe ausschließenden, Verwandtschaftsgrad bewirken. Der Wortlaut der betreffenden Offenbarung ergibt sich am deutlichsten aus der dritten der oben mitgeteilten Rezensionen: يُحَرِّمُ (scil. النكاحَ) من الرضاع عشرُ رضعات. Über die Zuverlässigkeit der Überlieferung ist nicht leicht ein sicheres Urteil zu gewinnen. Da aber die Streitfrage über die Zahl der zur Bildung eines Ehehindernisses notwendigen Säugungsakte schon in den alten Gesetzesschulen lebhaft erörtert wurde[1]), so ist mit der Möglichkeit zu rechnen, daß jener Ausspruch zur Stütze einer bestimmten Schulmeinung über das prinzipielle Gesetz Sur. 4, 27 erfunden worden ist, sei es von vornherein als Qorānvers, oder zuerst als ein dem Propheten in den Mund gelegtes Ḥadīṯ.

12. Wāqidī (Wellhausen) S. 187[2]): وكان سعيد بن جبير يقول فى هذه الآية من رَمى مُحْصَنة لعنه الله فى الدنيا والآخرة فقال انّما ذاك لأمّ المؤمنين خاصّة. Dieser angebliche Qorānvers „Wer eine ehrbare Frau verläumdet, dem flucht Gott in dieser und jener Welt“ scheint nur ein freies Zitat von Sur. 24, 23 zu sein.

Unsere Untersuchung hat also zu ganz verschiedenen Resultaten geführt. Ein Beweis für die Glaubwürdigkeit der Überlieferung war in keinem einzigen Falle zu erbringen. Dagegen konnte dieselbe bei drei Fragmenten (Nr. 1. 2. 4. 7. 11) mit guten Gründen bestritten, bei zweien (Nr. 3. 12) wenigstens bezweifelt werden. Die Fragmente 8—10 unterscheiden sich von den übrigen dadurch, daß ihr Text ganz, wie bei Nr. 8, oder zum größten Teil, wie bei Nr. 9. 10, wörtlich im Qorān zu finden ist. Mit Recht gibt deshalb

---

[1]) Vgl. Śaʿrānī, Mīzān ed. Cair. 1317 Bd. II, 131.

[2]) Der arabische Text beruht auf einer gütigen Mitteilung Aug. Fischer's in Leipzig.

die Überlieferung an, daß Nr. 9 und Nr. 10 nur andere Rezensionen von Sur. 48, 26 [1]) und 33, 6 [2]) darstellen. Dann dürfen wir auch Nr. 8 im besten Falle als Variante von Sur. 17, 34 betrachten [3]).

II. Ferner haben wir noch ein paar Angaben über verlorene Qorānstellen, ohne daß von ihnen Bruchstücke erhalten wären.

Sur. 33 soll ursprünglich viel umfangreicher gewesen sein. Während sie jetzt nur 76 Verse enthält, schreiben ihr einige Traditionen deren 200 zu, nach anderen war sie einstmals so lang wie Sur. 2 oder gar noch länger [4]). Was an diesen Angaben Wahres ist, können wir jetzt nicht mehr entscheiden. Wenn sie nicht ganz auf falschen Vermutungen beruhen, so beziehen sie sich wahrscheinlich auf ein altes Exemplar, in dem unsere Sur. 33 noch durch verschiedene andere Stücke erweitert war. Auch Sur. 9 [5]) und, wie schon oben S. 240. 242

---

1) Kanz al-ʿummāl Bd. I Nr. 4753; فبلغ ذلك عمرَ فاشتدّ عليه فدخل عليه فدعا ناسًا من اصحابه فيهم زيد بن ثابت فقال من يقرأ منكم سورة الفتح فقرأ زيد على قراءتنا اليومَ فغلظ له عمرُ فقال ابى لا تكلّم قال تكلّم قال لقد علمت انّى كنت ادخل على النبىّ صلّعم ويُقرئنى وأنت بالباب فان احببت ان اقرئَ الناسَ على ما اقرأنى اقرأت والّا لم اقرأ حرفا ما حييت ۞

2) Vgl. oben S. 253 Anm. 1.

3) Die Worte اِعْمَلوا مَا شِئْتُمْ فقد غفرتُ لكم, His. 810, 5f. = Ṭabarī I, 1627, 11f., sind nicht ein „locus Korani deperditus" (Glossarium Ṭabarī s. v. طلع), sondern werden nur hypothetisch (لَعَلّ الله . . . فقال) als Offenbarung hingestellt.

4) Mabānī IV fol. 33 v. 35 r. Zam. zu Sur. 33. Qurṭubī zu Sur. 2, 100 und zu Sur. 33. Naisābūrī und Nasafī zu Sur. 33. Itq. 524. Kanz al-ʿummāl Bd. I Nr. 4751.

5) F. und ʿAlāeddīn zu Sur. 9, 65: قال عبد الله بن عبّاس انزل الله ذِكرَ سبعين رَجلا من المنافقين بأسمائهم واسماء آبائهم ثمّ نُسِخَ ذكر الاسماء رحمةً منه على المؤمنين لئلّا يعير بعضهم بعضًا لأنّ اولادهم كانوا مؤمنين ۞

angedeutet worden ist, Sur. 98 sollen ursprünglich weit umfangreicher gewesen sein. Den Ursprung dieser Angaben werden wir im zweiten Teile dieses Buches untersuchen.

Über die zwei angeblichen Sūren, welche man دعاء القنوت nennt, wird gleichfalls an diesem Orte zu handeln sein.

III. An dritter Stelle sind diejenigen Aussprüche Muhammeds zu nennen, welche zwar ebenfalls als göttliche Offenbarungen bezeichnet[1]), aber nicht ausdrücklich als Bestandteile des Qorāns reklamiert werden. Es gibt handschriftliche Werke, in welchen diese Dikta gesammelt sind[2]). Doch müssen wir uns hier darauf beschränken, einige Beispiele zu geben:

1. Buḫārī, kit. al-tauḥīd cap. 50 § 1: اذا تَقرّب العبدُ الىّ (منّى) شبرًا تقرّبتُ اليه ذراعًا واذا تقرّب منّى ذراعا تقرّبتُ منه باعًا (بوعا) واذا اتانى مشيا أتيتهُ هَرْوَلَةً ۞

„Wenn der Mensch sich mir um eine Spanne nähert, nähere ich mich ihm um eine Elle, und wenn er sich mir um eine Elle nähert, nähere ich mich ihm um einen Klafter[3]), und wenn er auf mich zugeht, komme ich zu ihm gerannt[4])“.

2. Buḫārī, kit. al-ṣaum cap. 9. Muslim, kit. al-ṣiyām cap. 22 (Q. VI, 135): كلّ عمل ابن آدم [5]) له الّا الصيام فانّه لى وأنا اجزى به والصيامُ جُنّةٌ واذا كان يومُ صوم احدِكم فلا يرْفث ولا يَصْخب فإنْ سابّه احدٌ او قاتله فليقلْ إنّى امرؤٌ صائم والّذى نفس محمّد بيده لَخُلوفُ فمِ الصائم اطيبُ عند الله من ريح

[1]) Man bedient sich zu diesem Zwecke verschiedener Formeln, z. B. قال (يقول) اللهُ (تبارك و) تعالى, oder النبىّ يرويه عن ربّه . . . usw.

[2]) Vgl. z. B. Carl Brockelmann, Geschichte der arabischen Litteratur, Bd. I S. 446 Nr. 83.

[3]) Vgl. Qasṭallānī z. St. Bd. X, 464: الباع طول ذراعَى الانسان.

[4]) In einer dritten Rezension bei Buḫārī a. a. O. werden die Worte lediglich als Ausspruch Muhammeds bezeichnet.

[5]) Über den Ausdruck *ibn ādam* „Mensch“ vgl. oben S. 242 Anm. 1.

المِسْكِ للصائم فرحتان يفرحهما اذا أَفطر فرح واذا لَقِى رَبَّه فرح بصومه[1]) ✿

„Jede Handlung geht den Menschen allein an, außer dem Fasten, das mich betrifft, und das ich vergelte; das Fasten ist eine Schutzwehr, und hat jemand von Euch einen Fasttag, so soll er nicht unflätig reden noch keifen, und will einer mit ihm schimpfen oder zanken, so spreche er: ich bin ein Faster, und, bei dem, in dessen Hand Muhammeds Leben ist, der Geruch aus dem Munde des Fasters ist bei Allāh lieblicher denn Moschusduft; dem Faster sind zwei Freuden beschieden, die Freude, so oft er wieder essen darf, und dereinst, wenn er zu seinem Herrn eingeht, die Freude über sein Fasten“.

3. Buḫārī, kit. al-tauḥīd § 50: لا ينبغى لعبدٍ ان يقول انّه خَيْرٌ من يونس بن مَتَّى ونسبه الى ابيه ✿

„Niemand kann sagen, daß er besser sei als Jona, der Sohn Amittai's, geht seine Abstammung doch auf seinen Vater zurück[2])“.

4. Ibn Sa'd ed. III, II, S. 123: وجبت رحمتى للمتحابّين فِىَّ والمتجالسين فِىَّ والمتباذلين فِىَّ والمتزاورين فِىَّ ✿

„Meines Erbarmens sicher sind die, welche in mir[3])

---

[1]) Bei Buḫārī, kit. al-tauḥīd cap. 50 und Mabānī cap. IV fol. 36r l. 9 steht noch eine kürzere Rezension, mehrere solche finden sich bei Muslim a. a. O.

[2]) Als einfachen Ausspruch des Propheten teilen diese Worte mit Buḫārī, kit. al-tafsīr zu Sur. 4, 161 und Sur. 6, 86, Nawawī ed. Wüstenfeld S. 641 usw., teilweise mit Weglassung des letzten Sätzchens, dessen Sinn übrigens nicht klar ist. Qasṭallānī gibt keine Erklärung. — Der Prophet Jonas (يُونُس) wird viermal im Qorān (Sur. 4, 161. 6, 86. 10, 98. 37, 139) genannt, aber niemals mit der Kunya.

[3]) Das ist eine spezifisch-christliche, schon im Neuen Testament überaus häufige Ausdrucksweise, die sich aber in der muhammedanischen Literatur ganz eingebürgert hat. Zahlreiche Belege dafür sind von I. Goldziher, Muhammedanische Studien II, S. 392 f. gesammelt worden, vgl. auch M. J. de Goeje im Glossar zu Ṭabarī s. v. فِى. Dem qorānischen Sprachgebrauch ist sie fremd, denn in den Phrasen جاهِدوا فى الله

einander lieben, in mir beisammen sitzen, in mir einander aushelfen oder besuchen.

.6. Gāḥiẓ, Aḍdād ed. G. van Vloten, S. 168,2 f. Baihaqī ed. Fr. Schwally, S. 310,4 f.: يا ابن آدم أَحْدِثْ لى سفرا أُحدث لك رزقا ۞

„O Menschenkind[1]), mache mir eine Reise, so verschaffe ich dir Speise“.

Die enzyklopädische Wissenschaftslehre der Muslime[2]) faßt die außerqorānischen Offenbarungen unter dem Namen الحديث الالهى oder الحديث القدسىّ, الوَحْى المروى zusammen. Sie macht zwar mit vollem Recht eine scharfe Scheidung zwischen dieser Kategorie und dem Qorān, الوَحْى المَتْلُوّ[3]), einerseits, sowie den einfachen Aussprüchen des Propheten, الحديث النبوىّ, andererseits; sie begeht aber den Irrtum, die sog. heiligen Ḥadīṯe ohne weiteres für Offenbarungen zu halten[4]), während bei keinem einzigen von vornherein sicher ist, daß

Sur. 22,77 und جاهدوا فينا ist doch wohl سبيل zu ergänzen. In letzter Linie scheint jene Ausdrucksweise aus mystischen Kulten der Antike zu stammen, vgl. Albr. Dieterich, Eine Mithrasliturgie, S. 109 ff.

[1]) Über den Ausdruck *ibn ādam* „Mensch“ siehe oben S. 242 Anm. 1.

[2]) Vgl. das Dictionary of the technical terms used in the sciences of the Musalmans (كتاب كشّاف اصطلاحات الفنون تأليف المولوى محمد اعلى بن على التهانوى بتصحيح محمد وجيه والمولوى عبد الحقّ والمولوى غلام قادر وباهتمام الويس اسپرنكَر التيرولى ووليم ناسو ليس الايرلندى), Bibliotheca Indica, Calcutta 1854 ff., p. 280 ff. s. v. حديث. Gurgānī († 816 a. H.) ed. G. Flügel, Leipzig 1845, p. 88 kann diese Terminologie noch zwei Jahrhunderte weiter zurückverfolgen.

[3]) Hiernach heißt der Qorān geradezu التلاوة z. B. Mas'ūdī, Tanbīh ed. M. J. de Goeje p. 191,5.

[4]) Vgl. Mabānī cap. IV fol. 36r: فمَن زعم انّ هذه الكلمات من عند الله ووحيه وتنزيله فقد صدق ۞

wir es auch nur mit einem authentischen „Ausspruche“ Muhammeds zu tun haben.

IV. Schließlich ist noch der überaus großen Zahl von Traditionen zu gedenken, nach denen Muhammed bei den verschiedensten Anlässen Warnungen oder Befehle, sowie Enthüllungen über Gegenwärtiges oder Zukünftiges durch eine Offenbarung erhalten hat. Von dem reichen Materiale mögen einige Proben genügen:

Muhammed geht dem ʿAmr b. Giḥāš, der ihn mit einem Stein töten will, plötzlich infolge einer Offenbarung aus dem Weg, Waq. 355 f. Er erfährt durch göttliche Belehrung, wo sich ein verirrtes Kamel befindet, Waq. Wellh. S. 183. Wenn es ein Befehl vom Himmel ist, sagt Usaid zu Muhammed, so führe ihn aus! (Waq. Wellh. 204). Dem Propheten wird durch Offenbarung angekündigt, daß Gott den Abū Lubāba zu Gnaden angenommen habe, a. O. 214, und was es mit dem neuen Bethaus der Banū Sālim für eine Bewandtnis habe, a. O. 410. Bei Giʿrāna legte ihm einer die Frage vor, ob es in Ordnung sei, daß er sich gesalbt habe und eine Gubba (Art Mantel) trage; hierauf bekam Muhammed einen Offenbarungsanfall und gab danach die Antwort, Buḫārī, kit. faḍā'il al-qur'ān § 2.

Diese Art von Offenbarungen scheint ein sehr hohes Maß von Zuverlässigkeit zu besitzen. Schon allein der Umstand, daß keine offenbarten Texte vorhanden sind, gereicht ihr zur Empfehlung. Aber selbst in dem Falle, daß alle jene Episoden in das Reich der Fabel zu verweisen wären, so würde doch daran festzuhalten sein, daß hier von den Stimmungen und Seelenzuständen Muhammeds im allgemeinen ein sehr zutreffendes Bild gezeichnet ist. Denn, wie die Religionsgeschichte lehrt, ist es die Art der Propheten, in fast unaufhörlicher Verbindung mit der Gottheit zu stehen und nicht nur bei großen und wichtigen Aktionen, sondern auch in den unzähligen kleinen Angelegenheiten des Tages auf ihre Eingebungen zu lauschen.

Hiernach kann es für ausgemacht gelten, daß Muhammed

außer den Qorānen noch zahlreiche andere Offenbarungen auf sich wirken fühlte[1]). Erinnern wir uns außerdem noch seiner vielen selbständigen Kundgebungen, so muß die Frage aufgeworfen werden, wie es ihm möglich war, sich in diesem Wirrwarr zurecht zu finden. Nun gehen die qorānischen Offenbarungen, ihren eigenen Andeutungen zufolge, auf ein im Himmel aufbewahrtes Buch zurück. Muhammed wird darum nur solche Offenbarungen als Qorāne betrachtet haben, welche nach seinem Glauben jenem himmlischen Archetypus entstammten[2]). Diesem rein formalen Prinzip können wir noch das materiale hinzufügen, daß es sich um allgemein gültige Bestimmungen und wichtige Angelegenheiten der Religion handeln mußte.

Auf diesem schwankenden Boden mochte der Prophet manchmal selbst in Zweifel geraten, und die Epigonen, denen die Sammlung des Nachlasses oblag, mußten Irrtümern noch leichter ausgesetzt sein. Aus diesem Grunde konnten gewöhnliche Aussprüche leicht in den Ruf von „heiligen Ḥadīṯen“ kommen, ja als Offenbarungen erster Ordnung in den Qorān eindringen, wie umgekehrt auch echte Qorāne, die aus irgend einem Grunde in der kanonischen Sammlung keine Aufnahme fanden, in den Ḥadīṯ geraten sein mögen.

Trotzdem waren wir bisher nicht imstande, einen Ḥadīṯ mit Bestimmtheit für qorānisch zu erklären. Andererseits scheint es, wie später (im zweiten Teile) noch gezeigt werden wird, auch keine Qorānstelle zu geben, welche mit Grund in den Ḥadīṯ zu verweisen ist. Dieses negative Resultat mag zum Teil mit der Schwierigkeit des Problems und der Unvollkommenheit unserer Hilfsmittel zusammenhängen, zum Teil

---

1) Vgl. schon oben S. 16. 20. Itqān 102.

2) Vgl. auch die richtige Bemerkung über die s. g. heiligen Ḥadīṯe in den Mabānī cap. IV fol. 36r: ولا تجوز تلاوة شىء منه فى الصلاة اذ لم ينزل بالنظم الّذى نزل به سائر القرآن الّذى أُمرنا بتلاوته وكتابته فى المصاحف ونقلَه الينا العامّةُ عن العامّة ۞

liegt es aber gewiß auch an der großen Sicherheit und Sachkenntnis, welche bei der Sammlung des Qorāns gewaltet hat.

Das Hauptverdienst an dieser Festigkeit der Tradition gebührt dem Propheten selbst. Denn vermutlich von dem Augenblicke an, der ihm die Gewißheit gab, Mitteilungen aus einem himmlischen Buche zu erhalten, hatte er dieselben dazu bestimmt, der Bibel der Juden und Christen gegenüber als das wahrhafte und unverfälschte Dokument des göttlichen Willens zu dienen. Deshalb mußte er ein Interesse daran haben, diese Offenbarungen durch schriftliche Fixierung vor Untergang oder Entstellung zu bewahren. Und in der Tat nennt die Tradition nicht nur die Sekretäre, denen Muhammed die Qorāne in die Feder diktierte[1], sondern macht auch über die Gestalt dieser Niederschriften wichtige Mitteilungen. Dagegen wurden alle anderen Kundgebungen Allāh's nicht offiziell aufgezeichnet, ihre Kenntnis fiel deshalb einstweilen den Zufällen mündlicher Überlieferung anheim.

[1]) Vgl. oben S. 44ff. Leone Caetani, Annali II, I S. 706f.

Berichtigungen.

S. 20 Anm. 2 am Ende lies „Encyclopedia“.
S. 38 Anm. 1 am Ende ist für andere Beispiele noch auf Rud. Geyer in Göttingische Gelehrte Anzeigen 1909 I S. 53 des Separatabdruckes zu verweisen.
S. 45 Z. 3 v. u. und S. 70 Z. 6 v. o. l. „Auswanderung“ an Stelle von „Flucht“.
S. 47 Anm. 1 Z. 2 streiche das Komma.
S. 80 Z. 1 l. „13f. 32f.“ statt „24f.“
S. 86 Z. 5 v. o. l. دثّرونى, زمّلونى.
S. 92 Anm. 3 l. „Freytag“.
S. 112 Mitte l. מלך für מלן.
S. 121 Z. 12 v. o. l. „Verleumdung“.
S. 147 Anm. 2 Z. 2 l. „41, 8“.
S. 151 Z. 12 v. o. l. „Hūd“ für „ʿĀd“.
S. 169 Anm. 1 l. „zu gewinnen“ für „gewonnen“; Anm. 2 am Ende füge hinzu „Vgl. auch A. J. Wensinck, Mohammed en de Joden te Medina, Leiden 1908, S. 41—44“; Anm. 3 und Anm. 4 sind umzustellen.
S. 206 Anm. 4 Z. 11 Anfang l. „im“ für „in“.
S. 225 Anm. 3 Z. 2 v. u. l. Al'abwā.
S. 237 Anm. 13 u. l. ܐܡܢ für ܟܡܢ.

Druck von G. Kreysing in Leipzig.

In demselben Verlage erscheinen:

Religions-Urkunden der Völker

Herausgegeben von

Lic. theol. **Julius Boehmer**

In ihnen sollen alle Gebildeten deutscher Zunge aus der Feder der ersten Autoritäten je ihres Forschungsgebietes die fremdsprachigen Texte in guter, zuverlässiger und geschmackvoller Übersetzung, mit Erläuterungen und Einführung, unter Beigabe weniger, aber bedeutsamer Illustrationen, empfangen.

Der Begriff Urkunden wird hier, weil er auf alle Religionen angewandt werden soll, in verschiedenem Sinn zu fassen sein. Es handelt sich um

1. Urkunden im Sinn von heiligen Büchern oder kanonischen Schriften, wobei wieder zwischen solchen im engeren und engsten Sinne des Wortes (Avesta, Qorān) und solchen im abgeleiteten Sinn (z. B die chinesischen King und Schu, das japanische Kojiki) zu unterscheiden ist.
2. Urkunden in Gestalt von religiösen Texten der verschiedensten Art, wie sie z. B. das alte Ägypten, Babylonien-Assyrien bieten.
3. Urkunden in der Form von Berichten, den ältesten und zuverlässigsten der uns zugänglichen. Die Berichte können schriftlich vorliegen, wie für die griechische und römische Religion, oder nur mündlich gegeben und darnach aufgezeichnet sein, so für die sogen. Natur-Religionen.

Die Verteilung des gesamten, fast unübersehbaren Stoffs ist an historisch-geographische oder besser gesagt: kulturhistorisch-ethnographische Gesichtspunkte geknüpft.

Es werden darnach die **Religions-Urkunden der Völker** in fünf Abteilungen zur Ausgabe gelangen. Ins Auge gefasst sind nämlich:

1. **Die vorderasiatisch-westeuropäische Völkergruppe.**
2. **Die mongolische Völkergruppe.**
3. **Die amerikanische Völkergruppe.**
4. **Die Naturvölker und kulturarmen Völker.**
5. **Das Christentum (die einzige Nicht-Volksreligion im Vollsinn des Worts).**

Es sind zunächst folgende Bände in Aussicht genommen:

Aus der ersten Abteilung:

Hillebrandt, Professor in Breslau, **Rig-Veda.**

Winternitz, Professor in Prag, **Atharva-Veda und Yajur-Veda.**

Geldner, Professor in Marburg, **Upanishaden.**

Franke, O., Professor in Königsberg, **Tripitaka.**

Geldner, Professor in Marburg, **Das Avesta.**

Delitzsch, Professor in Berlin, **Babylonisch-assyrische Religionsurkunden.**
1. Gebete, Hymnen, Beschwörungen.
2. Epen, sonstige religiöse Texte.

Ziehen, Ludwig, Oberlehrer in Frankfurt a. M. und andere, **Griechische usw. Religions-Urkunden.**

Mogk, Professor in Leipzig, **Germanische Religions-Urkunden.**

Seybold, Professor in Tübingen, **Der Koran.**

Schwally, Professor in Giessen, **Mohammed-Biographie aus den Quellen.**

Brockelmann, Professor in Königsberg, **Quellen zur Geschichte der persönlichen Frömmigkeit und der Mystik im Islam.**

Bischoff, Dr. Erich, in Leipzig, **Die Mischnah.**

Erman, Professor in Berlin, **Ägyptische Religions-Urkunden.**

Aus der zweiten Abteilung:

†Grube, Professor in Berlin, **Chinesische Religions-Urkunden.**
1. Lun-yü, Ta-hioh, Chung-yung.
2. Meng-tze.

Florenz, Professor in Tokio, **Kojiki, Nihongi, Engishki.**

Aus der dritten Abteilung:

Seler, Professor in Berlin, **Religions-Urkunden der alt-amerikanischen Kulturvölker.**

Aus der vierten Abteilung:

Warneck, Lic. Missionsinspektor in Barmen, **Religion der Batak.**

Westermann, Dr. theol., Dozent am orientalischen Seminar in Berlin, **Religion des Tschi- und Gâ-Volkes.**

Spieth, Missionar in Tübingen, **Religion der Ewe.**

Ausserdem haben ihre Mitarbeit zugesagt:

Conrady, Professor in Leipzig; **Garbe,** Professor in Tübingen; **Grünwedel,** Professor in Berlin; **R. Lange,** Professor in Berlin; **v. Luschan,** Professor in Berlin; **Pischel,** Professor in Berlin; **Wünsche,** Professor in Dresden; **Zimmern,** Professor in Leipzig u. a. m.

Druck von G. Kreysing in Leipzig.

1812389R00149

Printed in Germany
by Amazon Distribution
GmbH, Leipzig